# Methoden der Metaphernforschung und -analyse

Matthias Junge (Hrsg.)

# Methoden der Metaphernforschung und -analyse

 Springer VS

*Herausgeber*
Prof. Dr. Matthias Junge
Universität Rostock
Wirtschafts- u. Sozialwissenschaftliche Fakultät
Rostock, Deutschland

ISBN 978-3-658-02093-4        ISBN 978-3-658-02094-1 (eBook)
DOI 10.1007/978-3-658-02094-1

Die Deutsche Nationalbibliothek verzeichnet diese Publikation in der Deutschen Natio-
nalbibliografie; detaillierte bibliografische Daten sind im Internet über http://dnb.d-nb.de
abrufbar.

Springer VS
© Springer Fachmedien Wiesbaden 2014

*Lektorat:* Dr. Cori Antonia Mackrodt, Yvonne Homann

Gedruckt auf säurefreiem und chlorfrei gebleichtem Papier

Springer VS ist eine Marke von Springer DE. Springer DE ist Teil der Fachverlagsgruppe
Springer Science+Business Media.
www.springer-vs.de

# Inhalt

## C   Metaphern in der Soziologie

# Einleitung

## Matthias Junge

Metaphernanalyse braucht Methoden. Das methodische Spektrum für Metaphernanalysen hat sich in den letzten Jahren erheblich erweitert. Einerseits verfügt die Metaphernanalyse über alle Instrumente, die sich aus der sprachwissenschaftlichen Analyse von Metaphern ergeben haben. Es kommen nun mit dem erwachenden sozialwissenschaftlichen Interesse an der Metaphorik Methoden hinzu, die fast das gesamte Spektrum der Methoden der empirischen Sozialforschung sowohl in quantitativer wie auch in qualitativer Hinsicht umfassen. Vor diesem Hintergrund wurden die Beiträge dieses Bandes auf einer Tagung in Rostock vorgestellt, nach ihrer Diskussion überarbeitet und für diesen Reader zusammengestellt.

Der Band zielt nicht auf Vollständigkeit der Darstellung methodischer Möglichkeiten, sondern auf die Möglichkeiten von Einzelfallanalysen als Beispielen, an denen gelernt werden kann, wie man der Metaphorik auf die Spur kommen kann. Besonders wichtig scheint hierbei zu sein, dass alle Forschungsmethoden auf den individuellen Untersuchungsfall zugeschnitten werden. Metaphernanalyse ist keine generalisierbare Strategie, sondern eine, wenn sie sozialwissenschaftlich betrieben wird, fallsensible Vorgehensweise, bei der die Instrumente der Metaphernanalyse sorgsam justiert und angepasst werden müssen an die Möglichkeiten und Grenzen, die der einzelne Fall oder Gegenstand zur Verfügung stellt.

Der Band ist in drei Abschnitte untergliedert. Der erste Abschnitt wird eingeleitet von zwei Darstellungen, die „Grundsätzliches zur Methodik von Metaphernanalysen" sagen. Rudolf Schmitt gibt einen Überblick über Methoden sozialwissenschaftlicher Metaphernanalysen, während Constanze Spieß die diskurslinguistische Metaphernanalyse, also die eher sprachwissenschaftlich orientierten Analysemethoden skizziert. Der Abschnitt zeigt deutlich Annäherungen zwischen den beiden über lange Zeit hinweg eher separierten Forschungsmethoden.

Der zweite Abschnitt „Methodische Zugänge im und am Einzelfall" bereitet eine Vielzahl von sozialwissenschaftlich intendierten exemplarischen empirischen Studien zur Metaphernanalyse auf. Christa Dern macht den Anfang, indem sie untersucht, welche Metaphernkonzepte zur Anwendung kommen, um Netzkriminalität und sogenanntes Cybercrime zu beschreiben, denn dies ist eine neue und an Häufigkeit zunehmende Form der Kriminalität. Sodann untersucht Julia Schröder aus ihrer praktischen Beratungserfahrung heraus, wie Gewalt in Beratungsgesprächen metaphorisch konzeptualisiert wird. Dabei zeigt sie, dass die Metaphorisierung von Gewalt zu einer Verflüchtigung des Gewaltgehalts von Handlungen führt und damit ein großes Problem für die entsprechenden Beratungen besteht. Stephanie Stadelbacher untersucht, mit welcher Metaphorik Sterben beschrieben werden kann und welche spezifische Metaphorik in Hospizbewegungen und Hospizen benutzt wird, um ein „friedliches" Sterben zu ermöglichen oder zu erleichtern. Dem Anfang des Lebens widmet sich im Gegensatz hierzu Peter Gansen, indem er nach Metaphern in der erziehungswissenschaftlichen Kindheitsforschung fragt, und anhand geführter Gespräche mit Kindern untersucht, welche Metaphorik zur Anwendung kommt, um relativ komplexe Sachverhalte von Kindern darstellen zu lassen. Offensichtlich wird dabei, dass Kinder im Alter zwischen sechs und neun Jahren schon eine erhebliche metaphorische Kompetenz zur Verfügung haben. Christine Weiske untersucht die Stadt als Metapher. In einem Durchgang durch sechs historische Beispiele von Städten und Stadtgrundrissen wird gezeigt, dass jede Stadtform eine ganz spezifische Metaphorik trägt, um Ausdruck von Herrschaftsansprüchen und gesellschaftlichen Ordnungsvorstellungen zu sein. Die Stadt als architektonische Gesamtkomposition ist zugleich die Komposition einer ordnungsbezogenen Metapher. Regine Herbrik berichtet aus einem Projekt zur Emotionalisierung der Religion und untersucht die notwendig metaphorische Dimension des Sprechens über Emotionen im religiösen Kontext. Wolfgang Sucharowski wird Metaphern als eine Form der Übersetzungshilfe vorstellen, um zu zeigen, dass Metaphern auch genutzt werden können, um zwischen verschiedenen Kontexten oder Situationsbeschreibungen vermitteln zu können. Petra Ewald zeigt die Spezifik von Namensmetaphern auf und expliziert diese am Beispiel der Metaphorik von „Rostock, das Sydney der Ostsee". Martin Döring berichtet von einem empirischen Forschungsprojekt, welches untersucht, wie man durch die Analyse der Metaphorik in biotechnologischen Diskursen die normativen Annahmen in diesen freilegen kann.

Und schließlich widmen sich die Beiträge im dritten Abschnitt „Metaphern in der Soziologie" der Frage, wie die Soziologie selber mit der Metapher und mit ihrer eigenen Metaphorik umgeht. Tobias Schlechtriemen untersucht, wie die Metapher des Organismus eine Funktion in der frühen soziologischen Theoriebildung hatte und für die weitere Theoriebildung grundlegend wurde. Ein Beispiel für die handlungsprägenden Wirkungen einer Metapher im sozialen Feld greifen Danny Otto und Nelly Welskop auf, indem sie nach den handlungsanregenden Potentialen des Glockenschlages fragen und dies im empirischen Vergleich zwischen Mönchen, deren Tagesrhythmus durch den Glockenschlag bestimmt wird und der alltäglichen Wahrnehmung von Glockenschlägen als Lärm. Und Matthias Junge versucht, eine Konzeption des metaphorischen Handelns zu entwickeln, um eine handlungstheoretisch fundierte soziologische Analyse der sozialen Metaphorik zu ermöglichen.

Alle Beiträge sind als Exemplare gemeint. Der Band kann und will keine abschließende Auflistung möglicher Methoden und methodischer Strategien bieten. Er gibt vielmehr einen Einblick in die Kreativität und Innovativität, die nötig ist, um am Einzelfall orientierte, methodisch kontrollierte Erforschung von Metaphorik und sozialer Metaphorik zu leisten. Der Band möchte insgesamt eine Anregung darstellen, sich mit dieser Problematik gezielter auseinander zu setzen.

# A Grundsätzliches zur Methodik von Metaphernanalysen

# Eine Übersicht über Methoden sozialwissenschaftlicher Metaphernanalysen[1]

Rudolf Schmitt

## 1 Rekonstruktive Absicht, schwierige Grenzziehungen

Ein Aufsatz zu Methoden sozialwissenschaftlicher Metaphernforschung könnte aus der Inspektion, welcher Metaphernbegriff für solche Vorhaben tauglich ist, und aus der Überlegung, welche Anforderungen an eine methodische Metaphernanalyse gestellt werden sollten, eine Idealform einer solchen ableiten (Schmitt 2011a): Diese top-down-Strategie verkennt allerdings, dass die Reflexion qualitativer Forschungsmethoden einer Rekonstruktion vorgängiger Forschungspraxen bedarf, denn ihre Grundlagen sind nicht rein formallogisch zu begründen (Bohnsack 2005: 65): Eine solche Rekonstruktion der gegenwärtigen metaphernanalytischen Methoden auf dem Hintergrund ihrer Anwendungen liegt bislang noch nicht vor, der folgende Text skizziert eine vergleichende Vorstufe einer solchen Reflexion. Da diese sich auf vorliegende Verfahren bezieht, fehlen mögliche zukünftige Entwicklungen. Insbesondere Junge (2011) arbeitet heraus, das für eine soziologische Betrachtung die Pragmatik der Metaphernverwendung im Vordergrund stehe, die in bisherigen Analysen zugunsten semantischer Fokussierungen vernachlässigt worden sei. Allerdings berührt auch jetzt schon das Vorhaben in einem vielschichtigen Feld viele Kreuzungspunkte unterschiedlicher theoretischer und fachlicher Traditionen:

- Zunächst scheint die Abgrenzung der sozialwissenschaftlichen von sprachwissenschaftlichen Studien aufgrund unterschiedlicher Fachkulturen und Erwartungen an das, was prinzipiell als Methode betrachtet werden kann

---

1   Für Korrekturen und Hinweise danke ich Larissa Pfaller und Anne-Kathrin Hoklas.

(Geeraerts 2006 vs. Schmitt 2011b), sinnvoll zu sein. Gleichzeitig soll und darf nicht übersehen werden, dass vor allem sprachwissenschaftliche Korpusstudien (Baldauf 1997, Deignan/Semino 2010) in ihrer Methodik wie ihren Ergebnissen eine wichtige Referenz für sozialwissenschaftliche Analysen darstellen.

- Das zur Außendarstellung gebrauchte Adjektiv „sozialwissenschaftlich" täuscht eine nicht vorhandene Homogenität vor, denn im Feld findet sich keine einheitliche Kultur der Forschungsmethoden, wenn wir Pädagogik, Soziologie, Psychologie, Politologie und Sozialarbeit einander gegenüberstellen, da diese ihrerseits in unterschiedliche Milieus und Bezugsgruppen ausdifferenziert sind. Auch die Beschränkung auf „qualitative", „rekonstruktive" oder „verstehende" sozialwissenschaftliche Forschung vermeidet nicht, auf unentschiedene Debatten zu stoßen, was als Methode – gar als „gute" Methode – gelten soll. Hitzler charakterisierte diesen Diskurs als Aneinander- und Vorbeireden (Hitzler 2002, Abs. 9), eine Beschreibung, die durch die seit der Publikation vergangene Zeit nicht widerlegt, aber gerne zustimmend zitiert wurde (Mruck/ Mey 2010: 13): Der Befund legt nahe, dass die Einheit der qualitativen Forschung derzeit vor allem durch Einführungsbücher für die Lehre an den Hochschulen hergestellt wird (Lamnek 2005, Mayring 2002, Flick 2007, Bohnsack 2003): Größere Debatten dienen der Präsentation und Elaboration von Dissensen (vgl. die von Reichertz 2007 ausgelöste Debatte, die in Herzog/Hollenstein 2007 zusammengefasst wird):

Deshalb wird hier auf eine Vorabdefinition dessen, was als qualitative Forschungsmethode gelten soll, verzichtet. Auch die Sammlung von metaphernanalytischen Methoden folgt nur sehr allgemeinen Kriterien der Auswahl: Die im Folgenden verglichenen Ansätze

- erheben selbst den Anspruch, eine metaphernanalytische Methode zu sein und nicht nur Metaphern im Rahmen eines weiteren Prozederes ergänzend zu betrachten (vgl. im Rahmen von Diskurs- oder anderen Analysen Kirchhoff 2010, van Dijk 2011; Kruse/Biesel/Schmieder 2011):
- sie sind dem Kontext sozialwissenschaftlicher Forschung zuzuordnen (wenn nicht direkt, so durch an sie anschließende sozialwissenschaftliche Folgestudien, z. B. Jäkel 2003);
- sie operieren nicht vorwiegend quantitativ oder experimentell wie einige psychologische Forschungstraditionen, die sich selbst eher einem naturwissenschaftlichen bzw. postpositivistischen Selbstverständnis zuordnen (vgl. Moser 2001):

Diese Kriterien schließen sieben Methoden ein, die vorgestellt werden; Unschärfen der Abgrenzung waren nicht zu vermeiden.[2] Die zehn Dimensionen, in denen diese Methoden verglichen werden, wurden ebenfalls nicht vorab festgelegt, sondern finden sich in den metaphernanalytischen Varianten selbst thematisiert oder in Publikationen zur Einführung in die qualitative Forschung:

Tabelle 1 zeigt diesen Vergleich ausgewählter metaphernanalytischer Methoden in zehn Dimensionen.

## 2 Metapherntheoretische Bezüge

Vergleicht man die in der Tabelle genannten methodischen Ansätze im Hinblick auf ihre metapherntheoretischen Bezüge, so fällt es schwer, in empirischer sozialwissenschaftlicher Forschung noch Ansätze zu finden, die sich nicht an der kognitiven Metapherntheorie nach Lakoff und Johnson (Lakoff/Johnson 1980, 1998, 1999, Johnson 1987, Lakoff 1987) orientieren. Ältere Metapherntheorien wie Black (1983), Weinrich (1976) oder Ricœur (1991) finden kaum Erwähnung, oder der Bezug auf eine Metapherntheorie bleibt diffus (Maasen 2009): Vereinzelt wird das von Fauconnier/Turner (2002) vorgeschlagene Konzept des „blending" (der Integration mehrerer Quell- und Zieldomänen der metaphorischen Projektion) als Erweiterung der kognitiven Metapherntheorie diskutiert. Die gleichzeitig komplex und schematisch anmutende Vorstellung der Projektion mehrerer Bedeutungsräume in eine neue Metapher kann für verstehende sozialwissenschaftliche Forschung so reinterpretiert werden, dass die Rekonstruktion des differenzierenden In- und Gegeneinanders der Wirkungen unterschiedlicher Metaphern in einer auf einen Fall oder ein soziales Milieu bezogenen Studie einen solchen „blend" darstellt.

## 3 Sozialwissenschaftliche Bezüge

Ein bisher ungeklärtes Problem bleibt: Was sind Metaphern – sozialwissenschaftlich gesehen? Diese Frage nach der Verortung der Metaphernanalyse in sozialwissenschaftlichen Theoriebezügen wurde bereits mehrfach gestellt (Geideck/Liebert 2003, Schmitt 2004), denn weder Lakoff und Johnson noch andere Metaphern-

---

2   So sind Metaphern als Kern von „Sozialen Repräsentationen" auch forschungsmethodisch diskutiert worden u. a. von Wagner, Hayes (2005).

**Tabelle 1** Vergleich ausgewählter metaphernanalytischer Methoden in zehn Dimensionen

| | Koch/Deetz 1981 | Buchholz/v. Kleist 1997 | Jäkel 2003 | Andriessen 2006 | Straub/Seitz 1998 | Maasen 2009 | Schmitt 2011b |
|---|---|---|---|---|---|---|---|
| metaphern-theoretische Bezüge | Lakoff, Johnson | Lakoff, Johnson | Lakoff, Johnson | Lakoff, Johnson | Black, Weinrich, Ricoeur, | unspezifisch | Lakoff, Johnson |
| sozialwissenschaftliche Bezüge | Berger, Luckmann; Gadamer | Psychoanalyse, Ethnomethodologie | („Alltags-Epistemologie"; in Absetzung von D'Andrade) | betriebswirtschaftliche „knowledge economy" | Kulturpsychologie (Boesch, Bruner) | Luhmann (Evolution von Semantiken), Foucault (Diskurs) | für jede Studie spezifische Inbezugsetzung gefordert |
| Hinweise zur Indiziertheit der Methode im Hinblick auf Forschungsfragen | implizites Wissen um Organisationszusammenhänge | Prozessvorstellungen in Psychotherapien | (Übernahme der Annahmen zu ‚folk theories' der Kognitiven Metapherntheorie) | Wissensmanagement | psychisches Erleben im Kontext historischer Umbrüche | Wissenssoziologie | explizit, Hinweise für mögliche Triangulationen mit anderen Auswertungsmethoden |
| Korpusanalysen vs. Fallstudien | Fallstudien | Fallstudien | Korpusanalysen | Korpusanalysen | Fallstudien | Korpusanalysen | Fallstudien |
| Hinweise für Sampling | nicht angegeben | nicht angegeben | nicht angegeben | Andriessen, Gubins 2009: statistical & theoretical sampling | spezifisch für Studie | explizit | max. Variation der Perspektive oder theoretical sampling |
| Ablaufschema | • Identifikation von Metaphern<br>• Konzeptbildung<br>• Interpretation als Entfaltung von Implikationen, insbesondere Machtwirkungen | • metaphorische Prozessvorstellung aus erster Interaktion;<br>• Analyse der Rollenzuweisung,<br>• Suche nach weiteren Beispielen,<br>• Rekonstruktion der Implikationen für die Therapie | • Wahl des Zielbereichs,<br>• Korpusbildung,<br>• Streichung idiosynkratischer Metaphern,<br>• Suche nach Quellbereichen für o. g. Zielbereich,<br>• Konzeptbildung | • Identifikation des Zielbereichs,<br>• Subjekt-Prädikat-Analyse<br>• metaphorische Adjektive, weitere Substantive mit Bezug zu Zielbereich,<br>• Bestimmung der Konzepte, | • Entscheidung über die Relevanz einer Metapher,<br>• extensive Auslegung der Polyvalenz der Metapher,<br>• Kontrastierung mit anderen Metaphern/Darstellungen | • Entscheidung für begriffliches Wissenselement<br>• bibliometrische Rekonstruktion über Zeit und Diskurs hinweg,<br>• Selektion der für die Forschungsfrage relevanten Diskurse | • Klärung der Forschungsfrage,<br>• Zusammenstellung eines metaphorischen Hintergrunds,<br>• Eigenanalyse<br>• Sampling (theoretical sampling) |

| | Koch/Deetz 1981 | Buchholz/v. Kleist 1997 | Jäkel 2003 | Andriessen 2006 | Straub/Seitz 1998 | Maasen 2009 | Schmitt 2011b |
|---|---|---|---|---|---|---|---|
| Ablaufschema | | | • Suche nach ergänzenden Metaphern, • Reformulierung des Konzepts, • Abgleich mit kog.-ling. Theorie • Bildung von „idealized cognitive models" ICM, • vergleichende Analyse der Konzepte | • Quantifizierung nach Metaphernproduzenten | | • Diskursanalyse einzelner Kontexte • Klärung, welche Topoi/Dispositive differenziert werden können | • Identifikation Metaphern • abduktive/induktive Bildung von Konzepten • Interpretation mit Hilfe einer Heuristik • Reflexion von Grenzen/Gütekriterien |
| Gütekriterien | nicht angegeben | nicht angegeben | nicht angegeben | nicht angegeben | nicht angegeben | nicht angegeben | Allgemeine und methodenspezifische Gütekriterien |
| typische Designs | Fallstudie | Fallstudie, retrospektive Studien | Fallstudien (Korpus) | Fallstudie (Korpus) | retrospektive Studien (selektiver Korpus) | Verlaufsstudie | Fallstudien, retrospektive Studien |
| Einbezug anderer Metaphernanalysen in Methodik | nicht angegeben | nicht angegeben | nicht angegeben | nicht angegeben | nicht angegeben | nicht angegeben | als Hintergrund zum Abgleich fehlender Metaphern |
| Reflexion der Standortgebundenheit | nicht angegeben | im Rahmen psychoanalytischer Eigenanalyse | nicht angegeben | nicht angegeben | nicht angegeben | nicht angegeben | Metaphernanalyse eigener Texte |
| weitere Studien mit Bezug zur Methodik (ggf. Varianten) | | Buchholz, Lamott, Mörtl 2008: integr. computergestützte Auswertung mit Konversationsanalyse, Narrationsanalyse u. Metaphernanalyse | Döring 2005; Variante mit deduktiver Suche: Drulák 2006, | Andriessen, Gubins 2009 | Seitz 2004 | Maasen, Weingart 2000 | Schachtner 1999, Gugutzer 2002, Marsch 2009, Kruse, Biesel, Schmieder 2011 |

theoretikerInnen geben spezifische Hinweise, obschon erstere die Rolle der Metapher im alltäglichen Denken, Handeln und Fühlen sowie ihre kulturelle Relevanz betonen. Insofern lässt sich als These formulieren: Metaphern bzw. metaphorische Konzepte sind kein eigenständiges sozialwissenschaftliches Konzept. Sie bedürfen der Vermittlung mit eingeführten Begriffen der genannten Disziplinen. Der implikationsreiche Metaphernbegriff nicht nur der kognitiven Linguistik regt den Vergleich mit folgenden Begriffen sozialen Wissens an:

a)  Der Begriff des „Deutungsmusters" nach Oevermann (2001a,b) liegt deshalb nahe, weil Oevermann auf die Überlegungen Max Webers zur protestantischen Ethik als Beispiel verweist, welches in dem Kernkonzept „Zeit ist Geld" ebenfalls in Lakoff/Johnson (1980: 7 f.) diskutiert wird.

b)  Die Überlegungen von Bourdieu (1998) zum Begriff des Habitus berühren das Konzept des „embodiments" von Metaphern (Johnson 1987) in der Annahme, der Körper sei Sediment wie Akteur sozialer Strukturierungen.

c)  Moscovici (1995) geht in seiner Theorie Sozialer Repräsentationen davon aus, dass diese einen bildlichen Kern besitzen.

d)  Einige Varianten von Diskursanalysen, vor allem die „Critical Discourse Analysis" (z. B. van Dijk 2011), gehen davon aus, dass Diskurse von den fokussierenden, abwertenden wie ausblendenden Effekten metaphorischer Denkweise mitorganisiert werden.

e)  Ganz analog zu der Rolle, die Blumenberg (1960) den Metaphern als nicht in Begriffen auflösbare Orientierungen und Wissensbestände in der Philosophie zuweist, geht der Wissenschaftstheoretiker Polányi (1985) von einem „tacit knowledge" aus, das begrifflich nicht expliziert werden kann; Moser (2001) identifiziert Metaphern als eine der wenigen Möglichkeiten, dieses Wissen sprachlich sichtbar zu machen.

In der Kürze eines Übersichtsaufsatz können diese Vermittlungen nicht geleistet werden (Schmitt in Vorbereitung, vgl. Stadelbacher 2010): Die Tabelle 2 skizziert die wichtigsten Anknüpfungsmöglichkeiten wie Differenzen.

Es wäre allerdings nicht nur begriffspolitisch, sondern auch aus der heterogenen Logik unterschiedlicher Forschungsfragen und Theoriekulturen heraus inhaltlich falsch, den Begriff des metaphorischen Konzepts einem bestimmten sozialwissenschaftlichen Terminus bzw. Theoriebezug unterzuordnen. Zudem muss daran gedacht werden, dass jede Methodik – und die damit verbundene Begrifflichkeit – den mit einer Forschungsfrage gegebenen Raum nicht gänzlich ausschöpft, also Triangulationen (Flick 2008) mit anderen, nicht-metaphernanalytischen Methoden sinnvoll sein können. Diese Überlegung führt zur Forderung, dass jede Studie, die sich auf Metaphernanalysen stützt, die metapherntheore-

**Tabelle 2** Metaphorische Konzepte nach Lakoff/Johnson im Vergleich mit einigen Begriffen qualitativer Sozialforschung

| | Deutungsmuster (Oevermann) | Habitus (Bourdieu) | Soziale Repräsentation (Moscovici) | Diskurs (Foucault) | tacit knowledge (Polányi) |
|---|---|---|---|---|---|
| Definition | Wissensbestände, die eine innere Logik im Sinne eines nach inneren Konsistenzregeln strukturierten Argumentationszusammenhangs aufweisen und sich funktional auf deutungsbedürftige gesellschaftliche Handlungsprobleme richten | Erworbene milieutypische Dispositionen, die dafür verantwortlich sind, dass man das Handeln als zweckgerichtet interpretieren kann, ohne deshalb von einer bewussten Zweckgerichtetheit als dem Prinzip dieses Handelns ausgehen zu können | Verbreitete Modelle aus Bildern, Wissensfragmenten und symbolischen Verhaltensweisen, die Dinge und Personen erklären und ordnen. Modelle erscheinen als ‚Netzwerke' lose miteinander verbundener Begriffe und Bilder | Makrosoziologisch zu verortende soziale Praktiken der Identifikation, Behauptung und Abwehr von Themen, der Äußerungsmodalitäten, der Begriffe und schließlich der Strategien der Teilnehmenden im Hinblick auf Machtwirkungen | „Gelebtes" Wissen, das schwierig zu explizieren ist und kaum in propositionalen Äußerungen vermittelt werden kann („intuitive" Entscheidungen, Wahrnehmung von Personen) |
| Überschneidung mit dem Begriff des metaphorischen Konzepts (m. K.) | Das m. K. ist enger und präziser definiert und in obiger Definition enthalten | Das m. K. ist enger definiert und in obiger Definition enthalten. Bourdieu wie Lakoff/Johnson fassen den Körper als Sediment und Generator von Sinn-Mustern | Das m. K. ist enger und präziser definiert und in obiger Definition enthalten | Über metaphorisches hiding/highlighting werden die Themen konstruiert wie verhindert, damit werden Machtwirkungen entfaltet | Metaphern scheinen die auffälligste Form des Ausdrucks von tacit knowledge zu sein |
| Differenzen zu metaphorischem Konzept/Metaphernanalyse (MA.) | M. K. können individuelle Varianten von Deutungsmustern und deren körper-/leibliche Bezüge bezeichnen. Die Einsozialisation in Deutungsmuster ist über MA besser beschreibbar; MA nutzt i. d. R. keine Sequenzanalysen | MA ist auf die semantische Seite des Habitus orientiert, kann Stilunterschiede und soziolinguistisch-pragmatische Differenzen weniger gut abbilden. Forschung zu Habitus kann statistische Daten, Feldbeobachtungen etc. besser integrieren | Die Forschung zu Sozialen Repräsentationen kann statistische Daten, Feldbeobachtungen etc. besser integrieren | MA bilden Praktiken, Strategien, Ausschließungen nur mittelbar ab, können aber zur Feinanalyse von Machtwirkungen in Gesprächen und Dokumenten einen Beitrag leisten | Formen von tacit knowledge werden i. d. R. in Fallstudien deskriptiv/narrativ dargestellt |
| forschungsmethodische Konsequenz | MA erfasst auch elementare Schemata („image schemas") und ermöglicht Fallanalysen, da nicht nur auf Formen sozialen Wissens fokussiert | | | | |
| | MA fungiert als Variante von Deutungsmusteranalysen | MA deckt Teilbereiche der Habitusforschung ab | MA rekonstruiert große Bereiche der Sozialen Repräsentationen | MA bereichert Teilbereiche der Diskursforschung | MA ergänzt Studien zu tacit knowledge |

tischen Annahmen mit den studienspezifischen Hintergrundtheorien auch im
Hinblick auf Grenzen der Reichweite der damit erzielbaren Aussagen vermitteln sollte.

## 4    Indiziertheit der Methode im Hinblick auf Forschungsfragen

Steinke (2008, 323) zählt zu den Gütekriterien einer qualitativen Studie, dass die
Methoden im Hinblick auf die Forschungsfrage auch angezeigt sind. Diese Betonung der „Gegenstandsangemessenheit" verweist auf das Problem, dass (Er-
hebungs- und Auswertungs-)Methoden zuweilen ernster genommen werden als
die Forschungsfrage und das interessierende Phänomen. Der Blick in Tabelle 1
zeigt, dass die erwähnten metaphernanalytischen Methoden im Kontext spezifischer Forschungsfragen entwickelt wurden. Eine Indiziertheit für die genannten
Gegenstände (wie z. B. Prozessvorstellungen in Psychotherapien bei Buchholz/von
Kleist 1997) ist bei den meisten der genannten Methoden aus ihrem Entstehungs-
kontext gegeben. Jedoch ist die Ablösung eines methodischen Prozederes von der
konkreten Studie oft nicht erfolgt, was zu seltenen Anknüpfungen durch andere
Forschende führt (vgl. letzte Zeile der Tabelle):

## 5    Tauglichkeit für Korpusanalysen, Einzelfallstudien, kleine Samples

Die derzeit diskutierten Metaphernanalysen lassen sich, wie die Tabelle zeigt, in
zwei Gruppen teilen, solche, die größere Textkorpora analysieren und solche, die
sich auf eine hermeneutische Rekonstruktion weniger Texte beziehen. Allerdings
ist diese Unterscheidung nicht absolut zu verstehen, denn auch die auf größere
Korpora zielenden Methoden (Jäkel 2003, Andriessen 2006, Maasen 2009) zeigen im Ablaufschema sinnverstehende Zwischenschritte. Diese Analysen großer
Textmengen geben allerdings relative enge Fassungen des Zielbereichs vor, für den
die Metaphorisierung gesucht wird (Jäkel 2003) oder legen sogar den Zielbegriff
(Andriessen 2006) oder die Metapher vorher fest, nach der mit bibliometrischen
Methoden gesucht wird (Maasen 2009):[3] Die übrigen, in unterschiedlicher Weise
sinnverstehend operierenden Ansätze geben sehr viel offenere Suchräume in ihren Forschungsfragen vor. Keine Methodik beansprucht jedoch, alle Metaphern

---

3    Das gilt nicht für einige sprachwissenschaftliche Korpusanalysen, z. B. Baldauf (1997).

eines Textes zu rekonstruieren. Der Ertrag der unterschiedlichen Fokussierung lässt sich auch als Kontrast durch die jeweiligen Defizite darstellen:

- Die hier vorgestellten Korpusanalysen verfehlen die lokale Konstruktion von Bedeutung; ihre Qualität ist sehr stark abhängig von der Adäquatheit der Suchtermini für die Forschungsfrage. Die Interpretationen können nicht durch ergänzende, widersprechende oder ganz andere Perspektiven thematisierenden Metaphern korrigiert werden; daher tendieren diese Studien zur Überschätzung der Relevanz der thematisierten Metaphern.
- Rekonstruktive Analysen begegnen großen Schwierigkeiten in der Bestimmung, auf welche Kontexte ihre Interpretationen verallgemeinert werden können.

## 6    Hinweise für methodenspezifisches Sampling

Bereits die Unterscheidung zwischen Korpusanalysen und Fallstudien legt unterschiedliche Samplingstrategien nahe, die jedoch häufig nicht explizit thematisiert werden. Je größer die Studie, desto eher ist im Rahmen des interessierenden Korpus eine auf statistische Repräsentativität zielende Auswahl möglich bis hin zu computergestützten Volltextanalysen (Maasen 2009): Je nach Forschungsfrage scheint für die rekonstruktiven Studien die Vorabauswahl als „maximale strukturelle Variation der Perspektive" (Kleining/Witt 2001) oder als schrittweise Auswahl im Sinne des „theoretical sampling" in der Tradition der „grounded theory" (Glaser/Strauss 1998: 53 ff) für viele Untersuchungen die sinnvollste zu sein.

## 7    Ablaufschema

Der Vergleich der sieben Methoden zeigt, dass bei den an Lakoff und Johnson orientierten Methoden a) die Identifikation von Metaphern, b) die Bildung von Konzepten und c) die Interpretation der Konzepte als eigene Schritte explizit seit der ersten Studie von Koch/Deetz (1981, vgl. Deetz 1986) zu finden sind. Buchholz/ von Kleist (1997) fallen mit ihrer Verbindung zur Konversationsanalyse auf, da die Metaphernanalyse sich vor allem auf den Anfang beschränkt und im späteren nur dazu dient, das am Anfang des psychotherapeutischen Gesprächs auffallende metaphorische Muster in weiteren konversationsanalytischen Rekonstruktionen zu bestätigen. Hier wird die Möglichkeit, dass eine Person die Therapie nach mehr als einer Metapher gestaltet, unterschätzt, ebenso wie die Rolle früh auftretender Metaphern tendenziell überschätzt wird. Das Ablaufschema von Jäkel (2003) the-

matisiert als einziges explizit die Rolle rekursiver Verbesserung der Konzeptfor-
mulierung. Dieser Umstand verweist auf das häufiger zu beobachtende Risiko, das
Material unter die von Lakoff und Johnson bekannten Konzeptformulierungen zu
subsumieren (Schmitt 2011b): Darum wird vorgeschlagen, den Prozess der Kon-
zeptformulierung als induktiv-abduktive Strategie zu fassen, die auch eine ‚Erfindung' von Musterbeschreibungen erlaubt (Reichertz 2008):

## 8    Allgemeine/methodenspezifische Gütekriterien

Die Problematik ist nicht neu, dass im Kontext sinnverstehender Forschung die
klassischen Gütekriterien für quantitative Forschung (Reliabilität, Validität, Ob-
jektivität) wenig tauglich sind (Flick (2007: 487–531): Deshalb fällt auf, dass
einige der hier nicht diskutierten sprachwissenschaftlichen Ansätze (z. B. Steen
2004) auf die Reliabilität der Metaphernerkennung orientieren und mit einem
strikten Regelwerk und einem auf Wörterbücher orientierten Vergleich operieren. Diese Vorgehensweise riskiert, dass ein lokaler, übertragender Gebrauch
eines Worts nicht erkannt und spezifische Sinnbezüge übersehen werden. Klassische Gütekriterien für die komplexere Konzeptbildung werden auch von diesen AutorInnen nicht formuliert, ebenso wenig für die in sozialwissenschaftlicher
Sicht interessierende Interpretation. Bei den in der Tabelle verglichenen Ansätzen irritiert jedoch, dass fast durchweg der Bezug auf die Diskussionen zur Qua-
litätssicherung qualitativer Forschung fehlt, sei es anknüpfend an Übersichtsde-
batten (Breuer,/Reichertz 2001); die Reformulierung klassischer Gütekriterien
für die qualitative Forschung (Mayring 2002), die postmoderne Ablehnung von
Gütekriterien (Huber 2001), dem der grounded theory nahestehenden Vorschlag
eigener Gütekriterien für qualitative Forschung (Steinke 2008) oder der Ersetzung von Gütekriterien durch ein Qualitätsmanagement der Forschung (Flick
2007: 511):
    Steinke hat offener gefasste „Kernkriterien zur Bewertung qualitativer For-
schung" (2008, 319) formuliert, die hier weiter entwickelt werden sollen. Einige der
von ihr genannten allgemeinen Kriterien betreffen sehr viel stärker die Untersuchung in allen ihren Teilen als die (metaphernanalytische) Auswertungsmethode
allein (z. B. Reflexion bzw. Testen der Grenzen und Reichweite der Ergebnisse
einer Studie, Kohärenz der entwickelten Theorie, Relevanz für Forschung und
Praxis, und die Dokumentation einer reflektierten Subjektivität (ebd., 329–331):
Stärker auf die Auswertungsmethode orientiert - und damit für Metaphernanalysen direkt relevant - sind als Kriterien die „intersubjektive Nachvollziehbarkeit",
die „Indikation des Forschungsprozesses", und die „empirische Verankerung" der
Theoriebildung im Material (ebd. 324–328): Als für die Metaphernanalyse spezi-

fische Kriterien können im Anschluss an Schmitt (2007) formuliert werden (vgl. Low/Todd 2010, Schmitt in Vorb.):

- die Vollständigkeit von Erhebung, Interpretation und Präsentation von Metaphern;
- die Qualität der metaphorischen Konzepte im Hinblick auf Sättigung und Prägnanz,
- die Gründlichkeit der Entfaltung der Implikationen der metaphorischen Konzepte;
- die kritische Reflexion des forschungs- und kontextbedingten Einbringens von Metaphern in das Material, und
- die Triangulation mit nicht-metaphernanalytisch erhobenen Befunden.

# 9 Typische Designs, in denen die Methode eingesetzt wurde

Unterscheidet man in der Regel fünf typische Designs sozialwissenschaftlicher Forschung (retrospektive Studie, Fallanalyse, Prozessanalyse, Vergleichsstudie und Längsschnittstudie: Flick 2007, 257), so fällt bei der Durchsicht der Literatur auf, dass Fall- oder retrospektive Studien dominieren. Selten sind Vergleichs- oder Längsschnittstudien (z. B. Maasen/Weingart 2000): Vor allem bei letzteren zeigen hermeneutische/rekonstruktive Methodiken Nachteile wegen des großen Arbeitsaufwands (z. B. bei Therapie- und Beratungsstudien: Angus/Kormann 2002):

# 10 Einbezug anderer Metaphernanalysen in Methodik

Bei der Durcharbeitung der Literatur drängt sich der Eindruck einer Abschottung sozialwissenschaftlicher Klein-Diskurse auf; der wechselseitige Nichtbezug auf andere metaphernanalytische Studien ist die Regel, was zu kennzeichnenden Defiziten führt. Dagegen fordert Bohnsack im Rahmen der von ihm vertretenen Dokumentarischen Methode einen Standpunkt außerhalb des Rahmens der untersuchten Gruppe, um eine für die Reflexion notwendige Distanz zu erhalten und Gegenhorizonte zu entfalten, die den Vergleich erst ermöglichen (Bohnsack 2003: 137): Diese Überlegung ist auch für Metaphernanalysen sinnvoll. Eine im konkreten Fall fast zu späte Einsicht ergab sich in einer früheren Publikation (Schmitt 1995: 220, vgl. Schmitt 2007), in der neun metaphorische Konzepte des Helfens und der Veränderung im Rahmen der sozialpädagogischen Einzelfall- und Familienhilfe rekonstruiert wurden. Dabei fiel auf, dass die z. B. in der Gesprächspsychotherapie übliche organische Metaphorik des psychischen „Wachstums" nicht vertreten war. Dieses Fehlen der organischen Metaphorik trägt zur Beschreibung der eingriffsorientierten Einzelfallhilfe (in Fällen drohender Inobhutnahme von Kindern) bei, in der solche Prozesse des „Wachstums" offenbar wenig Raum haben. Dieser Befund wäre deutlicher zu formulieren gewesen, wenn außerhalb des Samples nach weiteren Metaphern für Helfen und psychosoziale Veränderung gesucht worden wäre. Inzwischen liegen Übersichten über Metaphernanalysen vor, welche als Vergleich dienen können.[4] Kennzeichnende Einschränkungen des metaphorischen Vokabulars lassen sich nur auf dem Hintergrund eines solchen Abgleichs wahrnehmen.

## 11  Reflexion der Standortgebundenheit

Auch der folgende Punkt lässt sich mit einem Vergleich zur Dokumentarischen Methode beschreiben (vgl. Schmitt 2007): Bohnsack diskutiert im Rückgriff auf Husserl und Schütz die Standortgebundenheit und Seinsverbundenheit einer Interpretation, die es erschwert, das eigene implizite Vorwissen als Möglichkeit und Begrenztheit einer Interpretation zu reflektieren (Bohnsack 2003: 195 f): Auch Beiträge aus der Psychoanalyse zur Übertragungs- bzw. Gegenübertragungsanalyse im Prozess des Forschens (Devereux 1984) machen darauf aufmerksam, dass aufgrund des ungleich offeneren und die Person der Forschenden sehr viel stärker einbeziehenden Prozederes qualitativer Forschung Supervision zwingend notwendig ist. In den oben genannten metaphernanalytischen Ansätzen wird dies durchweg nicht thematisiert, obschon Lakoff und Johnson davon ausgehen, dass unser alltägliches wie wissenschaftliches Denken selbst von Metaphern durchzogen ist. Es ist daher einfacher, auffällige, störende und den eigenen Vormeinungen nicht entsprechende Redewendungen als Metaphern wahrzunehmen. Schulze (2007: 362) hat daher die Nutzung eines Eigeninterviews vorgeschlagen: Vor allen anderen Schritten lässt sich der/die Untersuchende selbst zum Thema interviewen und arbeitet dann die selbst genutzten Metaphern heraus. Dieser Schritt, der auch an anderen eigenproduzierten Materialien durchgeführt werden kann, dezentriert und distanziert die Forschenden vom Material, hilft, die selbst als buchstäblich wahrgenommenen Konstruktionen zu durchschauen und Werthaltungen zu reflektieren.

---

4   Vgl. für die Politikwissenschaft: Beer/Landtsheer (2004); Geschlechterforschung: Schmitt (2009); Pflege und Gesundheitswissenschaft: Schmitt/Böhnke (2009); Psychologie: Schmitt (2010a); Soziale Arbeit: Schmitt (2010b); Erziehungswissenschaft: Schmitt (2011c).

## 12    Bilanz und Aussicht: Bewölkt, Aufheiterungen möglich.

Der Überblick zeigt, dass die bisherigen metaphernanalytischen Methoden in heterogenen und voneinander weitgehend abgeschotteten Diskursgemeinschaften entstanden sind. Metaphern sind als Element sozialwissenschaftlicher Forschung noch wenig entwickelt; die Rezeption der kognitiven Metapherntheorie in den empirischen Sozialwissenschaften ist verhalten, die Rezeption anderer Ansätze kaum festzustellen, obschon Erwähnungen des Terminus „Metapher" nicht selten sind. Die Zugangsbarrieren bestehen im Fall von Lakoff und Johnson zunächst darin, dass der Terminus „kognitiv" im sozialwissenschaftlichen Feld erheblich enger verstanden wird (Schmitt 2011a): Ferner bieten Lakoff und Johnson keine Methode; ihr Vorgehen folgt einem szientistischen Selbstmissverständnis eines naturwissenschaftlichen Suchens und Klassifizierens, das kein Vorbild für sozialwissenschaftliche Methoden sein kann (Schmitt 2011b): Zu den Rezeptionshemmnissen zählt auch, dass nur das erste und begrifflich überholte Buch von 1980 übersetzt erschienen ist (1998), die zentralen Publikationen von 1987 und 1999 schließen nicht bruchlos daran an. Eine wichtigere Rolle werden Metaphernanalysen in den Sozialwissenschaften nur dann übernehmen können, wenn es gelingt, tragfähige Verbindungen zu sozialwissenschaftlichen Theorien zu etablieren (eine Ausnahme: Stadelbacher 2010), wenn überzeugende Analysen in den einzelnen Disziplinen bekannt werden[5] und die Rezeption zumindest der kognitiven Metapherntheorie in der Ausbildung verankert werden kann. Nicht zuletzt fehlten bisher Organisationsformen für diejenigen, die sich um das Thema Metapher in den Sozialwissenschaften bemühten; mit der Gründung des Arbeitskreises „Soziale Metaphorik" in der Sektion Wissenssoziologie der Deutschen Gesellschaft für Soziologie ist hoffentlich ein Anfang gemacht.

## Literatur

Andriessen, Daniel (2006): On the metaphorical nature of intellectual capital: A textual analysis. *Journal of Intellectual Capital, 7*(1), 93–110.

Andriessen, Daniel/Gubbins, Claire (2009): Metaphor Analysis as an Approach for Exploring Theoretical Concepts: *The Case of Social Capital*. Organization Studies 30(08), S. 845–863.

Angus, Lynne E./Korman, Yifaht (2002): Conflict, Coherence, and Change in Brief Psychotherapy: A Metaphor Theme Analysis. In Susann R. Fussell (Ed.), *The Verbal Communication of Emotions: Interdisciplinary Perspectives* (pp.151–166): Mahwah, NJ: Lawrence Erlbaum Associates.

---

5    vgl. Fußnote 3

Baldauf, Christa (1997): *Metapher und Kognition. Grundlagen einer neuen Theorie der Alltagsmetapher.* Frankfurt am Main: Lang

Beer, Francis A.; Landtsheer, Christ'l de (2004b): Introduction. Metaphors, Politics, and World Politics. In: Francis A. Beer; Christ'l de Landtsheer. *Metaphorical World Politics,* S. 5–54. East Lansing: Michigan State University Press.

Black, Max (1983b): Mehr über die Metapher (Orig. 1977): In Anselm Haverkamp (Hrsg.), *Theorie der Metapher* (S. 379–413): Darmstadt: Wissenschaftliche Buchgesellschaft.

Blumenberg, Hans (1960): Paradigmen zu einer Metaphorologie. *Archiv für Begriffsgeschichte,* 6, 7–142.

Bohnsack, Ralf (2003): *Rekonstruktive Sozialforschung. Einführung in qualitative Methoden.* 5. Auflage. Opladen: Leske + Budrich.

Bohnsack, Ralf (2005): Standards nicht standardisierter Forschung in den Erziehungs- und Sozialwissenschaften. In: *Zeitschrift für Erziehungswissenschaft,* Jg. 8, Beiheft H. 4, S. 63–81.

Bourdieu, Pierre (1998): *Praktische Vernunft. Zur Theorie des Handelns.* Frankfurt am Main: Suhrkamp.

Breuer, Franz/Reichertz, Jo (2001): *Wissenschafts-Kriterien: Eine Moderation* [40 Absätze]. Forum Qualitative Sozialforschung/Forum: Qualitative Social Research, 2(3), Art. 24, http://nbn-resolving.de/urn:nbn:de:0114-fqs0103245.

Buchholz, Michael B./Kleist, Cornelia von (1997): *Szenarien des Kontakts. Eine metaphernanalytische Untersuchung stationärer Psychotherapie.* Gießen: Psychosozial Verlag.

Buchholz, Michael B./Lamott, Franziska/Mörtl, Katrin (2008): *Tat-Sachen. Narrative von Straftätern.* Gießen: Psychosozial.

Deetz, Stanley A. (1986): Metaphors and the discursive production and reproduction of organization. In: L. Thayer (ed.) *Organization – Communication: Emerging Perspectives.* Vol. 1., pp. 168–182, Norwood, NJ. Ablex Publ.

Deignan, Alice/Semino, Elena (2010): Corpus techniques for metaphor analysis. In: Lynne Cameron, Robert Maslen (eds): *Metaphor Analysis: Research Practice in Applied Linguistics, Social Sciences and the Humanities,* S. 161–179. London: Equinox.

Devereux, Georges (1984): *Angst und Methode in den Verhaltenswissenschaften.* Frankfurt am Main: Suhrkamp

Döring, Martin (2005): „*Wir sind der Deich": Zur metaphorisch-diskursiven Konstruktion von Natur und Nation.* Hamburg: Kovač.

Drulák, Petr (2006a): Motion, Container and Equilibrium: Metaphors in the Discourse about European Integration. *European Journal of International Relations* 12(4), S. 499–531.

Fauconnier, Gilles/Turner, Mark (2002): *The way we think: Conceptual blending and the mind's hidden complexities.* New York: Basic Books.

Flick, Uwe (2007): *Qualitative Sozialforschung. Eine Einführung* (vollständig überarbeitete und erweiterte Auflage): Hamburg: Rowohlt.

Flick, Uwe (2008): Triangulation in der qualitativen Forschung. In: Uwe Flick, Ernst von Kardorff & Ines Steinke (Hrsg.), *Qualitative Forschung. Ein Handbuch.* (S. 309–318): 6. Auflage. Hamburg: Rowohlt.

Geeraerts, Dirk (2006): Methodology in Cognitive Linguistics. In: Kristiansen, Gitte/Achard, Michel/Dirven, René/de Mendoza, Ruiz/Ibáñez, Francisco J. (edd.): *Cognitive linguistics: Current applications and future perspectives,* Berlin, S. 21–50.

Geideck, Susan/Liebert, Wolf-Andreas (2003): *Sinnformeln. Linguistische und soziologische Analysen von Leitbildern, Metaphern und anderen kollektiven Orientierungsmustern.* Berlin De Gruyter.

Glaser, Barney G../Strauss, Anselm L. (1998): *Grounded Theory. Strategien qualitativer Forschung.* Bern: Huber. Original: Glaser, Barney G., Strauss, Anselm L. (1967): *The Discovery of Grounded Theory.* Strategies for qualitative research. Chicago.

Gugutzer, Robert (2002): *Leib, Körper und Identität. Eine phänomenologisch-soziologische Untersuchung zur personalen Identität.* Wiesbaden: Westdeutscher Verlag.

Herzog, Walter/Hollenstein, Armin (2007): Flurbereinigung im Feld der Qualitativen. In: *Erwägen Wissen Ethik,* 18 (2), S. 293–312.

Hitzler, Ronald (2002): Sinnrekonstruktion. Zum Stand der Diskussion (in) der deutschsprachigen interpretativen Soziologie [35 Absätze]. *Forum Qualitative Sozialforschung/Forum: Qualitative Social Research,* 3(2), Art. 7, http://nbn-resolving.de/urn:nbn:de:0114-fqs020276.

Huber, Andreas (2001): Die Angst des Wissenschaftlers vor der Ästhetik. Zu Jo Reichertz: Zur Gültigkeit von Qualitativer Sozialforschung [34 Absätze]. Forum Qualitative Sozialforschung/Forum Qualitative Social Research, 2(2), Art. 1, http://nbn-resolving.de/urn:nbn:de:0114-fqs010210.

Jäkel, Olaf (2003): *Wie Metaphern Wissen schaffen. Die kognitive Metapherntheorie und ihre Anwendung in Modell-Analysen der Diskursbereiche Geistestätigkeit, Wirtschaft, Wissenschaft und Religion.* Hamburg: Dr. Kovač.

Johnson, Mark (1987): *The Body in the Mind. The Bodily Basis of Meaning, Imagination, and Reason.* Chicago: The University of Chicago Press.

Junge, Matthias (2011): Eine soziologische Perspektive auf Semantik und Pragmatik der Metapher, in: *metaphorik.de* 11, 20, http://www.metaphorik.de/20/junge.pdf (Abruf: 24.09.2011):

Kirchhoff, Susanne (2010): *Krieg mit Metaphern. Mediendiskurse über 9/11 und den „War on Terror".* Bielefeld: Transcript.

Kleining, Gerhard/Witt, Harald (2001, February): Discovery as Basic Methodology of Qualitative and Quantitative Research [81 paragraphs]. *Forum Qualitative Sozialforschung/Forum: Qualitative Social Research [Online Journal],* 2(1): Available at: http://www.qualitative-research.net/fqs-texte/1-01/1-01kleiningwitt-e.htm [Date of Access: 22.2.2007].

Koch, Susan/Deetz, Stanley (1981): Metaphor analysis of social reality in organizations. *Journal of Applied Communication Research,* 9, S. 1–15.

Kruse, Jan; Biesel, Kay; Schmieder, Christian (2011): Metaphernanalyse. Ein rekonstruktiver Ansatz. Wiesbaden: VS.

Lakoff, George (1987): *Women, fire and dangerous things. What categories reveal about the mind.* Chicago: The University of Chicago Press.

Lakoff, George/Johnson, Mark (1980): *Metaphors we live by.* Chicago: The University of Chicago Press.

Lakoff, George/Johnson, Mark (1998): *Leben in Metaphern.* Heidelberg: Carl-Auer-Systeme. [Orig.: 1980. Metaphors we live by. Chicago: The University of Chicago Press].

Lakoff, George/Johnson, Mark (1999): *Philosophy In The Flesh: The Embodied Mind And Its Challenge To Western Thought.* New York: Basic Books.

Lamnek, Siegfried (2005): *Qualitative Sozialforschung* (4. vollständig überarbeitete Auflage): Weinheim: Beltz.

Low, Graham/Todd, Zazie (2010): Good practice in metaphor analysis: Guidelines and pitfalls. In: Lynne Cameron, Robert Maslen (eds): *Metaphor Analysis: Research Practice in Applied Linguistics, Social Sciences and the Humanities*, S. 217–229. London: Equinox.

Maasen, Sabine (2009): *Wissenssoziologie* (2., komplett überarb. Aufl.): Bielefeld: transcript.

Maasen, Sabine/Weingart, Peter (2000): *Metaphors and the Dynamics of Knowledge*. London/New York: Routledge.

Marsch, Sabine (2009): *Metaphern des Lehrens und Lernens. Vom Denken, Reden und Handeln bei Biologielehrern*. Dissertation zur Erlangung des akademischen Grades eines Doktors der Naturwissenschaften (Dr. rer. nat.) der Freien Universität Berlin. Online: http://www.diss.fu-berlin.de/diss/receive/FUDISS_thesis_000000013588. [Download 14.06.2011]

Mayring, Philipp (2002): Einführung in die qualitative Sozialforschung. 5., überarbeitete Auflage. Weinheim: Belz

Moscovici, Serge (1995): Geschichte und Aktualität sozialer Repräsentationen. In: Uwe Flick (Hrsg.): *Psychologie des Sozialen. Repräsentationen in Wissen und Sprache*. Rowohlt, Hamburg, S. 267–314

Moser, Karin S. (2001): Metaphernforschung in der Kognitiven Psychologie und in der Sozialpsychologie – eine Review. *Journal für Psychologie, 9*(4), 17–34. URN: http://nbn-resolving.de/urn:nbn:de:0168-ssoar-28257 [Zugriff: 22.8.2009].

Mruck, Katja/Mey, Günter (2010): Einleitung. In: Katja Mruck, Günter Mey: *Handbuch qualitative Forschung in der Psychologie*. Wiesbaden, VS, S. 11–32.

Oevermann, Ulrich (2001a): Zur Analyse der Struktur von sozialen Deutungsmustern. *sozialersinn*, 1/2001, 3–33. (Orig. 1973).

Oevermann, Ulrich (2001b): Die Struktur sozialer Deutungsmuster – Versuch einer Aktualisierung. In: *sozialersinn*, Heft 1/2001, S. 35–82.

Polányi, Michael (1985): *Implizites Wissen*. Frankfurt: Suhrkamp. (Orig: The tacit dimension. New York: Doubleday & Company 1966).

Reichertz, Jo (2007): *Qualitative Sozialforschung – Ansprüche, Prämissen, Probleme*. In: *Erwägen Wissen Ethik*, 18 (2), S. 195–208.

Reichertz, Jo (2008): Abduktion, Deduktion und Induktion in der qualitativen Forschung. In Uwe Flick, Ernst von Kardorff & Ines Steinke (Hrsg.), *Qualitative Forschung. Ein Handbuch*. Hamburg: Rowohlt, S. 276–286.

Ricœur, Paul (1991, 2. Aufl): *Die lebendige Metapher*. München: Fink.

Schmitt (in Vorb.): *Systematische Metaphernanalyse*. (Arbeitstitel):

Schmitt, Rudolf (1995): *Metaphern des Helfens*. Weinheim: Psychologie Verlags Union.

Schmitt, Rudolf (2004): Diskussion ist Krieg, Liebe ist eine Reise, und die qualitative Forschung braucht eine Brille. Review Essay: George Lakoff & Mark Johnson (2003): Leben in Metaphern. Konstruktion und Gebrauch von Sprachbildern. *Forum Qualitative Sozialforschung/Forum: Qualitative Social Research*, 5(2), Art. 19, URN: http://nbn-resolving.de/urn:nbn:de:0114-fqs0402190.

Schmitt, Rudolf (2007): Versuch, die Ergebnisse von Metaphernanalysen nicht unzulässig zu generalisieren. *Zeitschrift für qualitative Forschung*, 8(1), 137–156. Online: http://nbn-resolving.de/urn:nbn:de:0168-ssoar-277869.

Schmitt, Rudolf (2009): Metaphernanalysen und die Konstruktion von Geschlecht [84 Absätze]. *Forum Qualitative Sozialforschung/Forum: Qualitative Social Research*, 10(1), Art. 16, URN: http://nbn-resolving.de/urn:nbn:de:0114-fqs0902167.

Schmitt, Rudolf (2010a): Metaphernanalyse. In: Karin Bock, Ingrid Miethe (Hrsg.) Handbuch qualitative Methoden in der Sozialen Arbeit. S. 325–335, Opladen: Budrich.

Schmitt, Rudolf (2010b): Metaphernanalyse. In Günter Mey & Katja Mruck (Hrsg.), *Handbuch Qualitative Forschung in der Psychologie* (S. 676–691) Wiesbaden: VS Verlag für Sozialwissenschaften.

Schmitt, Rudolf (2011a): Methoden der sozialwissenschaftlichen Metaphernforschung. In Matthias Junge (Hrsg.), Gesellschaft und Metaphern. Die Bedeutung der Orientierung durch Metaphern. (S. 167–184): Wiesbaden: VS Verlag für Sozialwissenschaften.

Schmitt, Rudolf (2011b): Systematische Metaphernanalyse als qualitative sozialwissenschaftliche Forschungsmethode. In metaphorik.de 21/2011, S. 47–82, http://www.metaphorik.de/21/schmitt.pdf [22.12.2011].

Schmitt, Rudolf (2011c): Metaphernanalyse in der Erziehungswissenschaft. In: Sabine Maschke, Ludwig Stecher (Hrsg.) *Enzyklopädie Erziehungswissenschaft Online. Fachgebiet: Methoden der empirischen erziehungswissenschaftlichen Forschung*, Qualitative Forschungsmethoden, S. 1–34. Weinheim: Juventa. Download: http://www.erzwissonline.de/fachgebiete/methoden_erziehungswissenschaftlicher_forschung/beitraege/07110177.htm DOI 10.3262/EEO07110177.

Schmitt, Rudolf/Böhnke, Ulrike (2009): Detailfunde, Überdeutungen und einige Lichtblicke: Metaphern in pflegewissenschaftlichen Analysen. In: Ingrid Darmann-Finck, Ulrike Böhnke, Katharina Straß (Hrsg.) *Fallrekonstruktives Lernen. Ein Beitrag zur Professionalisierung in den Berufsfeldern Pflege und Gesundheit* (S. 123–150): Frankfurt: Mabuse.

Schulze, Heike (2007): *Handeln im Konflikt. Eine qualitativ-empirische Studie zu Kindesinteressen und professionellem Handeln in Familiengericht und Jugendhilfe.* Ergon: Würzburg

Seitz, Hartmut (2004): *Lebendige Erinnerungen.* Bielefeld: transcript.

Stadelbacher, Stephanie (2010): Die körperliche Konstruktion des Sozialen. Ein soziologischer Blick auf die Theorie kognitiver Metaphorik von George Lakoff und Mark Johnson. In: Fritz Böhle, Margit Weihrich (Hg.): *Die Körperlichkeit sozialen Handelns. Soziale Ordnung jenseits von Normen und Institutionen* (S. 299–330): Bielefeld: transcript.

Steen, Gerard (2004): Towards a procedure for metaphor identification. *Language and Literature, 11*(1), 17–33.

Steinke, Ines (2008): Gütekriterien qualitativer Forschung. In: Flick, Uwe; Kardorff, Ernst von; Steinke, Ines (Hrsg.) *Qualitative Forschung. Ein Handbuch.* S. 319–331. 6. Auflage. Hamburg: Rowohlt.

Straub, Jürgen/Seitz, Hartmut (1998): Metaphernanalyse in der kulturpsychologischen Biographieforschung. Theoretische Überlegungen und empirische Analysen am Beispiel des „Zusammenschlusses" von Staaten. In Ralf Bohnsack & Winfried Marotzki (Hrsg.), *Biographieforschung und Kulturanalyse. Interdisziplinäre Zugänge* (S. 243–259): Opladen: Leske + Budrich.

van Dijk, Teun A. (2011): Discourse, knowledge, power and politics: Towards critical episte-
    mic discourse analysis. In: Christopher Hart (ed.): *Critical Discourse Studies in Con-
    text and Cognition,* S. 27–64. Amsterdam: John Benjamins.
Wagner, Wolfgang/Hayes, Nicky (2005): *Everyday Discourse and Common Sense. The Theo-
    ry of Social Representations.* New York: Palgrave Macmillan
Weinrich, Harald (1976): Allgemeine Semantik der Metapher. In: Harald Weinrich, Sprache
    in Texten (S. 317–326): Stuttgart: Klett.

# Diskurslinguistische Metaphernanalyse

## Constanze Spieß

## 1 Einleitung

Die Metaphernanalyse nimmt im Kontext der Linguistik als Analysemethode einen großen Raum ein. Insbesondere diskursanalytische Untersuchungen sehen in der Analyse von Metaphorik ein großes Potenzial zur Wissensanalyse. Aufgrund der Tatsache, dass unser alltägliches Sprechen, Denken und Handeln metaphorisch konzeptualisiert ist (vgl. Lakoff/Johnson), taucht die Metapher in Diskursen auch prominent auf. Sie stellt damit ein Phänomen dar, das – wenn man es analysiert – Aufschluss über sprachliches und nicht-sprachliches Wissen, über Diskursstrukturen und -kulturen sowie über Diskursdynamiken geben kann (vgl. z. B. Spieß 2011, 2013, vgl. Ziem 2008, Böke 1996, Liebert 1992, 2002, Liebert/Geideck 2003, Nerlich/Clark 2003, Nerlich 2005, Musolff 2007, 2012).

Der Beitrag setzt zugleich drei vieldeutige und umstrittene Begriffe voraus, die hier einer Klärung bedürfen und die in einem gegenseitigen Bedingungsverhältnis stehen: Sprache – Metapher – Diskurs. Die drei Begriffe stellen linguistische Kategorien dar, die je für sich ganze Forschungsbereiche begründen und je nach Perspektive unterschiedliche Ausprägungen und Ausdeutungen erfahren.

Dementsprechend sollen in einem ersten Schritt in diesem Beitrag die Begriffe *Sprache, Metapher* und *Diskurs* (Kap. 2–4) konturiert, erläutert und zueinander in Bezug gesetzt werden. Es soll auch im Hinblick auf methodische Implikationen die Frage beantwortet werden, in welcher Form die Begriffe einer diskurslinguistischen Metaphernanalyse zugrunde gelegt werden können. In einem zweiten Schritt (Kap. 5) wird an empirischen Daten aufgezeigt, wie eine linguistische Metaphernanalyse im Kontext einer Diskursanalyse aussehen kann und welche Erkenntnisse sie zu Tage befördert.

## 2    Sprachbegriff

Grundlegend für eine Sichtweise auf die Metapher aus linguistischer Perspektive
ist jeweils ein bestimmter Sprachbegriff. Sprache wird in dem vorliegenden Zusammenhang als wissens- und handlungskonstitutiv vorausgesetzt. Will man sich
der Metapher linguistisch nähern, so ist ihre Versprachlichung bzw. ihre sprachliche Erscheinungsweise von zentraler Bedeutung. Hierzu wird zum einen ein
handlungstheoretisch basierter Sprachbegriff vorausgesetzt, der davon ausgeht,
dass Sprechen ein Handeln ist und durch sprachliches Handeln Wirklichkeiten
konstituiert werden. Neben verschiedenen pragmatischen Theorien (u. a. Wittgensteins Gebrauchstheorie oder die Sprachtheorie Karl Bühlers), die die Kon-
textfaktoren der Kommunikationssituation hervorheben, lässt sich ein solcher
Sprachhandlungsbegriff zum anderen auch mit der Wissenssoziologie Berger/
Luckmanns vereinbaren und zudem in Bezug zu Ansätzen bringen, die auf die
kognitive Dimension von Sprache abzielen (vgl. hierzu Berger/Luckmann, vgl.
Felder 2009, vgl. Bühler [3]1999, vgl. Wittgenstein 1984, vgl. auch Spieß 2011: 11–72,
vgl. Ziem 2008, vgl. Busse 2013). Mit Berger/Luckmann lässt sich festhalten:

> „Sprache vergegenständlicht gemeinsame Erfahrung und macht sie allen zugänglich,
> die einer Sprachgemeinschaft angehören. Sie wird zugleich Fundament und Instru-
> ment eines kollektiven Wissensbestandes. Darüber hinaus stellt sie Mittel zur Verge-
> genständlichung neuer Erfahrungen zur Verfügung und ermöglicht deren Eingliede-
> rung in den bereits vorhandenen Wissensbestand." (Berger/Luckmann [20]2004: 72 f.)

Sprache stellt einen Zugang zur Welt dar; zugleich wird die Deutung von Welt
durch Sprache möglich. Felder beschreibt Sprache als ein „Tor zur Welt". (Felder
2009) Und Metaphern stellen in diesem Zusammenhang Sinndeutungspotenziale
und -möglichkeiten von Welt dar. Sprache und Sprachgebrauch kann aus drei Perspektiven betrachtet werden: einer formalen, einer semantischen und einer pragmatischen. Alle drei Perspektiven hängen miteinander zusammen und beziehen
sich letztlich aufeinander. Darüber hinaus kann Sprache in verschiedenen Dimensionen beschrieben werden: Der Dimension des Sprachgebrauchs, der Sprach-
norm und des Sprachsystems. Sprachgebrauch stellt dabei aber immer die Dimension dar, über die auf Normen und auf das System zugegriffen werden kann.
Metaphern können aus allen drei Perspektiven betrachtet werden und spielen in
allen Dimensionen mehr oder weniger stark eine Rolle. Wesentlich für einen diskurslinguistischen Zugriff ist dabei die Dimension des Sprachgebrauchs.

   Ein pragmatisch bestimmter Sprachbegriff ist dementsprechend angewiesen
auf die Einbeziehung der Kontexte und Situationen in den Analyserahmen (vgl.
hierzu auch Bühler [3]1999). Die Kontextualität von Sprache und Sprachgebrauch

wiederum verdeutlicht, dass jegliches Sprechen und Sprachhandeln immer schon geprägt ist von lebensweltlichen Voraussetzungen im Wittgensteinschen Sinne. Sprache ist eingebettet in nicht hinterfragte Gewissheiten und Kontexte, was Wittgenstein mit dem Begriff *Lebensform* näher beschreibt. Unter Lebensform versteht er dabei die gesamten, sozialen Praktiken einer Sprachgemeinschaft (vgl. Wittgenstein 1984)

> „Man kann sich leicht eine Sprache vorstellen, die nur aus Befehlen und Meldungen in der Schlacht besteht. – Oder eine Sprache, die nur aus Fragen besteht und einem Ausdruck der Bejahung und Verneinung. Und unzählige Andere. Und eine Sprache vorstellen heißt, sich eine Lebensform vorstellen." ( Wittgenstein: PU § 19)

In linguistischer Perspektive ist dementsprechend Sprache als Tätigkeit bzw. Handlung zu beschreiben, was sich in einem Faktorenmodell sprachlichen Handelns anschaulich darstellen lässt. Dieses Faktorenmodell bildet sozusagen die Folie, vor deren Hintergrund Metapherngebrauch stattfindet und auf dessen Basis Metapherngebrauch zu analysieren ist. Sprecher und Hörer bzw. Textemittent und Textrezipient sind immer schon in lebensweltliche Kontexte verortet. Beide nehmen idealerweise in ihrer Kommunikation Bezug auf sprachliches und außersprachliches, verstehensrelevantes Wissen, was ihre kommunikativen Akte beeinflusst. Hinzu tritt ebenfalls bei beiden, dass Annahmen über den Gesprächspartner/den Adressaten auf der Basis von Situations- und Kontextwissen (Kommunikationsbereich, Wissen um soziale Rollen, Thema etc.) vorgenommen werden, die sich u. a. in bestimmten Situations- und Partnererwartungen auswirken, was sich wiederum sprachlich manifestiert. Abb. 1 gibt einen schematischen Überblick über das Faktorenmodell der Kommunikation.

Der Metapher als ein Phänomen des alltäglichen Sprachgebrauchs und als Teil sprachlichen Handelns und Wissens kommt in diesem Zusammenhang eine bedeutende Rolle auch im Hinblick auf die Konstruktion und Deutung von Lebenswirklichkeiten zu.

**Abbildung 1** Faktorenmodell der Kommunikation*

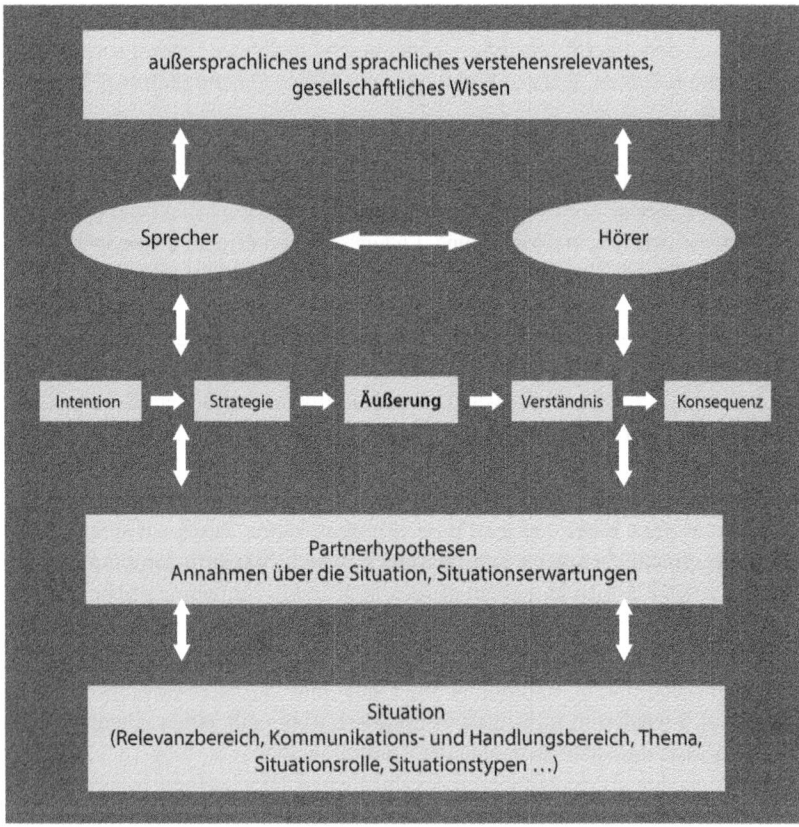

* Das Faktorenmodell wurde im Anschluss an Busse 1988, Girnth 2002, Hannappell/Melenk ²1984, Herrgen 2000, Volmert 1989 modifiziert. Es ist Spieß (2011: 143–155) entnommen und wird dort auch eingehend besprochen, was im vorliegenden Zusammenhang nicht geschehen kann.

# 3    Metaphernbegriff

Das Erscheinen des Buches „Metaphors we live by" von George Lakoff und Mark Johnson (1980) setzte in der Linguistik eine kognitive Sichtweise der Metapher und metaphorischer Prozesse in Gang, die bis heute anhält und verschiedene Metaphernmodelle zutage förderte und auch über die Linguistik hinaus Wirkungen zeigte, wenngleich die Ideen Lakoff/Johnsons keine neue waren (vgl. Hülzer 1987). Dennoch kann aber bescheinigt werden, dass das Erscheinen des Buches die Metaphernforschung stark beförderte. In vielen Fachdisziplinen ist seit dem Erscheinen des bis heute viel zitierten und beachteten Werks unumstritten, dass Metaphern nicht einfach bloß als Stilmittel oder rhetorische Mittel, die vornehmlich in ästhetischen Texten oder politischen Reden auftauchen, aufzufassen sind, sondern dass Metaphern eine wesentliche Rolle bei der alltäglichen Kommunikation, bei der Deutung, Konstruktion und dem Verständnis von Wirklichkeit zukommt. Lakoff/Johnson (1980) (und viele andere) gehen davon aus, dass unser gesamtes Denken, Sprechen und Handeln metaphorisch strukturiert ist.

> „The concepts that govern our thought are not just matters of the intellect. They also govern our everyday functioning, down to the most mundane details. Our concepts structure what we perceive, how we get around in the world, and how we relate to other people. Our conceptual system is largely metaphorical, then the way we think, what we experience, and what we do every day is very much a matter of metaphor." (Lakoff/ Johnson 1980: 3)

Die Metapher – aus kognitionslinguistischer Perspektive betrachtet – stellt zunächst ein mentales Ordnungsprinzip dar, das verschiedene Funktionen innehat (s. u.) und u. a. sprachlich realisiert wird.[1] Lakoff und Johnson haben sich bei der Konturierung ihres Metaphernbegriffs u. a. an der Gestaltpsychologie orientiert (vgl. Lakoff/Johnson 1980, Kap. 15 und 18 sowie Liebert 1992: 22–28). Demnach fassen sie Metaphern als Gestalten auf.[2] Gestalten zeichnen sich vor allem dadurch aus, dass die Summe der Einzelteile von Gestalten mehr ist als die Einzelteile zusammen. Gestalten werden damit als Ganzes aufgefasst, das über die Einzelteile

---

1    Metaphern können auch visuell und audiovisuell realisiert werden. Vgl. hierzu Fahlenbrach (2010).
2    Auch Bühler vertritt die Ansicht, dass Metaphern Gestalten sind, die durch das Prinzip der Übersummativität und der Untersummativität gekennzeichnet sind. Darüber hinaus betont er vor allem die den Metaphern innewohnende „Selektivität" einerseits und das „Verhüllungsbedürfnis" andererseits, die durch das Zusammenführen der beiden Konzepte (Bühler spricht hier von Sphären) zustande kommt. Vgl. Bühler ³1999, § 23. Lakoff/Johnson (1980) sprechen hier von den Mechanismen des *highlighting* und *hiding*.

hinausgeht und wahrgenommen wird im Sinne einer Figur, die sich von einem Hintergrund abhebt. Die Figur als Ganze hat eine andere Bedeutung als die jeweiligen Einzelteile zusammen. Gestalten sind dementsprechend durch das Merkmal der Übersummativität gekennzeichnet, was man insbesondere in der sprachlichen Erscheinungsweise sehr gut nachvollziehen kann. Metaphern sind eben nur in ihrer gesamten sprachlichen Gestalt als solche existent, ebenso kann ihre Bedeutung nicht einfach aus den einzelnen sprachlichen Teilen erklärt werden, sondern nur durch das Zusammenspiel der Teile und dem Bezug zu Konzepten.

Ein weiteres Merkmal stellt das der Transponierbarkeit dar. Transponierbarkeit bedeutet, dass Metaphern in ihrer je unterschiedlichen Realisation dennoch identifizierbar sind aufgrund der Zugehörigkeit zu mentalen Konzepten. (vgl. Liebert 1992: 16 f). Begriffe bzw. Konzepte sind für Lakoff/Johnson Gestalten. (vgl. Liebert 1992: 22–30, insbesondere 29). Das dritte Merkmal ist das der Übertragbarkeit. Hierbei geht es um die Möglichkeit der Übertragung von Eigenschaften einer Gestalt auf die Eigenschaften einer anderen. Die drei Merkmale stehen in einem Zusammenhang zueinander.[3]

Die Struktur von Metaphern besteht dementsprechend darin, Erfahrungen des einen Bereiches mit Hilfe von Erfahrungen des anderen Bereiches zu erklären. Die Projektionsprozesse können dabei unterschiedlich komplex sein. Die Metapher verfügt strukturell über einen Herkunftsbereich (source) und einen Zielbereich (target). Dadurch dass beim Metaphorisierungsprozess von einem Herkunftsbereich Bedeutungsaspekte auf einen Zielbereich projiziert werden, werden zugleich spezifische Bedeutungsaspekte hervorgehoben *(highlighting)*, andere dagegen bleiben verborgen *(hiding)*. Die Metapher basiert demnach auf den beiden Mechanismen *highlighting* und *hiding*.[4]

Metaphorisierungsprozesse sind somit unterschiedlich komplex, so kann es sich um einfache Projektionsprozesse handeln, bei denen vom Quell- auf den Zielbereich projiziert wird. Bei komplexeren Prozessen gehen Bedeutungsaspekte sowohl vom Quell- als auch vom Zielbereich in die neue Bedeutung so ein, dass eine komplett neue Bedeutung entsteht. Die eingehenden Bedeutungsaspekte werden dabei gemischt. Fauconnier/Turner (1998, 2002) bezeichnen diese Strukturen als Blending-Strukturen. (Vgl. hierzu auch Ziem 2008 oder Busse 2013) Ebenso

---

3   Zur Gestalttheorie und Metaphorik vgl. auch Bühler [3]1999, § 21.

4   Zu fragen wäre an dieser Stelle, welche Gegenstände sich besonders zur Metaphorisierung eignen. Letztlich können verschiedenen Metaphorisierungsrichtungen ausgemacht werden, die über die metaphorisierten Gegenstände recht allgemein Auskunft geben. So wird u. a. Unbelebtes durch Belebtes, Abstraktes durch Konkretes, Komplexes durch Einfaches metaphorisiert. Komplexe technische Innovationen werden durch Metaphorisierungen, die beispielsweise aus der Alltagserfahrung stammen, veranschaulicht bzw. vermittelt (s. u.).

können bereits sedimentierte, konventionalisierte Metaphern erneut einem Metaphorisierungsprozess unterliegen oder Elemente einer Metapher können aus Metonymien bestehen, die metaphorisiert werden (vgl. hierzu Köpcke/Spieß 2013, Radden i. Dr.).

Im Hinblick auf das Verstehen und das Verwenden von Metaphern spielt der Kontext eine erhebliche Rolle, so bleibt die Metapher auf den sozialen Handlungskontext verwiesen, zugleich konstituieren Metaphern situativ und kontextuell bedingte Handlungen.[5] Metaphern können damit immer schon als kulturell eingebunden und vor allem als pragmatische Phänomene betrachtet werden, die ganz und gar perspektivisch sind (vgl. Köller 2004) und sich auch kulturell unterschiedlich ausprägen bzw. unterschiedliche Funktionen annehmen können (vgl. Spieß 2012a, vgl. Nerlich 2005).

Die Metapher stellt neben der Ironie, den Implikaturen oder indirekten Sprechakten eine weitere Form des uneigentlichen Sprechens dar. Uneigentliches Sprechen bedeutet, dass sich zwischen dem wörtlich Gesagten und dem tatsächlich Gemeinten eine Lücke ergibt, die von den Sprachteilhabern geschlossen werden muss. Dieses Schließen der Lücke kann man sich so vorstellen, dass die wörtlich nicht zueinander passenden Konzepte zueinander in eine bestimmte Relation gesetzt werden, ohne dass dabei Widersprüche im Hinblick auf die Kommunikationssituation und den Kommunikationszweck entstehen. Dabei werden die relevanten und durch die Metapher hervorgehobenen Bedeutungsaspekte situativ in die Kommunikationssituation eingepasst, um die Kommunikation aufrecht zu erhalten. Ein Sprachteilhaber muss damit spezifische, kulturell verortete Projektionsprozesse leisten, um Metaphern verstehen und anwenden zu können.

Betrachtet man die Funktionen von Metaphern, so haben diese durch ihre spezifische Struktur eine gewisse Perspektivierungsfunktion im sprachlichen Konstruktionsprozess von Wirklichkeit, denn sie haben großen Anteil an der kulturellen Erzeugung von Wirklichkeit. Durch ihre strukturell bedingte Perspektivität *(hiding, highlighting)* sind sie beliebte Instrumente in konfliktreichen Diskursen, in ihnen und durch sie können sich Konflikte sprachlich manifestieren (vgl. Spieß 2012b). Mit der Metaphernverwendung entscheidet sich der Diskursakteur für eine spezifische perspektivierte Sichtweise bzw. Interpretation von Sachverhalten (vgl. Koeller 2004: 635; vgl. Spieß 2011: 376). Sie können dementsprechend Elemente semantischer Kämpfe sein (vgl. Felder 2006, Spieß 2009) und im Prozess der Bedeutungsperspektivierung eine wichtige Rolle einnehmen, was sich kultu-

---

5  Eine solche Sichtweise unterstützt die sich im Zuge der Diskurslinguistik etablierte Metaphernanalyse, die Metaphorik nicht unabhängig der diskursiven Kontexte analysiert. (Vgl. hierzu Böke 1996)

rell allerdings unterschiedlich ausprägen kann. Untersuchungen haben ergeben, dass selbst im europäischen Kontext ein und dieselbe Metapher unterschiedlich verwendet wird, weil beispielsweise die gesellschaftliche, die politische Situation oder gar die historische Tradition, auf die sich die Metapher bezieht, eine andere ist (vgl. dazu Nerlich 2005 und Musolff 2003, vgl. auch Musolff 2012, vgl. Spieß 2013). Metaphern haben dementsprechend auch die Funktion, spezifische Weltsichten innerhalb von Diskursen zu konstituieren.[6]

Neben der Funktion der Perspektivierung nehmen Metaphern im Gesamt der menschlichen Kommunikation weitere wichtige Funktionen ein. Zum einen sind sie beteiligt an der Wissens- und Sachverhaltskonstitution, zum anderen an der Füllung lexikalisch-semantischer Lücken, zum Dritten sind sie geeignet für die Wissensvermittlung und die Wissensstrukturierung. Dabei können durch Metaphorisierungsprozesse komplette Wissenshintergründe aufgerufen werden, ohne sie explizit zu nennen, was weiter unten in Kap. 5 gezeigt wird. Eine weitere Funktion kann darin bestehen, dass komplexe Texte in ihrer Kohärenz durch Metaphern strukturiert bzw. organisiert werden. Ebenso kann die Metapher selbst als verdichtete Argumentation innerhalb von Diskursen fungieren. Sie stellt dann einen Indikator für komplexe Schlussprozesse dar.

In der pragmatisch fundierten Linguistik ist es Konsens, dass Metaphern zwar mentale Strukturen darstellen, diese aber über Sprache zugänglich sind. Metaphern werden damit als Phänomene betrachtet, die an der Schnittstelle von sprachlicher Form, mentaler Repräsentation und kommunikativem Zweck fassbar werden (vgl. hierzu Köpcke/Spieß, 2013). So schreibt auch Köller (2004: 591):

„Jeder, der das Phänomen Metapher zur Strecke zu bringen versucht, sieht sich zugleich auch vor das Problem gestellt, das Phänomen Sprache theoretisch zu bewältigen. Sofern man nach der sinnbildenden Kraft der Sprache fragt, stößt man unausweichlich auch auf das Metaphernproblem, in dem alle semantischen, syntaktischen und pragmatischen Ordnungsstrukturen der Sprache irgendwie zusammenlaufen."

Hier wird demzufolge ein Metaphernbegriff zugrunde gelegt, der drei Untersuchungsdimensionen vereint, die je für sich sprachtheoretisch begründet werden können. Zum einen sind Metaphern im Anschluss an Lakoff/Johnson (1980)

---

6    Vgl. hierzu Spieß (2011: 544–550). Die im Stammzelldiskurs gängige Waren- und Industrie-Metaphorik wird u. a. von Forschungsbefürwortern verwendet, um den Embryo zu dehumanisieren und um damit für die Forschung zu argumentieren. Naturkatastrophenmetaphorik wird von Akteuren verwendet, die in der Forschung in erster Linie Gefahren für die Menschheit sehen.

in kognitiver Perspektive als mentale Konzepte und damit als mentale Repräsentationen zu beschreiben, die prototypisch als radiale Kategorien organisiert sind.

Zum zweiten sind Metaphern in linguistischer Perspektive als sprachliche Formen zu beschreiben, Metaphern sind für linguistische Zwecke erst über ihre je spezifische sprachliche Form der Analyse zugänglich, sie tauchen in unterschiedlichen grammatischen Formen auf. Die Metapher kann dabei u. a. als Adjektiv, Verb, Nomen, als Kompositum oder als komplexere Verbal- oder Nominalphrase erscheinen (vgl. dazu Köpcke/Spieß 2013: 261–262).

Und zum Dritten handelt es sich bei Metaphern um soziopragmatische Phänomene, deren Bedeutung – und das gilt insbesondere für Diskursmetaphern – aus dem Kontext erschlossen werden muss. Sie sind immer schon in kulturelle und soziale Kontexte eingebettet, bestimmen diese und gehen aus diesen hervor (vgl. Wittgensteins Konzept der Lebensform). Pielenz beschreibt Metaphern als einen „Fundus der Tradition und auch der Innovation einer Sprachgemeinschaft (Pielenz 1993: 132). Dementsprechend können – wenn Metaphern hinsichtlich ihrer Bedeutung und Funktion analysiert werden – gesellschaftliche, kulturelle Mentalitäten, Erfahrungen offenbar werden. Der Gebrauch von Metaphern wiederum kann aber auch diese gesellschaftlichen und kulturellen Mentalitäten oder Erfahrungen variieren, ändern und modifizieren. Neuere linguistische Ansätze im Rahmen der Diskurslinguistik/Diskurssemantik, die der Kontextualität eine große Bedeutung beimessen, fassen Metaphern als wesentliche diskursive und sprachlich manifeste Elemente, die auf kognitive Strukturen verweisen.

Entsprechend der hier vorliegenden Ausdifferenzierung des Metaphernbegriffs als sowohl kognitiv, formal wie auch als pragmatisch bestimmter Begriff, sind Metaphern kontextuell nach ihrer Struktur und ihrem materialen Gehalt in den je spezifischen Diskursen zu bestimmen und zu analysieren, nur so erschließt sich die Bedeutung und ihre Funktion.

# 4    Diskursbegriff

Hier wird ein Diskursbegriff zugrunde gelegt, der anschließt an den Diskursbegriff Foucaults, wobei dieser nicht einfachhin auf die Linguistik übertragen werden darf (vgl. hierzu auch Gardt 2007). Mittlerweile gibt es eine in der Linguistik etablierte Diskursforschung, beginnend mit Busse (1987) und Busse/Teubert (1994), die mit ihren Ausführungen maßgeblich zur Begründung dieses Forschungsbereiches beigetragen haben und zu einem äußerst produktiven Forschungsbereich geführt haben (vgl. Gardt 2007, Warnke 2007, Warnke/Spitzmüller 2008, Spieß 2008, 2011, 2012, Roth/Spiegel 2013). In diesem Kontext ist der hier zugrunde liegende

Diskursbegriff zu verorten. In aller Kürze soll er hier kurz skizziert werden[7], wobei differenziert werden muss in den Diskursbegriff als Theoriebegriff und den Diskursbegriff als methodischer Zugang[8].

## 4.1  Theorie

Neben einem Bezug auf pragmatische Theorien zur Sprache ist für den hier zugrunde gelegten Diskursbegriff ein Bezug zur Diskursauffassung Foucaults von Relevanz. Foucault fasst Diskurse zunächst als Menge von Aussagen, die einer bestimmten Wissensformation angehören, wenn er formuliert:

> „In dem Fall, wo man in einer bestimmten Zahl von Aussagen ein ähnliches System der Streuung beschreiben könnte, in dem Fall, in dem man bei den Objekten, den Typen der Äußerung, den Begriffen, den thematischen Entscheidungen eine Regelmäßigkeit (eine Ordnung, Korrelationen, Positionen und Abläufe, Transformationen) definieren könnte, wird man übereinstimmend sagen, daß man es mit einer diskursiven Formation zu tun hat. […] Man wird Formationsregeln die Bedingungen nennen, denen die Elemente dieser Verteilung unterworfen sind (Gegenstände, Äußerungsmodalität, Begriffe, thematische Wahl)" (Foucault 1981: 58)

> „Diskurs wird man eine Menge von Aussagen nennen, insoweit sie zur selben diskursiven Formation gehören. Er bildet keine rhetorische oder formale, unbeschränkt wiederholbare Einheit, deren Auftauchen oder Verwendung in der Geschichte man signalisieren (und gegebenenfalls erklären) könnte. Er wird durch eine begrenzte Zahl von Aussagen konstituiert, für die man eine Menge von Existenzbedingungen definieren kann. Der so verstandene Diskurs ist keine ideale und zeitlose Form […]. (Foucault 1981: 170) "

Foucault präzisiert darüber hinaus Wissensformationen als eine je diskurstypische Anordnung von Begriffen, Gegenständen, Äußerungsmodalitäten und Stra-

---

7   Ein ausführliche theoretische und methodische Begründung des Diskursbegriffes einschließlich einer sprachtheoretischen Begründung und Verortung findet sich in Spieß 2011: 11–223.

8   Gardt 2007 spricht in diesem Zusammenhang vom Diskurs als Theorie, Methode und als Haltung und führt die verschiedenen existierenden linguistischen Auseinandersetzungen mit dem Foucaultschen Diskursbegriff in Gruppen zusammen. Er verweist nochmals darauf, dass Metaphernanalyse ein Teil von linguistischer Diskursanalyse darstellt. Dabei wird auf theoretische Zusammenhänge der Metapherntheorie zurückgegriffen und diese werden zum Diskursbegriff in Bezug gesetzt. Vgl. Gardt 2007: 30–35.

tegien (vgl. Foucault 1981: 31–112). Die vier Elemente von Diskursen (Begriffe, Gegenstände, Äußerungsmodalitäten und Strategien) stehen in einem gegenseitigen Bezug, sie haben im Foucaultschen Sinne aber erst einmal nichts mit Sprache zu tun. Der Foucaultsche Diskursbegriff, der hier im Einzelnen nicht ausführlich expliziert werden kann, wird demzufolge für linguistische Zwecke nicht einfachhin übernommen. Es bedarf vielmehr einer Operationalisierung im Hinblick auf die Sprachlichkeit von Diskursen, der Foucault in seinen Ausführungen nicht nachgegangen ist. Diskurse sind im Anschluss an Foucault aus linguistischer Perspektive als themengebundene sprachliche Manifestationen von Aussagen aufzufassen (vgl. Busse/Teubert 1994, vgl. Spieß 2011: 73–155).[9]

Diskurse stellen demnach textübergreifende Zusammenhänge dar, die durch Wissens- und Ordnungsstrukturen gekennzeichnet sind und die sich in linguistischem Zusammenhang mit folgenden Merkmalen beschreiben lassen, die nicht immer alle notwendigerweise gegeben sein müssen, sondern mehr oder weniger realisiert sein können:

- thematisch gebundene Text- und Aussagenverbünde
- Ereignishaftigkeit
- Dynamik, Prozessualität,
- Dialogizität, Intertextualität
- Diskontinuität
- Regelhaftigkeit
- Gesellschaftlichkeit
- Öffentlichkeit, Massenmedialität

Aussagen innerhalb von Texten sind konstitutiv für Diskurse. Können die Aussagen mit den genannten Merkmalen beschrieben werden, sind sie als Diskurs aufzufassen, wobei nicht immer alle Merkmale zutreffen müssen. Der prototypische öffentliche Diskurs vereint aber alle diese Merkmale.

---

9   Eine solche Auffassung vertrat Foucault ausdrücklich nicht, was mit seinem Sprachbegriff zusammenhängt. Vielmehr vertrat er einen deutlich strukturalistisch geprägten Sprachbegriff, der Sprache als kontextloses und abstraktes System auffasst und nicht auf den tatsächlichen Sprachgebrauch bezieht. Sprache und Sprechen stellen für ihn keine Praxis dar und Bedeutungen sind keine Gebrauchsweisen. Obwohl Foucault die Handlungsdimension von Diskursen angedeutet hat, sah er diese nicht als sprachliche Handlungen gegeben, wenngleich er das andeutete. Hier blieb Foucault ausgesprochen inkonsistent. (Vgl. Foucault 1981: 298, vgl. dazu Spieß 2011: 94–99.)

## 4.2   Methode: Mehrebenenanalyse

Um der Komplexität von Diskursen gerecht zu werden, bietet sich zur Analyse von Diskursen in linguistischer Perspektivierung eine Mehrebenenanalyse an, die sich auf die Dimensionen der Situationalität/Kontextualität, der Thematizität, der Funktionalität und der sprachlichen Oberflächenstruktur konzentriert. Alle Dimensionen basieren auf der Dimension der Kulturalität.

Das Konzept der Mehrebenenanalyse wurde auf der Basis textanalytischer Zugriffsweisen in Spieß 2011 für Diskurse modifziert und weiter entwickelt. Die Metaphernanalyse hat darin ebenso ihren Platz wie die Analyse von Argumentationsmustern oder einzelnen Lexemen. Zu den vier Kerndimensionen zählen Situation und Kontext, Thematizitiät, Funktionalität und sprachliche Gestalt. Diese vier Dimensionen werden jedoch von der Dimension der Kulturalität basiert. Die Dimensionen sollen an dieser Stelle nun im Einzelnen im Hinblick auf Metaphernverwendung in Diskursen näher erläutert werden.

*a)   Situationalität und Kontextualität*
Die Dimension der Situationalität und Kontextualität nimmt Bezug auf den relevanten, textexternen Rahmen, der die Bedingungen für das konkrete sprachliche Handeln stellt und gekennzeichnet ist durch verschiedene außersprachliche Elemente und Ereignisse. Wichtig sind hier vor allem diejenigen textexternen Elemente und Ereignisse, die für die vollzogene Sprachhandlung/für den Text verstehensrelevant sind – z. B. auch Bedingungsmöglichkeiten der sprachlichen Aussage/des Textes, Bezüge zu gesellschaftlichen Bedingungen, historische Bezüge, Bezüge zu Diskursen, zu Öffentlichkeit sowie sämtliches verstehensrelevantes, kulturelles Wissen. Die Analyse bzw. Beschreibung dieser Dimension steckt zudem den Sachbereich, und damit den Wissensbereich, ab, der auch für die Verwendung spezifischer Metaphorik von Relevanz ist. Je nachdem wie der Rahmen der Kontextanalyse gesteckt wird, fällt die Kontextanalyse weiter oder enger aus. Auf die Texte und die in ihnen realisierten sprachlichen Mittel wie z. B. Metaphern wirkt in dieser Beschreibungsdimension der Diskurs zurück, es muss also von einem wechselseitigen Bedingungs- und Bestimmungsverhältnis ausgegangen werden: Texte bestimmen den Verlauf des Diskurses, gleichzeitig werden sie vom Diskurs bestimmt. Relevant werden hier demnach die diskursive Ebene sowie Bezüge zu (außer)sprachlichen Objektivationen, Subjektivationen und Praktiken im Sinne des Dispositivbegriffes. (Vgl. Foucault 1978, vgl. Spieß 2013)

*b)   Funktionalität*
Die Dimension der Funktionalität umfasst die Handlungspotenz verschiedener sprachlicher Phänomene in transtextueller und intratextueller Perspektive. Ins-

besondere spielt für den speziellen Zusammenhang der Metaphernanalyse zudem die funktionale Einbettung der Metaphern in den Handlungskontext eine bedeutende Rolle. In *diskursiver* Perspektive spielt dabei (über den Einzeltext hinausweisend) die funktionale Position der Metaphern zunächst im Text und dann im Diskurs eine zentrale Rolle. So fokussiert die funktionale Beschreibungsdimension in textübergreifender, diskursiver Perspektive die Analyse von Strategien und Funktionen der jeweiligen Metaphernverwendung, die sich v. a. im wiederkehrenden Auftauchen bestimmter Metaphern zeigt. Dabei kann zugleich auch deutlich werden, dass das wiederkehrende Auftauchen auch eine Veränderung erfahren kann. Über Diskurse hinweg und durch Diskurse hindurch ist somit metaphorisch bedingter Bedeutungswandel ersichtlich und erklärbar.

*c)  Dimension der Thematizität*
Diese Dimension beinhaltet die semantische Formation von Diskursen, die sich u. a. durch Themengebundenheit zeigt und sich beispielsweise in diskursspezifischem Metapherngebrauch manifestiert. In *textübergreifender* Perspektive spielt etwa die semantische Kohärenz des Diskurses durch diskurskonstituierende und diskursstabilisierende Metaphern eine Rolle, die zugleich durch den Bezug zu Frames und Wissensbereichen über den Diskurs auf andere Diskurse hinausweisen und somit interdiskursive Strukturen auf tiefensemantischer Ebene begründen können.

*d)  Dimension der sprachlichen Struktur/Gestalt*
Die Dimension der sprachlichen Struktur umfasst die formale Seite sprachlicher Zeichen. Es geht um grammatische Kohärenz, um sprachliche und strukturelle Eigenheiten des Textes durch die Verwendung spezifischer Lexik, Syntax oder Metaphorik. Im vorliegenden Fall sind vor allem die unterschiedlichen Erscheinungsweisen von Metaphern eines Metaphernkonzeptes von Relevanz. Die Dimension der sprachlichen Struktur stellt für linguistische Zusammenhänge die basale Dimension dar, da die sprachliche Verfasstheit zunächst die Zugriffsweise auf den Diskurs ermöglicht und zum anderen auf die sprachliche Verfasstheit alle anderen Dimensionen notwendigerweise angewiesen sind und aufbauen. Gleichsam wird die sprachliche Struktur von Texten in ihrer je spezifischen Erscheinungsweise durch die anderen Dimensionen wesentlich beeinflusst.

*e)  Die Dimension der Kulturalität*
Die Dimension der Kulturalität basiert alle vorher genannten Dimensionen, insofern alle sprachlichen Äußerungen innerhalb von größeren Texten und Diskursen existieren, die als Kontexte fungieren und ihrerseits stark kulturell geprägt sind. Sprachliche Äußerungen werden immer vor dem Hintergrund nichthinterfragba-

rer Gewissheiten formuliert. Einer solchen Sprachauffassung liegt ein konstrukti-
vistischer, dynamischer Kulturbegriff zugrunde, der mit einem bedeutungs-, wis-
sens- und symbolorientierten Kulturverständnis operiert. Mit Reckwitz lässt er
sich folgendermaßen fassen:

> „Diese Sinn- und Unterscheidungssysteme [Kulturen], die keinen bloßen gesellschaft-
> lichen ‚Überbau‘, sondern in ihrer spezifischen Form einer ‚symbolischen Organisation
> der Wirklichkeit‘ den notwendigen handlungskonstitutiven Hintergrund aller sozia-
> len Praktiken darstellen, machen die Ebene der ‚Kultur‘ aus – dies ist das sozialkon-
> struktivistische Argument des bedeutungsorientierten Kulturverständnisses." (Reck-
> witz 2004: 7)

In diesem Kontext wird Kultur als ein Prozess der sozialen Sinngenerierung verstanden, wobei Texte (und damit natürlich Diskurse und sprachliche Äußerungen) genuine Elemente dieser Sinngenerierungsprozesse darstellen, die in ihrem
Entstehen aber zugleich von kulturellen Prozessen begleitet und beeinflusst werden. (Vgl. hierzu auch Fix 2006) Ulla Fix konturiert Texte (und damit auch die in
Texten enthaltenen Metaphern) dementsprechend als Orientierungsmuster, die als
überindividuelle und durch die Gemeinschaft konstruierte Wissens-, Bedeutungs-
oder Sinnsysteme soziale Praxis ermöglichen und selbst soziale Praxis darstellen
(vgl. Antos/Pogner 2003: 396; vgl. Fix 2006: 259). Der Sprache als ein Symbol-
system kommt dabei eine entscheidende Rolle zu, da sie aufgrund ihres Hand-
lungscharakters bzw. -potenzials an Prozessen der Wissens- und Bedeutungskon-
stitution und somit an der Konstitution von Orientierungsmustern maßgeblich
beteiligt ist. Durch Sprache wird dementsprechend Bedeutungs-, Sinn- und Wis-
senskonstitution ermöglicht und Wirklichkeit durch Sprache konstituiert. (Vgl.
Berger/Luckmann [20]2004)

Diese fünf Dimensionen stehen in einem gegenseitigen Bedingungs- und Ab-
hängigkeitsverhältnis; die je einzelne Dimension kann ohne die je andere nicht
adäquat beschrieben werden. Vor dem Hintergrund dieser Beschreibungsdi-
mensionen können die verschiedenen sprachstrukturellen Ebenen erschlossen
werden:

a) die lexikalische Ebene (Einzelwort und Wortgruppen)
b) die Ebene der Einzelaussage und kommunikativen Handlungen
c) die Einzeltextebene
d) die Text übergreifende Ebene: Der ästhetische Text weist insofern über sich
   hinaus, als er Bezüge zu gesellschaftlichen Diskursen herstellt, die zugleich den
   Text bestimmen.

Die Metapher muss demnach in ihrem konkreten Vorkommen in Texten untersucht werden. Dabei spielen die hier genannten Dimensionen eine wichtige Rolle. Die Metapher erscheint in einer bestimmten Form, die sehr unterschiedlich ausfallen kann, auch wenn das Konzept letztlich das gleiche ist. Sie ist Element sprachlicher Handlungen bzw. sie kann selbst handlungskonstitutiv sein. Sie hat im Textverlauf eine spezifische Funktion und ist an ein Thema gebunden, das durch die Konzeptbereiche deutlich wird und ihr Erscheinen hängt maßgeblich von der jeweiligen Situation und dem Kontext ab. Darüber hinaus ist sie eine Ausprägung des kulturell geformten Wissens, was u. a. daran deutlich wird, dass Metaphernrealisierungen und ihre Konzepte kulturell unterschiedlich ausgeprägt sein können und unterschiedliche Verwendung finden (vgl. hierzu Nerlich 2005, vgl. Spieß 2012a)

Die Metapher kann dementsprechend nur in diesem Gefüge der Dimensionen als ein Teil bzw. eine Erscheinungsmittel von Diskursen diskursanalytisch adäquat beschrieben werden.

Metaphern als Elemente von Diskursen können innerhalb von Diskursen Schlüsselfunktionen einnehmen, insofern sie ganze Diskurse strukturieren und bestimmen können. (Vgl. hierzu Spieß 2011, 2012) Das soll im Folgenden an einer exemplarischen Analyse deutlicher herausgearbeitet werden. Vor allem soll am Beispiel der Rubikon-Metapher gezeigt werden, wie Metaphern ganze Diskurse durchwandern und ihre Bedeutung diskursspezifisch ändern können. Metaphern sind somit essenzieller Teil von Diskursdynamiken, die über den Einzeldiskurs hinausreichen, Alltagsmythen generieren (Gebhard 2003) und als Sinnpotenziale Deutungen von Wirklichkeiten darstellen.

## 5 Metaphernanalyse als Methode der Linguistik: ein Beispiel

Eine diskursanalytische Zugriffsweise auf das Sprachmaterial, mit dem Ziel größere sprachliche Strukturen, Bedeutungswandel oder Funktionen etc. im gesellschaftlichen Kontext offenzulegen, greift neben anderen Methoden auf die Metaphernanalyse zurück. Im Folgenden soll nun am Beispiel der Rubikon-Metapher, die u. a. prominent in bioethischen Zusammenhängen verwendet wird, gezeigt werden, welche Konzeptbereiche durch den Metaphorisierungsprozess miteinander in Verbindung gebracht werden, welche Funktionen Metaphern innerhalb von Diskursen haben können, aber auch dass Metaphern diskursüberschreitend Verwendung finden und entsprechend den Diskursen ihre Bedeutung spezifizieren bzw. nuancieren. Dabei wird auch gezeigt werden, dass Metaphern immer schon in Netzen von weiteren Metaphern existieren und diese mehr oder weniger miteinander verschränkt sind. Ebenso soll exemplarisch gezeigt werden, wie sich Metaphern durch Diskurse hindurch verändern können und welche diskursive Rolle ihnen in bestimmten Diskursen zukommt. Dabei kann ihnen u. a. auch eine Schlüsselfunktion zukommen, wie am Beispiel der Rubikon-Metapher für den Stammzelldiskurs deutlich wird. (Vgl. hierzu genauer Spieß 2011)

Da Metaphern ihre je spezifische Bedeutung ausschließliche im Kontext erfahren, so sind Diskurse prägend für die Bedeutung von Metaphern. Nerlich (2005) spricht in diesem Zusammenhang auch von speziellen Diskursmetaphern, die innerhalb von Diskursen einerseits ihre spezifische Bedeutung erlangen und zudem so dominant sein können, dass sie die Diskursstruktur prägen und zudem Einfluss auf andere Diskurse haben können.

Die der Analyse hier zugrunde liegenden Texte entstammen dem bioethischen Diskurs um humane embryonale Stammzellforschung und dem Diskurs um die Affäre Wulff[10]. Der Diskurs um humane embryonale Stammzellforschung existiert bis heute; um die Relevanz und Legitimation der Stammzellforschung wurde aber insbesondere in den Jahren 2000–2002 gesellschaftlich debattiert, verbunden damit waren die Verabschiedung des Stammzellgesetzes, das 2002 in Kraft trat und mittlerweile 2008 eine Änderung erfahren hat. Zentraler Gegenstand der Debatte war ein gesellschaftlicher Streit um Gefahren und Chancen dieses medizinischen und biotechnischen Verfahrens, das vor allem auch ethische Positionen in der Wertung und Beurteilung dieses Verfahrens zutage treten ließ. Ebenso verbunden damit waren und sind u. a. Verhandlungen und Auseinandersetzungen um den Status von Embryonen, da für die Stammzellforschung die Verwendung von Embryonen zu diesem Zeitpunkt notwendig war und z. T. auch heute noch ist. Eine rechtliche Dimension erhielt die Debatte um Stammzellforschung aufgrund von Rechtslücken, die sich durch den technischen Fortschritt im Embryonenschutzgesetz auftaten und dringender rechtlicher Regelungen bedurften, die letztlich im politischen Prozess errungen und beschlossen wurden und den Diskurs maßgeblich bedingen (vgl. zur genaueren Darstellung Spieß 2011: 225–251). Die Rubikon-Metapher wurde zentral in dieser Auseinandersetzung verwendet, u. a. wurde sie innerhalb des Diskurses prominent durch die Berliner Rede Johannes

---

10   Unter der Wulff-Affäre ist diejenige Affäre zu verstehen, in der es zunächst um nicht korrekte Angaben des ehemaligen Bundespräsidenten Christian Wulffs zur Finanzierung seines Eigenheims ging. Mit dem Versuch, den Abdruck einer Pressemeldung über diese Angelegenheit in der Bildzeitung zu verhindern, kam die Debatte in Gang. In diesem Zusammenhang hat Christian Wulff auf die Mailbox des Bildzeitungs-Chefredakteurs gesprochen und erklärt, dass für ihn der Rubikon überschritten sei, wenn es zu einer Publikation komme. Dieser Mailbox-Anruf hat die Debatte stark befördert. Christian Wulff ist am 17. 2. 2012 vom Amt des Bundespräsidenten zurückgetreten.

Raus vom 18.5.2001, in der er davon sprach, dass hinsichtlich des bioethischen Fortschritts „viel Raum diesseits des Rubikon" sei. Die Rubikon-Metapher wird bis in die aktuelle Gegenwart in verschiedenen Diskursen gebraucht. Dabei findet die Bedeutung der Metapher eine je diskursspezifische Ausprägung.

Einen Überblick über die Realisierungen der Rubikon-Metapher zunächst im bioethischen Diskurs um Stammzellforschung geben folgende Sprachbelege:

1) Liebe Kolleginnen und Kollegen, ich erinnere mich, dass schon damals der Rubikon beschworen wurde, den man nicht überschreiten dürfe. Heute hören wir von höchster Stelle genau das Gleiche. Übrigens: Cäsar hat den Rubikon überschritten. Er hat Rom gewonnen und die Geschichte hat ihm Recht gegeben. (Peter Hintze, BD[11] 31.5.01)

2) Ist der Rubikon wirklich überschritten, wenn ein Verfahren, das im Mutterleib angewendet werden darf, unter den gleichen Bedingungen – das ist zu betonen – wie bei der medizinischen Indikation auf Embryonen, die durch künstliche Befruchtung entstanden sind, übertragen werden soll? Ist das ein Verfahren, das man wirklich unter allen Umständen ausschließen darf? Ich meine: nein. (Beifall bei der SPD, der F.D.P. und der PDS sowie bei Abgeordneten des BÜNDNISSES 90/DIE GRÜNEN und der CDU/CSU) Ich meine, dass wir dieses Verfahren in genau den gleichen Grenzen verantworten können, in denen wir eine medizinische Indikation zulassen. Ich will auf eines hinweisen: Dies bei uns zu ermöglichen, gibt uns die Chance, die Grenzen zu setzen, ohne zusehen zu müssen, dass sie in anderen Ländern überschritten werden. Es geht (Gerhard Schröder, BD 31.5.01)

3) Dafür hilft aber sicherlich eine Beschwörung guter alter medizinischer Idylle wenig. Der Rubikon für die Möglichkeit des Eingriffs in die menschlichen Lebenssubstanzen ist am Beginn des Lebens mit der Zulassung von In-vitro-Fertilisationen und am Ende des Lebens mit der Gestattung von Organtransplantationen längst unwiderruflich überschritten. (Edzard Schmidt Jortzig, BD 31.5.2001)

4) Mit dem Vorhaben der Forschung mit menschlichen Embryonen und embryonalen Stammzellen stehen wir in der Tat, wie Wolfgang Huber, der Bischof der Evangelischen Kirche in Berlin-Brandenburg mit Recht betont, vor einem bioethischen Rubikon. Wenn wir ihn überschreiten, steht uns gewiss die Erfahrung von Goethes Zauberlehrling ins Haus: „Die Geister, die ich rief, werde ich nicht mehr los." (Schweizer Bischof Kurt Koch 2003)

5) Der Ansicht des DFG-Präsidenten Winnacker, dass die Etablierung der In-vitro-Fertilisation der ‚Rubikon' sei, jenseits dessen man im Blick auf

---

11 Die Abkürzung BD steht für Bundestagsdebatte.

embryonale Stammzellforschung doch alle Fünfe gerade sein lassen könne, widerspricht der Bundespräsident mit dem lakonischen Satz: ‚Es gibt viel Raum diesseits des Rubikon'. (FAZ 19. 5. 01)

6) Wo der Rubikon liegt, weiß niemand so genau. Südlich von Ravenna mündet der Fluß, der einst das römische Kernland von den gallischen Provinzen trennte, in die Adria. Aber welcher Wasserlauf es war, den Caesar im Jahre 49 vor Christus mit seinem Heer gen Rom überquerte, läßt sich nicht mehr mit Sicherheit sagen. Erst im vorigen Jahrhundert wurde ein Nebenfluss des Piscatello zum Rubikon erklärt. Man will doch sehen, wo die römische Geschichte eine entscheidende Wendung nahm. Wo der Rubikon der Bioethik liegt, scheint ebenso ungewiss zu sein. Bemerkenswert ist, dass er zu den Lieblingsmetaphern der für Gewißheitsvermehrung zuständigen Wissenschaftsfunktionären zählt. Hubert Markl, Präsident der Max-Planck-Gesellschaft, möchte dem Rubikon ständig ein neues Flussbett bahnen lassen (FAZ vom 25. Juni), als wäre die Moral eine perspektivisch stets neu anzulegende Fluchtlinie in der Bewässerungsarchitektur blühender Forschungslandschaften. Dass Caesar den Rubikon ‚erfolgreich überschritten' habe, ist immerhin eine Rückfrage an den Biologen wert: Weiß Markl, dass damit ein Bürgerkrieg seinen Anfang nahm? (FAZ 17. 7. 01)

7) Dass in der aktuellen Diskussion das Argument vorgebracht wird, der ‚Rubikon' sei schon bei einer früheren Entscheidung überschritten worden – nämlich bei der Zulassung der In-vitro-Fertilisation –, verschärft die Pflicht zur Wachsamkeit. Eine Zulassung der Forschung an embryonalen Stammzellen kann zu einem späteren Zeitpunkt leicht dafür in Anspruch genommen werden, dadurch sei bereits der ‚Rubikon' zum therapeutischen Klonen überschritten worden. (FAZ 9. 8. 01)

8) Sollte die Forschung zeigen, dass der eingeschlagene Weg nicht weiter führe, dann müsse man ihn verlassen. Die Frage, ob dann nicht der Rubikon schon überschritten sei, kann auch Clement nicht beantworten. ‚Verändert der Rubikon nicht seine Lage? Ist er nicht schon überschritten, mit der Zulassung der künstlichen Befruchtung?' fragt er zurück und ob es nicht auch eine Entscheidung sei, wenn keine Entscheidung getroffen werde. (FAZ 5. 6. 01)

9) Die biopolitische Debatte der vergangenen zwölf Monate hatte eine Landschaftsphase und eine häusliche Phase. Vom Fluss Rubikon war zu Beginn sehr häufig die Rede, der nicht mit einem Ja zur Nutzung von Embryonen zu Forschungszwecken überschritten werden dürfe. Zur Antwort kam, der Rubikon sei doch ein mäandernder Fluss, weshalb stets neu zu definieren sei, welchen Schutz der Embryo vor den Neuerungen der Wissenschaft genieße. Diese Unkontrollierbarkeit wiederum provozierte das Bild der Dämme, die es gegen die Wasserflut eines so beschaffenen Rubikons zu errichten gelte. Doch seien,

wurde gewarnt, diese Dämme nur Wanderdünen, wenn das Nein zur Tötung von Embryonen nicht entschieden ausfalle. (FAZ 31.1.02)

Die Rubikon-Metapher gehört zur größeren Gruppe der Grenz-Metaphorik, die häufig mit anderen Metaphern der Weg-, Grenz- oder der Naturkatastrophen-Metaphorik verbunden wird. Aus der Verbindung der Metaphern resultieren wiederum spezifische Bedeutungsaspekte, wie z. B. der Aspekt der ‚Gefahr‘, der in den Belegen 4, 6 7 und 9 realisiert wird. Verstärkt wird dieser Aspekt durch eine Verschränkung mit der Damm-Metaphorik, einer weiteren speziellen Form der Grenz-Metaphorik, in Beleg 9. Dämme werden errichtet, um Gefahren abzuwehren bzw. um Gefahren vorzubeugen. Verschränkt ist die Rubikon-Metapher in Beleg 9 zudem mit der Naturkatastrophen-Metaphorik, was durch die Phrase *Wasserflut eines so beschaffenen Rubikon* realisiert und zugleich mit den Aspekten ‚unkontrollierbar, gefährlich, nicht abschätzbar‘ in Verbindung gebracht wird. Mit der lexikalischen Einheit Dammbruch bzw. Damm brechen wird auf ein Frame[12] Bezug genommen, der jegliches Wissen um Flut- und Hochwasserkatastrophen aufruft und beim Rezipient/Adressat aktualisiert.

Mit der Verwendung der Rubikon-Metapher wird nicht selten auf ein Frame verwiesen aufgerufen, der die historischen Ereignisse um Caesars Rubikonüberschreitung umfasst. Die mit dem historischen Ereignis verbundenen Konsequenzen werden in unterschiedlicher Weise und je nach Perspektive des Diskursakteurs auf die Stammzellforschung projiziert. Tabelle 1 gibt einen Überblick über die Bedeutungsaspekte, die mit der Rubikon-Metapher hervorgerufen werden und auf die entsprechenden Ziele/Targets projiziert werden. Der Projektionsprozess findet dabei nicht ausschließlich von Quelle/Source auf Ziel/Target statt. Das Target muss auch dazu geeignet sein, dass genau diese Bedeutungsaspekte in Relation zueinander treten. So gehen in die neue Bedeutung auch Bedeutungsaspekte des Ziels/Targets ein, z. B. dass menschliches Leben unverfügbar ist und aufgrund des Nichtwissens um die Folgen besser nicht manipuliert werden sollte, was gut zu den Aspekten ‚Grenze‘, ‚Endpunkt‘, ‚Gefahr‘ passt. Dass menschliche Embryozellen eine gewisse Potenzialität der Entwicklung aufweisen, kann gut mit dem Aspekt der *Chance* in Verbindung gebracht werden. Im Bioethikdiskurs um Stamm-

---

12  Ein Frame ist ein Rahmen, in dem strukturiertes Wissen um Bedeutungen zu einem Wissens- und Handlungsbereich angeordnet ist. Dieser Rahmen fungiert als Hintergrundwissen und beeinflusst die Gebrauchsbedeutung. Im Fall von Rubikon wird der historische Frame um die Rubikonüberschreitung Caesars aufgerufen. Je nachdem wie komplex das Wissen um die historische Erzählung ist, werden Bedeutungsaspekte auf den metaphorisierten Gegenstand projiziert. Mit der metaphorischen Verwendung ändert sich auch der Frame, weil die aktuelle Gebrauchsbedeutung des Ausdrucks innerhalb spezifischer Diskurse auf die Ausgestaltung des Frames zurückwirkt. (Vgl. hierzu auch Busse 2012)

**Tabelle 1**    Diskurskonzepte Rubikon-Metapher

| Bedeutungsaspekte Source/Quelle | Target/Ziel |
| --- | --- |
| Konzept A:<br>Grenze<br>Endpunkt<br>unüberschreitbar<br>gefährlich<br>nicht abschätzbare Konsequenzen<br>ungewisse Lage<br>verwerfliche Handlung<br>unkontrollierbare Gefahr | Embryonenforschung, Herstellung von humanen<br>Stammzellen, In-vitro-Fertilisation als Rubikon-<br>überschreitung |
| Konzept B:<br>überschreitbare Grenze<br>Chance<br>bereits überschritten<br>Erfolg<br>veränderbare Grenze<br>kontrollierbar | |

zellforschung werden zwei unterschiedliche Konzepte mit der Verwendung der Rubikon-Metapher realisiert. So wird das Bedeutungskonzept A (siehe Tabelle 1) vor allem von den Diskursakteuren, die als Gegner der Stammzellforschung zu beobachten sind, verwendet oder hervorgebracht. Stammzellforschung befürwortende Diskursakteure dagegen greifen auf das Konzept B zurück bzw. bringen dieses diskursiv hervor. (Vgl. genauer dazu Spieß 2011: 420–427)

Die unterschiedlichen Konzepte der Rubikon-Metapher stehen entweder im Dienst von bestimmten Diskurshandlungen oder aber sie bewirken diese erst.

Die Diskurse sind untereinander vernetzt, sie haben keine starren Grenzen. U. a. zeigt sich diese Vernetzung durch die Verwendung von Metaphern. So ist die Rubikon-Metapher auch in anderen Diskursen prominent vertreten. Sie nimmt jedoch diskursspezifische Bedeutungen an. Während in bioethischen Zusammenhängen das Sprechen von der Rubikonüberschreitung – je nach Position – als *Gefahr* oder *Chance* semantisiert wird, wird mit der Rubikonüberschreitung im Diskurs um die Affäre des damaligen Bundespräsidenten Christian Wulff der Bedeutungsaspekt ‚verwerfliche Handlung‘ aufgerufen. Die folgenden Sprachbelege geben einen Einblick in die Metaphernrealisierungen im Kontext der Wulff-Affäre:

1)  „Wer droht, sollte freilich auch wissen, womit er droht. Wulffs in höchster Erregung gesprochene Metapher vom Rubikon, den die „Bild"-Zeitung mit der

Veröffentlichung überschreite, entwickelt so jedenfalls ein ungewolltes Eigenleben – durchaus möglich, dass mit diesem Anruf tatsächlich der Würfel geworfen wurde; unbekannt jedoch bisher, wer die Knobelpartie am Ende gewinnt. Als ungünstig für den Anrufer erweist sich da allerdings der historische Rückgriff: Der den Schritt über den Fluss wagte, gewann, nämlich Cäsar. Gut nur, dass die Moderne nicht mehr so rabiat ist wie die Antike: Bei Cäsars Schritt handelte es sich formal um Hochverrat, es ging um Leben und Tod. Wulffs Höchststrafe dürfte allenfalls der Rücktritt sein. In mancherlei Hinsicht hängt also das Sprachbild vom Rubikon mächtig schief. Wehe aber, wenn man es noch weiter auswalzt. Christian Wulff stehe „mit den Füßen im Rubikon", hieß es unlängst im Deutschlandfunk: „Aber es ist noch nicht ausgemacht, dass er nicht im Amt bleibt." Da war aber gar nicht die Rede davon, hier habe einer eine Entscheidung getroffen, jetzt gelte es den Kampf; vielmehr wurde da der Rubikon stillschweigend zum Jordan, über den der Präsident dann – nur politisch, versteht sich – vielleicht doch noch gehen muss. Stärker regional Verwurzelten bietet sich für ähnlich missratene Vergleiche die Wupper an." (Rheinische Post 10.1.2012)

2) In sperrigen Worten und empörtem Ton bemüht er (Wulff) dabei auch seine Latein- und Geschichtskenntnisse: „Für mich und meine Frau ist der Rubikon aber sowas von überschritten." (Tagesspiegel, 3.1.2012)

3) „Der Rubikon ist überschritten", sagt Wulff am Telefon, und es hört sich so ernst an, als ob es in der nächsten Woche kein Benzin mehr gäbe, die Berliner Mauer wieder aufgebaut würde oder Thomas Gottschalk bald das Wort zum Sonntag spricht. Nur den wenigen Aufmerksamen in Erdkunde, Geschichte oder Latein dämmerte, dass der Rubikon irgendwo in Italien liegt, ein Fluss, der südlich von Ravenna in die Adria mündet und durch Julius Cäsar 49 v. Christus berühmt wurde, als eben jener Imperator mit seinem Heer den Rubikon Richtung Süden überquerte und damit dem Senat in Rom eine deutliche Kriegserklärung hinterließ. Es ehrt Christian Wulff, dass er seinem Volk eine neue Metapher schenkt. Weniger humanistisch gebildete Schichten hätten sicher ganz andere Begriffe gewählt, um ihre Bestürzung über bevorstehende unangenehme Enthüllungen deutlich zu machen. Da ist schnell mal „das Fass voll oder bereits übergelaufen", auch die eigene Nase wird bemüht, um das Ende der Geduld anzuzeigen und so kann man mühelos das „Fass" gegen sein Riechorgan austauschen. Das alles aber trägt eher den rustikalen Charme des gemeinen Volkes. Der „Rubikon" aber hat etwas Feines, Edles und wirft, bei aller Emotionalität des Anrufers, ein Licht vornehmer und überlegener Beherrschtheit auf den Bundespräsidenten. Es liegt an uns, ob der Rubikon Eingang in unsere Sprachkultur findet. Anstelle langwieriger und teurer Streiks in Tarifverhandlungen könnten Gewerkschaften und Arbeitgeber demnächst

einfach einander erklären, „der Rubikon ist überschritten". Der Rest ist Abwarten und Aussitzen. Eltern begegnen in naher Zukunft dem beständigen Wunsch ihrer Kinder nach mehr Süßigkeiten, höherem Taschengeld oder längerem Aufbleiben einfach mit dem Verweis auf den „überschrittenen Rubikon". Schnell wird den Kindern auf diese Weise klar, dass weitere Verhandlungen zwecklos sind. Überstunden am Wochenende? „Der Rubikon ist überschritten, Chef", und schon hat man die Geschichte auf seiner Seite. Der alte Spruch, dass wir eben nicht für die Schule, sondern für das Leben lernen, bewahrheitet sich spätestens jetzt am „Rubikon". Wir sollten Christian Wulff dankbar sein für diese unverhoffte Neujahrsgabe. Egal, was da noch kommt, der Rubikon bleibt. (Rheinische Post, 13.Januar 2012)

4) „Ein Bundespräsident sollte Besseres zu tun haben, als ständig irgendwelche Vergünstigungen für sich herauszuholen. Er sollte gar nicht in die Verlegenheit kommen, mögliche Affären per Salami-Taktik kleinhalten zu müssen. Und erst recht sollte er so viel Würde besitzen, dass er gar nicht erst versucht, kraft seines Amtes Journalisten einzuschüchtern. Wo aber bleibt hier die Souveränität, die man von einem Staatsoberhaupt erwarten darf? Als Wulff den Chefredakteur der ‚Bild'-Zeitung anrief, sagte er, das Blatt überschreite den Rubikon. In Wirklichkeit ist es so, dass Wulff – symbolisch gesehen – gerade dabei ist, als Bundespräsident über den Jordan zu gehen. (FAZ 4.1.2012)

5) Spätestens jetzt ist der Punkt erreicht, an dem man dem Hausherren im Schloss Bellevue dazu raten muss, dem Land einen letzten Dienst zu erweisen – zurückzutreten. Denn nicht die Medien, er selbst hat den Rubikon überschritten. (http://www.stern.de/politik/deutschland/presseschau-zu-wulff-fast-alle-gegen-den-bundespraesidenten-1769135.html)

6) Wie souverän ist ein Staatsoberhaupt, das gegenüber einem Chefredakteur von ‚Krieg führen' spricht und davon, dass der Rubikon überschritten sei? Wie naiv ist es, das alles auch noch auf einer Mailbox zu hinterlassen? Es sind nicht die Medien, die das Amt beschädigen, wie Bundestagspräsident Norbert Lammert es mit seiner Kritik angedeutet hat. Es ist die Art, wie Christian Wulff das Amt ausübt. (http://www.stern.de/politik/deutschland/presseschau-zu-wulff-fast-alle-gegen-den-bundespraesidenten-1769135.html)

7) „Jetzt ist der Rubikon überschritten, jetzt ist ein Rücktritt Christian Wulffs unvermeidlich", sagte SPD-Vorstandsmitglied Ralf Stegner „Welt Online". (http://www.welt.de/politik/deutschland/article13872923/Fuer-die-SPD-ist-der-Rubikon-ueberschritten.html)

Betrachtet man die Belege zur Rubikon-Metapher im Kontext der Wulff-Affäre, so lässt sich festhalten, dass die Bedeutung von Rubikon vor allem mit den Aspekten ‚verwerfliche Handlung', ‚absolute Grenze ist erreicht' (vgl. z.B. Belege 2, 3) und

‚nicht rückgängig zu machen' , ‚rechtliche Verfehlung', ‚Amt beschädigen' oder ‚Tabubruch' (vgl. Belege 4–7) näher beschrieben werden kann, nicht aber mit den Aspekten ‚Gefahr', ‚Erfolg' oder ‚Chance'. Die Rubikonüberschreitung bzw. Rubikon erhält dann in der spezifischen Kommunikationssituation seine semantische Spezifizierung, wie an den Belegen zu erkennen ist. Auffällig ist auch hier, dass im Pressediskurs immer wieder ein historischer Bezug zu Caesars Rubikon-Überschreitung hergestellt wird. Die Referenzherstellung dient in diesem Fall aber der Sprachkritik. So wird im Diskurs die durch Wulff verwendete Metapher kritisch thematisiert und u. a. als nicht angemessener Metapherngebrauch zurückgewiesen (Beleg 1, 3), weil mit der Rubikonüberschreitung Caesars je nach Perspektive ein Sieg oder eine Gefahr verbunden wird, wovon im Kontext der Wulff-Affäre aber nicht die Rede sein kann. Weder hat die Bild-Zeitung einen Sieg errungen noch Wulff, weder gab es Chancen oder Erfolge. Die Metapher erfährt im Wulff-Diskurs damit in ihrer semantischen Spezifizierung Veränderungen gegenüber der Verwendung in bioethischen Diskursen. Darüber hinaus werden auch hier Metaphern verschränkt, wenn gesagt wird, dass „ Wulff […] mit den Füßen im Wasser [stehe]." Verändert verwendet werden hier nicht nur die Rubikon-Metapher, sondern auch die Phraseologismen *das Wasser steht einem bis zum Hals* und *über den Jordan* gehen. Beide Phraseologismen unterstreichen die Bedeutungsaspekte des ‚Verlierens' oder des ‚Scheiterns', des ‚Ruiniertseins'. Über den Jordan gehen bedeutet ‚das Leben verlieren', was hier wiederum metaphorisch für Scheitern stehen kann. Die beiden verschiedenen Konzeptbereiche *Bundespräsident/Person Wulff* und *kaputt gehen/sterben* gehen hier eine Verbindung ein, wobei klar ist, dass *sterben/kaputt* gehen metaphorisch verwendet und auf das Amt des Bundespräsidenten bezogen wird, weil Wulff von diesem Amt zurückgetreten ist.

Zusammenfassend können folgende Bedeutungsaspekte festgehalten werden, die zum einen auf das Ziel/Target *geplante publizistische Tätigkeit der Bildzeitung* bezogen werden können, zum anderen ist als Target/der Zielbereich das Verhalten Wulffs auszumachen (Belege 5, 7). Damit können auch hier zwei unterschiedliche Konzepte im Diskurs festgestellt werden (Tabelle 2).

**Tabelle 2** Diskurskonzepte Rubikon-Metapher

| Source/Quelle | Target/Ziel |
|---|---|
| Verwerfliche Handlung<br>Absolute Grenze<br>Nicht mehr rückgängig zu machen | Konzept A:<br>Pressemitteilung als Rubikonüberschreitung |
| Tabu brechen<br>Amt beschädigen | Konzept B:<br>Anruf Wullfs als Rubikonüberschreitung |

Die Funktionen, die mit der Metaphernverwendung einhergehen, sind ebenso nur diskursspezifisch zu erfassen. Für den Bioethikdiskurs um Stammzellforschung können aus der Verwendung der Rubikon-Metapher Strategien der *Gefahrenbeschwörung* oder der *Heraufbeschwörung von Fortschritt und Positivbewertung von Erkenntnis* abgeleitet werden, während es im Wulff-Diskurs um *Abgrenzungsstrategien, Bewertungen von Verhalten und Handlungen* sowie um *Abwehrmechanismen* oder *Schuldzuweisungen* geht.

## 6    Fazit

Es bleibt also festzuhalten, dass Metaphern wesentliche sprachliche Elemente von Diskursen sind, die über verschiedene Diskurse hinweg verwendet werden können, dann aber eine diskursspezifische Semantisierung erfahren. Diskurse werden dabei im Anschluss an Foucault als Formationen von Wissen und als Handlungsrahmen aufgefasst. In diesem Handlungsrahmen werden durch die Verwendung von Metaphern Handlungen in spezifischer Weise konstituiert und Bedeutungen erzeugt. Da es sich bei Metaphern in Diskursen um komplexe Phänomene handelt, können diese nur adäquat analysiert werden, wenn das Zusammenspiel von Diskurskontext/-situation, Funktionalität, Thematizität und sprachlicher Erscheinungsweise ernst genommen wird. Metaphern sind dementsprechend nur kontextuell zu verstehen und mit Bezug auf den Diskurskontext zu beschreiben, was durch die Methode einer diskursbezogenen Mehrebenenanalyse sprachlicher Einheiten thematisiert wurde.

## Literatur

### a) Quellen

http://dip21.bundestag.de/dip21/btp/14/14173.pdf (Bundestagsdebatte vom 31. 5. 2001)

http://dip21.bundestag.de/dip21/btp/14/14214.pdf (Bundestagsdebatte vom 30. 1. 2002)

http://www.lexisnexis.com/de/business/auth/bridge.do?rand=0.7106515472261672

Ein größeres Korpusverzeichnis zum bioethischen Diskurs um humane embryonale Stammzellforschung ist online über http://www.degruyter.com/view/supplement/9783110258813_Quellenkorpus.pdf zugänglich.

http://www.welt.de/politik/deutschland/article13872923/Fuer-die-SPD-ist-der-Rubikon-ueberschritten.html

http://www.stern.de/politik/deutschland/presseschau-zu-wulff-fast-alle-gegen-den-bundespraesidenten-1769135.html

Bischof Kurt Koch: „Verzicht um des Lebens willens" [http://www.thchur.ch/ressourcen/download/20071226175424.pdf]
Rheinische Post, 13. 1. 2012
Rheinische Post, 10. 1. 2012
Tagesspiegel, 3. 1. 2012
Frankfurter Allgemeine Zeitung, 4. 1. 2012
Frankfurter Allgemeine Zeitung, 31. 1. 01
Frankfurter Allgemeine Zeitung, 5. 6. 01
Frankfurter Allgemeine Zeitung, 9. 8. 01
Frankfurter Allgemeine Zeitung, 17. 7. 01
Frankfurter Allgemeine Zeitung, 19. 5. 01

## b) Forschungsliteratur

Antos, Gerd/Pogner, Karl-Heinz (2003): Kultur- und domänengeprägtes Schreiben. In: Wielacher, Alois/Bogner, Andrea (Hrsg.): Handbuch interkulturelle Germanistik. Stuttgart/Weimar: Metzler Verlag, 396–400.

Baldauf, Christa (1997): Metapher und Kognition. Grundlagen einer neuen Theorie der Alltagsmetapher. Frankfurt/Main u. a.: Peter Lang.

Berger, Peter/Luckmann, Thomas ([20]2004): Die gesellschaftliche Konstruktion der Wirklichkeit. Frankfurt/Main: Fischer.

Böke, Karin (1996): Überlegungen zu einer Metaphernanalyse im Dienste einer „parzellierten" Sprachgeschichte. In: Böke, Karin u. a. (Hrsg.): Öffentlicher Sprachgebrauch. Praktische, theoretische und historische Perspektiven. Georg Stötzel zum 60. Geburtstag gewidmet. Opladen: Westdeutscher Verlag.

Bühler, Karl ([3]1999): Sprachtheorie. Die Darstellungsfunktion der Sprache. Mit einem Geleitwort von Friedrich Kainz. Stuttgart.

Busse, Dietrich (1987): Historische Semantik. Analyse eines Programms. Stuttgart.

Busse, Dietrich (1988): Kommunikatives Handeln als sprachtheoretisches Grundmodell der historischen Semantik. In: Jäger, Ludwig (Hrsg.): Zur historischen Semantik des deutsches Gefühlswortschatzes. Aspekte, Probleme und Beispiele seiner lexikographischen Erfassung. Aachen, 247–272.

Busse, Dietrich (2012): Frame-Semantik. Ein Kompendium. Berlin/Boston: de Gruyter.

Busse, Dietrich/Teubert, Wolfgang (1994): Ist Diskurs ein sprachwissenschaftliches Objekt? Methodenfrage der historischen Semantik. In: Busse, Dietrich u. a. (Hrsg.): Begriffsgeschichte und Diskursgeschichte. Methodenfragen und Forschungsergebnisse der historischen Semantik. Opladen: Westdeutscher Verlag, 10–28.

Fahlenbrach, Kathrin (2010): Audiovisuelle Metaphern. Zur Körper- und Affektästhetik in Film und Fernsehen. Marburg: Schüren-Verlag.

Fauconnier, Gilles/Turner, Mark (1998): Conceptuel Integration Networks. In: Cognitive Science Vo. 22 (2), 133–187.

Fauconnier, Gilles/Turner, Mark (2002): The Way We Think: Conceptual Blending and the Mind's Hidden Complexities. New York: Basic Books.

Fauconnier, Gilles/Turner, Mark (2008): Rethinking Metaphor. In Gibbs, Ray (Hrsg.): Cambrigde handbook of Metaphor and Thought. Cambrigde University Press.

Felder, Ekkehard (2006): Semantische Kämpfe in Wissensdomänen. Eine Einführung in Benennungs-, Bedeutungs- und Sachverhaltsfixierungs-Konkurrenzen. In: Felder, Ekkehard (Hrsg.): Semantische Kämpfe. Macht und Sprache in den Wissenschaften. Berlin/New York: de Gruyter, 13–46.

Felder, Ekkehard/Müller, Markus (Hrsg.) (2009): Wissen durch Sprache. Theorie, Praxis und Erkenntnisinteresse des Forschungsnetzwerkes „Sprache und Wissen", Berlin/New York: de Gruyter.

Felder, Ekkehard (2009): Sprache – das Tor zur Welt? Perspektiven und Tendenzen in sprachlichen Äußerungen. In: Felder, Ekkehard (Hrsg.): Sprache. Heidelberg: Springer.

Fix, Ulla (2006): Was heißt Texte kulturell verstehen? Ein- und Zuordnungsprobleme beim Verstehen von Texten als kulturellen Entitäten. In: Blühdorn, Hardarik u. a. (Hrsg.): Text – Verstehen. Grammatik und darüber hinaus. Berlin/New York: de Gruyter, 254–276.

Foucault, Michel (1978): Dispositive der Macht. Über Sexualität, wissen und Wahrheit. Berlin: merve.

Foucault, Michel (1981): Archäologie des Wissens, Frankfurt/Main: Suhrkamp.

Gardt, Andreas (2007): Diskursanalyse – Aktueller theoretischer Ort und methodische Möglichkeiten. In: Warnke, Ingo (Hrsg.): Diskurslinguistik nach Foucault. Theorie und Gegenstände, Berlin/New York, 27–52.

Gebhardt, Ulrich (2003): Wie die Gene ins Feuilleton kommen. Alltagsmythen und Metaphern im Gentechnikdiskurs. In: Albrecht, Stephan/Dierken, Jörg/Freese, Harald/Hößlem Corinna (Hrsg.): Stammzellforschung. Debatte zwischen Ethik, Politik und Geschäft. Hamburg, 137–159.

Girnth, Heiko (2002): Sprache und Sprachverwendung in der Politik. Tübingen: Niemeyer.

Hannappel, Hans/Melenk, Hartmut (²1984): Alltagssprache. Semantische Grundbegriffe und Analysebeispiele. München.

Herrgen, Joachim (2000): Die Sprache der Mainzer Republik (1792/93). Historisch-semantische Untersuchungen zur politischen Kommunikation. Tübingen: Niemeyer.

Hülzer, Heike (1987): Die Metapher. Kommunkationssemantische Überlegungen zu einer rhetorischen Kategorie, Münster.

Junge, Matthias (Hrsg.) (2011): Metaphern und Gesellschaft. Die Bedeutung der Orientierung durch Metaphern. Wiesbaden: VS Verlag.

Kern, Beate (2010): Metonymie und Diskurskontinuität im Französischen. Berlin/New York: de Gruyter.

Konerding, Klaus-Peter (1993): Frames und lexikalisches Bedeutungswissen. Untersuchungen zur linguistischen Grundlegung einer Framethorie und zu ihrer Anwendung in der Lexikographie. Tübingen: Niemeyer.

Köller, Wilhelm (2004): Perspektivität und Sprache. Zur Struktur von Objektivierungsformen in Bildern, im Denken und in der Sprache. Berlin/New York: de Gruyter.

Köpcke, Klaus-Michal/Spieß, Constanze (2013): Metaphern als Gelenkstück eines integrativen Sprach- und Literaturunterrichts. In: Ziegler, Arne/Klaus-Michael Köpcke (Hrsg.): Schulgrammatik und Sprachunterricht im Wandel. Berlin/Boston 2013: de Gruyter, 253–285.

Lakoff, George/Johnson, Mark (1980): Metaphors we live by. Chicago: Chicago University Press.

Lessing/Wieser: Zugänge zur Metapher – Übergänge durch Metaphern

Liebert, Wolf-Andreas (1992): Metaphernbereiche der deutschen Alltagssprache. Kognitive Linguistik und die Perspektiven einer kognitiven Lexikographie. Frankfurt/Main u. a.: Peter Lang.

Liebert, Wolf-Andreas (2002): Metaphorik und Wissenstransfer. In: Der Deutschunterricht 5/2002, 63–74.

Liebert, Wolf-Andreas/Geideck, Susan (2002): Sinnformeln: Linguistische und soziologische Analysen von Leitbildern, Metaphern und anderen kollektiven Orientierungsmustern. Berlin/New York: de Gruyter.

Musolff, Andreas (2007): Popular science concepts and their use in creative metaphors in media discourse. In: Metaphorik.de 13, 66–86. Online unter: http://www.metaphorik.de/13/

Musolff, Andreas (2012): „Progressive" Evolution und „totipotente" Stammzellen – Metaphern in britischen und deutschen Debatten über die „Biowissenschaften". In: Spieß, Constanze (Hrsg.): Sprachstrategien und Kommunikationsbarrieren. Zur Rolle und Funktion von Sprache in bioethischen Diskursen. Bremen 2012: Hempen Verlag, 159–174.

Nerlich, Brigitte (2005): ‚A River Runs Through it': How the discourse metaphor crossing the Rubicon structured the debate human embryonic stem cells in Germany and (not) the UK. In: Metaphorik.de 8, 71–104. Online unter: http://www.metaphorik.de/8/

Nerlich, Brigitte/Clarke, David D. (2003): Blending the past and the present: Conceptual and linguistic integration, 1800–2000. In: Dirven, René/Pörings, Ralf (Hrsg.): Metaphor and Metonymy in Comparison and Contrast, Berlin/New York: Mouton de Gruyter, 555–593.

Pielenz, Michael (1993): Argumentation und Metapher, Tübingen: Narr Verlag.

Radden, Günter/Kövecses, Zoltán (1999): Towards a theory of metonymy. In: Panther, Klaus-Uwe/Radden, Günter (Hrsg.): Metonymy in language and thought, Amsterdam: Benjamins, 61–76.

Reckwitz, Andreas (2004): Die Kontingenzperspektive der ‚Kultur' Kulturbegriffe, Kulturtheorien und das kulturwissenschaftliche Forschungsprogramm. In: Friedrich Jaeger/Jörn Rüsen (Hg.): Handbuch der Kulturwissenschaften, Band III: Themen und Tendenzen, Stuttgart/Weimar 2004, S. 1–20. [online unter: http://www.uni-leipzig.de/~kuwi/homann/S-SS2011_2004Kultur_und_Kontingenz.pdf]

Rolf, Eckard (2005): Metaphertheorien. Typologie, Darstellung, Bibliographie. Berlin/New York: de Gruyter.

Roth, Kersten Sven/Spiegel, Carmen (Hrsg.) (2013): Angewandte Diskurslinguistik. Felder, Probleme, Perspektiven. Berlin: Akademieverlag.

Spieß, Constanze (2009): Wissenskonflikte im Diskurs. Zur diskursiven Funktion von Metaphern und Schlüsselwörtern im öffentlich-politischen Diskurs um die humane embryonale Stammzellforschung. In: Felder, Ekkehard/Müller, Marcus (Hrsg.): Wissen durch Sprache. Theorie, Praxis und Erkenntnisinteresse des Forschungsnetzwerks ‚Sprache und Wissen'. Berlin/New York 2009: de Gruyter, 309–336.

Spieß, Constanze (2011): Diskurshandlungen. Theorie und Methode linguistischer Diskursanalyse am Beispiel der Bioethikdebatte, Berlin/Boston 2011: de Gruyter.

Spieß, Constanze (2012a): Diskursive Differenzen in Bioethikdebatten Großbritanniens
und Deutschlands. In: Kämper, Heidrun/Kilian, Jörg (Hrsg.): Wort – Begriff – Diskurs. Deutscher Wortschatz und europäische Semantik, Bremen: Hempen Verlag
2012, 49–68.

Spieß, Constanze (2012b): Metaphern als Sprachstrategien – Zur sprachlichen Manifestation von Konflikthaftigkeit im Stammzelldiskurs. In: Spieß, Constanze (Hrsg.):
Sprachstrategien und Kommunikationsbarrieren. Zur Rolle und Funktion von Sprache in bioethischen Diskursen. Bremen 2012: Hempen Verlag, 177–200.

Spieß, Constanze (2013): Texte, Diskurse und Dispositive. Zur theoretisch-methodischen
Modellierung eines Analyserahmens am Beispiel der Kategorie Schlüsseltext. In:
Roth, Kersten Sven/Spiegel, Carmen (Hrsg.): Angewandte Diskurslinguistik. Felder,
Probleme, Perspektiven. Berlin: Akademieverlag, 17–42.

Volmert, Johannes (1989): Politikerrede als kommunikatives Handlungsspiel. Ein integrier-
tes Modell zur semantisch-pragmatischen Beschreibung öffentlicher Rede. München.

Warnke, Ingo/Spitzmülller, Jürgen (Hrsg.) (2008): Methoden der Diskurslinguistik. Sprachwissenschaftliche Zugänge zur transtextuellen Ebene. Berlin/New York: de Gruyter.

Weinrich, Harald (2010): Art. Metapher. In: Ritter, Joachim u. a. (Hrsg.): Historisches Wörterbuch der Philosophie. Volltext CD-Rom des Gesamtwerks.

Wittgenstein, Ludwig (1984): Tractatus logico-philosophicus. Tagebücher 1914–1916. Philosophische Untersuchungen. Werkausgabe Band 1, Frankfurt/Main: Suhrkamp.

Ziem, Alexander (2008): Frames und sprachliches Wissen. Kognitive Aspekte der semantischen Kompetenz. Berlin/New York: de Gruyter.

# B Methodische Zugänge im und am Einzelfall

# Cybercops auf Netzstreife: Metaphernkonzepte des Deliktsbereichs Cybercrime

Christa Dern

## 1 Einleitung

„Es wurde nichts beschädigt oder entwendet, behauptet das Unternehmen." Diese Meldung der Online-Ausgabe der Frankfurter Allgemeinen Zeitung vom 26.06.2011 erstaunt zunächst nicht, sie gehört zum Alltag der Polizeiberichterstattung. In diesem Falle aber wurde nicht etwa mit herkömmlichen Methoden in ein Geschäftsgebäude eingebrochen, es geht um das erfolgreiche Eindringen von Hackern in das System eines Rüstungskonzerns. Weder das geschädigte Unternehmen, noch die berichtenden Medien scheinen eine Sprache dafür gefunden zu haben, was hier tatsächlich stattgefunden hat. Möglich ist aber auch, dass es keiner eigenen Sprache bedarf, bedenkt man, dass wir fast täglich neue, teilweise hochabstrakte Sachverhalte scheinbar mühelos in unsere Konzeptualisierung der Welt integrieren. So wie sich Kriminalität lange Jahre ‚auf der Straße' abgespielt hat, so spielt sie sich nunmehr auch ‚im Netz' ab. Damit allerdings beschränkt sich eine Zuständigkeit für Innere Sicherheit nicht mehr nur auf den nationalstaatlich definierten Rahmen, es öffnet sich ein völlig neuer, grenzenloser Raum, der *Cyberspace*[1], in welchem *Cybergangster vergiftete Köder auslegen*[2], *moderne Spione in fremde Computernetze eindringen*[3], *iCloud-Konten gekapert*[4], Netzwerke, ja sogar Staaten *in die Knie gezwungen*[5] oder gar *ausgeknockt*[6] werden

---

1 Zum Ursprung des Begriffs ‚Cyberspace' vgl. z.B. Bühl 1996.
2 stern.de 14.09.11
3 stern.de 27.12.10
4 stern.de 06.08.12
5 FAZ.NET 28.09.09
6 ZEIT ONLINE 05.02.12

und *virtuelles Rowdytum*[7] um sich greift. Und ist es nicht Aufgabe der Polizei, für Sicherheit zu sorgen?

Schon die Erklärung des in Sicherheitskreisen allgegenwärtigen Begriffs *Cybercrime* gestaltet sich schwierig angesichts der Vielfalt denkbarer Ausprägungen dieses Deliktsbereichs. Das FBI erkennt hier in erster Linie die Bedrohung nationalstaatlicher Interessen, welche es zu verteidigen gilt:

> „We are building our lives around our wired and wireless networks. The question is, are we ready to work together to defend them? The FBI certainly is."[8]

Das Bundeskriminalamt (BKA) tritt auf seiner Website weniger emotional auf. Zum Deliktsbereich Internetkriminalität bzw. Cybercrime ist dort Folgendes zu lesen:

> „Weltweite elektronische Vernetzung der Täter, Kinderpornografie im Internet, Betrügereien per Homepage oder Kommunikation von Banden im World Wide Web: Die Täter nutzen die neuesten technischen Möglichkeiten. Doch damit die Entwicklung nicht nur auf der falschen Seite Fortschritte macht, wurden im Bundeskriminalamt schon frühzeitig Einheiten aufgebaut, die im Internet „Streife surfen", die verdächtige Auftritte und Angebote sichern und national wie international die Strafverfolgung einleiten."[9]

Zwischen den Polen der Verteidigung nationalstaatlicher Interessen und des Streife-Surfens also bewegt sich das neue, weite Feld der Bekämpfung und Prävention von Cybercrime, durch das BKA wie folgt definiert:

„Unter ,Cybercrime' oder ,IuK-Kriminalität' versteht man Straftaten, die unter Ausnutzung moderner Informations- und Kommunikationstechnik oder gegen diese begangen werden. Das sind:

- alle Straftaten, bei denen Elemente der EDV in den Tatbestandsmerkmalen enthalten sind (Computerkriminalität) oder bei denen die IuK zur Planung, Vorbereitung oder Ausführung einer Tat eingesetzt wird/wurde,
- Straftaten im Zusammenhang mit Datennetzen wie z.B. dem Internet und
- Fälle der Bedrohung von Informationstechnik. Dies schließt alle widerrechtlichen Handlungen gegen die Integrität, Verfügbarkeit und Authentizität von

---

7   ZEIT ONLINE 05.02.12
8   Vgl. http://www.fbi.gov/about-us/investigate/cyber/cyber
9   Vgl. http://www.bka.de/DE/ThemenABisZ/Deliktsbereiche/InternetKriminalitaet/internet-Kriminalitaet__ node.html?__nnn=true

elektronisch, magnetisch oder sonst nicht unmittelbar wahrnehmbar gespeicherten oder übermittelten Daten (Hacking, Computersabotage, Datenveränderung, Missbrauch von Telekommunikationsmitteln etc.) ein."[10]

Die Polizei sieht sich der Herausforderung gegenüber, dem Sicherheitsbedarf der Bürgerinnen und Bürger in einem völlig neuen Raum entsprechen zu müssen, und hat bereits begonnen, bestehende Kapazitäten aus- und neue Kompetenzen aufzubauen. Zunächst jedoch stellt sich die Frage, welche Rolle sie unter pfiffigen Usern, Providern und Anbietern von Sicherheitssoftware – alle auf ihre Art mit Netzsicherheit befasst – im Auge der Öffentlichkeit einnehmen will.

Ein Blick auf die Berichterstattung über den Themenkreis Cybercrime soll Aufschluss darüber geben, wo dort die Zuständigkeit der Polizei verortet wird und welche Metaphernkonzepte aktuell das Verständnis von Internetkriminalität und Netzsicherheit in der Öffentlichkeit prägen. Denn Metaphern, so Reichertz (1996), „resultieren notwendigerweise aus Denkakten, also aus der gedanklichen Erstellung von Ordnung zum Zwecke des sinnvollen Weiterhandelns." (Reichertz 1996: 209). Die in der Sprache, genauer in der dort systematisch auftretenden Metaphorik heute erkennbare Ordnung lässt möglicherweise Rückschlüsse auf die Richtung des gegenwärtigen Handelns im Bereich der Begegnung der Internetkriminalität erkennen und ermöglicht es auch den Sicherheitsbehörden, eine notwendige kritische Bestandsaufnahme vorzunehmen, die Ausgangspunkt für eine Neuorientierung darstellen könnte.

Grundlage der empirischen Untersuchung bildet ein Textkorpus bestehend aus 100 Online-Artikeln der überregionalen Presse (ZEIT ONLINE, FAZ.NET, Süddeutsche.de, DIE WELT Online, SPIEGEL ONLINE, FOCUS Online, Bild.de und stern.de) zu den Themenkreisen Cybercrime, Internetsicherheit und Computerkriminalität aus den Jahren 2009–2012, welches einer eingehenden Analyse im Hinblick auf die dort wiederholt eingesetzte Metaphorik unterzogen wurde[11].

---

10  http://www.bka.de/DE/ThemenABisZ/Deliktsbereiche/InternetKriminalitaet/internetKriminalitaet__ node.html?__nnn=true; Erscheinungsformen der Internetkriminalität sowie das gegenwärtige Verständnis des Begriffs Cybercrime diskutiert ausführlich Meier 2012.
11  Die Analyse wurde mit Hilfe des Textanalysesystems MAXQDA[10] (Qualitative Daten Analyse) durchgeführt.

## 2    Metaphernkonzepte des Erfahrungsbereichs Internet

Ohne Zweifel sind Metaphern ein unverzichtbares Mittel der Erschließung des
erwähnten grenzenlosen virtuellen Raums, des Cyberspace. Folgt man der sog.
*Contemporary Theory of Metaphor* (Lakoff 1993, 2008), wie sie in den 80er Jahren des vergangenen Jahrhunderts von George Lakoff und Mark Johnson im theoretischen Rahmen der holistischen kognitiven Semantik eingeführt und seither
sowohl theoretisch weiterentwickelt als auch empirisch in zahlreichen Untersuchungen untermauert worden ist[12], so liegt es nahe, das hochabstrakte Konzept
,Internet' oder gar die virtuelle Welt an sich mit Hilfe vertrauter, konkreter Konzepte der realen Welt, wie sie vom Menschen in seiner spezifischen Beschaffenheit erfahren wird[13], zu strukturieren. Die in der Sprache feststellbare Metaphorik wird hier nicht primär als Erscheinung der sprachlichen Ebene, als Form der
„sprachlichen Veranschaulichung" (Stenschke 2006: 66) gedeutet, sondern als
sprachlicher Niederschlag bereits auf kognitiver Ebene stattfindender metaphorischer Prozesse. Sprache als ,Epiphänomen der Kognition' (Schwarz 1992: 49) bietet lediglich einen Zugang zu unserer Art, Sachverhalte kognitiv zu erfassen und
zu verarbeiten.

In einem bestimmten Erfahrungsbereich systematisch auftretende Metaphern
lassen abstrakte oder vage Sachverhalte nicht nur rational verfügbar bzw. ,begreif-
bar' (Baldauf 1997: 16) werden, sie nehmen die Rolle von Denkmodellen ein, die
gemäß der den Metaphern jeweils inhärenten Implikationen für unser weiteres
Denken und Handeln in einem spezifischen Erfahrungsbereich bestimmend werden können. In Dern (2011) konnte so z. B. auf der Basis einer eingehenden Analyse relevanter Texte gezeigt werden, wie der gegenwärtige polizeiliche Diskurs
von Metaphorik aus den Erfahrungsbereichen ,Architektur', ,Krieg' und ,Networ-
king' geprägt wird und wie sich daraus spezifische Richtungen des sicherheitspolitischen Handelns gleichsam logisch ableiten lassen.

Nicht nur Sprach- und Kognitionswissenschaft, auch die Soziologie erkennt
und beschreibt die der Metaphorik innewohnende Dynamik, die Rolle von Denkmodellen anzunehmen, bestimmte Schlussfolgerungen nahezulegen und letzt-

---

12   Vgl. u. a. Lakoff/Johnson 1980, Lakoff 1993, Lakoff 2008, Gibbs 2008, Kövecses 2010; eine
     Darstellung des aktuellen Sachstands in der Entwicklung der *Contemporary Theory of Meta-*
     *phor* findet sich u. a. bei Dern 2011.
13   Das hier geltende Kognitions- und Sprachverständnis ist in der philosophischen Position des
     *experiential realism* (Lakoff 1987, Johnson 1987) oder *Erfahrungsrealismus* (Kleiber 1983) be-
     gründet. Diese Position sieht eine Berücksichtigung der Körpergebundenheit des Menschen,
     seiner kulturellen Erfahrungen sowie auch seines Weltwissens im Versuch, ein Verständ-
     nis von Sprache und Kognition zu erlagen, als unerlässlich an (vgl. hierzu auch Baldauf 1997,
     60 ff.).

lich das gesellschaftliche Handeln zu bestimmen[14]. In der Auseinandersetzung mit den neuen Medien ist den Ansätzen die Annahme gemeinsam, „dass Metaphern eine Leitbildfunktion einnehmen, weil sich an ihnen Denken und Handeln der Mediennutzer orientieren. Die Metaphern fungieren als kognitive Modelle, mit deren Hilfe sich der gesellschaftliche Umgang mit dem Medium analysieren lasse." (Gehring 2004: 10) Unter Berufung auf Canzler/Helmers/Hoffmann (1997) stellt Gehring (2004: 10) heraus, dass es nicht unwesentlich ist, „welche Vorstellungen und Begriffe sich im Diskurs um die Datenkommunikation der Zukunft durchsetzen."

Zu den im Erfahrungsbereich Internet dominanten systematisch auftretenden Metaphern bzw. Metaphernkonzepten liegen inzwischen umfangreiche empirische Untersuchungen vor. Ihre Aktualität bestätigt sich in der Analyse des vorliegenden Textkorpus. Neben allgegenwärtigen Ontologisierungen (ABSTRAKTA SIND GEGENSTÄNDE[15]) – wir *legen Daten im Web ab*[16] und *frieren sie ein*[17], wir *bündeln Informationen*[18] und *fangen Datenpakete aus dem Handynetz ein*[19], wir *kaufen Sicherheitslücken*[20] und *verlieren Identitäten*[21] – sowie der Personifizierung (ABSTRAKTA SIND HANDELNDE PERSONEN) – PCs werden *von einer Bot-Software gekapert und verwandeln sich zu Verrätern*[22], Trojaner *überweisen selbständig Gelder auf Konten*[23], Spionageprogramme *geben sich als Windows-Update aus, bewegen sich von Rechner zu Rechner und verwischen ihre Spuren*[24] – sind es die komplexeren Metaphernkonzepte, die von vorrangigem Interesse sind. Einen

---

14  Vgl. z. B. Reichertz 1996, Hörisch 1996, Bickenbach/Maye 1997, Gehring 2004, Bougher 2012.
15  Ontologische Metaphern gehören zu den sog. *primary metaphors* (Grady 1997; vgl. auch Baldauf 1997), den Bausteinen komplexerer Metaphern. Sie sind Grundeinheiten metaphorischen Denkens und unmittelbar in unserer physischen Realitätserfahrung begründet. So, wie wir Objekte in ihrer eindeutigen Abgrenzbarkeit von anderen Objekten anfassen und somit ‚begreifen‘ können, werden auch abstrakte, von anderen Sachverhalten kognitiv klar abgrenzbare Erfahrungseinheiten metaphorisch als ‚begreifbare‘ Gegenstände konzeptualisiert. *Primary metaphors,* so die Argumentation, kommt der Charakter von Universalien zu, „because people have the same bodies and basically the same environments" (Lakoff 2008: 26). Vgl. hierzu auch Dern (2011, 69).
16  z. B. stern.de 06. 08. 12
17  SPIEGEL ONLINE 02. 12. 11, 14. 01. 11
18  SPIEGEL ONLINE 28. 03. 12
19  ZEIT ONLINE 25. 12. 11
20  Süddeutsche.de 30. 05. 12
21  z. B. stern.de 06. 08. 12; ZEIT ONLINE 25. 02. 12, 05. 08. 11; Süddeutsche.de 12. 07. 11, SPIEGEL ONLINE 08. 09. 10 u. a.
22  stern.de 17. 03. 09
23  ZEIT ONLINE 05. 02. 12
24  Süddeutsche.de 30. 05. 12

prominenten Platz im Denken und Reden über das „Netz der Netze"[25] nimmt naheliegender Weise Netzmetaphorik ein[26]. Niedermaier/Schroer (2004) veranschaulichen dies wie folgt:

> „Spätestens mit der rasanten weltweiten Verbreitung des Internet nach der Entwicklung des WorldWideWeb-Browsers 1992 nahm es auch in erdräumlicher Hinsicht den Charakter eines Netzes an. Ähnlich wie ein Spinnennetz umspannt seine Infrastruktur, also die via Glasfaserkabel miteinander verbundenen Server, heute den Globus." (ibid., 125)

Ein weiteres, im Begriff des Cyber*space* bereits wirksames metaphorisch genutztes Konzept ist das des Raumes[27]. Es ist Grundlage vieler darauf aufbauender komplexer Metaphern, die ihre Logik nur in einem angenommenen räumlichen Umfeld entfalten können. Bühl (1996) stellt fest:

> „Die Cyberspace-Metapher markiert einen fundamentalen Paradigmenwechsel in der Informatik, eine neue Epoche in der Mensch-Maschine-Kommunikation. Bislang bildete der Bildschirm die Grenze zwischen AnwenderInnen und Maschine. Diese Grenze wird nun aufgelöst. AnwenderInnen navigieren interaktiv in einem Raum hinter dem Bildschirm; ein Raum, in dem menschliche Kommunikation und Interaktion rechnergesteuert abläuft." (ibid., 20)

Noch zwingender formuliert Busch (2000) das Ergebnis seiner empirischen Untersuchungen auf der Basis von Printmedien: „Die Gemeinsprache toleriert die Raumlosigkeit der Internettechnologie nicht." (163)

In den sich öffnenden abstrakten Raum werden nun ebenso abstrakte Konzepte als *Kanäle, Marktplätze, Shops* oder *Foren* plausibel eingebracht. Als eine mögliche Konsequenz ist die Entstehung einer Internetkartographie anzusehen[28]. Heinze (2004) beschreibt eine „Verortung des Internets mittels kartographischer Methoden" (54), Internetkartographie lässt erkennen, „dass die unterschiedlichsten Aspekte des neuen Mediums in ihrem physisch-räumlichen Bezug beleuchtet werden können." (54). So existieren Visualisierungen der Verteilung der notwendigen Hardwarekomponenten, Auswertungen des sog. ‚Internettraffics', *IP-Adressen* und eine *Domain-Namen-Kartierung*. Zwar sprechen wir einerseits vom *globalen Dorf* (welches im Übrigen nach alter Dorftradition einen *Marktplatz* sowie

---

25   Vgl. http://www.bka.de/DE/ThemenABisZ/Deliktsbereiche/InternetKriminalitaet/internet-Kriminalitaet__ node.html?__nnn=true

26   Vgl. z. B. Reichertz 1996, Bickenbach/Maye 1997, Busch 2000, Gehring 2004, Stenschke 2006.

27   Vgl. z. B. Bühl 1996, Busch 2000, Becker 2004, Niedermaier/Schroer 2004, Stenschke 2006.

28   Beiträge zum Verhältnis von Internet, Raum und Gesellschaft finden sich in Budke/Kanwischer/Pott 2004.

auch einen *Pranger* vorhält), der *digitalen Stadt,* von *Bewohnern des Netzwerks* und *digital natives* (vgl. hierzu u. a. Reichertz 1996, Busch 2000), andererseits ist der Cyberspace „ein Raum ohne geographische Orte." (Niedermaier/Schroer 2004: 127):

> „Im Cyberspace hat nichts einen Ort und doch ist potentiell alles, was er zu bieten hat, überall anzutreffen. Im virtuellen Raum gibt es keinen begrenzt verfügbaren Boden, der aufgeteilt werden muss, damit alles seinen Platz hat. Die ‚Ortlosigkeit' schafft einen Raum ohne Boden." (ibid.)

Diese Grenzenlosigkeit, die durch *Explorer* erkundet wird und *Migration* ermöglicht, ist sicherlich auch Ursprung der inzwischen stark vertretenen Meeres-Metaphorik, die einen Großteil unseres Verständnisses des Cyberspace und unserer Bewegung darin strukturiert. Nicht nur ist das Meer ähnlich boden- und grenzenlos wie der Cyberspace, es ist „die Quelle steter Gefahr und Bedrohung!" (Reichertz 1996: 213) Einerseits tückisch und ohne festen Untergrund (ibid., 214), birgt es gleichzeitig eine gewisse „Freiheitsverheißung" (ibid.). Während das *Navigieren* im Netz als „zielgerichtete und kalkulierte Tätigkeit" (ibid., 218) verstanden wird, impliziert das inzwischen allgegenwärtige *Surfen*[29] „eine besonders ‚fun-orientierte' Einstellung zum Leben" (ibid., 216). Auf die Gemeinsamkeit der Konzepte Cyberspace und Datenmeer weist Hörisch (1996) hin, indem er feststellt: „Die medienmetaphorischen Indizes verweisen zumeist auf ozeanische, sphärische und kosmische Gefühle – und auf ihre zwischen Befreiung und Bedrohung changierende Ambivalenz." (Hörisch 1996: 530)

Konkurrentin der ‚sphärischen' und ‚ozeanischen' Metaphern ist die Metapher der *Datenautobahn,* verknüpft mit den positiven Assoziationen des schnellen Vorankommens wie den negativen des *Datenstaus* sowie der *rush-hour*[30]. Wie Bickenbach/Maye (1997) ausführen, impliziert dieses Konzept „geregelten, zielgerichteten Verkehr. Ordnung statt Freiheit; aber die Metapher verspricht auch Effizienz und Geschwindigkeit. Der „Information Highway" suggeriert ein Straßennetz, auf dem die Datenreisen sicherer werden, die Routen klarer, die Ziele schneller erreichbar sind." (ibid., 92) Es handelt sich insbesondere um ein „politisch kluges Bild" (ibid., 92), an welches auch die Strafverfolgung mühelos anknüpfen kann, sofern Verstöße gegen die geltenden ‚Verkehrsregeln' feststellbar werden.

Es können an dieser Stelle exemplarisch nur einige wenige, gegenwärtig als dominant angesehene Metaphernkonzepte zur Strukturierung des Erfahrungs-

---

29  Zur Herkunft des Begriffs des ‚Surfens' im Internet vgl. u. a. Gehring 2004, 9.
30  Vgl. hierzu ausführlich Canzler/Helmers/Hoffmann 1995, Bühl 1996, Reichertz 1996, Bickenbach/Maye 1997, Busch 2000, Gehring 2004, Stenschke 2006 u. a.

bereichs Internet aufgeführt werden. Es gibt weitere hier wirksame, systematisch auftretende Metaphern, Verzweigungen und Varianten der genannten, die uns eine Orientierung im Netz ermöglichen[31]. Das Augenmerk der vorliegenden Untersuchung richtet sich auf die Schattenseiten des Erlebnisraumes Cyberspace, welcher – wie in der realen Welt – nicht nur von harmlosen Usern erkundet und durchsurft sowie von seriösen Geschäftsleuten als Marktplatz genutzt, sondern auch von weniger lauteren Individuen für kriminelle Zwecke eingesetzt wird.

## 3    Metaphernkonzepte von Cybercrime und Cybercrime-Bekämpfung

Mit der unendlichen Weite des Cyberspace ist zunächst ein gewisser Grad an Kontrollverlust verbunden, und wo es an Kontrolle fehlt, da fürchten wir leicht, dem Chaos zu verfallen. Tatsächlich wird das Internet im vorliegenden Textkorpus wiederholt mit dem Attribut der Wildheit belegt, die es zu bewältigen, ja zu *zähmen* gilt. Auf den Seiten der Süddeutsche.de wird im Juli 2012 beispielsweise berichtet, die Politik wolle *das angeblich böse Netz zähmen und zivilisieren. USA, Australien, Großbritannien, Kanada und Neuseeland wollen diese Zähmung gemeinsam angehen, man suche nach Mitteln, das Internet zu beschneiden, um ihm das Chaotische und Wilde zu nehmen.* SPIEGEL ONLINE berichtet 2009 gar von einem ‚Spam-Detektiv‘, der die Software der Ganoven in den *digitalen Zoo* schickt. Ein IT-Experte wird zitiert mit der anschaulichen weiteren Erläuterung: „Wir lassen die Programme atmen, essen und pupsen, und wir lassen sie mit ihrem kriminellen Mastermind reden […] Andererseits halten wir sie in ihrem Käfig immer so weit unter Kontrolle, dass kein Schaden entsteht.“

Sowohl das Netz in seiner Ganzheit als auch einzelne Programme werden als Lebewesen konzeptionalisiert, die zwar bedrohliche Seiten zeigen, die aber beherrschbar sind, vom Menschen in geregelter Form beobachtet und gezähmt werden können. Dem Menschen viel gefährlicher aber ist der Mensch, wenn er sich Netz und Software zur Erreichung seiner Ziele zum Nachteil anderer zu Nutzen macht.

---

31  Vg. z. B. Busch 2000, Gehring 2004, Stenschke 2006.

## 3.1  Cybergauner und Schurken 2.0

Wie in der realen Welt, so werden die Kategorien ‚gut' und ‚böse' metaphorisch auch im Cyberspace mit den Attributen *hell* und *dunkel* belegt. *Schattennetze*[32], *düstere Reiche*[33], *DarkMarkets*[34] sowie *finstere Ecken*[35] birgt das Internet. Akteure der Hackerszene werden den Kategorien *white hats, grey hats* und *black hats* zugeordnet (Robertz/Rüdiger 2012, 80), *Dunkelmänner*[36] durchstreifen das Netz. Auch die ‚Sichtbarkeit' von Daten und Akteuren spielt eine Rolle in der Unterscheidung unterschiedlicher Grade von Redlichkeit. Es ist vom *digitalen Untergrund*[37], *dem Untergrund des Internets*[38] oder der *Underground Economy*[39] die Rede, von *Geisternetzen*[40] und *Geisterratten*[41]. *Tarnnamen*[42] dienen als digitale Tarnkappen, wer erkannt wurde, *taucht ab*[43] in die unendlichen Weiten des Cyberspace. Daten können sowohl *unsichtbar*[44] gemacht wie auch *ausgespäht*[45] werden. In der Kriminologie werden auch bezüglich der Internetkriminalität *Hell-* und *Dunkelfelder* unterschieden (Meier 2012, 171), die Strafverfolgung unternimmt den Versuch, Täter *sichtbar* zu machen, sie *aus der Anonymität des Internets herauszuziehen*[46].

Für die Täter selbst bietet das vorliegende Textkorpus eine Vielzahl von Bezeichnungen: *Digitaltäter*[47], *Cybergauner*[48], *Cybercrime-Banden*[49], *Online-Gangs*[50],

---

32  ZEIT ONLINE 22.03.10
33  FAZ.NET 29.03.09
34  DIE WELT Online 06.06.12
35  Süddeutsche.de 12.07.11
36  DIE WELT Online 16.07.12
37  SPIEGEL ONLINE 06.02.12, 04.07.11
38  stern.de 29.03.09, SPIEGEL ONLINE 06.02.12, FAZ.NET 28.09.09, 29.03.09
39  stern.de 08.10.09, 04.07.11; Süddeutsche.de 25.11.09
40  stern.de 29.03.09, ZEIT ONLINE 22.03.10, FAZ.NET 29.03.09
41  ZEIT ONLINE 22.03.10
42  ZEIT ONLINE 22.03.10
43  DIE WELT Online 30.05.11
44  FAZ.NET 07.08.12
45  z.B. stern.de 28.01.09, 20.05.11, 02.08.11, ZEIT ONLINE 12.05.10, DIE WELT Online 30.05.11, 17.07.12; Süddeutsche.de 30.05.12, SPIEGEL ONLINE 18.07.11, 28.03.12, 20.07.12 u.a.
46  DIE WELT Online 27.07.11
47  ZEIT ONLINE 25.12.11
48  ZEIT ONLINE 05.08.11
49  ZEIT ONLINE 10.01.10
50  SPIEGEL ONLINE 26.09.09

*Cyber-Kriminelle*[51], *Schurken 2.0*[52], *Online-Ganoven*[53], *Cyber-Vandalen*[54], *Cyber-verbrecher*[55], *Cybergangster*[56], *Online-Gangster*[57] und *Cyber-Piraten*[58] verleiden uns das sorglose Surfen im Netz. Hier wird allerdings bereits deutlich, dass man bekannten Kategorien weitgehend treu geblieben ist. Gauner, Gangster, Schurken und Ganoven trifft man in der realen Welt heute eher nicht mehr an. Das Bild der Internetpiraterie, welches sich über den Begriff der Cyber-Piraten hinaus auch in dem weiten Feld des *Kaperns* von Rechnern, Telefonen oder Identitäten niederschlägt, schließt dabei folgerichtig an die bereits beschriebene Meeresmetaphorik an und kann als Ausprägung dieses Metaphernkonzeptes angesehen werden. Bild. de tituliert am 24.06.12: „JETZT GREIFEN DIE PIRATEN SOGAR AUS DEM INTERNET AN!", wobei hier von einem wahrscheinlich beabsichtigen Bezug zur Piraterie vor Somalias Küste auszugehen ist, welche – sachlich vermutlich weniger begründet – mit Aktivitäten afrikanischer Hacker in Verbindung gebracht wird und an bereits gegebene Ängste der Leserschaft anknüpft.

## 3.2   Cyber-War und virtuelles Rowdytum

Folgt man der Einschätzung des Vorsitzenden des Bundes deutscher Kriminalbeamter (BDK), wie ihn FOCUS Online am 17.07.10 zitiert, so hat sich das Internet „zum größten Tatort der Welt entwickelt". Die Straftaten, die sich in der Berichterstattung wiederfinden, reichen vom *Cyber-Terrorismus*[59] über *Cyber-Betrug*[60] bis hin zu *Cyber-Bullying*[61], *virtuellem Rowdytum*[62] und *Vandalismus*[63]. Auch Erpressung ist im Cyberspace verbreitet, die angedrohte Konsequenz bei Nichtzahlung ist der Cyberwelt entsprechend angepasst: „Wer nicht zahlt, wird abgeschaltet."[64]

---

51  ZEIT ONLINE 10.01.10, stern.de 17.03.09, 19.03.09; ZEIT ONLINE 25.03.09, 10.01.10, DIE WELT Online 02.06.12, 06.06.12. SPIEGEL ONLINE 04.07.11, FAZ.NET 25.11.09
52  DIE WELT Online 02.06.12
53  SPIEGEL ONLINE 06.02.12
54  SPIEGEL ONLINE 28.07.10, 09.05.10
55  SPIEGEL ONLINE 12.05.10
56  SPIEGEL ONLINE 14.03.10, 04.07.11, stern.de 14.09.11,
57  SPIEGEL ONLINE 26.09.09, 14.03.10
58  Bild.de 24.06.12
59  ZEIT ONLINE 25.03.09
60  ZEIT ONLINE 05.08.11
61  stern.de 14.09.11
62  ZEIT ONLINE 05.02.12
63  ZEIT ONLINE 15.06.11, SPIEGEL ONLINE 09.05.10, 28.07.10, 04.07.11, FAZ.NET 26.06.11
64  Süddeutsche.de 30.05.12

Eine herausragende Rolle spielt der Deliktsbereich Diebstahl, virtuell wird geklaut, was das Zeug hält. Voraussetzung für diese Metaphorik ist zunächst die bereits angesprochene Ontologisierung, die Konzeptionalisierung abstrakter Sachverhalte, wie z. B. Daten oder Informationen, als gegenständlich. Und so wird relativ unhinterfragt berichtet, wie *Internetbetrüger nichts ahnende Nutzer ausrauben*[65], wie *E-Mails geklaut*[66], *Passphrasen erbeutet*[67], *Systemeinbrüche*[68] und *Datenklau*[69] begangen, *geistiges Eigentum, Finanzinformationen und persönliche Daten von Mitarbeitern gestohlen*[70] und *Raubzüge durch fremde Rechner*[71] unternommen werden. Gipfel des Cyber-Klaus schließlich ist der *Identitätsdiebstahl*[72]: Wer im Cyberspace unterwegs ist, dem kann dort sein *Online-Ich*[73] abhanden kommen:

1) [...] können Fremde Daten stehlen, ohne physischen Zugriff auf das Gerät zu haben. Mehr noch: Sie können ganze Identitäten übernehmen. (stern.de 06. 08. 12)
2) Benutzt jemand nur ein einziges [Passwort] und wird das geknackt, kann schnell das ganze digitale Leben abhanden kommen. (ZEIT ONLINE 12. 07. 12)
3) Identitäten sind chronisch unsicher. (ZEIT ONLINE 25. 12. 12)
4) In den USA greifen Identitätsdiebstähle bereits dermaßen um sich, dass nach einer Schätzung jeder zwanzigste Einwohner betroffen ist. Manche Amerikaner schließen Versicherungen dagegen ab. (ZEIT ONLINE 05. 08. 11)
5) Dessen moralisches und juristisches Grenzgängertum äußerte sich in einer Aufspaltung seiner virtuellen Identität: [...] (DIE WELT Online 06. 06. 12)
6) Jagd nach der digitalen Identität (FOCUS Online 30. 06. 11)

Auch die altbewährte Behältermetaphorik, die metaphorische Konzeptualisierung von Abstrakta auf der Basis des Behälter-Schemas mit der ihm eigenen *in/aus*-Relation[74], liegt der komplexen Diebstahl-Metaphorik zugrunde. Auf einer ersten Ebene eröffnet der Cyberspace einen virtuellen Raum, in welchem wir alle

65  ZEIT ONLINE 10. 01. 10
66  SPIEGEL ONLINE 19. 07. 12
67  ZEIT ONLINE 12. 07. 12
68  stern.de 29. 03. 09
69  stern.de 17. 03. 09, ZEIT ONLINE 10. 01. 10, DIE WELT Online 27. 07. 11, FOCUS Online 15. 07. 11, 17. 07. 11; FAZ.NET 06. 10. 09
70  ZEIT ONLINE 22. 03. 10
71  SPIEGEL ONLINE 04. 07. 11
72  stern.de 08. 09. 10, ZEIT ONLINE 26. 03. 10, 05. 08. 11; Süddeutsche.de 12. 07. 11, SPIEGEL ONLINE 14. 03. 10, 08. 09. 10
73  ZEIT ONLINE 30. 08. 09
74  Eine ausführliche Darstellung von Behälter-Metaphorik findet sich u. a. in Lakoff/Johnson 1980, Baldauf 1997, 124 ff.

uns tummeln und in welchem auch Straftaten begangen werden. Innerhalb dieses Raums existieren auf einer Vielzahl weiterer, in sich verschachtelter Ebenen weitere Räume – *Chatrooms, Foren, Accounts, Clouds* oder aber die *digitale Unterwelt* – die jeweils *offen* oder *geschlossen,* ja sogar *abgeschottet* sein können. *Aktivisten sammeln sich im Netz*[75]*, eine neue Generation von Kriminellen baut sich im Internet eine digitale Unterwelt*[76]*, die Generation SchuelerVZ wird bis zu 20 Jahre im Internet gelebt haben, bevor sie ins Berufsleben einsteigt*[77]*, ja der Alltag vieler Bürger verlagert sich ins Web*[78]. Server oder aber das Endgerät, der PC oder das Mobiltelefon, sind ihrerseits Räume, in welchen Daten *abgelegt* sind. Entsteht dort ein *Leck*[79]*,* so *leaken*[80] Daten ins Netz. PC oder Smartphone ermöglichen einerseits den *Zugang* zum Raum des Internet, sind andererseits aber auch *Einfallstor* für Datendiebe, sofern sie *offen* sind *wie ein Scheunentor*[81]. Und so erscheint es konsequent, komplexe manipulative Prozesse als *Einbruch* zu verstehen. Sogar die *Cloud,* ein weiteres abstraktes, rein metaphorisch strukturiertes Konzept, ist nicht sicher vor Einbrüchen, für die spezielle *Werkzeuge* zur Verfügung stehen. Wer sich bemüht, den *Zugang* zu den eigenen Daten zu sichern, den kann es über *Hintertüren* dennoch erwischen. *„Wer im Internet ist, der macht die Tür seines Hauses weit auf und muss aufpassen, dass nicht jemand hereinspaziert kommt, den er nicht gerne haben möchte",* so zitiert stern.de am 08.10.09 den gegenwärtigen Präsidenten des Bundeskriminalamtes. *Doch nur weil jemand seine Haustür nicht abgeschlossen hat, legitimiert das noch keinen Diebstahl.*[82] Oder, wie der Präsident des BKA Ziercke am 12.05.2010 von ZEIT ONLINE zitiert wird: *„Das Internet darf kein strafverfolgungsfreier Raum sein".*

Während Diebstahl und Einbruch noch handhabbar erscheinen, wirft der offenbar im Cyberspace tobende Krieg eine grundsätzliche Frage nach der Zuständigkeit bezüglich der Gewährung von Sicherheit auf. Die Allgegenwart von Kriegs-Metaphorik in Sprache und Denken des Alltags ist vielfältig dokumentiert und beschrieben (vgl. z.B. Baldauf 1997: 213ff., Dern 2011), dass sie auch in den Diskurs über Cyberspace und Internet Einzug gehalten hat, ist – angesichts ihrer Erwartbarkeit in allen Erfahrungsbereichen – somit wenig erstaunlich (vgl. z.B. Busch 2000: 158f.). Im vorliegenden Textkorpus ist Kriegsmetaphorik neben

---

75  Süddeutsche.de 09.01.11
76  SPIEGEL ONLINE 04.07.11
77  ZEIT ONLINE 30.08.09
78  SPIEGEL ONLINE 20.07.12
79  ZEIT ONLINE 11.07.12, Süddeutsche.de 30.05.12, SPIEGEL ONLINE 28.07.10, 18.07.11, 29.12.11
80  SPIEGEL ONLINE 19.07.11, Süddeutsche.de 12.07.11
81  SPIEGEL ONLINE, 26.09.09
82  ZEIT ONLINE 15.06.11

sog. *primary metaphors* wie Ontologisierung, Behältermetaphorik und Personifizierung das am stärksten belegte Metaphernsystem. Begreift man den Cyberspace als Raum bzw. als noch nicht an interessierte Kreise verteiltes Neuland, so liegt es nahe, dass Teilbereiche zunächst zu erobern, sodann zu verteidigen sind. Die oben zitierte Herangehensweise des FBI an das Thema Cybercrime repräsentiert eben diese Perspektive, die Pott et al. (2004) wie folgt umreißen: „Im Kontext der strategischen Interessen der Weltmacht USA lässt sich das Internet […] als eine machtpolitische wichtige, da herrschaftsausbauende und -sichernde, Technologie" deuten (ibid., 12). Diese gilt es zu verteidigen, auch wenn Angriffe auf Technologie und Netzwerke nicht notwendiger Weise nationalstaatlich koordiniert und legitimiert sind. Und so tobt ein *Cyberwar*[83], Online-Kriminalität ist *auf dem Vormarsch*[84], wir stehen *Cyber-Attacken*[85] und *Angriffen aus dem Netz*[86] gegenüber, müssen uns vor *feindlicher Software*[87] schützen, werden von *Heeren aggressiver Zombierechner*[88] und *Armeen ferngelenkter Rechner*[89] bedroht. Websites werden unter *Dauerbeschuss*[90] gesetzt oder *bombardiert*[91], Hacker werden zu *Cyber-Kriegern mit virtuellen Waffen*[92], der *Kampf* gegen sie wird zum *Wettrüsten*[93]. DIE WELT Online tituliert am 06.06.12: *„Der Weltkrieg im Netz hat längst begonnen".*

## 3.3 Kampftraining für Computer-Cracks und das Wettrüsten im Netz

Betrachtet man die Allgegenwart der Kriegsmetapher in der Berichterstattung zum Thema Cybercrime und bedenkt man, dass Kriegsmetaphorik ein dominantes Metaphernkonzept zur Strukturierung des Erfahrungsbereichs der Kriminalitätsbekämpfung allgemein darstellt (Dern 2011), so ist es zunächst nur folgerichtig, dass der Umgang mit dem Deliktsbereich Cybercrime ein *Kampf* gegen die

---

83 z.B. DIE WELT Online 16.07.12, Bild.de 24.06.12, Süddeutsche.de 09.01.11, 05.06.12; ZEIT ONLINE 22.03.10, 17.06.11; FOCUS Online 16.07.11, FAZ.NET 26.06.11, SPIEGEL ONLINE 09.05.10, stern.de 19.03.09
84 ZEIT ONLINE 12.05.10, SPIEGEL ONLINE 12.05.10, FOCUS Online 30.06.11
85 DIE WELT Online 02.06.12, 06.06.12, 16.07.12; Süddeutsche.de 30.05.12, FOCUS Online 15.07.11, SPIEGEL ONLINE 09.05.10, 04.07.11
86 SPIEGEL ONLINE 04.07.11, FAZ.NET 26.06.11
87 FAZ.NET 29.03.09
88 SPIEGEL ONLINE 04.07.11
89 SPIEGEL ONLINE 04.07.11
90 SPIEGEL ONLINE 04.07.11
91 ZEIT ONLINE 22.03.10, SPIEGEL ONLINE 26.09.09
92 FAZ.NET 26.06.11
93 Süddeutsche.de 31.10.12

Internetkriminalität ist. Auf den Internetseiten des Bundeskriminalamtes ist so
auch von *Bekämpfungskonzepten* sowie einem *Arsenal* an Maßnahmen zu lesen,
die das Netz sicherer machen sollen. Gemäß einem Artikel über Cyberkriminalität aus der Sicht des Landeskriminalamts Baden-Württemberg „*rüstet* die Polizei Baden-Württemberg im *Kampf* gegen Cyberkriminalität weiter *auf* [...]“[94].
Die ,Cybercop-Ausbildung‘ wird zum *Kampftraining für Computer-Cracks*[95], Sicherheitsbehörden werden Ziel von *Angriffen aus dem Netz*[96]. Am 04. 07. 11 berichtet SPIEGEL ONLINE von der Eröffnung eines neuen ,Nationalen Cyber-Abwehr-
zentrums‘ in Bonn durch Bundesinnenminister Friedrich. Dort heißt es: „Der
Begriff klingt nach Science-Fiction, nach einer hochmodernen Kommandobrü-
cke mit Hunderten Flachbildschirmen und einer schlagkräftigen, kompaniestar-
ken Einsatztruppe.“ Auch hier ist allerdings zu vermuten, dass die „Demonstration von Durchschlagskraft“ (Dern 2011, 77) durch die politischen Akteure im
Vordergrund steht. Datenklau und Netz-Vandalismus rechtfertigen den Einsatz
derart aggressiver Bilder sicherlich nicht.

Gerade in diesem Zusammenhang erscheint es wichtig, die Zulässigkeit von
Kriegsmetaphorik besonders kritisch zu überdenken, denn Cyber-Krieg ist ein
Phänomen, das von Cybercrime zu unterscheiden ist. Der Begegnung von Inter-
netkriminalität ist es sicherlich nicht zuträglich, wenn die Verteidigung gegen ge-
plantes, nationalstaatlich legitimiertes Vorgehen gegen die Infrastruktur eines
Landes zur Richtschnur wird. So berichtet Frank Patalong in einem mit dem Titel ,Rede nicht von Krieg, wenn Du Kriminalität meinst‘ überschriebenen Online-
Artikel des SPIEGEL vom 09. 05. 2010 von Microsofts Sicherheitsexperte Scott
Charney, der darauf drängt, „den inflationären Gebrauch des Begriffes ,Cyber-
war‘ zu beenden. Das Gerede von Krieg, wenn eigentlich andere Dinge gemeint
seien, verhindere adäquate Reaktionen und notwendige Kooperationen – auch
zum Nutzen von Kriminellen“ (vgl. hierzu auch Dern 2011).

Kritisch zu betrachten ist weiterhin die Frage, wer genau den Krieg gegen Cybercrime führt und sich somit für die Sicherheit im Netz einsetzt. Das vorliegende
Textkorpus lässt deutlich erkennen, dass es tendenziell nicht die Sicherheitsbehörden sind, die hier im Vordergrund stehen, sondern private Forschungsinstitute sowie Anbieter und Entwickler von Soft- und Hardware:

1) Seit einigen Monaten betreibt das Institut zusammen mit Industrie-Partnern
   wie dem Hardwarehersteller Hewlett-Packard, der Sicherheitsfirma McAfee

94   vgl. Schneider/Gauss 2012/2013, S. 15
95   SPIEGEL ONLINE 20. 07. 12
96   SPIEGEL ONLINE 19. 07. 11

und dem Dienstleistungskonzern CSC ein Demonstrationszentrum für Cybersecurity, also für Sicherheit in weltumspannenden Kommunikationsnetzen. (Süddeutsche.de 31. 10. 12)

2) Bei der Abwehr von Attacken im Internet gibt es einen wachsenden Trend zur Selbstjustiz. (DIE WELT Online 16. 07. 12)

3) Zitat des GMX-Sprechers bei heise: „Wir prüfen derzeit, ob Internet-Kriminelle vermehrt versuchen, Accounts mit sogenanntem distributed brute-forcing, also dem Angriff mit zahlreichen Rechnern auf einen Account, anzugreifen." (ZEIT ONLINE 11. 07. 12)

4) Android Bouncer" – die Schutzinstanz, die den Android-Marketplace für Android-Apps vor Schadcode schützen (SPIEGEL ONLINE 05. 06. 12)

5) Die Strafverfolgungsbehörden sind Microsoft zu langsam, darum greift der Softwarekonzern selbst durch: [...] (SPIEGEL ONLINE 26. 04. 12)

6) Dass Microsoft massiv gegen Computerkriminalität vorgeht und damit originär behördliche Aufgaben verfolgt, [...] (SPIEGEL ONLINE 26. 04. 12)

7) Die Forscher entwickeln deshalb gerade neue, sparsame Programme, die Schadsoftware identifizieren und vor Angriffen auf mobile Geräten warnen soll. (ZEIT ONLINE 25. 12. 11)

8) Die beiden sind Mitorganisatoren eines Webforums namens autosec4u.info, das sich als digitale Bürgerwehr der Jagd auf Internetbetrüger verschrieben hat. (SPIEGEL ONLINE 04. 07. 11)

9) Softwareriese Microsoft hat der Web-Kriminalität den Kampf angesagt und ein riesiges Spam-Botnetz zerschlagen (stern.de 26. 02. 10)

10) Microsoft treibt den Kampf gegen Internet-Kriminalität aggressiv voran. (stern. de 26. 02. 10)

Mit der erkennbaren Tendenz setzt sich u. a. Meier (2012) auseinander. Aus Sicht der Kriminologie stellt er fest:

„Die Besonderheiten der Internetkriminalität bestehen indes darin, dass der Staat und seine Akteure in Polizei und Justiz bei der Verfolgung ihrer präventiven und repressiven Ziele auf Probleme stoßen, die sich außerhalb des Netzes deutlich weniger drastisch stellen: Beispiele bilden der Umgang mit Anonymisierungssoftware, die Gefahr des Daten- und damit des Beweismittelverlusts und die rechtlichen Schwierigkeiten transnationaler Ermittlung und Verfolgung. Wenn erkennbar wird, dass die staatlichen Akteure zur Durchsetzung der staatlich gesetzten Normen mit den ihnen zur Verfügung stehenden rechtsstaatlich gebundenen Instrumenten nicht effektiv in der Lage sind, dann ist zu erwarten – und diese Entwicklung dürfte sich bereits abzeichnen –, dass private Akteure an ihre Stelle treten." (Meier 2012: 173)

Tatsächlich setzt die Polizei bereits auf die Zusammenarbeit mit den Privaten. Auf der Website des BKA ist beispielsweise zu lesen, dass die Strafverfolgungsorgane „in der Bekämpfung der Internetkriminalität ganz wesentlich auf eine reibungslose Kooperation mit den Internetserviceprovidern angewiesen"[97] sind[98].

Zu den privaten Akteuren gehören schließlich auch die Bürger selbst, die, sofern sie Recht und Gerechtigkeit im Netz nicht durchgesetzt sehen, zu den ihnen zur Verfügung stehenden Mitteln greifen, ihre Interessen zu verteidigen. Hieraus entsteht sodann – wie z. B. im Falle von *Anonymous* – eine Form des ‚Vigilantismus'. Robertz/Rüdiger 2012 stellen in ihrer Auseinandersetzung mit den Hacktivisten von Anonymous fest: „Einzelne selbsternannte Wächter üben unkontrolliert von bestehenden Normen und Werten Selbstjustiz aus, wie sie dem Individuum oder Teilen der Gruppierung als gerecht erscheint." (ibid., 83) Auch Meier (2012) greift diese Tendenz auf, die aus seiner Sicht „mit den Grundprinzipien eines zwar freien, dabei aber rechtsstaatlich eingebundenen Internet kaum zu vereinbaren" ist (ibid., 174). In der Berichterstattung wird gar von *digitaler Selbstjustiz*[99] gesprochen. DIE WELT Online vom 16. 07. 12 zitiert den Cyberkrieg-Forscher Sandro Gaycken vom Institut für Computerwissenschaft an der Freien Universität Berlin mit der Feststellung, dass man „insbesondere in solchen Bereichen, die stark von effizienten Cyberkriminellen betroffen sind wie die Finanzindustrie und forschende und entwickelnde Unternehmen" die Polizei nicht einschalte, sondern „ man baut sich eigene Einheiten auf oder engagiert Dienstleister. Und bei denen ist der neue Hype eben der Rückschlag. Man greift die Angreifer an." Eine Rechtfertigung von Selbstverteidigung liegt auf der Hand: „Ist der Staat nicht da, und ich werde angegriffen, darf ich zurückschlagen". (ibid.) Meier (2012: 174) spricht von „rechtlich nicht gesteuerten Regulierungsmechanismen", die allerdings die Gefahr bergen, zur Durchsetzung von Partikularinteressen, gegebenenfalls zum Nachteil von Minderheiten eingesetzt zu werden (ibid.).

## 4 Cyber-Streife und Internet-Wache – die Rolle der Polizei

Blickt man auf die Alternativen, die – orientiert man sich an der aktuellen Berichterstattung – neben einem aggressiven Engagement im *Cyberwar* gegenwärtig im Diskurs über die Begegnung der Cybercrime zur Verfügung stehen, so bestä-

---

97  Vgl. http://www.bka.de/DE/ThemenABisZ/Deliktsbereiche/InternetKriminalitaet/internet-Kriminalitaet__ node.html?__nnn=true
98  Vgl. hierzu auch Gatzke 2012.
99  DIE WELT Online 16. 07. 12

tigt sich die von Meier (2012) vorgebrachte Befürchtung eines möglichen Zweifels an der Wirksamkeit rechtsstaatlicher Instrumente. Die Möglichkeiten der Polizei, sofern sie von den Medien im vorliegenden Textkorpus überhaupt thematisiert werden, wirken recht traditionsverhaftet und wenig zeitgerecht. Ein noch immer bemühtes Konzept ist das der *Streife*[100], die *im Internet unterwegs* ist und dort für Sicherheit sorgen soll. Auf den Seiten des BKA wird mitgeteilt, dass entsprechende Einheiten aufgebaut werden, die „im Internet ‚Streife surfen‘", wobei das Internet „lediglich in seinen öffentlich zugänglichen Bereichen durchstreift" wird[101]. Am 20.05.11 berichtet ZEIT ONLINE, es gebe nicht wenige, „die angesichts der zunehmenden Nutzung eine verstärkte *Präsenz von Polizisten im Netz* fordern.". SPIEGEL ONLINE berichtet am 20.07.12 von *Netzpolizisten*, die *Netzganoven jagen* sollen. Auch *verdeckte Ermittler* sind – u.a. in sozialen Netzwerken – online *unterwegs*[102] (FAZ.NET, 04.08.11). FAZ.NET berichtet weiter: „*Die Zeiten von Kommissar Edi, der 1997 einsam und allein beim LKA Baden-Württemberg in seiner ‚Internet-Wache' auf Anzeigen und Meldungen wartete, sind vorbei. Heute verfügt jedes Bundesland über Onlinewachen, die für Meldungen aus dem Netz zuständig sind.*" Innerhalb sozialer Netzwerke erhofft sich die Polizei Erfolge, „*wenn es darum geht, die Bewohner dieser Netzwerke um Mithilfe zu bitten.*" (FAZ.NET, 04.08.11). Ein weiteres Mittel ist die *Internet-Ausweispflicht*, wie DIE WELT Online am 19.07.10 berichtet. Auch die *Durchsuchung* bleibt in ihrer metaphorischen Übertragung auf den virtuellen Raum ein bewährtes Mittel der Ermittlung, auch wenn sie nunmehr online erfolgt. In den Jahren 2009 und 2010 ist es, aufbauend auf der Metapher der Datenautobahn, noch das Bild der Verkehrsregelung, welches das Vorgehen der Polizei gegen Cyberkriminelle metaphorisch strukturiert:

1) Gegen Cyberkriminelle hilft aber oft nur der Blick auf die Datenautobahn. (FAZ.NET 28.09.09)
2) In Deutschland sind Stoppschilder als Mittel gegen Kinderpornografie gestoppt worden. (ZEIT ONLINE 26.03.12)
3) In Deutschland sollte das BKA jeden, der versucht, Seiten mit Missbrauchsinhalten aufzurufen, an ein Stoppschild weiterleiten [...] (ZEIT ONLINE 26.03.10)
4) DNS-Sperren und Hybrid-Sperren zwingen die Provider zu erheblichen Investitionen, verlangsamen den Netzverkehr, [...] (ZEIT ONLINE 26.03.10)

---

100 FAZ.NET 07.08.12, SPIEGEL ONLINE 04.07.11, 20.07.12; Süddeutsche.de 29.06.12, DIE WELT Online 27.07.11, 02.06.12, 06.06.12; stern.de 02.08.11
101 Zur Problematik der Öffentlichkeit im Netz bzw. der Ermittlung in sog ‚geschlossenen' Gruppen/Räumen im Netz vgl. Henrichs 2011.
102 Mit den rechtlichen Rahmenbedingungen setzt sich u.a. Müller 2012 auseinander.

5)  Ziercke beschwört die Mitte der neunziger Jahre so beliebte, seitdem zu Recht
    als reichlich schräg ausgemusterte Analogie von der „Datenautobahn" und
    vergleicht das Internet mit dem Straßenverkehr. (SPIEGEL ONLINE 12. 05.10)
6)  [...] brauche es auch im virtuellen Raum Verkehrsregeln (SPIEGEL ONLINE
    12. 05.10)
7)  Er forderte die Bundesregierung auf, „Verkehrsregeln" für das Internet zu
    schaffen. (FOCUS Online 17. 07.10)
8)  Jansen forderte die schwarz-gelbe Bundesregierung auf, endlich „Verkehrsre-
    geln" für das Internet zu schaffen: (DIE WELT Online 19. 07.10)
9)  [...] findet es völlig in Ordnung, digitale Autobahnen mit schnellen Fahrspu-
    ren für virtuelle Porschefahrer und Schleichspuren für die Klasse der Norma-
    los einzuführen. (Süddeutsche.de 12. 07.11)

Die Analyse bestätigt das bereits von Busch (2000) erzielte Ergebnis, dass Kriminalität „gemeinsprachlich entlang der alltäglichen Kriminalitätsthematisierungen
versprachlicht" wird (ibid., 163), verbunden mit der Gefahr, „dass auch legislatives
und exekutives Handeln zur Eindämmung und Kontrolle der Kriminalität im Internet von diesen Modellen her strukturiert wird [...]" (ibid.).

## 5    Über die „Richtung des sinnvollen Weiterhandelns"[103]

Streife, Polizeipräsenz, Ausweispflicht, Wachen, Durchsuchungen, an die Bürger
gerichtete Bitten um Mithilfe und Verkehrsregelung unter besonderer Berücksichtigung von Stoppschildern – die im Bereich der Cybercrime-Bekämfpung in
der Berichterstattung mit Hilfe entsprechender Metaphorik thematisierten Maßnahmen der Polizei sind nicht geeignet, einer zunehmend technologieorientier-
ten Bevölkerung das Gefühl zu vermitteln, es werde bezüglich des Deliktsbereichs
Cybercrime wirksam für Sicherheit gesorgt. Sicherlich wird dieser Eindruck in
Teilen den aktuellen Bemühungen der Polizei nicht gerecht. Die Einstellung von
IT-Experten, erschwert durch tarifliche Rahmenbedingungen, oder die Einrichtung von wissenschaftlich hochqualifiziert besetzten Untersuchungsstellen für
Informations- und Kommunikationstechnik erfolgen nicht im Auge der Öffentlichkeit. Der Verdacht kann jedoch durchaus entstehen, die Polizei hinke der Entwicklung hinterher, sei nicht oder noch nicht aufgestellt, den neuen Herausforderungen zu begegnen – kurzum: ‚Der Staat sei nicht da'.
    Will der Staat auch weiterhin „die Regulierung des Netzes durch das Recht
und die Durchsetzung strafrechtlicher Reaktionen auf normverletzendes Verhal-

---

103 Reichertz 1996: 209

ten" (Meier 2012, 173) für sich beanspruchen, so muss er Präsenz zeigen. Er muss sich ins Gespräch bringen, wenn es um die Zuständigkeit für Netzsicherheit geht, und zwar als kompetenter, versierter Akteur, den es ernst zu nehmen gilt. Zwar muss er mit Privaten zusammenarbeiten, er darf die Erledigung seiner Aufgaben aber nicht den Privaten überlassen[104].

Die Herausforderungen, denen sich die Kriminalpolitik aktuell gegenüber sieht, diskutiert Meier 2012. Hier müsse man sich zunächst fragen, „ob die gegenwärtigen Strukturprinzipien, nach denen die Strafverfolgungsorgane arbeiten, den besonderen Anforderungen der Internetkriminalität angemessen sind oder ob es insoweit nicht einer Neujustierung bedarf." (Meier 2012: 175). Die Analyse der relevanten Metaphorik im vorliegenden Textkorpus stützt in der Tat die Forderung nach einer Neujustierung, die konkreten Schritten eines sinnvollen Ausbaus der polizeilichen Kompetenz vorausgehen sollte. Abseits der Kriegsmetaphorik auf politischer und polizeistrategischer Ebene wirkt polizeiliches Handeln recht hilflos und scheint sich auf Althergebrachtes zurückzuziehen. Auch oder gerade wenn man sich der Tatsache bewusst ist, dass, wie Bougher (2012) darstellt, Meinungsbildung bei Bürgern häufig auf starken Vereinfachungen komplexer Sachverhalte, sog. „short-cuts" (ibid., 145), beruht, die ein tatsächliches Durchdringen der Problemstellungen nicht mehr erforderlich erscheinen lassen, so sollten diese nicht zu kurz greifen, soll der Bürger die Polizei als relevante Größe wahrnehmen.

Folgt man Reichertz (1996) in der Annahme, Metaphern seien nicht nur „Medien zur Erarbeitung einer kognitiven Ordnung (also Medien des Denkens), sondern auch und vor allem *Medien zur gesellschaftlichen Produktion von Wirklichkeit* (also Medien des Handelns)." (ibid., 220; vgl. dazu auch Reichertz et al. 2012), so ist die gegenwärtig in der Berichterstattung evidente Metaphorik des polizeilichen Handelns im Deliktsbereich Cybercrime bedenklich. Eine kritische Betrachtung der derzeit öffentlich wirksamen Metaphorik der Begegnung von Internetkriminalität könnte am Anfang stehen, will man sich neu justieren und am Image der Polizei sowie des sicherheitspolitischen Handelns im Bereich Cybercrime in einer Weise arbeiten, die diesem hochkomplexen Bereich gerecht wird. Weder ist es hilfreich, Cybercop-Ausbildung zum *Kampftraining* zu stilisieren und *schlagkräftige, kompaniestarke Einsatztruppen* heranzuziehen, noch ist es Vertrauen erweckend, wenn Schurken 2.0 sich der Streifenpolizei gegenüber sehen. Blickt man hinter die Kulissen der Cyber-Abwehrzentren und des Cybercop-Kampftrainings, so sollte sich nach Möglichkeit auch der Eindruck nicht be-

---

104 Zur Problematik der staatlichen Zuständigkeit für Fragen der Inneren Sicherheit vgl. auch Reichertz et al. 2012.

stätigen, *die in einer digitalen Gesellschaft auch in die finstersten Ecken gerichteten Scheinwerfer*[105] der Polizei könnten mehr blenden als erhellen.

## Literatur

Baldauf, Christa (1997): Metapher und Kognition. Grundlagen einer neuen Theorie der Alltagsmetapher. Frankfurt.

Becker, Cornelia (2004): Raum-Metaphern als Brücke zwischen Internetwahrnehmung und Internetkommunikation. In: Budke, Alexandra/Kanwischer, Detlef/Pott, Andreas (Hrsg.): Internetgeographien. Beobachtungen zum Verhältnis von Internet, Raum und Gesellschaft. Stuttgart, 109–122.

Bickenbach, Matthias/Maye, Harun (1997): Zwischen fest und flüssig. Das Medium Internet und die Entdeckung seiner Metaphern. In: Gräf, Lorenz/Krajewski, Markus (Hrsg.): Soziologie des Internet: Handeln im elektronischen Web-Werk. Frankfurt, New York, 80–98.

Bougher, Lori D. (2012): The Case for Metaphor in Political Reasoning and Cognition. In: Political Psychology 33/1, 145–163.

Budke, Alexandra/Kanwischer, Detlef/Pott, Andreas (Hrsg.) (2004): Internetgeographien: Beobachtungen zum Verhältnis von Internet, Raum und Gesellschaft. Stuttgart.

Bühl, Achim (1996): CyberSociety. Mythos und Realität der Informationsgesellschaft. Köln.

Busch, Albert (2000): Die tropische Konstruktion von Wirklichkeit. Metaphern und Metonymien als gemeinsprachliches Veranschaulichungsgerüst des Computerdiskurses in Printmedien. In: Busch, Albert/Wichter, Sigurd (Hrsg.): Computerdiskurs und Wortschatz. Corpusanalysen und Auswahlbibliographie. Frankfurt/M., Berlin, Bern, Bruxelles, New York, Oxford, Wien (Germanistische Arbeiten zu Sprache und Kulturgeschichte. Bd. 40).

Canzler, Weert/Helmers, Sabine/Hoffmann, Ute (1997): Die Datenautobahn. Sinn und Unsinn einer populären Metapher. In: Dierkes, Meinolf (Hrsg.): Technikgenese. Befunde aus einem Forschungsprogramm. Berlin, 167–192.

Dern, Christa (2011): Von Kriegern, Networkern und Architekten: Metaphernkonzepte des gegenwärtigen polizeilichen Diskurses. In: Junge, Matthias (Hrsg.): Metaphern und Gesellschaft. Die Bedeutung der Orientierung durch Metaphern. Wiesbaden, 67–85.

Gatzke, Wolfgang (2012): Kriminalität im Netz. Eine zentrale Herausforderung für die Polizei. In: Kriminalistik 2, 75–78.

Gehring, Eva (2004): Medienmetaphorik: Das Internet im Fokus seiner räumlichen Metaphern. Berlin: dissertation.de.

Gibbs, Raymond W. (2008): Metaphor and Thought. The State of the Art. In: Gibbs, Raymond W. (Hrsg.): Metaphor and Thought. Cambridge u. a.: Cambridge University Press, 3–13.

Grady, Joe (1997): Foundations of meaning. Unpublished doctoral dissertation, University of California, Berkeley.

---

105 Süddeutsche.de 12. 07. 11

Heinze, Inga (2004): Methoden und Anwendungsgebiete der Internetkartographie. In: Budke, Alexandra/Kanwischer, Detlef/Pott, Andreas (Hrsg.): Internetgeographien. Beobachtungen zum Verhältnis von Internet, Raum und Gesellschaft. Stuttgart, 41–55.

Henrichs, Axel (2011): Ermittlungen im Internet. Zugriff auf öffentlich zugängliche oder nicht öffentlich zugängliche Informationen? In: Kriminalistik 10, 622–627.

Hörisch, Jochen (1996): Medienmetaphorik. In: Universitas 51. Schwerpunkt: Gefährliche Neue Medien?, 529–531.

Johnson, Mark (1987): The Body in the Mind. The Bodily Basis of Meaning, Imagination, and Reason. Chicago, London.

Kleiber, Georges (1993): Prototypensemantik. Eine Einführung. Übers. von Michael Schreiber. Tübingen.

Kövecses, Zoltán (2010): Metaphor: A Practical Introduction. Oxford: Oxford University Press.

Lakoff, George (1987): Women, Fire, and Dangerous Things. What Categories Reveal about the Mind. Chicago, London.

Lakoff, George (1993): The contemporary theory of metaphor. In: Ortony, Andrew (Hrsg.): Metaphor and Thought. 2. Auflage. New York: Cambridge University Press, 202–251.

Lakoff, George (2008): The Neural Theory of Metaphor. In: Gibbs, Raymond W. (Hrsg.): Metaphor and Thought. Cambridge u. a.: Cambridge University Press, 17–38.

Lakoff, George/Johnson, Mark (1980): Metaphors we live by. Chicago: UCP.

Meier, Bernd-Dieter (2012): Sicherheit im Internet. Neue Herausforderungen für Kriminologie und Kriminalpolitik. In: Monatsschrift für Kriminologie und Strafrechtsreform 95/3, 158–183.

Müller, Birgit (2012): Einsatzmöglichkeiten virtueller Vertrauenspersonen, Verdeckter Ermittler und öffentlich ermittelnder Beamten. Rechtliche Rahmenbedingungen und Fallvarianten aus der Praxis. In: Kriminalistik 5, 295–302.

Niedermaier, Hubertus/Schroer, Markus (2004): Sozialität im Cyberspace. In: Budke, Alexandra/Kanwischer, Detlef/Pott, Andreas (Hrsg.): Internetgeographien. Beobachtungen zum Verhältnis von Internet, Raum und Gesellschaft. Stuttgart, 125–141.

Pott, Andreas/Budke, Alexandra/Kanwischer, Detlef (2004): Internet, Raum und Gesellschaft. Zur Untersuchung eines dynamischen Verhältnisses. In: Budke, Alexandra/Kanwischer, Detlef/Pott, Andreas (Hrsg.): Internetgeographien. Beobachtungen zum Verhältnis von Internet, Raum und Gesellschaft. Stuttgart, 9–20.

Reichertz, Jo (1996): ‚Navigieren‘ oder ‚Surfen‘ oder: Das Ende der Bedrohung?. In: Faßler, Manfred (Hrsg.): Alle möglichen Welten. Virtuelle Realität – Wahrnehmung – Ethik der Kommunikation. München, 207–222.

Reichertz, Jo/Bidlo, Oliver/Englert, Carina Jasmin (2012): Vom Securitainment zum Media-Con-Act(ivat)ing – Die Bedeutung der Medien bei der Herstellung von Innerer Sicherheit. In: Kriminologisches Journal 44/3, 181–197.

Robertz, Frank J./Rüdiger, Thomas-Gabriel (2012): Die Hacktivisten von Anonymous. In: Kriminalistik 2, 79–84.

Schneider, Dieter/Gauss, Daniel (2012/2013): Cyberkriminalität und die Folgen der Digitalisierung des Alltags – die zentrale Herausforderung für Staat und Gesellschaft. In: Der Kriminalist 12/2012 – 1/2013, 11–17.

Schwarz, Monika (1992): Einführung in die kognitive Linguistik. Tübingen.

Stenschke, Oliver (2006): Internetfachsprache und Allgemeinwortschatz. In: Schlobinski,
    Peter (Hrsg.): Von *hdl* bis *cul8r*. Sprache und Kommunikation in den Neuen
    Medien. Mannheim, Leipzig, Wien, Zürich: Dudenverlag, 52–70.

# „Das soll mir nich noch mal passieren dass ich ihr eine donner" – Metaphorische Konzepte für GEWALT in der männerorientierten Beratung

Julia Schröder

Bei der Thematik der GEWALT in heterosexuellen Zweierbeziehungen handelt es sich um ein umstrittenes Themenfeld. Die Auseinandersetzung mit dem Phänomen der häuslichen Gewalt im Geschlechterverhältnis ist seit mehr als 30 Jahren Gegenstand politischer, wissenschaftlicher und nicht zuletzt öffentlicher Debatten (vgl. Habermehl 1989, Müller/Schröttle 2004, Straus u. a. 1987). Geprägt und vorangetrieben wurde diese Auseinandersetzung vor allem durch den politisierenden Diskurs der Frauenbewegung. Im Kontext der Frauenbewegung wurde GEWALT weitgehend mit Männergewalt gegen Frauen (und Kinder) gleichgesetzt, und es herrscht mittlerweile Einigkeit darüber, dass GEWALT nicht geschlechtslos, sondern ein vorwiegend männliches Phänomen sei (vgl. Ottermann 2003: 172). Auch wenn es der Frauenbewegung zu verdanken ist, dass heute überhaupt die GEWALT in persönlichen Beziehungen öffentlich thematisiert wird, konstatiert Dirk Bange, dass durch die einseitige Definition und Perzeption von GEWALT als männlich bis heute ein enormes Wissensgefälle bezüglich der geschlechtsspezifischen Aspekte von GEWALT besteht: *„Während es viele Untersuchungen und gut gesicherte Erkenntnisse zum Ausmaß, zu den Hintergründen und Folgen von Gewalt gegen Mädchen und Frauen gibt, ist ein solch ausdifferenziertes Wissen bezüglich der Gewalt von [und insbesondere] gegen Jungen und Männer deutlich weniger vorhanden"* (Bange 2007: 5).

Ähnliches gilt entsprechend für die Beratungsangebote: die Beratungsproblematik der häuslichen GEWALT im Geschlechterverhältnis wird im deutschsprachigen Raum noch weitgehend einseitig als Frauenproblematik, nicht dagegen als Männerproblematik reflektiert (vgl. Brandes/Bullinger 1996).

Vor diesem Hintergrund versucht der vorliegende Beitrag ein wenig *Licht* in die hier thematisierten *dunklen Forschungsecken* zu werfen, indem er Beratungskonstellationen aufgrund männlicher Gewalterfahrungen *beleuchtet* und danach fragt, welche sprachlichen Konstruktionen der männliche Berater und der Klient

zur Schilderung ihres Verständnisses der zu bearbeitenden Problemstellung GE-
WALT wählen. Dabei wird davon ausgegangen, dass das Phänomen GEWALT weder per se existiert noch vorab definiert werden kann, sondern erst im Beratungsgespräch, d. h. von den Interagierenden gemeinsam als zu bearbeitendes Problem
hergestellt und konstruiert werden muss. Mit Hilfe einer methodischen Kombination aus Metaphernanalyse und Gesprächsanalyse wird versucht, den Definitionen der Männer – in diesem Fall Berater und Klient – und damit letztlich auch der
Bestimmung und Bearbeitung der GEWALT näher zu kommen.

Im Folgenden werden zunächst die analysierten Daten und das methodische
Vorgehen erläutert. Im Anschluss daran sollen die rekonstruierten metaphorischen Konzepte für GEWALT vorgestellt werden. Dabei fällt auf, dass das Konzept
GEWALT außerordentlich unscharf ist. Es verschränkt sich im sequentiellen Verlauf mit anderen Konzepten, wie KONFLIKT, BERATUNG, ÄRGER, VERLUST,
dem MÄNNLICHEN SUBJEKT, dem WEIBLICHEN GEGENÜBER uvm., was
auch nicht weiter verwunderlich ist, wenn man voraussetzt, dass GEWALT immer in ein soziales Geschehen eingebettet ist und auch jedes Mal von Gefühlen
begleitet wird, d. h. durch unterschiedliche Erlebnisqualitäten gekennzeichnet ist
und damit auch die Bezeichnungen des jeweiligen Gewaltphänomens durchaus
unterschiedlich ausfallen können. Aus eben diesem Grund stehen die verschiedenen Zielbereiche und die dazugehörigen metaphorischen Konzepte auch nicht
isoliert nebeneinander, sondern lassen sich – in Anlehnung an Lakoff – zu einem
*„prototypical scenario"*[1] (Lakoff 1987: 397 ff.) bzw. einem vierstufigen *Beratungs-Gewalt-Szenario*[2] verbinden. Aufgrund der Kürze des Beitrags muss jedoch an dieser

---

1  Ein *prototypical scenario* stellt eine Variante eines *„Idealized Cognitive Model"* dar. Bei einem
   *prototypischen Szenario* werden verschiedene Metaphern miteinander in Beziehung gesetzt
   und zu einer Verlaufsgeschichte vereint. Ein solches Szenario hat einen zeitlichen Ablauf und
   setzt sich zumeist aus mehreren, aufeinanderfolgenden Etappen zusammen. Im Jahr 1987 hat
   Lakoff eine derartige Verlaufsgeschichte für das Wort *„anger"* rekonstruiert (vgl. Lakoff 1987:
   397 ff.).
2  Das BERATUNGS-GEWALT-SZENARIO setzt sich aus vier verschiedenen Stufen zusammen:
   1) Am Anfang war KRIEG,
   2) ÄRGER und VERLUST,
   3) GEWALT – oder die Notwendigkeit sich zu verteidigen,
   4) Kontrollstrategien oder: Maßnahmen der Gewaltvermeidung – „ich brauch und hole mir
   hilfe".
   Es ist als Kernthese über den Verlauf von GEWALT aufzufassen, welche in jedem Beratungsgespräch neu hergestellt und kontextualisiert wird. Die hier zu beschreibende Verlaufsgeschichte durchzieht sich deshalb auch nicht als ein strikt aufeinander aufbauendes
   Stufenmodell durch die nacheinander aufgezeichneten Gespräche, sondern eher in Form
   einer Spirale, d. h. die verschiedenen Konzepte werden von den Interagierenden jeweils situativ zu der sich in den einzelnen Gesprächen wiederholenden Mustergeschichte ver-

Stelle auf die Darstellung des vollständigen *Szenarios* verzichtet werden. Stattdessen soll eine Auswahl einiger exemplarischer Verschränkungen getroffen werden, die anhand der dritten Stufe des *Szenarios*, welche lautet „GEWALT oder: die Notwendigkeit sich zu verteidigen" lautet, vorgestellt werden. Anhand dieses Ausschnittes wird erstens eine Metaphorisierung von GEWALT ALS AKUSTIK aufgezeigt, die zweitens mit starken Gefühlen des VERLUSTES – insbesondere von HANDLUNGSFÄHIGKEIT – einhergeht und mit Hilfe derer drittens herausgearbeitet werden kann, dass GEWALT im Rahmen der BERATUNG als ein MITTEL DER VERTEIDIGUNG hergestellt wird. Abschließend wird überlegt, welche Bedeutung diese metaphorischen Rekonstruktionen für die Beratung gewalttätiger Männer haben könnten.

# 1 Beschreibung der Daten

Die vorzustellenden Analyseergebnisse basieren auf einem Dissertationsprojekt, in dessen Rahmen Beratungsgespräche aufgrund männlicher Gewalterfahrungen aufgezeichnet und metaphern- sowie gesprächsanalytisch untersucht werden.

Als Datenquelle für die Analyse dienen vier aufeinanderfolgende Beratungsgespräche zwischen dem Klienten Hannes Kurz (im Folgenden abgekürzt mit HK) und dem Berater Peter Moltzen (PM), welche im Zeitraum Januar bis Februar 2008 aufgezeichnet wurden. Metaphorische Basis ist demnach das Beratungsgespräch, d.h. die gemeinsame Reflexion über das hier zu untersuchende Phänomen GEWALT.

Bei der Beratung handelt es sich um einen sogenannten Selbstmelder, d.h. der Klient hat von sich aus die Beratungsstelle kontaktiert, nachdem er in seiner heterosexuellen Zweierbeziehung gewalttätig geworden ist. Die Daten wurden gesprächsanalytisch transkribiert (Selting u.a. 2009) und anonymisiert, d.h. alle Namen in den noch folgenden Sequenzen sind fiktiv.

---

netzt. Einer vereinfachten und möglichst übersichtlichen Darstellung geschuldet wird jedoch nachfolgend der Begriff des „Stufenmodells" beibehalten – allerdings mit dem deutlichen Hinweis, dass die herausgearbeiteten „Stufen" eben nicht zwingend linear aufeinanderfolgen müssen, sondern sich vielmehr zirkulär aufeinander beziehen können.

## 2    Zum methodischen Vorgehen

Mit Bezug auf die Grundannahmen der kognitiven Linguistik (Lakoff/Johnson 1981, 2007) orientiert sich das praktische Vorgehen zunächst an Schmitts *„Ablaufskizze einer Metaphernanalyse"* (vgl. Schmitt 1997: 73 ff.).

In einem ersten Schritt wird ein Zielbereich – in diesem Fall GEWALT – für die Metaphernanalyse benannt, für den alltagssprachliche metaphorische Redewendungen gesucht werden.

Alle metaphorischen Äußerungen in einem Beratungsgespräch werden markiert und, je nach Zielbereich (hier: GEWALT), in eine separate Liste kopiert. Lakoff und Johnson interessieren sich dabei nicht für den augenscheinlich besonders auffallenden Sprachgebrauch, sondern sie propagieren einen umfassenden Metaphernbegriff, der alle sprachlichen Wendungen umfasst, die nicht in einem strengen Sinne wörtlich sind. Laut Rudolf Schmitt liegt eine Metapher dann vor, wenn

*„a)  ein Wort/eine Redewendung in einem strengen Sinn in dem für die Sprechäuße-*
*    rung relevanten Kontext mehr als nur eine wörtliche Bedeutung hat,*
*  b)  die wörtliche Bedeutung auf einen prägnanten Bedeutungsbereich (Quellbereich)*
*    verweist,*
*  c)  der auf einen zweiten, oft abstrakteren Bereich (Zielbereich) übertragen wird"*
(Schmitt 1999: 4).

Anschließend werden die kollektiven/individuellen metaphorischen Konzepte aus den separaten Metaphernlisten rekonstruiert, d. h. *„alle metaphorischen Wendungen, die der gleichen Bildquelle entstammen und den gleichen Zielbereich beschreiben, werden zu metaphorischen Konzepten unter der Überschrift „Ziel ist Quelle" geordnet"* (ebd.: S. 5). Dieses Vorgehen basiert auf der These, dass sich aus den alltäglichen Metaphern größere Gruppen, die auf dem gleichen Bild beruhen und einen spezifischen Erfahrungsbereich strukturieren, zu Konzepten zusammenfassen bzw. systematisieren lassen, und zwar ohne dass sich die Sprachnutzer/-innen dieser Systematik bewusst sind.

Aufgrund der Tatsache, dass es sich bei dem zu analysierenden Untersuchungsmaterial um ein Gespräch handelt, wird die Metaphernanalyse für die abschließende Interpretation der rekonstruierten Konzepte mit einem gesprächsanalytischen Ansatz kombiniert. Das Interesse richtet sich in diesem Zusammenhang vor allem auf das *Wie* der gefundenen Metaphorisierungen, d. h. es gilt die Methoden sichtbar zu machen, mit denen die Interaktionsteilnehmer/-innen die metaphorischen Modelle kommunikativ herstellen, wie sie eingepasst bzw. etabliert, fortgeführt oder vielleicht auch abgelehnt werden.

Auf der Basis der metaphorischen Redewendungen wurden daher Daten-
kollektionen für die verschiedenen rekonstruierten Konzepte angelegt und gesprächsanalytisch untersucht. Dieses Vorgehen geht auf die konversationsanalytische Grundeinsicht zurück, dass Interaktionsbeiträge immer in eine sequentielle
Abfolge eingebettet sind. Konversationsanalytiker/-innen folgen der heuristischen
Maxime, dass kein Beitrag aus dem Gesprächskontext extrahiert und isoliert betrachtet werden kann, sondern erst in seiner sequentiellen Umgebung für die Beteiligten bedeutungshaft wird (vgl. Schegloff 1968). Bergmann weist jedoch darauf
hin, dass es schwierig ist zu entscheiden, was Gesprächsumgebung bzw. „Kontext" ist. *„Kontext' scheint ein nahezu grenzenlos erweiterbares Konzept zu sein,
das virtuell alle nur denkbaren Situationsparameter, Handlungsumstände, Persön-
lichkeitsmerkmale der Interagierenden, zufällige Ereignisse etc. umfaßt"* (Bergmann
1987/88: 6). Da diese unendlich variierbaren Kontextbedingungen nicht bestimmt
werden können, schlägt er vor, nur jene Äußerungen näher zu betrachten, welche
das zu untersuchende Phänomen – hier die *metaphorische Redewendung* – ein-
und ausleiten. Denn diese Äußerungen bilden den unmittelbaren interaktiven
Kontext, der für die Analyse interpretativ verfügbar und relevant ist (vgl. ebd: 6).

## 3    GEWALT oder: die Notwendigkeit sich zu verteidigen

Im Rahmen der folgenden Analyse wird zunächst ein Konzept exemplarisch näher ausgeführt: Das Konzept GEWALT IST AKUSTIK. Die Metapher ist die am
häufigsten gefundene und damit dominanteste Metaphorik der analysierten Ein-
zelgesprächsfolge.

Auffallend ist, dass jener Erfahrungsbereich von den Interagierenden dabei
nicht als Ganzes zur Metaphorisierung des gewalttätigen Erlebens herangezogen
wird, sondern nur dessen bedrohliche, gefährliche Seiten (vgl. hierzu auch Barkfelt 2003: 211). Beispielsweise ist nicht etwa von „schönen Klängen" die Rede, sondern lediglich von einem lauten, destruktiven Geräusch – einem KNALL. Auch
geht es nicht um Musik sondern um das verdunkelnde und bedrohliche Geräusch
eines aufziehenden UNWETTERS – ein DONNERN. Dies soll zunächst anhand
einer Sequenz zu Beginn des ersten aufgezeichneten Beratungsgespräches visua-
lisiert werden.

Der Klient berichtet dem Berater von einem telefonischen Streitgespräch mit
seiner Frau. Im Rahmen des Telefonates hat der Klient seiner Frau mitgeteilt, dass
er sie vorerst weder Sprechen noch Treffen möchte. Wenn sie seinen Wunsch
nicht respektiere und einfach „bei ihm vorbei komme", werde er notfalls die Polizei rufen, um sich vor ihrem übergriffigen Verhalten zu „schützen". Nachdem
seine Frau auf die Drohung mit der Polizei etwas belustigt reagiert, antwortet er

recht barsch „das da mach ich mir keine gedanken, das is sache der polizei". Hier
setzt die zu analysierende Sequenz ein:

*Ausschnitt 1:*
HK:  ne ich MERK meine ANGST hier gerade
PM:  ja-
HK:  und ich HAB ihr auch nochmal gesagt,
        das ich ähm, (---)
        DAS mir das nich NOCHmal passieren soll das ich ihr eine donner-
PM:  hm=hm
HK:  und mir das JETZT auch ERST in LETzter äh,
        konsequenz klar geworden ist was ich da EIgentlich auch geMACHT
        habe ja,
PM:  also auch in welcher GEFÜHLsstituation ne,
HK:  JA=a?
        aber AUCH äh,
        welche KONsequenzen das [hÄTTe HABEn können,
PM:                                          [ja natürlich-
HK:  ALso ich hab gerade mit ner freundin gesprochen äh wo n
        gemeinsamer freund von dem ich das nich wusste;
        seiner damaligen freundin die nase jebrochen hat,
        der hat dafür neuntausend mark beZAHlen müssen.
PM:  ihnen ist aber auch nochmal ganz deutlich geworden in welcher,
        gefühssituation sie dann zugeschlagen haben ne,
HK:  ABSOLUT,
        also ich bin dann,
        .hh ich bin dann HILFlos [ja,
PM:                                       [hm=hm ja klar-
HK:  ich bin dann HILFlos ich bin dann MACHTlos und ich HAB dann !ANGST!
PM:  ja-
HK:  ich hab dann gem[erkt,
PM:                          [ja und dann knallts.
HK:  und dann knallts.
PM:
Aus: E_MB1N_hannesk_1; Zeile 218–246

Der Klient beginnt seine Gefühle zu reflektieren, denn er antwortet, dass er in
dem telefonischen Streitgespräch, d. h. „hier" seine „Angst merkt". Die ANGST
wird damit von ihm als eine ENTITÄT konzeptualisiert, die jedoch zu ihm gehört,
was er über das Possessivpronomen „meine" anzeigt. Der Berater stimmt kurz zu,

bevor der Klient weiter anführt: „ich hab ihr auch noch mal gesagt das ich ähm" und korrigiert sich dann „das mir das nich noch mal passieren soll das ich ihr eine donner". Die von ihm ausgeübte GEWALT wird damit von dem Klienten als „Donnern"[3], d. h. als ein akustisches Geräusch – genauer: als ein akustisches (UN)WETTERPHÄNOMEN, auf das er keinen Einfluss hat, das einfach „passiert", metaphorisiert. Der Berater murmelt Verständnis, bevor der Klient die Situation reflektiert „und das jetzt auch erst in letzter äh konsequenz klar geworden ist was ich da eigentlich auch gemacht habe ja". Die Metapher MACHEN steht damit zunächst im Widerspruch zur Metapher DONNERN. Denn wenn er die GEWALT GEMACHT hat, ist sie kein AKUSTISCHES NATUREREIGNIS mehr, das einfach über ihn kommt. Der Berater fragt daraufhin nach „also auch in welcher gefühls-situation ne". Mittels dieser Redewendung metaphorisiert der Berater GEFÜHLE ALS RÄUME, in denen sich der Klient befinden kann und aus denen heraus er schlägt. Der Klient stimmt zu „ja", fügt dann jedoch hinzu: „aber auch äh welche konsequenzen das hätte haben können". Der Berater bestätigt: „ja natürlich" und der Klient beginnt von einem Freund zu berichten, der seine Freundin geschlagen habe und als Strafe viel Geld bezahlen musste. Mit diesem Erzähl-Exkurs führt er das metaphorische Konzept GEWALTTAT ALS VERBRECHEN ein und zeigt an, dass ihm bewusst ist, dass Gewalt rein rechtlich nicht erlaubt ist und per Gesetz bestraft werden kann. Vor diesem Hintergrund könnte seine vorherige Aussage „was ich da eigentlich auch gemacht habe" eher dahingehend interpretiert werden, was „ihm hätte strafrechtlich passieren bzw. drohen können". Er reflektiert also weniger die eigene Handlung, d. h. warum er zugeschlagen hat oder dass er seine Frau verletzt hat, sondern mehr die daraus folgenden potentiellen rechtlichen Sanktionen. Dem Berater scheint dies ebenfalls bewusst, denn das metaphorische Konzept des Klienten GEWALT ALS VERBRECHEN konfligiert mit dem von ihm eingeführten Konzept GEWALT ALS SYMPTOM EINER GEFÜHLSSITUATION. Er wiederholt daraufhin seine Frage „ihnen ist aber auch nochmal ganz deutlich geworden, in welcher gefühlssituation sie dann zugeschlagen haben ne". Auf diese Weise platziert der Berater sein Konzept erneut. Der Klient lässt sich schließlich auf das vom Berater eingeführte Konzept ein, bejaht diese Frage ganz massiv „absolut" und beginnt dann seine Gefühle aufzuzählen „ich bin dann hilflos ich bin dann machtlos und ich hab dann angst". Der Berater bestätigt mit einem kurzen

---

3    Über die gesamte Beratungsfolge hinweg vermeidet es der Klient die von ihm ausgeübte GEWALT konkret als solche zu benennen. Es bleibt beispielsweise unklar, ob er seine Frau geohrfeigt, mit Händen oder Gegenständen geschlagen hat. Stattdessen nutzt er den umgangssprachlichen und unspezifischen Begriff des „donnerns", welcher in diesem Kontext als Metapher interpretiert wird. Es soll gezeigt werden, dass er mit Hilfe dieser Redewendung die von ihm ausgeübte GEWALT als ein WETTERPHÄNOMEN metaphorisiert, welches er weder beeinflussen noch steuern kann.

„ja" und schlussfolgert dann „ja und dann knallts". Diesmal rekurriert er auf das anfangs eingeführte metaphorische Konzept des Klienten und metaphorisiert damit die GEWALT erneut als AKUSTIK – in diesem Fall als einen lauten KNALL. Der Klient stimmt dem Berater zu und bestätigt „und dann knallts".

Sowohl die Eigenwahrnehmung des Klienten als „hilflos bzw. machtlos" und der damit verbundene VERLUST von Handlungsfähigkeit als auch die Metaphorisierung von GEWALT ALS LAUTE, DESTRUKTIVE AKUSTIK deuten hier bereits an, dass GEWALT im weiteren Gesprächsverlauf von den Interagierenden einerseits als ein Szenario massiver Bedrohung und Gefahr konstruiert wird, der Einhalt zu gebieten dem Klienten nicht mehr allein möglich ist – interessanterweise jedoch zugleich andererseits als ein MITTEL DER VERTEIDIGUNG hergestellt wird. Beides soll nun unter Rückgriff auf zwei weitere Sequenzen am untersuchten Material aufgezeigt werden.

Die erste Sequenz entstammt dem zweiten aufgezeichneten Beratungsgespräch. Der Klient berichtet dem Berater von einer Fortbildung im Laubenwald, auf die er bald fahren werde. Diese Fortbildung vermittelt dem Klienten Sicherheit, da sie ihm einen gewissen Abstand zu seiner Frau und den derzeitigen Konflikten mit ihr ermöglicht. Hier setzt die zu analysierende Sequenz ein:

*Ausschnitt 2:*
HK: und ich demnächst NOCH weiter weg bin,
     das gibt mir erstmal sicher[heit ne,
PM:         [ja=a hm=hm-
HK: ähm auf er anderen seite denke ich irgend,
     also was mir aufgefallen ist=
     =wie UNsicher ich werde,
     wenn ich mit ihr telefoniere,
PM: hm=hm-
HK: und wie das i dann ist ALLES weg.
PM: moment noch mal,
     UNsicher.
     [vorstufe von angst.
HK: [ja (-) ja-
PM: wer kriegt das MIT?
     unsicherheit.
HK: ich. (---)
PM: und wo gehörts hin?
HK: zu mir,
PM: ja gehört zu ihnen keine frage,
     aber wenn ich etwas von MIR zeige=

> =ne selbstaussage mache=
> =du ich das telefoNIEREN mit dir, (2)
> dich ANzurufen dich ANzuhören;

HK: ja da bin ich nicht in der lage zu.
PM: was ist so schwer daran,
HK: keine ahnung. (-)
> weil ichs nicht KANN,
> weil ichs nicht geÜBT habe,
> weil ichs nicht geLERNT [habe,
PM:                                        [hm=hm hm=hm
HK: keine ahnung=
> =also das IS genau DAS worum es vielleicht geht.
Aus: E_MB1N_hannesk_2; Zeile 255–286.

Nachdem der Klient die räumliche Entfernung zunächst als hilfreich bewertet, beginnt er die Telefongespräche mit seiner Frau zu reflektieren, indem er bei sich registriert „wie unsicher ich werde wenn ich mit ihr telefonie". Er thematisiert damit an dieser Stelle erneut eine VERLUSTerfahrung – nämlich den VERLUST von Sicherheit, d. h. nicht mehr „Herr der Situation" zu sein. Es erfolgt lediglich ein kurzes Zustimmungssignal des Beraters, bevor der Klient im Weiteren anmerkt „und wie das i dann ist alles weg". Obwohl der Begriff „alles" zunächst eine geringe inhaltliche Bestimmung aufweist bzw. eine nicht definierbare Anzahl von Dingen bezeichnet, scheint es im Kontext des Gesprächs naheliegend, dass der Klient hier meint, dass sein Kopf „leer" ist und jegliches Wissen sowie mögliche in der Beratung erarbeitete Verhaltensoptionen wie verloren scheinen.

An dieser Stelle „hakt" der Berater „nach" und bittet den Klienten um Einhalt „moment noch mal". Er geht nicht weiter auf den BLACK-OUT ein, sondern beginnt die vom Klienten benannte VERLUSTerfahrung zu wiederholen „unsicher" und kategorisiert sie als „vorstufe" der Emotion „angst". Der Klient stimmt zu und der Berater setzt zu einem Frage-Antwort-Format an.

Der Berater will darauf hinaus, dass der Klient eine „selbstaussage machen", d. h. seine Unsicherheit seiner Frau mitteilen soll. Der Klient lehnt jedoch augenblicklich ab „ja da bin ich nicht in der lage zu". Der Berater fragt daraufhin nach „was ist so schwer daran". Nachdem sich der Klient zunächst als NICHT-WISSEN-DEN konzeptualisiert und signalisiert, er habe keine Antwort auf die Frage bzw. „keine ahnung", bietet er dann allerdings mehrere Alternativen als Antwort an „weil ichs nicht kann, weils ich nicht geübt habe, weil ichs nicht gelernt habe". D. h. er räumt zunächst eigene Defizite ein „weil ichs nicht kann", korrigiert sich jedoch, indem er seine Begründung umwandelt: die „ihm mangelnde" Fähigkeit, sich mit seiner Frau auseinanderzusetzen habe er nie „geübt" und nie „gelernt". Parallel dazu führt er an „also das is genau das worum es vielleicht geht". Auf diese Weise stellt der Klient heraus, dass es ihm in der Beratung um den ERWERB und um das ERLERNEN neuen WISSENS und neuer FÄHIGKEITEN geht.

Der damit in dieser Sequenz wahrgenommene und thematisierte VERLUST (von Sicherheit) führt bei dem Klienten zu einem „alles ist weg", hier zusammengefasst als BLACK-OUT, d. h. der Klient befindet sich im „Nichts", ist wie „gelähmt", kann auf kein (Handlungs)Wissen mehr zurückgreifen. Erarbeitete Beratungsinhalte sind wie ausgelöscht. Auf diese Weise erklärt – und möglicherweise könnte man sagen „implizit entschuldigt" – der Klient die Situation als nicht mehr für ihn steuerbar und damit als potentiell gefährlich. Zwar versucht der Berater dem Klienten Handlungsalternativen entgegenzusetzen – wie beispielsweise die eigenen VERLUSTerfahrungen zu verbalisieren. Da sich der Klient der VERLUSTerfahrung allerdings als hilflos ausgeliefert und im „Nichts" beschreibt, können diese nirgendwo ansetzen bzw. von ihm eigentlich nur abgelehnt oder als Kompetenzen und Fähigkeiten rationalisiert werden, über welche er „noch" nicht verfügt und die er somit anzuwenden nicht „in der lage ist".

Vor diesem Hintergrund lassen sich schließlich interaktive Erklärungsmuster identifizieren, die GEWALT als ein MITTEL DER VERTEIDIGUNG herstellen und somit die „Schuld" auf beide Seiten, d. h. auf den Klienten und seine Frau, verteilen. Dies kann anhand des nächsten Abschnitts gezeigt werden.

Die folgende Sequenz entstammt ebenfalls dem ersten aufgezeichneten Beratungsgespräch. Nachdem seine Frau nicht aufgehört hat, den Klienten zu kontaktieren, hat er ihr schließlich erneut gedroht, die Polizei zu rufen. Hier setzt die Sequenz ein:

*Ausschnitt 3:*
HK:   VERSUCHS,
        [und ich ruf die BULLEN.
PM:   [ja ja
HK:   auf JEDEN fall;
        und zwar, (-)
        ich ruf die polizei,
        weil DI:E MIR HELFen;
PM:   ja-
HK:   DAS sind DIEjenigen die mich da SCHÜTZEN können;
        sonst kommst du hierHER, (-)
        machst hier n LAUTen, (-)
        und ich KNALL dir wieder eine,
PM:   hm=hm
HK:   und dann hab ICH das problem mit der polizei; (-)

dann bin ICH der KUNDE von denen;
PM:   und sie haben DIESmal,
        genau die andere entscheidung getroffen, (-)
HK:   ja:,
PM:   hier wird STRUKTUR geSETZT;
Aus: E_MB1N_hannesk_1; Zeile 758–776.

Auf den ersten Blick scheint diese Gesprächsstelle irritierend. Der Klient beschreibt nahezu ohne Erzähldistanz, d. h. er versetzt sich in die erlebte Situation zurück und gibt detailliert und mit direkter Adressierung den abgelaufenen Dialog wieder, indem er darauf Bezug nimmt, dass er seine Frau schlagen könnte. Naheliegend bzw. zu erwarten wäre, dass sie die Polizei alarmiert, um vor der GEWALT des Klienten geschützt zu werden. Hier ist die Situation jedoch genau umgekehrt: der Klient ruft die Polizei, um sich vor den akustischen und verbalen Attacken (vgl. „sonst kommst du hierher, machst hier n lauten") seiner Frau zu schützen. Anhand dieser kurzen Sequenz wird somit dreierlei deutlich:

Zum einen kontextualisiert und verzeitlicht der Klient die von ihm ausgeübte GEWALT: er schlägt nicht einfach zu, sondern GEWALT wird als eine Strategie der Verteidigung, d. h. erst als Folge und als Reaktion auf die Angriffe seiner Frau begründet, und auf diese Weise als Selbstschutz metaphorisiert.

Zweitens lässt sich im Gesamtverlauf der Interaktion beobachten, dass auf diese und ähnliche Weise immer wieder das „Täter-Opfer Verhältnis" verwirrt wird. Zwar nicht im Sinne einer Umkehrung des Verhältnisses, denn der Klient zeigt in dieser Sequenz sehr wohl an, dass es sich bei der Ausübung von GEWALT um ein illegitimes Mittel der Verteidigung handelt (vgl. „und dann hab ich das problem mit der polizei, und dann bin ich der kunde von denen"). Im Prozess der Verwirrung kann eher die Variante bzw. Herstellung eines „etwas weniger schuldigen Täters" und eines „schuldigeren Opfers" (in Anlehnung an Buchholz u. a. 2008) nachgezeichnet werden.

Drittens wird deutlich, dass der Klient über keinen legitimen Mechanismus der Selbstkontrolle verfügt. Auf die Situation „und dann kommst du hierher" folgt automatisch der „knall". Aus diesem Grund benötigt er die Hilfe Dritter. Und zwar nicht einfach die Hilfe einer dritten Person, sondern die Hilfe einer offiziellen Instanz – metaphorisiert als „bullen", d. h. als „starke Tierherde" – die ihn nicht nur vor den Angriffen seiner Frau, sondern scheinbar auch vor sich selbst schützen muss.

In der Zusammenschau kann somit festgehalten werden, dass GEWALT von den Interagierenden als etwas Bedrohliches metaphorisiert wird, dem VERLUST, Schwäche und andere unangenehme Gefühle vorausgehen. GEWALT wird als ein MITTEL DER VERTEIDIGUNG kontextualisiert, das zwar als illegitim gekennzeichnet wird, zugleich jedoch einen Deutungsrahmen zur Verfügung stellt, der es erlaubt, sich und anderen das Motiv der Tat plausibel zu machen und somit „Schuld" zu reduzieren. Beispielsweise betont die interaktive Konzeptualisierung der Ehefrau als ANGREIFERIN die auf den Klienten eindringende Bedrohung, welcher er sich hilflos ausgeliefert sieht. Auch aus der Metapher des BLACK-OUTS ergibt sich die Nebenwirkung eines von dem Klienten nicht steuerbaren und zu verantwortenden KONTROLLVERLUSTES, denn gewaltlose Handlungsalternativen oder der Umgang mit unangenehmen Gefühlen werden von dem Klienten als situativ ausgelöscht und später als Wissen bzw. als Fähigkeiten und Kompetenzen rationalisiert, welche er „nicht erworben, gelernt, geübt" habe und die deshalb entschuldigend zurück gewiesen werden können. Damit scheint GEWALT als Strategie den erlebten VERLUST und die damit einhergehende Schwäche zu kompensieren. Denn GEWALT oder die Ausübung von GEWALT, d. h. der KONTROLLVERLUST wird paradoxerweise zur naheliegenden und schnellen Möglichkeit, an Selbstkontrolle und an Handlungsmacht zurückzugewinnen.

## 4 Schlussbetrachtung oder: über die Schwierigkeit GEWALT zu beraten

Ziel des vorliegenden Beitrags war es zu rekonstruieren, welche sprachlichen Konstruktionen der männliche Klient und Berater zur Schilderung ihres Verständnisses der Problemstellung GEWALT wählen. Für die Bearbeitung der Fragestellung wurde dabei eine Kombination aus Metaphern- und Gesprächsanalyse gewählt. Mit Hilfe dieser Kombination konnte zum einen gezeigt werden, dass die Interagierenden das Phänomen GEWALT im beraterischen Dialog als zu bearbeitende Problemstellung gemeinsam konstituieren. Zum anderen konnte auf diese Weise eine Verschränkung von GEWALT mit anderen Konzepten im sequentiellen Verlauf – hier exemplarisch mit Gefühlen des VERLUSTES – herausgearbeitet werden, die für die Herstellung und Bearbeitung von GEWALT relevant sind.

Ausgehend von diesen Verschränkungen sollen abschließend mögliche Schwierigkeiten für den Umgang mit bzw. die Beratung von GEWALT diskutiert werden.

Zunächst wurde herausgearbeitet, dass GEWALT von den Interagierenden als AKUSTIK metaphorisiert wird. Über diese Metaphorisierung zeigt sich ein *„Mechanismus der Abstraktion"*: die Konzeptualisierung der GEWALT als ein bedrohlich lautes, aber gleichzeitig nicht zu dem Klienten gehörendes oder gar von ihm zu steuerndes GERÄUSCHES offenbart und impliziert eine deutliche Distanz sowohl zum Selbst als auch zum potentiellen Opfer. GEWALT wird somit zu etwas Abstraktem, das wenig mit dem Klienten und dem Gegenüber zu tun hat. Für die beiden Männerforscher Böhnisch und Winter ist dies nicht sonderlich überraschend: *„Jeder Kontakt mit sich, sowie jede Form von Einfühlung in das Opfer würde ja die Tat verunmöglichen"* (Böhnisch/Winter 1997: 203).

Folgt man der Argumentation von Böhnisch und Winter mag dies aus der Perspektive des gewalttätigen Klienten heraus noch verständlich sein – aus der Perspektive des Beraters hingegen bzw. für die Beratung an sich erweist sich eine derartige Konzeptualisierung von GEWALT jedoch als problematisch. Insbesondere die der Metapher des DONNERNS zugleich inhärente Verbildlichung von Männern als ein LAUTES, BEDROHLICHES UNWETTER macht nämlich GEWALT zu etwas Gefährlichem – weil nicht steuer- und kontrollierbar – und lässt damit laut Schmitt *„Beratung, Reflexion oder Psychotherapie geradezu lächerlich erscheinen"* (Schmitt 2011: 196).

Darüber hinaus ermöglicht die herausgearbeitete Verschränkung mit Gefühlen des VERLUSTES eine Konstruktion von GEWALT ALS MITTEL DER VERTEIDIGUNG, welches ebenfalls Erschwernisse für die Beratung impliziert. Im Zuge dieser Metaphorisierung versucht der Klient alles, um seine Lage zu rechtfertigen bzw. sein Verhalten zu rationalisieren und den Berater „auf seine Seite" zu ziehen. Das metaphorische Deutungsmuster GEWALT ALS MITTEL DER VERTEIDIGUNG ermöglicht es, GEWALT zu legitimieren und *„Schuld, in einer Art Handel auf beide Seiten zu verteilen"* (Schmitt 2011: 196), d. h. die Verantwortung für das eigene gewalttätige Verhalten zu reduzieren, da die Grenzen zwischen Angreifer und Verteidiger auf diese Weise verwischt werden. Das Prinzip GEWALT wird damit einerseits zu einem nicht nur nicht steuer- und kontrollierbaren, sondern gleichfalls zu einem von ihm nicht zu verantwortbaren Problem und andererseits dient es als Möglichkeit, auf schnellem Weg an Kontrolle und Handlungsmacht zurückzugewinnen.

Die Argumentation zusammenfassend wird im Beratungsgespräch ein Verhältnis zu GEWALT konstituiert, welches die Bearbeitbarkeit des Falles bzw. Problems erschwert oder – zumindest – herausfordert. Während die Metaphernanalyse hier jene Denkmuster rekonstruiert, die Interventionen bedrohen, lässt sich mit Hilfe der Sequenzanalyse sogleich die (Auf)Lösung dieser scheinbar beraterischen Unmöglichkeit nachzeichnen. Bereits in den Ausschnitten 1 und 3 deutet sich an, dass dem Klienten im beraterischen Dialog äußere funktionale Äquivalente angeboten werden (in der Analyse bezeichnet als Kontrollstrategien), welche als Maßnahmen der Gewaltvermeidung und somit als Möglichkeiten der Bearbeitung des Problems GEWALT identifiziert werden können. So zeigt die Analyse, dass die innere HILFLOSIGKEIT bzw. das soziale Problem GEWALT einerseits nach außen, an Dritte adressiert wird, und zwar an die Instanzen POLIZEI und BERATUNG, und andererseits über die Strategie der *Kontaktvermeidung und Distanz* bearbeitbar, oder eben: steuer- und kontrollierbar wird. Auf diese Weise wird dem Klienten ermöglicht handlungsfähig zu bleiben: Zwar ist er insofern „hilfebedürftig", als es ihm nicht mehr gelingt, sich SELBST zu KONTROLLIEREN. Er behält jedoch indirekt die KONTROLLE über die Situation, indem er entweder DRITTE, d. h. professionelle Instanzen aufsucht, und sich z. t. FREMDKONTROLLIEREN lässt, oder die Situation meidet.

## Literatur

Bange, Dirk (2007): Vorwort. In: Gahleitner, Silke/Lenz, Hans-Joachim (Hrsg.): Gewalt und Geschlechterverhältnis. Interdisziplinäre und geschlechtersensible Analysen und Perspektiven. Weinheim und München: Juventa, S. 5–7.

Barkfelt, Judith (2003): Bilder (aus) der Depression. Metaphorische Episoden über depressive Episoden: Szenarien des Depressionserlebens. Konstanz: Hartung-Gorre Verlag.

Bergmann, Jörg (1987/88): Ethnomethodologie und Konversationsanalyse. Kurseinheit 3. Studienbrief mit drei Kurseinheiten. Fernuniversität GHS Hagen. Hagen.

Böhnisch, Lothar/Winter, Reinhard (1993): Männliche Sozialisation. Bewältigungsprobleme männlicher Geschlechtsidentität im Lebenslauf. Weinheim und München: Juventa.

Brandes, Holger/Bullinger, Hermann (1996): Männerorientierte Therapie und Beratung. In: Brandes, Holger/Bullinger, Hermann (Hrsg.): Handbuch Männerarbeit. Weinheim: Beltz – Psychologie Verlags Union, S. 3–17.

Buchholz, Michael/Lamott, Franziska/Mörtl, Kathrin (2008): Tat-Sachen. Narrative von Sexualstraftätern. Gießen: Psychosozial Verlag.

Habermehl, Anke (1989): Gewalt in der Familie. Ausmaß und Ursachen körperlicher Gewalt. Dissertation: Universität Bielefeld.

Lakoff, George/Johnson, Mark (1981): Metaphors we live by. Chicago: University of Chicago Press.

Lakoff, George/Johnson, Mark (2007): Leben in Metaphern. Heidelberg: Carl-Auer-Verlag.

Lakoff, George (1987): Women, Fire, and Dangerous Things. What Categories Reveal about the Mind. Chicago and London: The University of Chicago Press.

Lenz, Hans-Joachim (2007): Gewalt und Geschlechterverhältnis aus männlicher Sicht. In: Gahleitner, Silke/Lenz, Hans-Joachim (Hrsg.): Gewalt und Geschlechterverhältnis. Interdisziplinäre und geschlechtersensible Analysen und Perspektiven. Weinheim und München: Juventa, S. 21–52.

Müller, Ursula/Schröttle, Monika (2004): Lebenssituation, Sicherheit und Gesundheit von Frauen in Deutschland. Eine repräsentative Untersuchung zu Gewalt gegen Frauen in Deutschland. Berlin: Bundesministerium für Familie, Senioren, Frauen und Jugend (BMFSFJ).

Niedermair, Klaus (2001): Metaphernanalyse. In: Hug, Theo (Hrsg.): Einführung in die Forschungsmethodik und Forschungspraxis. Band 2. Hohengehren: Schneider Verlag, S. 144–165.

Ottermann, Ralf (2003): Geschlechterdividenden in Gewaltdiskursen. In: Lamnek, Siegfried/Boatca, Manuela (Hrsg.): Geschlecht, Gewalt, Gesellschaft. Opladen: Leske und Budrich, S. 163–178.

Schegloff, Emanuel (1968): Sequencing in Conversational Openings. In: American Anthropologist 70, 6, S. 1075–1095.

Schmitt, Rudolf (1995): Metaphern des Helfens. Weinheim: Beltz-Verlag.

Schmitt, Rudolf (1997): Metaphernanalyse als sozialwissenschaftliche Methode. Mit einigen Bemerkungen zur theoretischen „Fundierung" psychosozialen Handelns. In: Psychologie und Gesellschaftskritik. Heft 1, S. 57–86.

Schmitt, Rudolf (1999): Schief gewickelt und gut vernetzt. Oder: Alltägliche Metaphern für Krisen und psychosoziales Helfen. Vortrag vom 25.11.1999: http://www.efb-berlin.de/download/schmitt_25-11-99.pdf, Stand 23.09.2009.

Schmitt, Rudolf (2003): Methode und Subjektivität in der systematischen Metaphernanalyse. In: Forum qualitative Sozialforschung. Volume 4, No.3.

Schmitt, Rudolf (2009): Metaphernanalyse: Zentrale Definitionen und Überlegungen. Arbeitspapier (unveröff.).

Schmitt, Rudolf (2011): (Nicht-)Wirkungen erkunden: Möglichkeiten und Grenzen der systematischen Metaphernanalyse in der sozialwissenschaftlichen Wirkungsforschung. In: Eppler, Natalie/Miethe, Ingrid/Schneider, Armin (Hrsg.): Qualitative und quantitative Wirkungsforschung. Ansätze, Beispiele, Perspektiven. Opladen: Barbara Budrich, S. 185–202.

Selting, Margret u. a. (1998): Gesprächsanalytisches Transkriptionssystem (GAT). In: Linguistische Berichte 173, S. 91–122.

Straus, Murray/Gelles, Richard/Steinmetz, Suzanne (1981): Behind closed doors. Violence in the American Family. New York: Anchor Books.

# Vom ,Reisen' und ,friedlichen' Sterben – Die wirklichkeitskonstitutive Macht von Metaphern am Beispiel der Hospizbewegung

Stephanie Stadelbacher

## 1 Einleitung: Warum wir nichts über das Sterben wissen

Wir als Lebende können nichts über den Tod wissen, denn der Tote als einzig möglicher Auskunftgeber kann sein Erlebtes – sein Sterben bzw. Gestorben-sein – den Lebenden nicht mehr mitteilen. Der Tod als das Nicht-Sagbare „verurteilt zum Schweigen" (Macho 1987: 7), weil er die absolute Grenze jeder subjektiven Erfahrbarkeit markiert. Durch den prinzipiellen, irreversiblen Kommunikationsabbruch stellt er aus soziologischer Sicht aber auch die ultimative Grenze des Sozialen dar.

Das gilt im Grunde auch für das Sterben als unmittelbare Vorstufe des Todes, um das es im Folgenden primär gehen soll. Denn auch Sterben bedeutet Schweigen: Unzugänglichkeit, Kommunikationsabbruch und ,soziale Apathie' markieren in der finalen Phase die Grenze zwischen ,Noch-Kranksein' und ,Schon-Sterbend' (vgl. Bausewein et al. 2003: 452; Pfeffer 2005; Macho 1987: 408). Und „[s]pätestens dann, wenn der Sterbende aus dem Kommunikationszusammenhang seiner sozialen Mitwelt herausgefallen ist, besteht auch keine Möglichkeit mehr, die soziale Wirklichkeit *aus den Perspektiven aller Beteiligten – also auch aus der des Sterbenden* – zu rekonstruieren, sondern nur noch aus der Perspektive der (Weiter-)Lebenden" (Schneider 1999: 19). Die noch (Weiter-)Lebenden haben zur subjektiven und sozialen Bearbeitung kein Wissen mit empirischer Referenz zum Sterben an sich zur Verfügung. Das Sterben wird – in welcher Art und Weise auch immer – zwar vom sterbenden ego selbst noch *erlebt*. Aber da dieses eigene Erleben im Sinne von gemachten Erfahrungen nicht an alter ego kommuniziert werden kann vermittels einer intentionalen Verwendung von Zeichen zur Mitteilung eigenen Erlebens, Denkens, Fühlens etc., existiert kein ,genuines' intersubjektives Sterbe*wissen* und damit weder eine ,genuine' Sterbe*erfahrung* auf Grundlage eines Deu-

tungsangebots des eigenen Sterbeerlebens noch ein an sich sinnhaftes Deuten des
Sterbe*erlebens* von ego durch alter ego.[1]

Aus soziologischer Sicht brauchen wir aber Wissen über Sterben und Tod,
denn die Transformation der aktuellen Existenz eines Menschen als lebendiger
Körper in einen Leichnam stellt ein existenzielles ‚Problem der Lebenden' (Feld-
mann/Fuchs-Heinritz 1995) dar, mit dem – als anthropologische Konstante – jede
Gesellschaft umgehen muss. Um diese „Grenzsituation par excellence" (Berger/
Luckmann 2004: 108) sinnhaft bewältigbar und praktisch handhabbar zu machen, müssen Sterben und Tod ‚erfahrbar' gemacht werden. Hierzu bedarf es gesellschaftlichen Sterbe- und Todeswissens. Davon ausgehend, dass jedes Wissen
über das Sterben damit immer schon gesellschaftlich konstruiert und grundsätzlich historisch und kulturell variabel ist, lautet die soziologische Frage also nicht
so sehr, *ob* wir etwas über das Sterben wissen können, sondern *was* wir darüber
wissen, *wie* dieses Wissen zustande kommt, wie es Wirklichkeit (mit)gestaltet etc.
(vgl. Schneider 1999). Und weil Sterbewissen grundsätzlich kein ‚genuines' Wissen
sein kann, das sich aus dem je eigenen ‚Durchleben' und Erfahren dieser ‚Grenzsituation' als eigenes Sterben und Gestorben sein speist, ist es immer schon mit-
telbares, aus verschiedenen Wissensquellen und anderen lebensweltlichen Erfahrungsbereichen übertragenes, konventionalisiertes metaphorisches Wissen – und
zwar im radikalen Sinne entsprechend der Blumenbergschen ‚absoluten Metapher' (Macho 1987; Nassehi/Saake 2005).[2] Dieses metaphorische als einzig gülti-
ges Wissen über Sterben und Tod existiert in Form definitorischen, sinngebenden
*Deutungswissens* sowie praktischen *Handlungswissens* und manifestiert sich damit
über die bloße Bezeichnung hinaus in der sozialen, räumlichen und dinglichen
Organisation des Sterbens.

Hier ist bereits das zweistufige Kernargument markiert, das ich am Beispiel
des gesellschaftlichen Sinnhaft-machens und Umgangs mit Sterben ausbuchsta-
bieren werde: (1) Wissen von und über elementare Bereiche unserer alltäglichen
Lebenswelt, die als ‚abstrakte' Phänomene keinen oder einen sehr rudimentären
Erfahrungskern haben (wie z. B. das Sterben), gründet auf *metaphorischer Kon-
zeptualisierung*, die (2) auf unterschiedlichen Ebenen Sterben als *gesellschaftliche
Wirklichkeit* erst herstellt. Ziel des Aufsatzes ist es, anhand der ‚Theorie kogniti-
ver Metaphorik' von George Lakoff und Mark Johnson am Beispiel der modernen
Konzeptualisierung von Sterben die systematische (empirische) Verknüpfung von
*Denken* in Metaphern, darauf aufbauender *Praxis* (Kommunikation, Tun) sowie

---

1   Zur Differenz von Erleben und Erfahren vgl. Schütz/Luckmann 1984: 11 ff..

2   Nach Blumenberg (1998) korrespondiert eine absolute Metapher mit keiner direkten, sub-
    stantiellen Erfahrung mit dem Phänomen, und der Zugang zu diesem Phänomen ist wieder-
    um allein durch die Metapher möglich.

damit verbundener *Subjektivationen/Subjektivierungen* (z. B. Rolle des Sterbenden) und *Objektivationen* (z. B. architektonische Gestaltung von ‚Sterbeinstitu-
tionen') zu verdeutlichen. Dabei sollen auch *methodologische Konsequenzen* einer
Analyse gesellschaftlich wirksamer Metaphern im hier angedeuteten Verständnis
angesprochen werden.

## 2    Leben in Metaphern

### 2.1  Wie Metaphern Wirklichkeit schaffen

„Unser alltägliches Konzeptsystem, nach dem wir sowohl *denken* als auch *handeln,* ist im Kern und grundsätzlich metaphorisch." (Lakoff/Johnson 2004: 11;
Herv. S. S.) Lakoff und Johnson betrachten Metaphern nicht nur als schmücken-
des Beiwerk von Poesie und Rhetorik, sondern als wichtigen kognitiven Modus,
ja als das „zentrale Sinnesorgan für unsere soziale und kognitive Welt" (Buchholz, Vorwort in Lakoff/Johnson 2004: 8). Präzisierend müsste man sagen: Metaphern sind Sinn-Organe, da sie Sinn herstellen und vermitteln, und zwar gerade
dort, wo es keinen ‚genuinen' Sinn und auch keine ‚genuine' Sinn-Referenz gibt.
Mittels Metaphern machen wir Abstrakta unserer Wirklichkeit ‚fassbar', indem
„wir durch sie eine Sache oder einen Vorgang in Begriffen einer anderen Sache,
bzw. eines anderen Vorganges *verstehen* und *erfahren* können." (Lakoff/Johnson
2004: 13, Herv. S. S.) Wir übertragen Erfahrungen des jeweiligen *Quellbereichs,* die
wir als Effekte unseres selbstverständlichen, ‚natürlichen' In-der-Welt-Seins direkt verstehen können, auf den jeweiligen *Zielbereich,* der nicht direkt sinnhaft er-
schließbar ist, der abstrakt, nicht aus sich selbst heraus ‚begreifbar' ist (z. B. Liebe,
Zeit, Moral, aber auch Sterben und Tod). Die übertragenen Erfahrungen sind Pro-
dukte unserer leib-körperlich vermittelten Interaktionen mit der dinglichen und/
oder sozialen Umgebung (ebd.: 137, 201 ff.). Dazu gehören bspw. räumliche Orientierungen (innen-außen, oben-unten, nah-fern), Weg/Bewegung, Kraft/Gewicht,
sinnliche Wahrnehmungen (sehen, hören etc.) oder leibliche Empfindungen
(Wärme, Kälte), die sich als schematische Erfahrungsbilder (sog. image schemata)
aus unseren physischen Erfahrungen, Sinneswahrnehmungen und motorischen
Abläufen ergeben.[3]
    Diese präkonzeptuellen Basiserfahrungen, bilden eine reichhaltige Quelle me-
taphorischer Konzepte. Zunächst ergeben sich bspw. sog. Primärmetaphern als

---

3    Vgl. hierzu genauer Lakoff/Johnson 1999: 30 ff.; Lakoff 1987: 267 f.; Johnson 1987: XIVf., 28 ff.
     Für die ontogenetische Herleitung der zentralen image schemata vgl. beispielhaft Jäkel 2003:
     292.

evidente Konzepte aus empirischen Korrelationen *zweier* Erfahrungsbereiche in der interaktionalen Umwelt, die als neuronale Verknüpfung metaphorisch wirksam werden.[4] So bildet etwa die zeitgleiche Erfahrung von Zuwendung und räumlicher Nähe bzw. Wärme, die sich aus der Umarmung durch eine liebende Person ergibt, die Metapher Intimität/Vertrautheit ist Nähe (eine ‚enge' Beziehung) oder Zuneigung ist Wärme (ein ‚warmes' Lächeln). Andere Beispiele sind Verstehen ist Begreifen/Sehen (etwas ‚begreifen', etwas ‚einsehen'), Hilfe ist Unterstützung (jemandem ‚unter die Arme greifen') oder Zeit ist Bewegung (die Zeit ‚läuft davon'). Komplexe Metaphern erweitern diese Primärmetaphern bzw. die Schemata basaler Erfahrungen durch abstrakteres, kollektiv geteiltes Deutungswissen. Zu nennen wären hier bspw. Diskussion ist Krieg (das image schema ist die Kampferfahrung, ergänzt durch bspw. medial vermitteltes Wissen über Krieg; eine Argumentation ‚angreifen', seine Position ‚verteidigen', ‚losschießen') oder Leben ist eine Reise (die ‚Kurve kriegen', aus der ‚Bahn fliegen', seinen ‚Weg gehen', Lebens-‚lauf').[5]

Obwohl Lakoff und Johnson in ihrer Theorie einerseits die Annahme vertreten, dass zahlreiche metaphorische Konzepte auf universeller menschlicher Erfahrung(smöglichkeit) basieren, was ihnen auch immer wieder den Vorwurf einer naturalistischen Verkürzung ihres Erfahrungsbegriffs eingebracht hat (z. B. Zinken 2002), verweisen sie – zugegeben in den neueren Veröffentlichungen weniger vehement[6] – andererseits darauf, dass konkrete Erfahrungen immer in einem interaktiven, sozio-kulturellen Rahmen gemacht werden und damit viele Erfahrungen in ihrer Art und Qualität nicht universell, sondern kulturrelational sind. Das betrifft im Grunde bereits unmittelbare, primärsozialisatorische Erfahrungen als Basis einfacher Metaphern (wie die Praxis der Demonstration von Zuwendung, s. o.), gilt aber vor allem für mittelbare, komplexere Erfahrungsmuster (z. B. Reise, Krieg etc.), die Komplexen Metaphern zugrunde liegen. Lakoff und Johnson sprechen deshalb auch von „indirectly-based metaphors" (Johnson/Lakoff 1982: 5). Damit liegt, die Sozialität und Kulturalität von Erfahrungen berücksichtigend, der metaphorischen Übertragung ein *lebensweltlicher* Erfahrungsbegriff zugrunde, der konkrete praktisch-leibkörperliche Elemente genauso einschließt wie sozio-kulturelle Erfahrungen des gesellschaftlichen ‚In-der-Welt-

---

4   Vgl. zur neurologischen Verankerung des metaphorischen Denkens v. a. Lakoff/Johnson 1999.

5   Zu Primär- und Komplexen Metaphern vgl. ausführlicher Lakoff/Johnson 1999: 45–73. Zahlreiche Beispiele und Analysen finden sich in Baldauf 1997 und Jäkel 2003.

6   V. a. in ‚Philosophy in the flesh' liegt der Fokus auf den neuro-biologischen Grundlagen und Verankerungen metaphorischer Konzepte. Damit betonen Lakoff und Johnson zugleich die Universalität metaphorischen Denkens, auch wenn sie einen naturalistischen Reduktionismus ablehnen (vgl. z. B. Johnson/Lakoff 2002).

Seins', die auf kulturell verfügbaren Bedeutungen und Sinnsetzungen basieren.[7] Darüber hinaus sind nicht nur die Erfahrungen selbst, sondern auch deren Nutzung als Quelle für metaphorische Übertragungen sowie die Verbindung von Quell- und Zielbereich gesellschaftliche Konvention. Die Grundthese bleibt davon jedoch unberührt, nämlich dass (1) den komplexeren, sozio-kulturellen *Erfahrungen,* die als Konzepte auf den Zielbereich übertragen werden, ‚einfache' Erfahrungen zugrunde liegen (z. B. Reise als Bewegung in Richtung eines Ziel, Krieg als eine Form von Kampf) und dass (2) kognitive *Metaphernkonzepte* damit auf konkreten, leibkörperlich vermittelten Erfahrungen in und mit einer gesellschaftlichen Umwelt aufbauen. Welche Erfahrungen in einer Kultur wie metaphorisch genutzt werden, ist dann eine empirische Frage.[8]

Wie wirken nun kognitive Metaphern? Für die metaphorische Erschließung des abstrakten Phänomens wird die *schematische* Grundstruktur der ‚Quell-Erfahrung' via invarianter Übertragung verschiedener epistemischer Aspekte und Dimensionen (kognitiv, sinnlich, emotional, ästhetisch) auf den Zielbereich übertragen; zwischen Quell- und Zielbereich besteht gleichsam eine ‚appräsentative' Beziehung.[9] So umfasst bspw. das Schema Weg eine physische, räumliche und zeitliche Dimension, die für die metaphorische Erfassung des Zielbereichs zur Verfügung steht. Damit werden – vor allem bei Komplexen Metaphern – auch die diskursiven Logiken, Prinzipien und (erfahrungs- und deutungsrelativen) Konnotation des Quellbereichs übertragen. Quell- und Zielbereich haben somit eine „gemeinsame kognitive Tiefenstruktur" (Schmitt 2004: [3]), weshalb Lakoff und Johnson auch von *metaphorischen Konzepten* sprechen, um die kognitive Verankerung sowie die Systematik bildhafter Übertragung zu unterstreichen. Metaphern im hier verhandelten Sinn sind keine einzelnen, isolierten Ausdrücke, sondern ein kohärentes, in sich schlüssiges System der Sinnübertragung, das alle sprachlichen und nicht-sprachlichen Ausdrücke verbindet. Metaphorische Übertragung funktioniert dabei selektiv. Zum einen werden nicht alle Elemente des *Quellbereichs* übertragen, sondern nur bestimmte Aspekte metaphorisch genutzt (vgl. Lakoff/Johnson 2004: 66 ff.). Zum anderen wirken Metaphern hinsichtlich des *Zielbereichs* selektiv, indem sie bestimmte Aspekte beleuchten und andere ver-

---

7   Vgl. zum *phänomenologischen* embodiment als eine Ebene des ‚embodied mind' Lakoff/Johnson 1999: 54 f., 102 f.; Gärtner 2007: 222 ff.

8   Zur kulturellen Variabilität von Metaphern und den diesen zugrunde liegenden Erfahrungen vgl. auch Johnson/Lakoff 1982; Johnson/Lakoff 2002: 251 f.; Kövecses 2008; Zinken 2002; Stadelbacher 2009, 2010.

9   Die ‚Wissensinhalte' des Quellbereichs werden bei der Verwendung als Metapher für den Zielbereich mit-vergegenwärtigt; Surmann spricht auch vom „assoziativen Erfahrungsschatz", der dem Zielbereich potenziell zur Verfügung steht (2005: 40). Zum sog. Invarianzprinzip vgl. Lakoff 1993: 215 ff.; Jäkel 2003: 29 ff.

bergen (ebd.: 18 ff., 81 ff.), d. h. mit einer Metapher wird immer nur ein Teil des Zielbereichs fassbar gemacht, andere Teile bleiben im Hintergrund bzw. werden mittels anderer Metaphern beleuchtet.

Spätestens hier wird die kreative, wirklichkeitskonstitutive Macht von Metaphern deutlich: „Metaphern können für uns Realitäten schaffen, vor allem soziale Realitäten." (ebd.: 179, 167 ff.) Als kognitiv verankerte Konzepte prägen sie unser Denken, unsere Wahrnehmung (im Sinne einer sinnhaften kognitiven aber auch emotionalen Deutung von Welt), unser Verstehen, unsere Einstellungen und unser soziales Handeln: aus etwas Wahrgenommenem (dem erfahrungsbasierten Quellbereich) wird etwas ‚Für-wahr-Genommenes' (das metaphorisch erschlossene Phänomen). Durch ihre Verankerung im subjektiven Erfahrungsraum erfolgen metaphorische Übertragungen i. d. R. präreflexiv, weshalb sie als wichtiger Bereich der unhinterfragten „natürlichen Einstellung" des Jedermann (Berger/Luckmann 2004: 24) zu verstehen sind. Sie sind elementarer Bestandteil des gesellschaftlichen und – sozialisatorisch vermittelten – subjektiven Wissensvorrats, der jeder Deutung, jedem Verstehen und Erfahren von Welt zugrunde liegt. Der sprachliche Ausdruck selbst ist dabei schon eine Objektivation des Metaphernkonzepts: „Conceptual metaphor is a natural part of human *thought,* and linguistic metaphor is a natural part of human *language.*" (Lakoff/Johnson 2003: 247; Herv. S. S.) Aber nicht nur hier vergegenständlicht sich das metaphorische Denken: Konzeptuelle Metaphern erzeugen in Form multidimensionaler Manifestationen Wirklichkeit(en). Denn sie drücken sich nicht nur in Sprache aus (und hier wiederum nicht nur im *semantischen,* sondern auch im *syntaktischen* Bereich; vgl. Lakoff/Johnson 2004: 147–160), sondern auch im Handeln (Körperhaltung, Gesten) in Gefühlen, Träumen, Institutionen/Rollen, Ritualen etc. und in materialen Objektivationen wie etwa Instrumenten (z. B. Uhr, Thermometer), Räumen und Bildern (vgl. Lakoff 1993: 241–244). In diesem Sinne sind Metaphern ‚lebendig' und – als Effekt und Konstrukteur gesellschaftlicher Wirklichkeit zugleich (Buchholz 1993: 7; ausführlich auch Stadelbacher 2009, 2010) – quasi-‚wörtlich' zu nehmen (Lakoff/Johnson 2004: 14, 69): Zeit ist *wirk*lich eine knappe Ressource, ein Problem ist *wirk*lich eine Last und Liebe ist *wirk*lich eine Reise.[10]

---

10 *Zeit* wird ‚investiert', auf ‚(Arbeitszeit)Konten' verbucht, wir bereuen es, wenn wir Zeit ‚verschwenden'. *Probleme* ‚belasten' uns und wir sind ‚erleichtert', wenn wir ‚unterstützt' werden. Wenn wir eine *Liebesbeziehung* als Reise denken und sie als in einer ‚Sackgasse' steckend wahrnehmen, dann hat das die logische Konsequenz, dass man den ‚Weg' nicht gemeinsam ‚weitergehen' kann, ergo die Beziehung beendet. Vgl. für weitere Beispiele für die wirklichkeitskonstituierende Wirkung von Metaphern z. B. in der Psychotherapie Buchholz (1993), in der psychosozialen Arbeit Schmitt (1995), in der Unternehmenskommunikation Sucharowski (2010) sowie verschiedene Beiträge in Junge (2010, 2011a).

## 2.2  Metaphernanalyse als multimethodische Ethnographie

Aus den beiden letzten Punkten – der präreflexiven, quasi-natürlichen Wirkung
von Metaphern und deren multimodaler Konstruktion von Wirklichkeit – sowie der nicht nur inter-, sondern auch intragesellschaftlichen Variabilität metaphorischer Konstrukte und darauf aufbauender ‚kleiner sozialer Lebens-Welten'
(Hitzler/Honer 1988), ergeben sich für Analysen konzeptueller Metaphernsysteme
auch *methodologische Konsequenzen.*

Als Forschungskonzept zur Rekonstruktion von symbolischen Relevanzen,
Materialitäten und Praktiken im Feld eignet sich bspw. die Ethnographie (Hitz-
ler/Honer 1988; Hitzler 2000). Der Zugang zum Wissen im Feld setzt dabei eine
grundsätzliche Offenheit und einen Bruch mit dem Vertrauten voraus, damit
Selbstverständlichkeiten – zu denen vor allem auch präreflexiv wirkende Metaphern gehören – als alltägliches, wirklichkeitskonstituierendes Wissen explizit gemacht werden können. Zugleich eröffnet eine ethnographische Metaphernanalyse
auch eine Vielzahl verschiedener ‚Metaphern'-Welten, über die eine individua-
lisierte, pluralisierte Gesellschaft verfügt und die als je eigene, heterogene Sinn-
Universen existieren (können). Besonders ‚Sterbenswelten' als außeralltägliche
Bereiche gesellschaftlichen Lebens, bedingen ein ethnographisches Zugänglich-
machen der verschiedenen ‚Kulturen des Sterbens' mit ihren je eigenen sozialen
und materialen Organisationsformen des ‚Sterben-Machens' (vgl. Schneider 2012).

Als Quelle der Erkenntnis nutzt die ethnographische Metaphernanalyse alle
Daten, die im Feld zugänglich sind und bedient sich dafür der qualitativen Me-
thodenvielfalt. Mit teilnehmender Beobachtung, Interviews, Dokumenten- und
Artefaktanalysen lässt sich das jeweilige ‚Metaphern-Universum' aus Sinnzuschreibungen, Rollenangeboten, Handlungs- und Interaktionsmustern, Organisa-
tionsstrukturen, materialen Artefakten etc., welche sowohl Mechanismen als auch
Effekte der jeweiligen Wirklichkeitskonstruktion sind, beschreiben. Eine solche
Erweiterung rein textbasierter Metaphernanalysen scheint insofern angebracht,
als dass – der Theorie Lakoffs und Johnsons folgend – alle Arten von Objektivationen konzeptueller Metaphern empirisch in den Blick zu nehmen sind, um das
zugrundeliegende kognitive Konzept zu rekonstruieren sowie die Systematik der
Wirklichkeitskonstruktion zu veranschaulichen. Alle oben genannten (sprachlichen, praktischen, materialen etc.) Objektivationen werden so Gegenstand mul-
timethodischer Metaphernanalysen – oder können es zumindest sein.[11]

Die skizzierte wirklichkeitskonstitutive Macht metaphorischer Konzepte soll
nun am Beispiel ‚Sterben in der Moderne' veranschaulicht werden. Dabei wird es

---

11  Ansätze, die in eine ähnliche Richtung weisen, finden sich bspw. bei Forceville (2008),
    McNeill (1992), Cienki/Müller (2008), Schachtner (1999), Hroch (2005). Hier werden neben

zum einen um die zugrundeliegenden metaphorischen Konzepte selbst gehen und zum anderen um deren manifeste Effekte in Form sozialer, räumlicher und dinglicher Organisation des Sterbens. Den Rekonstruktionen der Wissens- und Praxisdimensionen der jeweiligen Metaphorik liegen neben eigenen Recherchen von Materialien aus dem Feld v. a. ethnographische Forschungen anderer Autoren zugrunde (Sudnow 1973; Lau 1975; Streckeisen 2001; Dreßke 2005; Pfeffer 1998, 2005 u. a.).

## 3 Metaphern des Sterbens: Von ‚Kämpfen' und ‚Begleiten'

Im Folgenden werde ich exemplarisch die moderne biomedizinische Konzeptualisierung des Sterbens am Beispiel der Deutung von und des Umgangs mit Sterben im Krankenhaus skizzieren, um davon dann den Alternativentwurf des hospizlich begleiteten Sterbens abzugrenzen.

### 3.1 Sterben im Krankenhaus

In der Moderne wird Krankheit typischerweise als Kampf oder Krieg konzeptualisiert (Wolf 1996; Baldauf 1997: 222 f.), dessen existenzieller ‚Gegner' der Tod ist. Die kulturelle Wissensgrundlage hierfür sind naturwissenschaftlich-medizinische Erkenntnisse zu Diagnose und Therapie von Krankheiten, die sich vor allem seit dem 19. Jahrhundert etablierten. Von nun an gestalteten sich Mikroorganismen als ‚Feinde' des Menschen: Viren ‚dringen' in den Körper ein, man braucht eine starke Immun-,Abwehr', um sie zu ‚bekämpfen' und wird dabei von ‚Antibiotika' unterstützt. Das Ziel dieses Kampfes ist klar: Die Krankheit, insbesondere wenn lebensbedrohlich, soll ‚besiegt' werden. Die moderne Institution, die für diesen Kampf funktional zuständig ist, ist die Klinik, deren Aufgabe das Erhalten von Gesundheit und die Behandlung von Krankheit ist. Hier wird täglich der Kampf ums (Über)Leben gefochten – doch er wird nicht immer gewonnen: Immerhin knapp die Hälfte aller jährlichen Sterbefälle ereignet sich im Krankenhaus.[12]

---

sprachlichen vor allem bildhafte und gestische Metaphern in den Blick genommen, ein ethnographisches Forschungskonzept im eigentlichen Sinn wird hier jedoch nicht zugrunde gelegt. Zur Beobachtung als Methode der Metaphernanalyse vgl. bspw. den Hinweis in Junge (2011b).

12  http://www.gbe-bund.de/oowa921-install/servlet/oowa/aw92/dboowasys921.xwdevkit/xwd_ init?gbe.isgbetol/xs_start_neu/&p_aid=i&p_aid=18081335&nummer=550&p_sprache=D&p_ indsp=-&p_aid=20173745 (zuletzt aufgerufen am 21. 05. 13)

Und dieser Umstand erweist sich als institutionelles Problem. Denn vor dem Hintergrund der Konzeptualisierung von Krankheit als Kampf wird Sterben als erfolgloser Versuch der Heilung gedeutet und ist damit immer schon Niederlage und Scheitern, was für das Krankenhauspersonal (insbesondere die Ärzte als ‚Experten des Lebens') nicht zuletzt auch die Qualität des eigenen Handelns in Frage stellt: „Am Ende stirbt der Mensch nicht, sondern die Medizin versagt." (Beck 1995: 173; vgl. auch Streckeisen 2001; Göckenjan/Dreßke 2002). Diese Deutung wirkt sich auch auf den Umgang mit Sterbenden aus. Eine eigene Sterberolle gibt es im Krankenhaus nicht, stattdessen wird die Krankenrolle kontinuiert, die vom Patienten verlangt, sich im Kampf zu engagieren, mit den Ärzten zu kooperieren und nicht aufzugeben. Ist aber klar, dass aus medizinischer Sicht ‚nichts mehr zu machen ist', wird der Patient „hinter die Kulissen verlagert, also isoliert …" (Elias 1982: 22) und im Wort-Sinn ‚be-seit-igt' (vgl. auch Streckeisen 2001; Gronemeyer 2007; Mischke 1996). Sterben soll aus dem Blickfeld verschwinden, denn der Sterbende und dann die Leiche sind „ein Symbol für das Versagen im Kampf gegen den Tod …" (Pfeffer 1998: 129). Weil Sterben der Logik der Krankheitsbekämpfung zuwiderläuft und „Krankenhäuser (…) mit Sterben und Tod im Prinzip auf Kriegsfuß stehen" (Gronemeyer 2007: 81), hat Sterben bzw. der sterbende Patient kulturell wie institutionell im Krankenhaus keinen Platz. Ein Krankenhaus will per definitionem kein Sterbeort sein, obwohl es das faktisch (auch) ist. Die Metaphorisierung des Sterbens als Versagen im Kampf gegen den Tod hat somit reale Konsequenzen auf mehreren Ebenen: (1) für die institutionelle Organisation, die dem Sterben keinen Raum gibt, (2) für das Selbstverständnis des medizinischen Personals und nicht zuletzt (3) für den Patienten, der als Sterbender im Krankenhausalltag nur in seiner Defizitrolle als ‚Nicht-mehr-zu-Behandelnder' auftritt.

Als Antwort auf die institutionelle Praxis des Sterbens im Krankenhaus etabliert sich ab den 1960er Jahren (in Deutschland ab den 1980ern) die hospizliche Sterbebegleitung als Gegenentwurf, die dem Sterben(den) (wieder) einen Platz in der Gesellschaft geben will. Und dieser Alternative liegt eine wesentlich andere Metaphorisierung des (‚guten') Sterbens zugrunde.

## 3.2   Sterben mit hospizlicher Begleitung

Hospizliche Begleitung richtet sich an Patienten, die ‚austherapiert' sind und bald sterben werden (i. d. R. innerhalb von sechs Monaten). Sie werden direkt als Sterbende adressiert, d. h. nicht mehr medizinisch therapiert, sondern schmerzbehandelt, gepflegt und psycho-sozial bis hin zu – falls gewünscht – spirituell betreut. Sterben gilt hier nicht als Scheitern, sondern als zu akzeptierender, sinnhafter Teil des Lebens bzw. als aktiv zu gestaltende Vollendung des eigenen Lebens. Deshalb

soll auch nicht – wie im Krankenhaus – die Krankheit und deren Therapie im
Zentrum des Be-Handelns stehen, sondern der Sterbende als Person, der nun über
einen eigenen Platz im sozialen Gefüge des ‚Sterben-Machens' verfügt (Sterberolle). Die Anerkennung als Individuum in seiner physo-psychischen, sozialen
und spirituellen Ganzheitlichkeit soll ihm Respekt, Würde und weitgehende Autonomie in der Gestaltung des eigenen Endes sichern (vgl. Student 1999). Das heißt
im Wesentlichen, dass Bedürfnisse, Wünsche und Relevanzen des Sterbenden die
handlungsleitenden Kriterien für die Sterbebegleitung sind: Der Sterbende ist
hier „Hauptdarsteller und Regisseur in einem" (Pfeffer 2005: 165).[13] Bei der ‚Inszenierung' des eigenen Sterbens stehen ihm Sterbebegleiter, eigene, auf das Sterben ausgerichtete Praktiken und Rituale, eigene Sterberäume etc. zur Verfügung.
Vordergründiges Ziel der Begleitung ist das Ermöglichen eines würdevollen, i. e.
selbstbestimmten, schmerzlosen und ‚friedlichen' Sterbens im vertrauten Kreis
nahestehender Personen, das sich vom ‚Endkampf' im Krankenhausbett signifi-
kant unterscheidet.

So liegen dem Hospiz als „Labor des guten Sterbens" (Dreßke 2005: 10) andere
Metaphorisierungen als die der Kampf-Metapher zugrunde. Damit ist nicht zuletzt der gesellschaftliche Wandel ausgedrückt, auf den die Hospizbewegung abzielt, denn „[k]ultureller Wandel entsteht häufig dadurch, daß neue metaphorische Konzepte eingeführt werden und alte verschwinden." (Lakoff/Johnson 2004:
168). Und weil „Veränderungen in unserem Konzeptsystem auch das [verändern],
was für uns real ist, und Einfluß darauf [nehmen], wie wir die Welt wahrnehmen und wie wir nach diesen Wahrnehmungen handeln" (ebd.), unterscheidet
sich das Sterben in hospizlicher Begleitung wesentlich vom Sterben im Krankenhaus. Diese Veränderungen werde ich nun an zwei Konzepten veranschaulichen:
Sterben als Reise und Hospiz als Familie.

Analog zur Metapher Leben ist eine Reise wird, entsprechend der ideellen
Deutung des Sterbens als Teil des Lebens, auch das Sterben als Reise konzeptualisiert.[14] Dabei werden verschiedene Erfahrungsdimensionen (physisch, räumlich,
zeitlich; Weg-Schema) sowie kulturelle Deutungsinhalte des Reisens auf das Sterben projiziert. Das zeigt sich bereits auf etymologischer Ebene: Vom lateinischen
‚hospes' (Gast/Gastgeber) entlehnt, waren Hospize im Mittelalter ‚Herbergen', in
denen Pilger auf ihrer Reise zum Ziel Unterkunft fanden (vgl. Student 1999). Gemäß dieser Tradition richten sich die modernen Hospize des 20./21. Jahrhunderts

---

13  Vgl. genauer zur Theater-Metapher, die ich hier nicht weiter ausführen kann, auch Dreßke
    2005. Vgl. ähnlich dazu die Metapher des Orchestrierens mit dem Patienten als Dirigenten
    und dem multidisziplinären Hospiz-Team als Orchester (Loewy 2000; kritisch dazu Dreßke
    2005: 83).
14  Das Bild des Sterbens als Reise ist schon sehr alt und findet sich in vielen Kulturen (Macho
    1987; Cardinal 2010).

an Reisende im übertragenen Sinn und sollen für Sterbende – in manchen Hospizen auch ‚Gäste' genannt – „am Ende ihrer irdischen Pilgerreise ein Ort sein, an dem sie all das finden, was sie benötigen, um gestärkt ihren letzten Weg gehen zu können." (ebd.: 21) Konsequenterweise hat die Begründerin der modernen Hospizbewegung, Cicely Saunders, ihre erste Einrichtung in London *St. Christopher's Hospice* genannt, nach dem Hl. Christophorus, dem Schutzpatron aller Reisenden. Und der Deutsche Hospiz- und PalliativVerband symbolisiert auf seinem Logo den „Übergang in eine andere Welt" in Form einer Sonne, „die auf der anderen Erdhalbkugel wieder aufgeht" (DHPV 2012: 40).[15] Hospize sind also nicht nur Unterkünfte für ‚Reisende', sondern Hospiz als Konzept bedeutet, den Sterbenden, der sich auf seinem letzten ‚Weg' befindet, zu ‚begleiten' und ihm den nötigen ‚Beistand' zu gewähren, damit er in Ruhe ‚gehen' kann. In der hospizlichen Praxis wird dieser Weg bzw. die dafür nötige Bewegung durch verschiedene Mobilisierungsmaßnahmen praktisch unterstützt, d. h. der Patient wird aktiviert, damit er gleichsam möglichst lange selbstbestimmt diesen Weg gehen kann. Die Praxis der Aktivierung – ‚Begleiten statt Führen' –, stützt die Rolle des autonomen Patienten, denn wie man für eine Reise organisieren, planen, Entscheidungen treffen muss, so soll das auch der ‚Reisende' beim Sterben: „Wir lassen uns von dem Grundsatz leiten, dass der Patient uns, d. h. die Schwestern und Pfleger an die Hand nimmt und führt. Praktisch bedeutet das, dass der Patient den Tagesablauf (…) selbst bestimmt." (Heller et al. 2012: 279) Im Sterbe-‚verlauf' dreht sich das Aktivitätsmoment dann um, der Patient wird gegen Ende (seinem Gesundheitszustand entsprechend) zunehmend schwächer, stattdessen bewegt sich nun der Tod auf ihn zu: er ‚rückt näher' bis er ‚bevorsteht' und schließlich ‚eintritt'. Für ein gutes Sterben ist es wichtig, dass der Patient dann nicht zu sehr am Leben ‚hängt', sondern ‚loslassen' kann. Gerade für die finale Phase berichten Praktiker interessanterweise auch davon, dass sowohl die Sprache als auch bspw. die Träume Sterbender zunehmend von Reise-Metaphern geprägt sind (Cardinal 2010; Kränzle et al. 2011).

Ein hierbei zentrales Weg-Element ist die Brücke (Pfeffer 1998, Saunders 1999). Hospizliche Begleitung bildet Brücken zwischen Leben und Sterben (vgl. Sterben als Teil des Lebens). Zum einen wird durch die Praxis der Hausbesuche in stationären Hospizen bzw. die private Kommunikation bei der ambulanten Sterbebegleitung sowie durch den möglichst langen Erhalt von Normalität und Lebensqua-

---

15  Bezüglich der Wortherkunft könnte man in klassischer Sicht zwar von einer ‚toten' Metapher sprechen, da die Bedeutung aber im Feld als solche präsent ist und entsprechende Konsequenzen hat (Name, Logo, Praxis), ist die Hospiz-Metapher durchaus als lebendig zu bezeichnen. Ähnlich verhält es sich auch mit der Metapher des Mantels in der Palliativmedizin (pallium, Mantel): palliative ist ganzheitliche, den Patienten ‚umhüllende' Pflege.

lität, eine Brücke zwischen dem früheren und dem jetzigen Leben des Patienten geschlagen. Zum anderen wird die existenzielle Differenz zwischen den (Weiter-) Lebenden und dem Sterbenden überbrückt, und zwar nicht nur in der Begleitung selbst, in der der Patient als Person ,auf gleicher Augenhöhe' wahrgenommen wird, sondern auch über den Tod hinaus. Für die Begleiter ist der Tod nicht der Endpunkt, „sondern ein, wenn auch wichtiger, Punkt auf einer Strecke, die aus dem Leben weit über den physischen Tod hinausweist." (Pfeffer 1998: 136) So wird der Verstorbene nach Eintritt des Todes für den Übergang auch „wie für eine normale Reise" (ebd.: 139) angekleidet. Die Vorstellung vom Tod als Übergang (in eine andere Daseinsform; analog dem Ziel einer Reise) dient aber vor allem den ,Hinterbliebenen', weiterhin eine soziale Beziehung zum Verstorbenen aufrechterhalten zu können. Im Hospiz manifestiert sich diese „Begleitung über den Tod hinaus" (ebd.: 92) in ritueller Praxis und materialen Objektivationen: Durch den Besuch der Beerdigung nehmen die Begleiter ,Abschied', in Photoalben, Angehörigentreffen, jährlichen Feiern zum Totengedenken, aber auch in Erbstücken (z. B. Möbel, die der Patient dem Hospiz hinterlässt) bleibt der Verstorbene im „kollektiven Gedächtnis der im Hospiz Beschäftigen" (ebd.: 155). Der Tote selbst tritt in die „memorierte Totengemeinschaft" (Pfeffer 2005: 311) ein und bleibt zugleich Teil der sozialen Gemeinschaft der Lebenden. Genauso wie man als Reisender nicht ,aus der Welt' ist, sind es in gewissem Sinne auch die Toten nicht.

An den genannten Beispielen wird die innere Systematik metaphorischer Konzepte deutlich. Die einzelnen metaphorischen Manifestationen auf sprachlicher, praktischer, ritueller und symbolischer Ebene bilden ein kohärentes System: Neben (1) dem Begriff Hospiz und der typischen Symbolik (z. B. Logo) findet die Reise-Metapher Niederschlag (2) im Träumen und Sprechen Sterbender, (3) in der institutionalisierten Sterberolle, die mit einer selbstbestimmten sowie aktivierenden und individualisierenden Praxis hospizlicher Begleitung einhergeht, (4) in der ideellen und praktischen Kontinuierung des Lebens, die mit dem Bild der Brücke verdeutlicht wird und schließlich (5) in der Erinnerungspraxis der Begleiter, die die Idee des Übergangs widerspiegelt.

Wird mit dem Bild der Reise der Sterbeprozess des Patienten betrachtet, beleuchtet die Familien-Metapher die Organisation und Handlungsorientierung der hospizlichen Begleitung: Die Hospizgemeinschaft wird als Familie konzeptualisiert und die Begleitung des Sterbenden als familiäre Gestaltung des Lebensendes. Familie adressiert dabei enge, tragfähige, emotional aufgeladene Beziehungen zwischen wenigen Personen, die sich jeweils als Ganzes, als In-Dividuum adressieren[16], für die alles relevant ist, was für den jeweils anderen relevant ist, wo alles

---

16  In der funktional differenzierten Gesellschaft ist die Familie sogar der einzige Ort, wo der Einzelne als ganze Person, als Individuum adressiert wird (vgl. Luhmann 1989).

zum Thema gemacht werden kann (offenes Kommunikationsverhältnis) und in denen man sich unterstützt (Solidaritätsbeziehung). Familie ist durch Geborgenheit, Vertrautheit, Zuwendung, Schutz und Sicherheit gekennzeichnet. Es geht in einer Familie darum, den Anderen „bedingungslos um seiner selbst willen zu akzeptieren." (Heller et al. 2012: 336)

Familialität in der hospizlichen Begleitung manifestiert sich auf verschiedenen Ebenen: (1) Begleiter und Pflegekräfte verwenden sprachliche Metaphern aus dem Bereich Familie, wenn sie ihre Arbeit, ihre Relevanzen und Handlungsorientierungen (besonders im Vergleich zum Krankenhaus) beschreiben (vgl. Pfeffer 2005: 211 ff.). (2) Die ambulante Hospizbegleitung findet im Privaten statt, in den ‚eigenen vier Wänden' zusammen mit den Angehörigen. Aber auch in stationären Hospizen drückt sich das Familien- bzw. Privatheitsbild räumlich aus: Die Räume sind nicht institutionell vorgeprägt und können auf unterschiedliche Art genutzt und gestaltet werden, die Wohnräume sind individuell eingerichtet und Wohnzimmer, Küche, Bad werden zusammen genutzt und von Personal und Patienten „wie ein Haushalt" (Pfeffer 1998: 55) geführt. (3) Auch die sozialen Beziehungen und Interaktionen sind familialisiert: Die Rollen sind individuell und flexibel ausgestaltbar, die Orientierung am Anderen ist funktional unspezifisch, der Umgang ist vertraut und persönlich (jeder wird als Individuum mit eigener Biographie, eigenen Wünschen und Bedürfnissen ernst genommen), kurz: die Beziehungen werden „mit Leben gefüllt" (ebd.: 57). Konkret drückt sich diese persönliche auch in einer besonderen räumlichen bzw. körperlichen Nähe aus: Entsprechend den Primärmetaphern Intimität/Zuneigung ist Nähe und Zuwendung ist Halt ist die Praxis der hospizlichen Sterbebegleitung stark durch körperliche Praktiken wie z. B. das Hand halten geprägt (was sich auch in der Symbolik niederschlägt: sich haltende Hände sind ein weiteres typisches Bild im Feld der Hospizbegleitung) – dem Sterbenden soll demonstriert werden, dass er nicht alleine ist. Mit dieser sozialen und körperlichen Nähe ist eine weitere Ebene verbunden, die (4) Gefühle des Personals: Je intimer, privater, familiärer die Beziehung zum Sterbenden ist, desto größer ist das Nähe-Distanz-Problem, desto schwieriger ist das Abschiednehmen und desto wahrscheinlicher sind Trauergefühle bei den Begleitenden. Es zeigt sich: „The family ideology is present both within the philosophy and also in the organization of relationships." (Froggatt 1997: 130)

Theoretisch-konzeptuell gesehen, ist die Ausgestaltung der Familien-Metapher im Hospiz ein gutes Beispiel für die Selektivität von Metaphern. Haltung, Praxis und organisationale Gestaltung orientieren sich am heutigen Ideal der ‚Verhandlungsfamilie': Leitbild ist die Vorstellung stark emotionalisierter und solidarischer Beziehungen unter allen Familienmitgliedern, in denen Bedürfnisse und Wünsche gleichrangig sind (a-hierarchische Struktur). Wichtig ist Offenheit für den Anderen, sich in ihn als Person hineinzuversetzen und ggf. Dinge auszuhandeln.

Entsprechend ist auch die Rollenverteilung in der Sterbebegleitung quasi-paritä-
tisch. Zwar sind in gewisser Weise die Begleiter in der Rolle der ‚Eltern', die den
Patienten als ‚Kind' von organisatorischen oder problematischen Dingen fernhal-
ten, ihn dadurch entlasten und sich fürsorglich um ihn kümmern (vgl. Froggatt
1997). Zugleich wird der Patient aber nicht ‚verkindlicht', sondern als autonomes,
adultes Subjekt angerufen, das die es betreffenden Dinge (mit)entscheiden (können) soll. Selektiv ist die Metapher zum einen, weil bei diesem ideal-familialen
Gegenmodell zum technizistischen, isolierten Sterben im Krankenhaus nur positive Seiten des familialen Zueinanderseins projiziert und adressiert werden und
zum anderen, weil nicht alle Aspekte, die institutionalisierte hospizliche Begleitung ausmachen, beleuchtet werden: Es herrscht das „Bild einer ‚heilen Familie'"
(Pfeffer 1998: 43) vor, Streit und Konflikte sowie die entstehenden bzw. sich verfes-
tigenden Machtgefälle und Abhängigkeiten – v. a. natürlich auf der Seite des Patienten – werden ausgeblendet. Denn erfahrungsgemäß gilt auch Nähe ist Macht:
Wer jemandem nahe steht, hat einen besonderen Einfluss auf ihn – auch und gerade in der existenziellen Krisensituation des Sterbens. Genau genommen wird
die unhintergehbare Machtasymmetrie, die in einer ‚totalen' Betreuung und ganz-
heitlichen Erfassung des Sterbenden steckt, durch die Familien-Metapher erst
legitimiert.

Außerdem verdeutlicht die institutionelle und praktische Ausbuchstabierung
der Familien-Metapher den Aspekt sozialer Ungleichheit, der mit metaphorischer
Wirklichkeitskonstruktion zusammenhängt. Denn deren Spezifikum ist ja die
erfahrungsbasierte Evidenz, der Rekurs auf sozio-kulturelle Erfahrungen in der
eigenen Biographie, die ein Verstehen von und Fühlen sowie Handeln in Metaphern ermöglicht. Eine gemeinsame Konstruktion von Wirklichkeit setzt damit
auch immer (zumindest in gewissem Maße) kohärente Erfahrungsmuster voraus. Mit dem skizzierten Familien-Modell, das die bürgerliche Mittelschicht am
deutlichsten repräsentiert, werden bestimmte Erfahrungen adressiert und aktiviert, Alternativmodelle bzw. -erfahrungen wie bspw. patriarchale Familienbezie-
hungen, bleiben außen vor. Damit werden tendenziell die Gesellschaftsmitglieder
anderer Schicht- oder Milieuzugehörigkeit, bei denen Autonomie und kommunikative Aushandlungen nicht Teil der selbstverständlichen, ‚natürlichen' Erfahrung sind, zumindest nicht intuitiv adressiert (sondern vornehmlich kognitiv, sofern das normative Bild der gleichberechtigten Idealfamilie als kulturelles Wissen
präsent ist).

# 4 Schlussbemerkung

Gezeigt werden sollte, dass je nachdem, mit welchen metaphorischen Konzepten Sterben gefasst wird und wie diese entsprechend in Sinnzuschreibungen, im Umgang mit Sterbenden, in der räumlichen und dinglichen Umgebung sowie der Bewertung eines ‚guten' oder ‚schlechten' Sterbens ihren Ausdruck finden, eine andere Sterbewirklichkeit erzeugt wird. Die Metaphernanalyse nach Lakoff und Johnson in ihrer methodologischen Weiterung als multimethodische Ethnographie eröffnet einen empirischen Zugang zur Praxis des ‚Sterben Machens', der ihre Konstitutionsbedingungen, Sinnschichten und Funktionslogiken ausweist. Metaphern als handlungsorientierende und weltdeutende Modelle des Denkens wirken produktiv, indem sie kollektiv geteiltes – genauer: kollektiv teilbares, weil auf kollektiv geteilten Erfahrungen basierendes – ‚wahres' Wissen zur Verfügung stellen, sich in Sprache, Praktiken, Räumen, Dingen sowie Identitätsmustern objektivieren und damit Strategien der Wirklichkeitsbewältigung und -gestaltung darstellen. Gerade aber weil Metaphern letztlich auch andere Wirklichkeiten als ‚schlecht', ‚unwahr' oder ‚falsch' klassifizieren, entfalten sie Machtwirkungen – z.B. in der Bewertung des Sterbens im Krankenhaus oder durch exkludierend wirkende Selektionen bestimmter Metaphernbilder (z.B. von ‚Familie'). Damit geht die hier skizzierte Analyseperspektive aber bereits über die metaphernanalytisch fundierte, ethnographische Rekonstruktion der jeweiligen ‚Sterbenswelt' hinaus und richtet sich auf die zeitdiagnostisch wie gesellschaftstheoretisch relevante Frage, aufgrund von welchen Voraussetzungen sich wie, wo und mit welchen Konsequenzen welche Metaphern als gesellschaftliche Wahrheiten durchsetzen. Damit wäre zukünftig die Verbindung der Metaphernanalyse Lakoff/Johnsonscher Prägung mit einer an Michel Foucault (1978, 2005) orientierten diskurs-/dispositivanalytischen Perspektive nahegelegt, um – im empirischen Beispiel bleibend – die „Rekonstruktion der gesellschaftlichen Ordnung des Lebensendes als relationale Machtanalyse" (Schneider 2012: 440) betreiben zu können.

## Literatur

Baldauf, Christa (1997): Metapher und Kognition. Grundlagen einer neuen Theorie der Alltagsmetapher. Frankfurt/M.: Peter Lang.

Bausewein, Claudia/Roller, Susanne/Voltz, Raymond (2003): Leitfaden Palliativmedizin. München: Urban & Fischer

Beck, Ulrich (1995): Eigener Tod – eigenes Leben: Vergänglichkeitshoffnungen. In: Ulrich Beck/Wilhelm Vossenkuhl/Ulf E. Ziegler (Hg.): eigenes Leben. Ausflüge in die unbekannte Gesellschaft, in der wir leben. München: C. H. Beck. S. 171–174.

Berger, Peter L./Luckmann, Thomas (2004): Die gesellschaftliche Konstruktion der Wirklichkeit. Frankfurt/M.: Fischer.

Blumenberg, Hans (1998): Paradigmen zu einer Metaphorologie. Frankfurt/M.: Suhrkamp.

Buchholz, Michael B. (Hg.) (1993): Metaphernanalyse. Göttingen: Vandenhoeck & Ruprecht.

Cardinal, Claudia (2010): Sterbe- und Trauerbegleitung. Ein Handbuch. Düsseldorf: Patmos.

Cienki, Alan/Müller, Cornelia (2008): Metaphor, Gesture, and Thought. In: Raymond W. Gibbs, Jr. (Hg.): The Cambridge Handbook of Metaphor and Thought. Cambridge: Cambridge University Press. S. 483–501.

Deutscher Hospiz- und PalliativVerband (DHPV) (Hg.) (2012): 20 Jahre Deutscher Hospiz- und PalliativVerband. Eine Zeitreise. Ludwigsburg: Hospizverlag.

Dreßke, Stefan (2005): Sterben im Hospiz. Der Alltag in einer alternativen Pflegeeinrichtung. Frankfurt/M.: Campus.

Elias, Norbert (1982): Über die Einsamkeit der Sterbenden in unseren Tagen. Frankfurt/M.: Suhrkamp.

Feldmann, Klaus/Fuchs-Heinritz, Werner (1995): Der Tod ist ein Problem der Lebenden. Beiträge zur Soziologie des Todes. Frankfurt/M.: Suhrkamp.

Forceville, Charles (2008): Metaphor in pictures and multimodal representations. In: Raymond W. Gibbs, Jr. (Hg.): The Cambridge Handbook of Metaphor and Thought. Cambridge: Cambridge University Press. S. 462–482.

Foucault, Michel (1978): Dispositive der Macht, Berlin: Merve.

Foucault, Michel (2005): Analytik der Macht, Frankfurt/M: Suhrkamp.

Froggatt, Katherine (1997): Rites of passage and the hospice culture. In: Mortality, 2/2, S. 123–136.

Gärtner, Christian (2007): Innovationsmanagement als soziale Praxis. Grundlagentheoretische Vorarbeiten zu einer Organisationstheorie des Neuen. München/Mering: Rainer Hampp.

Göckenjan, Gerd/Dreßke, Stefan (2002): Wandlungen des Sterbens im Krankenhaus und die Konflikte zwischen Krankenrolle und Sterberolle. In: Österreichische Zeitschrift für Soziologie, 27/4, S. 80–96.

Gronemeyer, Reimer (2007): Sterben in Deutschland. Wie wir dem Tod wieder einen Platz in unserem Leben einräumen können. Frankfurt/M.: Fischer.

Heller, Andreas/Pleschberger, Sabine/Fink, Michaela/Gronemeyer, Reimer (2012): Die Geschichte der Hospizbewegung in Deutschland. Ludwigsburg: Hospizverlag.

Hitzler, Ronald (2000): Welten erkunden. Soziologie als (eine Art) Ethnologie der eignen Gesellschaft. In: Beck, Ulrich/Kieserling, André (Hg.): Ortsbestimmungen der Soziologie: Wie die kommende Generation Gesellschaftswissenschaften betreiben will. Baden-Baden: Nomos. S. 141–150.

Hitzler, Ronald/Honer, Anne (1988): Der lebensweltliche Forschungsansatz. In: Neue Praxis, 18/6, S. 496–501.

Hroch, Nicole (2005): Metaphern des Umweltmanagements. Marburg: Tectum.

Jäkel, Olaf (2003): Wie Metaphern Wissen schaffen. Die kognitive Metapherntheorie und ihre Anwendung in Modell-Analysen der Diskursbereiche Geistestätigkeit, Wirtschaft, Wissenschaft und Religion. Hamburg: Verlag Dr. Kovac.

Johnson, Mark (1987): The Body In The Mind. The Bodily Basis of Meaning, Imagination, and Reason. Chicago: The University of Chicago Press.

Johnson, Mark/Lakoff, George (1982): Metaphor and Communication. Trier: L. A. U. T., Series A 97).

Johnson, Mark/Lakoff, George (2002): Why cognitive linguistics requires embodied realism. In: Cognitive Linguistics, 13/3, S. 245–265.

Junge, Matthias (Hg.) (2010): Metaphern in Wissenskulturen. Wiesbaden: VS Verlag.

Junge, Matthias (Hg.) (2011a): Metaphern der Gesellschaft. Die Bedeutung der Orientierung durch Metaphern. Wiesbaden: VS Verlag.

Junge, Matthias (2011b): Eine soziologische Perspektive auf Semantik und Pragmatik der Metapher. In: metaphorik.de, 20/2011 (http://www.metaphorik.de/20/junge.pdf; zuletzt aufgerufen am 21.5.2013).

Kövecses, Zoltan (2008): Conceptual metaphor theory. Some criticisms and alternative proposals. In: Annual review of cognitive linguistics, 6, S. 168–184.

Kränzle, Susanne/Schmid, Ulrike/Seeger, Christa (2011): Palliative Care. Handbuch für Pflege und Begleitung. Berlin: Springer-Verlag.

Lakoff, George (1987): Women, Fire, and Dangerous Things. What Categories Reveal about the Mind. Chicago: The University of Chicago Press.

Lakoff, George (1993): The contemporary theory of metaphor. In: Andrew Ortony (Hg.): Metaphor and Thought. Cambridge: Cambridge University Press. S. 202–251.

Lakoff, George/Johnson, Mark (1999): Philosophy in the Flesh. The Embodied Mind and its Challenge to Western Thought. New York: Basic Books.

Lakoff, George/Johnson, Mark (2003): Metaphors We Live By. Chicago: Chicago University Press.

Lakoff, George/Johnson, Mark (2004): Leben in Metaphern. Konstruktion und Gebrauch von Sprachbildern. Heidelberg: Carl-Auer-Systeme.

Lau, Ephrem Else (1975): Tod im Krankenhaus. Soziologische Aspekte des Sterbens in Institutionen. Köln: Bachem.

Loewy, Erich H. (2000): Orchestrieren oder Töten? In: Loewy, Erich H./Gronemeyer, Reimer (Hg.): Die Hospizbewegung im internationalen Vergleich. Gießen: Justus-Liebig-Universität. S. 7–17.

Luhmann (1989): Individuum, Individualität, Individualismus. In: Ders., Gesellschaftsstruktur und Semantik, Bd.3. Frankfurt/M.: Suhrkamp. S. 149–258.

Macho, Thomas (1987): Todesmetaphern. Zur Logik der Grenzerfahrung. Frankfurt/M.: Suhrkamp.

McNeill, David (1992): Hand and Mind. What Gestures Reveal about Thought. Chicago: The University of Chicago Press.

Mischke, Marianne (1996): Der Umgang mit dem Tod. Vom Wandel in der abendländischen Geschichte. Berlin: Reimer.

Nassehi, Armin/Saake, Irmhild (2005): Kontexturen des Todes. Eine Neubestimmung soziologischer Thanatologie. In: Hubert Knoblauch/Arnold Zingerle (Hg.): Tod, Hospiz und die Institutionalisierung des Sterbens. Berlin: Duncker & Humblot. S. 31–54.

Pfeffer, Christine (1998): Brücken zwischen Leben und Tod. Eine empirische Untersuchung in einem Hospiz. Köln: Koppe.

Pfeffer, Christine (2005): „Hier wird immer noch besser gestorben als woanders". Eine Ethnographie stationärer Hospizarbeit. Bern: Huber.

Saunders, Cicely (1999): Brücke in eine andere Welt. Was hinter der Hospiz-Idee steht. Freiburg i. B.: Herder.

Schachtner, Christina (1999): Ärztliche Praxis. Die gestaltende Kraft der Metapher. Frankfurt/M.: Suhrkamp.

Schmitt, Rudolf (1995): Metaphern des Helfens. Weinheim: Beltz.

Schmitt, Rudolf (2004): Diskussion ist Krieg, Liebe ist eine Reise, und die qualitative Forschung braucht eine Brille. In: FQS, 5/2, Art. 19.

Schneider, Werner (1999): „So tot wie nötig – so lebendig wie möglich!". Sterben und Tod in der fortgeschrittenen Moderne. Münster: Lit.Verlag.

Schneider, Werner (2012): Lebensweltanalytische Ethnographie und Dispositivanalyse: Theoretische und methodische Anmerkungen zur Forschungspraxis am Lebensende. In: Schröer, Norbert/Hinnenkamp, Volker/Kreher, Simone/Poferl, Angelika (Hg.): Lebenswelt und Ethnographie. Essen: Oldib-Verlag. S. 425–444.

Schütz, Alfred/Luckmann, Thomas (1979/1984): Strukturen der Lebenswelt, Bd. 1/2. Frankfurt/M.: Suhrkamp.

Stadelbacher, Stephanie (2009): Die körperliche Konstruktion des Sozialen. Zum Verhältnis von Körper, Wissen und Interaktion. Magisterarbeit an der Universität Augsburg (Veröffentlichung in Vorbereitung).

Stadelbacher, Stephanie (2010): Die körperliche Konstruktion des Sozialen. Ein soziologischer Blick auf die Theorie kognitiver Metaphorik von George Lakoff und Mark Johnson. In: Fritz Böhle/Margit Weihrich (Hg.): Die Körperlichkeit sozialen Handelns. Soziale Ordnung jenseits von Normen und Institutionen. Bielefeld: Transcript. S. 299–330.

Streckeisen, Ursula (2001): Die Medizin und der Tod. Über berufliche Strategien zwischen Klinik und Pathologie. Opladen: Leske + Budrich.

Student, Johann-Christoph (1999): Das Hospiz-Buch. Freiburg i. B.: Lambertus.

Sucharowski, Wolfgang (2010): Metaphern und die Unternehmenskommunikation. In: Matthias Junge (Hg.): Metaphern in Wissenskulturen. Wiesbaden: VS Verlag. S. 87–107.

Sudnow, David (1973): Organisiertes Sterben. Eine soziologische Untersuchung. Frankfurt/M.: Fischer.

Surmann, Volker (2005): Anfallsbilder. Metaphorische Konzepte im Sprechen anfallskranker Menschen. Würzburg: Königshausen & Neumann.

Wolf, Angelika (1996): Essensmetaphern im Kontext von Aids und Hexerei in Malawi. In: Angelika Wolf/Michael Stürzer (Hg.): Die gesellschaftliche Konstruktion von Befindlichkeit. Ein Sammelband zur Medizinethnologie. Berlin: VWB. S. 205–221.

Zinken, Jörg (2002): Imagination im Diskurs. Zur Modellierung metaphorischer Kommunikation und Kognition. Diss. Univ. Bielefeld.

# Metaphernanalyse in der erziehungswissenschaftlichen Kindheitsforschung

Peter Gansen

## 1 Einführung

Das Metaphernverständnis von Kindern ist ein Forschungsfeld, auf das der Entwicklungspsychologe Howard Gardner bei seinen Studien zu ästhetischen Fähigkeiten stieß und das er als einer der ersten (1974) empirisch bearbeitet hat. Metaphorische Kompetenz hat er später als die Fähigkeit bezeichnet, „Metaphern zu finden, Analogien wahrzunehmen und die Bereitschaft, mehrere intellektuelle Bereiche zu durchqueren, um solche erhellenden Verbindungen zu erkennen" (Gardner 2001, S. 265). Seit den 1970er Jahren hat es immer wieder Untersuchungen zum Metaphernverständnis von Kindern und Jugendlichen gegeben (vgl. zusammenfassende Darstellungen bei Vosniadou 1987, Fehse 1998, Cameron/Low 1999, Schmitt 2005, Gansen 2010). Bei einzelnen strittigen Teilfragen wurde in allen Studien grundsätzlich gezeigt, dass Kinder schon früh Fähigkeiten zum Verstehen und Produzieren von Metaphern entwickeln. Fast alle Untersuchungen waren testförmig angelegt, meist in Form von Multiple-Choice-Verfahren, und ihr entwicklungspsychologisches Erkenntnisinteresse richtete sich in der Regel auf die Überprüfung oder Ergänzung vorhandener Rahmentheorien zur Entwicklung von Kognition und Sprache. Cameron und Low konzedierten angesichts dieses methodischen Desiderats: „However many of the studies reviewed here were laboratory based and experimental. There is a need for further naturalistic studies, and imaginative research methods to investigate understanding in discourse and interactional contexts of use" (Cameron/Low 1999, S. 84). Auch wenn diese Autorinnen und andere seitdem vielfach an Metaphern von Kindern geforscht haben, muss man feststellen, dass die Forschungstätigkeiten in der Psychologie und Linguistik bis heute überwiegend theoretisch und methodisch eng gefasst und gleichartig sind. Die Studien sind in der Regel quantitativ-empirisch und auf reaktives Verhalten ausgerichtet, sodass zwar der Umfang des Verstehens von bestimmten vorgegeben Metaphoriken durch Kinder verschiedener Altersstufen in bestimmten Situationen recht gut beforscht ist, wir aber zugleich über das tatsächliche (Un-)Vermögen der Kinder im Umgang mit Metaphern im Alltag und vor allem über ihre eigenen metaphorischen Denk- und Ausdrucksformen wenig wissen. Allerdings gibt es in den letzten Jahren in den Sozialwissenschaften im deutschsprachigen Raum Studien zur Metaphernforschung, die qualitativ-empirisch angelegt sind, nach eher non-reaktiven, naturalistischen Formen der Datengewinnung suchen und zum Teil auch das Auswertungsverfahren der Systematischen Metaphernanalyse verwenden (Übersicht bei Schmitt 2011). Im Folgenden ein kurzer Einblick in einen Zugang des Autors zur Metaphernsprache von Kindern.

## 2    Zur Metaphernsprache von Kindern: Ein Beispiel

In einer Reihe von qualitativ-empirischen Studien einer umfangreichen explorativen Forschungsarbeit (Gansen 2010) wurden vielfältige Phänomene metaphorischen Denkens, Sprechens und Verstehens von Kindern erhoben und ausgewertet. Hierbei konnten neue Aspekte kindlicher Metaphernsprache sichtbar gemacht werden, die den entwicklungspsychologischen Forschungsstand zum Metaphernerwerb überschreiten. Dies wurde möglich, indem gegenüber bereits berücksichtigten Forschungszugängen zum kindlichen Denken alternative methodische Verfahren einbezogen wurden. Dabei wurden auch Daten aus dem Kontext didaktischer Situationen gewonnen und analysiert; insbesondere das Philosophieren mit Kindern wurde als Forschungszugang erprobt und hat sich als ein geeignetes Erhebungsverfahren für eine empirische Kindheitsforschung zur Metaphernsprache erwiesen. Um ausführliche verbale Daten gewinnen zu können, an denen sich metaphorische Ausdrucksformen von Kindern analysieren lassen, stand das Kreisgespräch im Mittelpunkt. Die Herausforderung lag in den einzelnen Stunden darin, geeignete Gesprächsimpulse zu finden. Ähnlich wie für die Vorbereitung von Interviewsituationen ging es darum, Gespräche anregende Fragen zu formulieren, mögliche Gesprächsverläufe und geeignete Nachfragen zu antizipieren, zugleich aber offen zu sein für einen interaktiven Prozess mit offenem Verlauf und Ausgang. Bei der inhaltlichen und methodischen Planung erfolgte eine Orientierung an einschlägigen philosophiedidaktischen Modellen (Lipman 1991, Martens 1999, Brüning 2001).

# 3     Gesprächsauszug

Randa:     Manchmal spiel' ich mit meiner Freundin so, und dann vergesse ich
ganz, wer ich bin. (...)

Julia:     Aber das *Ich* ist ja unsichtbar, wenn das so wäre. Aber das Ich bin ja
eigentlich ich. Und jeder ist so *er ist,* und da bräuchte man eigentlich
überhaupt nicht fragen, weil alle gibt es ja nur *einmal* auf der Welt. Und
dann gibt es ja auch nur mich einmal auf der Welt.

Frederik:   Ist die Randa noch nie fotografiert worden. Auf dem Foto ist ja auch
der gleiche Mensch drauf.

Sarah:     Aber der kann sich nicht bewegen....

(...)

Erika:     Eigentlich kann man das gar nicht richtig beschreiben, wo das ich ist,
weil mans ja eigentlich selber ist. Jeder ist ein *Ich.*

Friedrich:  Das Ich ist in den Augen, in den Zähnen, in dem Kopf, in dem Hals,
in den Beinen, im Bauch, in den Händen, in den Füßen, in den Zellen ... ---

Luise:     Also, praktisch gibt es dieses praktische Ich – wenn man nicht sich
selber damit meint – überhaupt nicht. Eigentlich ist es der Verstand,
der im Gehirn jedem sagt. Also der sagt jedem „Ich bin ich" oder „So
heißt mein Name" oder was. Da ist praktisch alles Wichtige abgelagert.
Und genauso sagt der Verstand, dass man selbst das Ich ist. Bloß, wenn
man praktisch „Ich" sagt, ist das nur die Erfindung vom eigenen Verstand. Und der eigene Verstand wird vom Menschen gesteuert, und der
Mensch wird vom Verstand gesteuert. Also praktisch ist es eine Kette
unbeschreiblicher Dinge, die alle auf einmal passieren.

(...)

B:        Ich glaub „ich" – das ist alles. Was der Friedrich eben gesagt hat. Da
meinte ich eigentlich alles.

R:        Eigentlich ist das ganz innen drinne vom Körper.

P. G.:     Kannst du das beschreiben? [Ali: Im Herzen...]

R:        Das fühlt sich so an, als ob man einfach „ich" ist. ---

Lu:       Also, wenn das Ich im Körper wäre. Also, ich bin hier zwar dagegen –
ich möchte die, die das gesagt hat nicht beleidigen. Aber ich verstehe
praktisch, dass in meinem Körper Fleisch und Blut, alles alle Räume
besetzt, da ist höchstens in der Lunge oder im Magen ein kleiner Platz,
weil da ein Hohlraum ist, aber der wird dann doch wieder benutzt.

Katharina: Ich bin ja *ich.* Und deswegen kann man das nur sehen, wenn man in
den Spiegel guckt. Das ist ja das Größte von dir, dass bist ja *du.*

(...)

P. G.:      (…) Woher weiß du denn, wer *Du* bist?

Can:        Ich bin *ich,* und bist *du* (lacht)

F:          Nein, *ich* bin ich!

A:          Nee, *ich* bin ich…

F:          Nein, du bist *du.* --- [Lachen]

Lu:         Also das kombiniert man so zusammen. Aus dem…zum Beispiel im Gehirn, dass man Information speichern kann, und auch Information drin versteckt sein kann. Aber so, dass man selber bei sich alleine ist – und nicht wie beim Computer, der einen fragt: Willst du das wirklich? Oder willst du das oder willst du das? Sondern dass man sagt, *ich* will das oder *ich* will *das,* weil ich das denke. Dort funktioniert es ungefähr auch wie beim Computer. Nur dass es tausend mal komplizierter ist und mit viel mehr Sachen drin.

R:          Ich hab das nicht kapiert mit dem Computer, Luise.

Lu:         Also, also, was man vom Computer weiß, dass das ein sehr kompliziertes System sein kann von groß bis klein. Und dass der immer fragt, willst du das wirklich, und so Sachen, wo meistens das Wort „du" drin ist, weil der Computer, wenn man den als eigene Person nimmt, könnte der nicht „ich", sondern nur „du" sagen.

P. G.:      Und wir mit unserm Ich funktionieren also nicht wie ein Computer, ja?

Lu:         Ja! Und unser Gehirn ist noch viel tausend mal komplizierter.

[Unruhe, Durcheinanderrufen, Lachen, Robotersprache]

E:          Man spürt sich doch auch und merkt, was man macht, dass man das selbst macht.

(…)

## 4    Analyse

In einer vorangegangen AG-Stunde wurde darüber diskutiert, wie es sei, (wie) jemand anders zu sein oder sein zu wollen bzw. was es bedeute, sich selbst mit allen Stärken und Schwächen zu akzeptieren. Erwartungsgemäß kamen zunächst vor allem Umschreibungen des Fähigkeitsselbstkonzepts zur Sprache, über welche die Kinder sich definieren. Im Verlaufe des Gesprächs hatten sie aber auch herausgearbeitet, dass man Selbstbewusstsein und Ich-Stärke nicht nur aus offensichtlichen Fähigkeiten und Leistungen beziehen könne – und dieses Einseitigkeit ihnen nicht gerecht würde –, sondern auch durch andere Eigenschaften und durch ein Wissen um die Selbstakzeptanz und gegenseitige Anerkennung als *ganzer* Mensch. Zu Beginn von Gesprächsauszug oben kommt durch Randa eine positive Art von Verunsicherung des Ich zur Sprache, indem sie die Selbstvergessenheit im Spiel mit der Freundin zum Ausdruck bringt *(„Manchmal spiel' ich mit meiner Freundin so zusammen, und dann vergesse ich ganz, wer ich bin")*. Offenbar fühlt sich Randa beim Spiel so im Einklang bzw. „eins" mit ihrer Freundin, dass sie sich nicht mehr als getrennt wahrnimmt und ganz im Zusammensein „aufgeht". Die Spannung aus unmittelbarer Ich-Wahrnehmung und einem Mit-sich-identisch-sein, einem selbstreferentiellen bzw. -reflexiven Bezug zum Ich sowie drittens der Ich-Bestimmung von außen und durch ein sozial hergestelltes Ich-Du-Verhältnis durchzieht die Gespräche dieses Themenblocks und lässt sich auch in entsprechenden leib- und raumbezogenen Metaphorisierungen wiederfinden.

Das Problem, einen Ort für das Ich zu finden bzw. die abstrakte Vorstellung „Ich" zu erfassen, wird zunächst materialistisch mit der Aufzählung körperlicher Merkmale zu lösen versucht – diese alle zusammen ergäben das Ich, bzw. das Ich sei überall enthalten: in äußerlich sichtbaren Körperteilen sowie im Körperinneren *(„Das Ich ist in den Augen, in den (…) in den Zellen…")*. Das Ich könnte damit zum einen gleichsam als Summe seiner Teile zusammengefasst werden, zum anderen klingt aber auch der Gedanke an, das Ich sei als eine übergeordnete Instanz in allem enthalten *(„das Ich ist in", „überall", „Alles ist Ich")*. Sarah macht als Abgrenzung vom rein Äußerlich-materiellen, das sich auch oberflächlich mit einem Foto abbilden ließe, auf die Eigenbewegung eines Individuums aufmerksam; dieser Punkt wird am Schluss um die Selbstwahrnehmung als Akteur ergänzt *(„man spürt sich auch", „merkt, was man macht")*.[1] Es wird dann argumentiert, dass im Körper durch die Organe usw. schon *„alle Räume besetzt"* und für ein „Ich" gewissenmaßen kein Platz seien und damit im Verständigungsprozess gleichzeitig in einem vergegenständlichenden Ich-Konzepts geblieben (Containerschema, Innen/Außen).

Im Folgenden wird geradezu tautologisch versucht, das Ich durch sich selbst zu erklären (auch noch einmal in einer erheiternden Nonsens-Form von drei Jungen weiter unten) – oder reflexiv durch das *Selbst;* denn durch das notwendige In-sich-Befangensein, so Erika, könne man keine Außerperspektive einnehmen und *„nicht richtig beschreiben, wo das Ich ist, weil man's ja eigentlich selbst ist"*. Randa begründet dann – wohl in der Reflexion ihrer eingangs erklärten Ich-Vergessenheit mit der Freundin – das Ich durch seine Einmaligkeit *(„weil alle gibt's nur einmal auf der Welt, dann gibt es ja auch mich nur einmal auf der Welt")* die eigene Einzigartigkeit und Unverwechselbarkeit. Luise kommt noch einmal zurück auf

---

1    In Bezug auf eine erziehungswissenschaftliche Theoriebildung zur Entwicklung der Metaphernsprache (vgl. Gansen 2010: 181–294) ist zu klären, inwiefern auch eine Konzeptualisierung des Ich als Leib als eine Differenzierung bzw. Überschreitung des körperlich-materiellen Verständnisses entwickelt wird; zum Zusammenhang von Leiblichkeit, Sozialität und Entwicklung der (Metaphern-)sprache vgl. auch den letzten Abschnitt dieses Beitrags unten.

die radikale Infragestellung des Ich (*„praktisch gibt es dieses praktische Ich, wenn man sich selber damit meint – überhaupt nicht"*) und argumentiert, es sei die Verstandesfähigkeit des Menschen, die Instanz seines Verstandes, die für die Entwicklung von Ich-Identität verantwortlich ist. Denken und Gedächtnis werden als Mittel der „Ich-Definition" formuliert. Der Verstand wiederum wird im Gehirn lokalisiert. Die Funktionen des Gehirns sorgten dafür, dass man sich seines Ichs bewusst werde und eine Identität konstruieren könne, denn im Gehirn seien alle Informationen und *„alles Wichtige abgelagert"*; das Ich entstehe also in der Erinnerung und beruhe auf dem Wissen, das ein Individuum über sich habe (ICH IST INFORMATION/ERINNERUNG/WISSEN). Hier kommt ein informationstheoretisches Verständnis des menschlichen Geistes und des Denkens in der entsprechenden Maschinenmetaphorik zum Ausdruck (GEHIRN/GEIST ALS COMPUTER), das von Luise später wieder aufgegriffen wird. Dabei werden der Mensch und sein Verstand getrennt sowie als sich gegenseitig, gleichzeitig steuernde bzw. bedingende Faktoren betrachtet – eine personifizierende Metaphorisierung des „Verstandes" als Gegenüber bzw. Handelnder. Diese Auseinandersetzung des Menschen mit seinen eigenen geistigen Prozessen und seinem Erinnerungen über sich selbst bilde eine Art ständig ablaufender Kettenreaktion, die das Ich erzeuge (*„eine Kette unbeschreiblicher Dinge, die alle auf einmal passieren"*); das Ich wird damit im Sinne einer konstruktivistischen Sichtweise als ein rekursives autopoetisches System begriffen, das sich selbst konstruiert bzw. erfindet: *„… wenn man ,Ich' sagt, ist das nur die Erfindung vom eigenen Verstand."*

Im Anschluss wird das selbstbewusste Ich bestimmt als ein Mit-sich-selbst-identisch-sein. Dabei wird das Ich auch aufgrund eines sowohl körperlichen als auch emotionalen Empfindens begründet. Es gebe ein Ich-Gefühl, irgendwo *„ganz drinnen im Körper"* oder *„im Herzen"*. Hier erfährt das oben aufgegriffene Konzept der körperlichen Manifestation des Ich also eine Erweiterung um eine leibsinnliche sowie affektive Dimension. Es scheint für Randa unabdingbar zu sein, sich nicht kognitiv als einzigartiges, unverwechselbares Wesen zu begreifen, sondern auch in Kontakt mit dem eigenen Leib, seinen Emotionen usw. sich als Ich als zu spüren (ICH IST LEIB); der Einbezug dieser Facetten ihres Selbst verschafft ihr eine umfassende Selbstvergewisserung und ein gutes Gefühl, „Ich" zu sein. In metaphorischen Andeutungen (Herz) kommt damit auch der Aspekt der Selbstliebe als Voraussetzung eines selbstbewussten Ich zum Ausdruck – eine Kontinuität zu einem eingangs angedeuteten vorangegangenen Gespräch, in dessen Mittelpunkt vor allem Aspekte des Fähigkeitsselbstkonzepts der Kindern standen. Katharina äußert die Idee bzw. die Vorstellung, vor dem *Spiegel* Gewissheit über das Ich zu bekommen. Anders als bei Friedrichs Überlegung weiter oben (*„auf dem Foto ist ja auch der gleiche Mensch drauf"*) deutet sich durch die Form ihrer Aussage ein Perspektivenwechsel in der Selbstbetrachtung vor dem Spiegel an – zuerst: *„Ich bin* *ja ich"*, und dann: *„…das ist ja das Größte von dir, das bist ja du".* Im Spiegel kann man sich zwar nicht genauso so sehen, wie andere einen sehen, aber hier klingt die Idee der Außenbetrachtung des Ich und die Suche nach einem Gegenüber an.[2] Im Anschluss sucht Luise wieder nach dem oben begonnenen Erklärungsansatz, um die Identität zu fassen und genauer zu erläutern, wie sich das Ich sich als „Ich" begreifen könne: Über die Selbstreflexion etwa, der Verstand sei dafür verantwortlich, das Gehirn eigentlich, das alle Informationen speichere wie der Computer als *„ein sehr kompliziertes System von groß bis klein"* – hier wird die oben bereits dargelegte Computermetaphorik wieder herangezogen. Diese wird nun aber entscheidend überschritten; denn in diesem Gesprächszusammenhang betont Luise den Aspekt der Selbstbestimmung des Menschen und vertritt die Auffassung, das Ich bestimme sich gerade durch die Abgrenzung zum Computer in seiner Entscheidungsfreiheit, wobei sie anscheinend auch Aspekte des Gesprächsverlaufs in ihre Korrektur bzw. Erweiterung der ersten Ich Konzeptualisierung aufnimmt. Das Bemerkenswerte an dieser Argumentation ist die Abgrenzung der eigenen (menschlichen) Identität von der Maschine: Das Ich *„kombiniert man so zusammen"*, aber man sei dabei zum einen *„viel tausend mal komplizierter"* als ein Computer, zum anderen sei man eine selbstbestimmte Person mit eigenem Willen und eigener (Entscheidungs)Freiheit, die sich gerade durch die Fähigkeit, „ich" sagen zu können, ausdrücke – anders als der Computer, der nur Fragen stellen und *„der nicht ‚ich', sondern nur ‚du' sagen kann"*; eben diese Möglichkeiten des Selbstbestimmens mache das Ich aus (ICHSEIN IST SELBSTSTEUERUNG). Interessant ist wie die neunjährige Luise mit Konzepten jongliert, die nicht nur dem Alltagsverständnis der meisten Erwachsenen von Denken, Erinnern usw. ähneln, sondern auch ansatzweise tradierte wissenschaftliche Modelle der Kognitiven Psychologie bzw. des Konstruktivismus widergeben.

## 5    Forschung zur Metaphorik von Kindern: Bilanz und Ausblick

Schon bei der Auswertung eines weitgehend reaktiven und rezeptiven Sprachhandelns in Interviewsituationen (Gansen 2004) deutete sich an, dass die Aneignung von Metaphern (der Alltagssprache) eng mit der Entwicklung von Fähigkeiten sozialen Verstehens zusammenhängt. Um damit verbundenen Habitualisierungsprozesse (vgl. auch Gansen 2013) genauer verstehen zu können, galt

---

2    An den Gedanken, dass das „Ich" ein „Du" benötigt, wurde im weiteren Verlauf der Gespräche angeknüpft.

es, die Aneignung metaphorischen Denkens und Sprechens mithin als eine soziale und kulturelle Alltagspraxis zu begreifen und in einem für Kinder sinnvollen, d. h. *Sinn herstellenden* Kontext zu erheben. Es ist also eine stärker feldbezogene Forschung zu entfalten, um die metaphorischen Sprachäußerungen von Kindern, wie sie sie produktiv verwenden, stärker erfassen zu können. Beim Philosophieren mit Kindern zeigt sich eine Vielfalt von Metaphern, die sich mehr oder weniger systematisch bestimmten metaphorischen Konzepten zuordnen lassen, anhand derer wiederum die Denk- und Argumentationsprozesse einzelner Kinder sowie die thematische Gesprächsgestaltung und Kommunikation der Gruppe nachvollziehen werden kann. Damit ergeben sich gegenüber testförmigen entwicklungspsychologischen Untersuchungen vielfältige neue Auswertungsaspekte. Beim gemeinsamen Philosophieren in einer Gruppe wird deutlich, wie metaphorische Konzepte Kindern dazu dienen, ihre Vorstellungsbilder und ihr Wissen von der Welt zu strukturieren und in dieser Sinn und Bedeutung herzustellen. Die brachten viele Einsichten in die Aneignung und Verwendung metaphorischer Ausdrucksformen und deren Bedeutung für die Reflexion der Kinder über sich selbst und ihre handlungsleitenden Themen (vgl. Bachmair 1994). Es zeigt sich in den dynamischen Interaktionen der philosophischen Gespräche auch, dass metaphorische Konzepte nicht nur als Mittel der individuellen Weltaneignung der Kinder von Bedeutung sind, sondern auch wichtige Funktionen bei der Verständigung untereinander erfüllen. Metaphern dienen der inhaltlichen Strukturierung des Gesprächs und stellen häufig wichtige „Gesprächsmarker" zur bildhaften Veranschaulichung und Erinnerung von Gedanken zur Verfügung, die in besonderer Weise die Kommunikation anregen, aufrechterhalten und so Kohärenz herstellen. Wenn die Kinder eine Begeisterung für das gemeinsame Philosophieren entwickeln ist es immer wieder erstaunlich wie detailliert die Kinder vergangene Diskussionen im Gedächtnis behalten hatten.[3] Schon im Kindesalter tragen Metaphern also wesentlich zur sozialen Regulation und zur Ko-Konstruktion von Wissen bei.

Denken, Sprechen und Verstehen in Metaphern sind damit als vielfältige Fähigkeiten der Sprachproduktion, -rezeption und -reflexion anzusehen, die eingebunden sind in die Alltagssprache und -kommunikation sowie vielfältige Entwicklungs- und Sozialisationszusammenhänge und entsprechend auf einer breiten Theoriebasis und in erster Linie mit qualitativ-empirischen Forschungsmetho-

---

3  Einige Kinder waren persönlich und affektiv so in die Themen involviert, dass sie eine Woche später mühelos rekonstruieren konnten, wer beim letzten Mal was wozu gesagt hatte, manchmal sogar in wörtlichem Zitat – dabei waren metaphorische Ausdrucksweisen und Konzepte (wie die hier zitierte Computermetaphorik) oft die prägnanten Stellen, auf die sich bezogen wurde.

den zu untersuchen sind. Es stellt sich für das metaphorische Verstehen als wichtig heraus, dass die Kinder an Bekanntes anknüpfen können – an das Wissen um einen bestimmten Ausdruck, an erlebte Handlungssituationen, Konflikte, Vorstellungs- und Interaktionsbilder usw. Sie benötigen ein Bewusstsein für die mit Alltagsmetaphern verbundenen Sprachhandlungen und ein Konventionswissen, auf deren Grundlage sie erschließen können, was „man tut" und „man sagt" oder „man meint", wenn man bestimmte Gedanken, Intentionen und Emotionen zum Ausdruck bringt. Die Entwicklung von Fähigkeiten metaphorischen Denkens, Sprechens und Verstehens geht weit über die Aneignung von Wörtern und Begriffen hinaus und beschränkt sich auch nicht auf die einfache Imitation von Sprachhandlungen, sie vollzieht sich im Zusammenhang von leiblicher Kommunikation einerseits und der Aneignung von bildhaften Vorstellungen, Ähnlichkeitsbeziehung und Begriffen andererseits.

Wie in vielen Passagen des hier zitierten Forschungsprojekts, gibt es auch in dem kurzen Gesprächsprotokoll oben ein Bezug auf den Körper; das verweist auf einen jüngeren Schlüsselbegriff der kognitionswissenschaftlichen (Metaphern-) Forschung, das sogenannte *Embodiment* (Gibbs 2005). Die verschiedenen Sinnesreize treffen auf uns als ein Leibwesen, dessen Wahrnehmung und Verarbeitung dieser Reize immer schon „gemäß erlernter Schemata, Kontextwissen und – u. a. kulturell geprägter – kognitiver Landkarten strukturiert" ist (Kimmel 2003, S. 54), und erst der „gelebte, phänomenale Körper (…) macht uns die kulturelle Dimension greifbar" (ebd., S. 62). Eine wesentliche Rolle spielt dabei der Selbstsinn, die Propriozeption. Diese beinhaltet nicht nur den Positionssinn der Glieder, den Drucksinn, die Balance und die Kinästhetik, sondern darüber auch das Gefühl einer organischen Einheit und damit auch alle möglichen in den Körper gleichsam „eingeschriebenen" Handlungsabläufe und Erinnerungen. Die Wahrnehmung des Selbstsinnes kann dann als Prozess angesehen werden, „in dem alle anderen Sinneswahrnehmungen zusammenfließen und sich als individuelles Gedächtnis sedimentieren" (Kimmel 2003, S. 58). Wissen kann dann differenziert werden als „Körperwissen" (prozedurales Wissens) und „konzeptuelles Wissen" (ebd., S. 57), und die Leiblichkeit (bzw. das Embodiment) kann als wesentlicher Faktor der Identitätskonstruktion betrachtet werden. Nach diesem Verständnis des Embodiments kommt den sogenannten image schemata und den aus diesen hervorgehenden metaphorischen Konzepten eine wichtige Rolle bei der Vermittlung zwischen den verschiedenen Dimensionen von Wahrnehmung, Erfahrung und Denken zu. Der Begriff *image schema* ist eindeutig abzugrenzen vom allgemeinen Begriff des Schemas, wie er in der kognitiven Psychologie – in der Regel als Handlungsschema – verwendet – wird (Lakoff 1987, Johnson 1987). Der Terminus beschreibt die Konzeptualisierung abstrakter Phänomene mit Hilfe konkreter Vorstellungsbilder sowie leib- und erfahrungsbezogenen Konzepten. Diese inkorporierten Muster und Vorstellungsbilder (wie das Behälter-Schema, Weg-Schema, Skala-Schema, Gleichgewichts-Schema usw.) prägen nach ihrer Theorie unser Sprach- und Weltverstehen und werden in unseren metaphorischen Konzepten repräsentiert. Der Begriff wäre also im Deutschen weniger einschränkend mit „Bild"-Schema, sondern eher mit Erfahrungs- oder mentalem Vorstellungs-Schema zu übersetzen (vgl. auch Jäkel ²2003), obwohl die Bildlichkeit dieser Konzepte natürlich ein zentraler Aspekt ist. Sprache wird danach auf der Basis von image schemata verstanden, die als konzeptuelle Strukturen die kognitive Verarbeitung unserer Erfahrungen und die Möglichkeiten zur Versprachlichung organisieren und schon von frühester Kindheit an „präkonzeptuell" die Wahrnehmung organisieren. Ein *image schema* ist ein abstraktes wiederkehrendes Muster, mit dessen Hilfe wir unseren Erfahrungen einen Zusammenhang geben, sie strukturieren und so Ordnung und Bedeutung herstellen (vgl. Behälterschema/Röhrenmetapher oben). Durch das hohe Maß an Abstraktion ist es dynamisch und veränderbar sowie flexibel auf verschiedene Phänomene, Wissens- und Begriffsbereiche anwendbar (vgl. Mandler 2004).[4]

Die Metapher ist das nötige Verbindungsglied, das sich im Bedeutungsaufbau zwischen Sensomotorischem und Synästhetischem einerseits und sozialer Praxis andererseits einfügt (vgl. ebd., S. 68). Die systematische Konstruktion unserer Kognition und Sprache nach Metaphernkonzepten auf der Grundlage leibgebundener – oftmals raumbezogener und synästhetischer – Erfahrungen wird mittlerweile auch von der Hirnforschung bestätigt und mit der Koaktivierung von Wahrnehmungserfahrungen sowie der damit verbundenen Bildung bzw. Verknüpfung und Verstärkung von Synapsen erklärt (vgl. Rohrer 2005) – nach dem neuronalen Prinzip „fire together, wire together".[5] Metaphern sind vielfältig und

---

4   Die Bedeutung solcher image schemata für die kindliche Entwicklung der Sprache und einer theory of mind wurde durch empirische Forschung vielfältig bestätigt (vgl. Astingten/Baird 2005, Mandler 2010).

5   Zur neurowissenschaftlichen Erforschung von Synästhesie und metaphorischem Denken vgl. auch Ramachandran (2001). Dieser hat die systematische Verknüpfungen synästhetischer Dimensionen untersucht und damit eine die neuere Version der Lakoff/Johnsschen Metapherntheorie (1999) auf eine neurowissenschaftliche Grundlage gestellt und physiologische Korrelationen gefunden: „We realize that this is an unashamedly phrenological view of metaphor and synaesthesia. The reason it may seem slightly implausible at first is because of the apparent *arbitrariness* of metaphorical associations (e. g., ‚a rolling stone gathers no moss'). Yet, metaphors are *not* arbitrary. Lakoff and Johnson have systematically documented the non-arbitrary way in which metaphors are structured, and how they in turn structure thought. A large number of metaphors refer to the body and many more are inter-sensory (or synaesthetic). Furthermore, we have noticed that synaesthetic metaphors (e. g., ‚loud shirt') also respect the directionality seen in synaesthesia (…). That is, they are more frequent one direction than the other (e. g., from the auditory to the visual modality).We sug-

dynamisch sowohl in unsere leiblichen Erfahrungen als auch in unsere alltägliche kommunikative und kulturelle Praxis verwoben.[6] Eine Entwicklung metaphorischer Fähigkeiten kann damit auch in Prozessen der *sozialen Mimesis* verstanden werden. Gebauer uns Wulf haben (1994) wesentliche Dimensionen der Entwicklung aus anthropologischer Sicht mit diesem Begriff beschrieben. Es geht dabei um einen zwischenmenschlichen Raum, in dem sich ein mimetisches Wissen entwickelt, das vor allem Körper- und Handlungswissen darstellt, aber darüber hinaus vielfältige Bedeutungen gewinnt. Soziale Mimesis muss als eine anthropologische Kategorie aufgefasst werden, die weit über die Aspekte der Reproduktion und Nachahmung bzw. Imitation hinausgeht: „Als Mimesis wird die menschliche Fähigkeit bezeichnet, Verhalten und Ereignisse sinnlich nachzuvollziehen, symbolisch zu wiederholen und körperlich darzustellen. Mimesis ist nicht nur ein ästhetischer, sondern auch ein anthropologischer Begriff. Er bezeichnet nicht Prozesse bloßer Imitation, sondern verweist auf den kreativen Charakter mimetischer Prozesse" (Wulf 2001, S. 76). Diese sind nur aus einem bestimmten kulturellen Kontext heraus zu verstehen, der in Form von Gesten, „Sprachspielen" und Handlungsritualen repräsentiert bzw. täglich (re)konstruiert und ausgehandelt wird. In diesen Prozessen aus mimetischer Verinnerlichung und „performativer" Auseinandersetzung übernimmt das Kind Vorstellungen, und Sprachgewohnheiten seiner Umgebung, es imitiert zwar modellhaft Verhaltensweisen von Vorbildern und handelt dabei weitgehend unbewusst. Aber: Soziale Mimesis bzw. mimetisches Lernen schließt immer auch die eigene Gestaltung mit ein, die Art des Erlebens, die individuellen Vorstellungen, Bedeutungszuschreibungen und Ausdrucksformen. Auf der Grundlage einer anthropologischen Theorie der Entwicklung der Metaphernsprache im Kindesalter können wir davon ausgehen, dass sich die Wechselspiele aus mimetischer Habitualisierung und schöpferischer Auseinandersetzung mit der Kultur auch in Formen metaphorischen Denkens und Sprechens vollziehen bzw. in diesen in besonderer Weise identifizieren lassen. Hier bietet sich also ein viel versprechendes Thema für die Kindheitsforschung und -pädagogik.

Das Vorgehen im Beispiel oben stellt auch den Versuch einer Kindheitsforschung dar, die einen pädagogischen Bezug hat und damit auch in bildungstheoretisch anschlussfähigen Kontexten stattfindet. Die Durchführung von i. w. S.

---

gest that these rules are a result of strong anatomical constraints that permit certain types of cross-activation, but not others" (Ramachandran/Hubbard 2001: 18).

6    Auch bei der interessanten Forschung im Schnittfeld von evolutionärer Anthropologie und kindlicher Sprachentwicklung wird die Bedeutung dieser Zusammenhänge erkannt und in die Theoriebildung zur phylo- und ontogenetischer Entwicklung von Sprache, Kommunikation und Kultur einbezogen (vgl. Tomasello 2002, 2009).

didaktischen Arrangements als Forschungssettings ist reizvoll für die Erweiterung des Methodenrepertoires sozialwissenschaftlicher Kindheitsforschung (vgl. Mey 2005, Gansen 2005). Der Zugang des Philosophierens mit Kindern bringt bei aller inhaltlichen Offenheit auch spezifische Einschränkungen mit sich. Die auf Begründung und Argumentation ausgerichteten sokratischen Dialoge erzeugen bestimmte Kommunikationsformen und rhetorische Strategien. Es werden z. B. Hypothesen zu bestimmten Fragen und Problemen aufgestellt, die dann Begründungen verlangen – typischerweise durch kurze Erläuterungen von Erfahrungen, die Referenz auf Print- und Bildmedien oder veranschaulichende Beispiele und Vergleiche; so sind die Gespräche inhaltlich sehr offen und vielfältig, aber nicht unbedingt alltäglich. Aufgrund der wie im Beispiel eher abstrakten Problemstellung, der didaktischen Impulse und Fragen werden eher abstrakt-begriffliche Denk- und Sprechweisen hervorgerufen. Man könnte also eine gewisse rationalistische Tendenz kritisieren, die aber andererseits gerade die Anschlussfähigkeit zu lern- und bildungstheoretischen Forschungsaspekten (Wissenserwerb, Begriffsentwicklung, scientific literacy, conceptual change) gewährleistet.

Die Auswertung orientiert sich am konzeptuellen Metaphernverständnis der Kognitiven Metapherntheorie bei der Strukturierung und Interpretation der verbalen Daten an den Verfahren der Inhaltsanalyse (Mayring 2008) und der Metaphernanalyse nach Rudolf Schmitt (2003). Grundgedanke einer systematischen zusammenfassenden Inhaltsanalyse verbaler Daten ist zunächst der, dass „das Allgemeinheitsniveau des Materials vereinheitlicht und schrittweise höher gesetzt" wird (Mayring 2008, S. 95); die Metaphernanalyse (Schmitt 2003) liefert ein methodisches Konzept, um metaphorische Konzepte zu identifizieren und zu interpretieren. Rudolf Schmitt bemängelt (2011, 12) zu Recht die Formulierung nicht präzise belegter und „gesättigter" metaphorischer Konzepte, die mangelnde Analyse des Fehlens oder der Überschneidung solcher Konzepte und ein insgesamt nicht umfassendes und konsequentes Vorgehen nach der Systematischen Metaphernanalyse. Auswertungen wie die vorliegende sind eher dichte Beschreibung im Sinne von Geertz (vgl. ebd.). Es ging zunächst um eine vielfältige Exploration von Phänomenen metaphorischen Denkens, Sprechens und Verstehens bei Kindern für die erziehungswissenschaftliche Kindheitsforschung als um erschöpfende Metaphernanalysen. Letztere können durch intensiveres Eruieren jeder potentiellen Einzelmetapher und genauere Prüfung der „Sättigung" von behaupteten Konzepten gelingen. Für ähnlich ertragreiche Auswertungen wäre dann allerdings auch eine größere Datenmenge aus *einem* Erhebungsverfahren notwendig. Dafür wäre der hier beschrittene Weg der methodischen Öffnung fortzusetzten, bei dem Kinder in möglichst „natürlichen" Kommunikationssituationen beforscht werden. Es wäre für die Zukunft ein ethnographisches Arbeiten sinnvoll, insbesondere zur frühen sprachlichen Sozialisation in Familien und

Kindertageseinrichtungen – bzw. die metaphorologische Sekundäranalyse geeigneter dichter Protokolle.[7]

## Literatur

Astington, Janet W./Baird, Jodie A. (2005): Why Language Matters for Theory of Mind. Oxford: Oxford University Press.

Billmann-Mahecha, Elfriede (1994): Argumente für eine verstehende Kinderpsychologie aus kulturpsychologischer Perspektive. In: Martens, E./Schreier, H. (Hrsg.) (1994): Philosophieren mit Schulkindern. Diekmann: Heinsberg, S. 150–158.

Brüning, Barbara (2001): Philosophieren mit Kindern. Grundlagen, Methoden, Anregungen. Berlin: Cornelsen.

Cameron, Lynne/Low, Graham (1999): Metaphor (survey article). Language Teaching 32, 1999 (2), Cambridge, 77–96.

Cameron, Lynne (2003): Metaphor in educational discourse. London, New York: Continuum.

Fehse, Beatrice (1998): Empirische Untersuchungen zum Metaphernerwerb. 7 Beispiele 1974–1998. Verfügbar unter: http://www.linse.uni-essen.de/esel/metapher.htm (Manuskript, 43 S.) [Abruf am 14.07.2003]

Gansen, Peter (2005): Kindliches Denken in symbolischen Kontexten – Kinderphilosophie als Methode der pädagogischen Kinderforschung. In: Duncker, L./Nießeler, A. (Hrsg.) (2005), 167–206.

Gansen, Peter (2009): Zur Bedeutung von Metaphern beim wissenschaftlichen Verstehen – empirische Beispiele aus einer Philosophie-AG in der Grundschule. In: Michalik, K./Müller, H.-J./Nießeler, A. (Hrsg.): Philosophie als Bestandteil wissenschaftlicher Grundbildung. Münster: LIT, S. 29–37.

Gansen, Peter (2010): Metaphorisches Denken von Kindern. Theoretische und empirische Studien zu einer pädagogischen Metaphorologie. Würzburg: Ergon.

Gansen, Peter (2013): Leiblichkeit und Sprache – die Entwicklung metaphorischen Denkens und Sprechens im Kindesalter aus pädagogisch-anthropologischer Sicht. In: Bilstein, J./Brumlik, M. (Hrsg.): Die Bildung des Körpers. Weinheim und München: Juventa, 260–279.

Gardner, Howard (1974): Metaphors and modalities. How children project polar adjectives onto diverse domains. In: Child Development 45, 84–91.

Gardner, Howard: Abschied vom IQ. Stuttgart [3]2001: Beltz. (Originalausgabe: „Frames of mind. The theory of multiple intelligences", New York 1983.)

---

7 So gibt es jüngst höchst aufwändige Studien, die die Spracherfahrungen in der frühesten Kindheit detailliert aufzuzeichnen; eine Extrembeispiel ist hier die Arbeit Deb Roys, der die wachen Stunden seines Sohnes während der ersten drei Lebensjahre in der Wohnung lückenlos audiovisuell aufgezeichnet hat (Roy 2009); entsprechende Daten wären auch für eine Analyse der Habitualisierung von metaphorischen Ausdrucksformen und den Bezug zu basic image schemata im Rahmen leiblich-gestischen Kommunikation äußerst interessant.

Gibbs, Raymond W. (2005): Embodiment and Cognitive Science. Cambridge: Cambridge University Press.

Kimmel, Michael (2003): Kultur, Körper, Sinne: Embodiment als kognitives Paradigma. In: Aichinger, W./Eder, F./Leitner, C. (Hrsg.) (2003): Sinne und sinnliche Erfahrung in der Geschichte. Wien, S. 53–74.

Künzli, Rudolf/Peyer, Anne (1999): Metaphern der Didaktik. In: Zeitschrift für Pädagogik, 45(2), S. 176–194.

Jäkel, Olaf (2003): Wie Metaphern Wissen schaffen. Die kognitive Metapherntheorie und ihre Anwendung in den Diskusbereichen Geistestätigkeit, Wirtschaft, Wissenschaft und Religion. Hamburg: Dr. Kovac.

Lakoff, George (1987). Women, fire and dangerous things. What categories reveal about the mind. Chicago: University of Chicago Press.

Lakoff, George/Johnson, Mark (1998): Leben in Metaphern. Konstruktion und Gebrauch von Sprachbildern. Heidelberg: Auer.

Lakoff, George/Johnson, Mark (1999): Philosophy in the flesh: The embodied mind and its challenge to western thought. New York: Basic Books.

Lipman, Mathew (1991): Thinking in Education. Cambridge: Cambridge University Press.

Mandler, Jean (2004): The foundation of mind: The origins of conceptual thought. New York: Oxford University Press.

Mandler, Jean (2010): The spatial foundations of the conceptual system. In: Language and Cognition 2/2010 (1), 21–44.

Martens, Ekkehart (1999): Philosophieren mit Kindern. Einführung in die Philosophie. Stuttgart: Reclam.

Mayring, Philipp (2005): Qualitative Inhaltsanalyse. In: Flick, U./Kardoff, E. v./Steinke, I. et al. (Hrsg.) (³2005): Qualitative Forschung – Ein Handbuch. Hamburg, 468–475.

Mey, Gunter (2005): Forschung mit Kindern – Zur Relativität von kindangemessenen Methoden. In: Ders. (Hrsg.) (2005): Handbuch Qualitative Entwicklungspsychologie. Köln, 151–183.

Ramachandran, Vilyanur S./Hubbard, Edward M. (2001): Synaesthesia: A window into perception, thought and language. In: Journal of Consciousness Studies 8 (12), S. 3–34, http://psy.ucsd.edu/~edhubbard/papers/JCS.pdf

Rohrer, Tim (2005): Image Schemata in the Brain In: Hampe, B./Grady, J. (Hrsg.): From Perception to Meaning: Image Schemas in Cognitive Linguistics, Berlin: de Gruyter, 165–196.

Roy, Deb (2009): New horizons in the study of child language acquisition. Proceedings of interspeech, Brighton, England. http://web.media.mit.edu/~dkroy/papers/pdf/Roy_interspeech_keynote.pdf (letzter Abruf 15.05.2013)

Schmitt, Rudolf (2003): Methode und Subjektivität in der Systematischen Metaphernanalyse. [54 Absätze]. Forum Qualitative Sozialforschung/Forum: Qualitative Social Research [Online Journal], 4(2). http://www.qualitative-research.net/fqs-texte/2-03/2-03schmitt-d.htm [Zugriff: 15.04.2004].

Schmitt, Rudolf (2005): Entwicklung, Prägung, Reifung, Prozess und andere Metaphern. Oder: Wie eine systematische Metaphernanalyse in der Entwicklungspsychologie nützen könnte. In Günter Mey (Hrsg.), Handbuch Qualitative Entwicklungspsychologie. Köln: Kölner Studien Verlag, 545–584.

Schmitt, Rudolf (2011): Metaphernanalyse in der Erziehungswissenschaft. In: Sabine
    Maschke, Ludwig Stecher (Hrsg.) Enzyklopädie Erziehungswissenschaft Online.
    Fachgebiet: Methoden der empirischen erziehungswissenschaftlichen Forschung,
    Qualitative Forschungsmethoden, S. 1–34. Weinheim: Juventa. Online: http://www.
    erzwissonline.de/ bzw. http://www.erzwissonline.de/fachgebiete/methoden_erzie-
    hungswissenschaftlicher_forschung/beitraege/07110177.htm
Wulf, Christoph/Gebauer, Gunter (1994): Soziale Mimesis. In: Wulf, Christoph: Ethik der
    Ästhetik. Berlin: Diekmann Akademie Verlag.
Wulf, Christoph/Zirfas, Jörg (Hrsg.) (2005): Ikonologie des Performativen. Weinheim und
    München: Juventa.
Vosniadou, Stella (1987): Children and Metaphors. In: Child Development 58 (1)/1987,
    870–885.

# Metaphern der Stadt oder
# Wir können auch anders

Christine Weiske

**Abbildung 1**    Reihe von Symbolen und Nomen, die STADT bedeuten

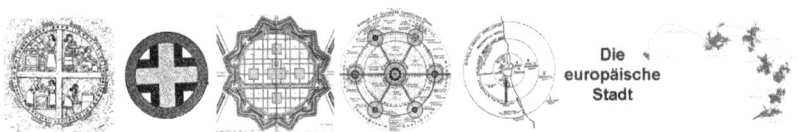

*abstract:* Der Beitrag soll im Kontext des Bandes einen methodischen Zugang zu den Metaphern der Stadt bieten, wie sie in verschiedenen Zusammenhängen von Wissenschaft und politischer Kommunikation im Gebrauch sind bzw. waren. Materialer Ausgangspunkt der Argumentation ist ein Korpus bestehend aus einer chronologisch geordneten Sammlung als Reihe von Metaphern der Stadt, die morphologische Variationen aufweisen. Die Bedeutungen der Elemente verschiedener Zeichensysteme sollen interpretativ erschlossen werden. So beabsichtige ich die methodische Rekonstruktion des je zeitgenössischen Gebrauchs der Metapher und abschließend einen Vergleich zwischen den Metaphern des Korpus. Der Beitrag besteht aus folgenden Abschnitten

a) Die Logik der Materialsammlung
b) Überlegungen zu einer pragmatischen Theorie des Gebrauchs von Metaphern
c) Gebräuchliche Metaphern der Stadt
d) Mobilität als Trajektor des Gebrauchs von Metaphern der Stadt

## a) Die Logik der Materialsammlung

Die Materialsammlung stellt ein Korpus aus kulturell verfügbaren Zeichen, Bezeichnungen und Symbolen zusammen, die STADT bedeuten und in der politischen und alltagsweltlichen Kommunikation konkreter Gesellschaften verwendet werden bzw. wurden. Als Elemente einer Reihe fasse ich sie als „gleichsinnige Metaphern" (Schmitt 2011a: 74) auf, die zu einer metaphorischen Praxis urbanen Lebens gehören. Eine für diese Praxis angemessene Minimaldefinition der Stadt bezeichnet sie als Modus des gesellschaftlichen Zusammenlebens, als „eine Weise, Raum gesellschaftlich zu organisieren" (Osterhammel 2009: 355). Im Verhältnis dazu, dass die Stadt „ein nahezu universales Phänomen" (ebenda 359) ist, erscheint die exemplarische und begrenzte Zusammenstellung des Korpus dennoch verlässlich genug, um exemplarisch auf den Gebrauch von Metaphern der Stadt zu schließen.

Die Sammlung ist chronologisch gemäß ihrer Entstehungs- bzw. Gebrauchszeiten geordnet als eine Reihe von Elementen. Diese systematische Anordnung folgt der Idee, Einsichten in die Veränderungen und Veränderbarkeit des Modus der Kommunikation über das Zusammenleben mittels des Vergleiches der Elemente zu erhalten. Diese Erwartung verbindet sich mit der besonderen Leistung der gelingenden Metapher, die durch die Intersubjektivität, Intentionalität und Perspektivität von Sprachen entstehen kann. Im Verhältnis zur Ordnung der Reihe ist die konkrete Auswahl der Elemente durchaus arbiträr. Sie entspricht m. E. ihrem Erfolg in der Rezeptionsgeschichte, der ihnen eine gewisse Bekanntheit und orientierende Wirkung in der wissenschaftlichen wie allgemeinen Öffentlichkeit eingebracht hat. Darüber hinaus bleiben genügend Anlässe und Überlegungen bestehen, die Auswahl zu verändern. Die aufgereihten Zeichen, Bilder, Symbole und Nomen fasse ich insgesamt als metaphorische Ausdrücke auf, da ihre unterschiedlichen semiotischen Qualitäten dieser Zusammenfassung nicht widersprechen[1]. Wesentlich für die Rekonstruktion ihres Gebrauches ist, dass die Metapher ihre Rezipienten zur „Einnahme der von ihr angebotenen Perspektive." (Seel 1990: 246 f) auffordert. Damit ist bereits das Personal des Metapherngebrauches angesprochen; es ordnet die Akteure einer Kommunikation als Initiatorin und Autor sowie als Rezipienten der Metapher an. Nomen wie „Europäische Stadt", Hieroglyphen, welche STADT bedeuten, oder Modelle idealer Stadtgrund-

---

1 So werden in der literaturwissenschaftlichen Diskussion Allegorien und Symbole als Metaphern zusammengefasst (vgl. Kurz 1993). Kurz z. B. charakterisiert die metaphorischen Verwendungen von Symbolen folgendermaßen:. „Zwischen Symbol und Symbolisiertem herrscht eine notwendige Kontiguität, beide gehören demselben Geschehenszusammenhang an, demselben raumzeitlichen Erfahrungsfeld." (Kurz 1993: 77).

risse werden von ihren Autoren metaphorisch eingesetzt. Sie beziehen sich auf ein raumzeitlich bestimmtes soziales „Erfahrungsfeld" (Kurz 1993: 77), auf dem je variierende Bedeutungen der STADT generiert werden können. So kann, dies ist die These, in einer Reihe ein metaphorisches Konzept von STADT in seiner Variabilität beobachtet werden.

Die konkrete Auswahl der Zeichen und Symbole soll sie in ihrer Position als ‚Leitmetaphern' in den (synchronen wie auch diachronen) Diskursen über die Stadt charakterisieren. Leitmetaphern sind solche Metaphern, die „funktionieren" (Gimmler 2010: 139), indem sie von einem Publikum verstanden werden, was weiterhin zu ihrer Verbreitung beitragen kann. Das Publikum wirkt am Funktionieren der Metaphern mit, indem sie für dessen Wahrnehmung und dessen Handeln orientierend oder leitend werden können. Die Metapher wird absichtsvoll adressiert. Die Autorin kommuniziert mit einem Publikum, das über Erfahrungen und Wissen verfügt, d. h. mit spezieller Expertise ausgestattet ist. Es entstehen raumzeitlich situierte Zirkel (oder Milieus, Gemeinden u. ä. Formationen), in denen bestimmte Metaphern virulent sind. Diese sozial gebundene Kommunikation wird als „Geschehenszusammenhang" (Kurz 1993: 77) aufgefasst. So verweisen Stadt-Metaphern z. B. auf städtische Eliten, die ihr Wissen als Schriftkundige in Ägypten teilen (Symbol 2), andere funktionieren im Kontext professionell geteilten Wissens oder im Rahmen breiterer Öffentlichkeiten. In das Korpus aufgenommen sind weiterhin Metaphern, die sich an professionelle Experten der neueren Geschichte richten (wie Symbol 3 der Idealen Stadt oder die Rede von der Europäischen Stadt), wie auch solche, die ihr Publikum erst noch „suchen", die in einem noch unabgeschlossenen Geschehenszusammenhang gebraucht werden/wurden. Dafür werden sie von ihren Autoren in appellativer Manier an eine vorerst unbestimmte interessierte Öffentlichkeit ausgesendet (wie die Metaphern Gartenstadt oder s5-Stadt), worauf ich unter c) eingehen werde. Insgesamt waren die Intersubjektivität, Intentionalität und Perspektivität der Metaphern die Kriterien ihrer Auswahl für dieses Korpus.

## b) Überlegungen zu einer pragmatischen Theorie des Gebrauchs von Metaphern

Mit dem Gebrauch von Metaphern befassen sich mehrere wissenschaftliche Disziplinen, von denen zumindest die Linguistik, die Philosophische Anthropologie, der Pragmatismus, die Kommunikationswissenschaften und die Soziologie explizit genannt sein sollen. Durch sie sind Bemühungen um eine Praxeologie des Metapherngebrauchs informiert. Nahezu uneingeschränkt geht es in der menschlichen Kommunikation um die „triadische[n], gegenstandsbezogene[n],

absichtliche[n] Steuerung der Aufmerksamkeit von anderen auf äußere Gegenstände" (Tomasello 2009: 40, Junge 2011: 210). So ist auch der Gebrauch von Metaphern zu kennzeichnen. Dafür arrangieren sich die Teilnehmer – ego als Kom-
munizierender und alteri als die Rezipienten – in einer unvermittelten oder auch
vermittelten sozialen Situation. Die ist auf Anschlusshandlungen angelegt, welche die Dauer als temporären Zusammenhang einbringen, so dass der Geschehenszusammenhang eine sinnvolle Einheit bildet, von der für die linguistische
wie praxeologische Analyse ausgegangen wird. „Praxistheorien interessieren sich
für das Vollzugsgeschehen, in das die Teilnehmer einer Praktik involviert sind."
(Schmidt 2012: 24).

   Im Kontext linguistischer Theorien ist die Metapher als Redeweise, als eine semantische Figur der Rhetorik bestimmt, deren Hervorbringung auf formale Regeln hinweist. Sie wird als ein „originaler Modus der Rede" charakterisiert, deren
generierende Regel gerade auf einer Verletzung der Bedingungen der wörtlichen
Rede beruht (Seel 1990: 29).

   Neben der älteren Substitutionstheorie wird die Interaktionstheorie des Metapherngebrauchs prominent vertreten (Kurz 1993: 7 f.). Sie konstatiert, dass echte
Metaphern sich gerade nicht vollständig ersetzen oder substituieren lassen durch
eigentliche Formulierungen bzw. Ausdrücke. Stattdessen übertragen sie eine Bedeutung von einem Bereich als Ursprungsbereich auf einen Zielbereich (Lakoff
& Johnson zitiert nach Gutmann & Rathgeber 2010: 119) und ermöglichen damit eine modifizierte und im gelingenden Falle *neue* Bedeutung. Sobald der Rezipient zugleich die Übertragung wie die Inkongruenz der Bedeutungen in den
involvierten Bereichen[2] wahrnimmt und sich als Innovation aneignen kann, ist
die Metapher gelungen. Die Übertragung stützt sich auf Analogien, die zwischen
den Bereichen festgestellt werden können, ohne dass im Sprachspiel dafür bereits eigentliche Ausdrücke verfügbar wären. Diesen Mangel überwindet die Metapher treffend auch als bildliche Darstellung, die in umfassender Weise einen
sinnlichen Zugang zu den einbezogenen Bereichen öffnen kann. Eine Metapher
„funktioniert", wenn sie „einen Sinnzusammenhang eröffnet und ihn erkenntnis-
fähig macht" (Gimmler, 2010: 139 f), indem sie als Werkzeug im Prozess der Wis-
senserzeugung geeignet ist. So sind Metaphern bzw. der Gebrauch von Metaphern
selbst auch Methode in Erkenntnisprozessen[3].

---

2   Coenen definiert einen ‚Theoretischen Anwendungsbereich' als eine „Menge von Gegen-
    ständen (...), auf die das Wort angewandt werden kann." (2002: 45) Der metaphorische
    Gebrauch entspricht dem „exterritoriale[n] Gebrauch" (Coenen 2002: 50), der mit der Kon-
    guität mehrerer Bedeutungsbereiche spielt, explizit die Erfahrungsbereiche.
3   Das stellen Gutmann & Rathgeber (2010) ausführlich dar.

Im Kontext linguistischer Interaktionstheorien bezieht sich ‚Interaktion' auf den „wechselseitigen Interpretationsprozess" einer Redeweise. Er wird von der „semantischen Inkongruenz" zwischen der Metapher und ihrem Kontext angestoßen (Kurz 1993: 8). „Eine Metapher … ist ein Wort in einem Kontext, durch den es so determiniert wird, daß es etwas anderes meint, als es bedeutet" (Weinrich 1976: 308). Die Interpretation ist angewiesen auf die „Befähigung des Interaktionspartners zum Verständnis von Sagen und Meinen" (Junge 2011: 211). Sie kann entstehen aus dem geteilten Wissen der Partner vom „extraterritoriale[n] Gebrauch" (Coenen 2002: 50) der Ausdrücke. So kann sich eine Aussage bzw. ein Symbol auf diesem Wege zur Metapher entfalten. Während der territoriale Gebrauch den weithin eingeführten und gewöhnlichen Deutungshorizont nachzeichnet, wird er im extraterritorialen Gebrauch überschritten mit dem Ziel, einem (ausgewählten) Partner der Kommunikation etwas gerade *Ungewöhnliches* mitzuteilen. So verbindet der Metapherngebrauch die Interaktionspartner miteinander und strukturiert temporäre Inklusions- wie Exklusionsverhältnisse der Kommunikation, die als Bühnen (Goffman 2005), Arenen (Flusser 1998) u. ä. Arrangements besprochen werden. Die Metapher erlischt, sobald die speziellen raumzeitlichen Bedingungen der metaphorischen Praxis obsolet geworden sind. So können Metaphern zum Allgemeingut und deshalb trivial werden. Sie können aber auch unerschließbar werden, weil das Verständnis für den originalen vormals extraterritorialen Gebrauch abhandengekommen ist und vergessen wurde. Für unseren Fall der Stadt-Metaphern soll das Entfalten und das Verfallen, die „Karriere" von Metaphern (Seel 1990: 255) des raumzeitlich situierten städtischen Alltagslebens unter c) besprochen werden. An diese Beschreibungen von Interaktionen kann eine praxeologisch orientierte soziologische Gebrauchstheorie der Metaphern andocken. Das Vollzugsgeschehen formiert sich in einer triadischen Struktur, für die sich die Teilnehmer anordnen

- als Initiatoren einer Kommunikation (wie z. B. als Gestikulierender, Sprecher, Bildgeber, Autor …) und
- als Rezipienten (wie z. B. als Zuschauer, Hörer, Empfänger, …).
- die Triade wird vervollständigt durch den Gegenstand, auf den sich die Partner exemplarisch beziehen

Eine „pragmatische Gebrauchstheorie der Metapher" (Gimmler 2010: 140) thematisiert die soziale Praxis, für die Sprechen wie Handeln bzw. Sprechen als Handeln konstitutiv sind. Als Akteur wird der Mensch total thematisiert, so dass seine alltägliche Lebenspraxis insgesamt als Erfahrungsfeld des Metapherngebrauchs in Betracht kommen kann. Diese Ambitionen werden mit dem ‚pragmatic turn' der soziologischen Theoriebildungen (Gutmann & Rathgeber 2010: 119, Stadelbacher

2010: 299–330, Schmidt 2012) verfolgt, weil er den sinnlichen Erfahrungen, dem
Körper und dem Körpereinsatz in prinzipieller Weise Aufmerksamkeit zukommen lässt. Die Rekonstruktion der Lenkung von Aufmerksamkeit zwischen dem
Initiator und den Rezipienten entlang einer Analogie macht den Kern der Analyse
aus. Zentral für den Geschehenszusammenhang des Metapherngebrauchs sehen
die Interaktionstheorien insgesamt den Fundus und die Funktion geteilter Erfah-
rungs- und Wissensbestände. Die Interaktionspartner greifen dabei auf diese Be-
stände in ihren vielfältigen Formaten zu. Sie sind in (alltags-)theoretischer Form
verfügbar und können verbal wie nonverbal geäußert werden. Es kann um inkor-
poriertes Wissen gehen, das seinen Ausdruck bekommt im Tun der Akteure[4]. Mittels Gesten, Zeichen, Symbolen und Worten ist es metaphorisch zu gebrauchen.
Dafür fungiert der Körper der Interagierenden als Medium der Wahrnehmung
wie als Instrument der Expression, so dass die Metaphorik direkt und indirekt
auf sinnliche Erfahrungen und körperliches Befinden rekurriert wie z. B. in der
Sentenz „Besser arm dran als Arm ab"[5]. Die „Körperlichkeit sozialen Handelns"
(Böhle & Weihrich 2010; Stadelbacher 2010) konstituiert soziale Ordnungen, die
den metaphorischen Gebrauch arrangieren und seine kulturellen Kontexte definieren. Für Metaphern der Stadt, die sich auf den urbanen Alltag beziehen, ist die
Körperlichkeit des Lebens eine unerlässliche Erfahrung, wie auch die Beispiele
unter Abschnitt c) zeigen werden, wenn von Einwohnern, Sesshaftigkeit, Zugehörigkeit, Bürgerschaft und ähnlichen Sachverhalten die Rede ist.

Der methodische Wert der Zusammenstellung des Korpus liegt m. E. in den
Möglichkeiten der Rekonstruktion der Modi des Gebrauchs wie auch des Vergleiches zwischen ihnen. Die Zeichen, Symbole oder Nomen repräsentieren eine
der Positionen in der triadischen Struktur ihres Gebrauches, die von einem gegenwärtigen Beobachterstandpunkt aus mehr oder weniger verlässlich rekonstruiert werden kann. Anhaltspunkt ist das Symbol, das Zeichen oder das Nomen,
in dem der Hinweis auf die metaphorische Analogie auffindbar ist. Der Initiator
lenkt die Aufmerksamkeit. Die Metapher behauptet mittels der Analogie die Angemessenheit eines Zusammenhanges (Seel 1990: 248), der aufgefunden werden
kann. Sollte auch der diachrone Beobachter die Angemessenheit des Zusammen-

---

4    Gutmann & Rathgeber (2010: 120) zitieren in diesem Sinne die Positionen von Lakoff: Vor-
     stellungs-Schemata (image schemata), die im Ursprungsbereich entwickelt und auf einen
     Zielbereich übertragen werden können, sind als „wiederkehrende, dynamische Muster prä-
     konzeptueller, sensomotorischer Körpererfahrungen (zu) verstehen, die als Prototypen fun-
     gieren."
5    Diese Metapher entstammt dem Programm des „Trios Blindarm", das zumeist ein Quin-
     tett gewesen ist. Es bestand von 1991–98. Zu ihm gehörten die Freunde, Texter und Musiker
     M. Moltmann, J. Kunz, A. Beier, C. J. Kämmerer und E. Heber, die sich in den 1970er Jahren
     während ihres Studiums in Leipzig getroffen haben.

hangs konstatieren können, funktioniert die Metapher sogar für einen nicht adressierten Quasi-Teilnehmer in der diachronen Rekonstruktion. Dafür muss dieser das geteilte Wissen, das kollektive Gedächtnis der originalen und synchronen Kommunikationsgemeinschaft nachvollziehen. Dies steht für den ersten Verfahrensschritt der Rekonstruktion des historischen Gebrauchs der jeweiligen Metapher an. Der zweite Schritt einer „systematischen Metaphernanalyse" (Schmitt 2011a: 74) orientiert auf die Rahmungen und den sozialen Wandel der metaphorischen Praxis. Obwohl alle Metaphern in der Reihe STADT bedeuten, liefern sie unterschiedliche konzeptionelle Entwürfe für je raumzeitlich situierte Organisationen des Zusammenlebens in einer Stadt. In ihrer Folge aufeinander transportieren und moderieren die metaphorischen Konzepte die Veränderungen sozialer Praktiken, während ihr konventioneller Gebrauch durchaus zur Perpeduierungen (überfälliger) sozialer Praktiken beitragen kann , was A. Gimmler (2010: 144) als die Janusköpfigkeit von Metaphern bezeichnet. So erlaubt der Blick auf die Reihe von Metaphern Einschätzungen zum Wandel der Modi der Kommunikation über die STADT.

## c) Gebräuchliche Metaphern der Stadt

Die erste (und älteste) Stadt-Metapher (Symbol 1) ist Bestandteil eines assyrischen Reliefs[6]. Der Fundort ist der „Palast Assurnasirpals, oft auch Nordwestpalast genannt" (Forman et al. 1959: 10[7]), der im 1. Jahrtausend v. Chr. erbaut wurde. Dort schmückte das Relief den Thronsaal an prominenter Stelle linkerhand des Throns (Englund 2003: 44). Für die Ausgestaltung solcher politisch bedeutungsvollen Orte waren Jagdszenen, Ritualszenen und Darstellungen der Erstürmung oder Einnahme von Städten geläufige Sujets (Barnett in Forman et al. 1959: 7). Außergewöhnlich für besagtes Relief ist die beziehungsvolle Anordnung von militärischem und zivilem Leben: die Stadt und das Heerlager Assurnasirpals bilden eine ästhetische Einheit, so dass sie sich gegenseitig begründen können.

In der Darstellung fordern verschiedene Perspektiven die Rezipienten heraus, sich die Metaphorik zu erschließen. Die ‚natürliche' Perspektive ist die des teilnehmenden Beobachters, der sehen kann, was die Akteure der Szenen auch sehen. Die

---

6   Heute befindet sich das Basrelief mit der Registratur Nr. 124548 im British Museum London. Die Abbildung hier ist eine Zeichnung nach dem Original, die die ästhetische Wirkung des Reliefs nur unzureichend wiedergeben kann. Die Linien sind vergleichsweise härter und geben die stilistischen Differenzierungen zwischen den Teilen des Originals nur unzureichend wieder.

7   In diesem Fotoband zeigen die Abbildungen die ästhetische Eigenart der Reliefs angemessener.

**Abbildung 2**    Assyrisches Relief aus Nimrud (Englund 2003: 47)

„Szenen aus dem städtischen Leben" (Benevolo 1993: 29) zeigen alltägliche Praktiken städtischen Lebens. Sie beziehen sich auf praktische Erfahrungen und inkor-
poriertes Wissen, geeignet zur ‚stumme[n] Weitergabe' (Schmidt 2012: 204) durch
Bilder. Der Initiator der Metapher setzte beides bei den Rezipienten im synchronen Geschehenszusammenhang voraus. Sie beruhten auf den sinnlichen Erfahrungen des Alltags und überstiegen sie zugleich. Die Übereinstimmungen konnten die Tragfähigkeit der Metapher stärken. Die Übersteigung bestand im Angebot
einer ungewohnten Perspektive – die der *Draufsicht*. Sie gehörte nicht zur alltagsweltlichen Erfahrung der Betrachterin, sondern musste imaginiert werden. So
wurde der städtische Alltag *zugleich teilnehmend wie nichtteilnehmend* von außen
und von oben gezeigt. Die Perspektivensprünge in der Komposition der Darstellung ermöglichten die Analogie zwischen den Bereichen der Erfahrungen und
der Imaginationen. Die Draufsicht ist die Perspektive aus einer göttlichen Position und verwies so auf eine höhere Ordnungsmacht. „Die Stadt war nach Auffassung der Sumerer nicht vom Menschen geschaffen, sondern göttlichen Ursprungs"
(Kolb 2004: 27). Die Götter sind die Gründer ihrer Städte, in denen ihnen Tempel
geweiht sind und deren Bewohnern sie Schutz gewähren. „Der Tempel war das
Band zwischen Göttern und Menschen und zugleich Symbol der kollektiven Identität, der Zusammengehörigkeit der Einwohner. Der Stadtgott war der ‚Eigentü-
mer' der Stadt, Zeuge ihrer Größe und Symbol ihrer Autonomie." (Kolb 2004: 27).
So wird das Symbol 1 als „eine altmesopotamische Stadt- und Weltformel" (Sennhauser 1999: 150) interpretiert, welche Genese und Struktur der Stadt als gottgefäl-
lige Ordnung des Zusammenlebens formuliert. Die Vierteilung entspricht in ihrer Anordnung „den vier Weltgegenden" (Sennhauser 1999: 150) und stellt damit

**Abbildung 3** Szenen aus dem städtischen Leben (nach Benevolo 1993: 29*)

\* Bei Benevolo (1993) wurde diese Abbildung seitenverkehrt, an dieser Stelle
wird sie dem Original entsprechend wiedergegeben (Vgl. mit Abb.2).

die Stadt in den Kontext *ihrer* Welt. Die Begrenzung des kreisförmigen Symbols
meint eine Mauer, die ein Innen wie ein Außen markiert, sie trennt die Stadt von
der Nicht-Stadt, der „Steppe"(Kose 1999, 34). Die Mauer symbolisiert die Zugehörigkeit konkreter Menschen zur Stadt. Die Kreislinie ist ununterbrochen, so dass
die Umschließung wichtiger als die Öffnung scheint und den besonderen sozialen
Status der Umschlossenen als Insassen oder Einwohner hervorhebt.

Die allmähliche Herausbildung einer städtischen Zivilisation wird in das
4. Jahrtausend v. Chr. datiert. Praktiken des Nomadisierens wie der Sesshaftigkeit schlossen sich nicht prinzipiell aus, so enthält das Gilgamesch-Epos Hinweise,
dass in der Stadt Uruk z. B. lediglich ein Drittel der Häuser „okkupiert" gewesen
sein sollen (Kolb 2005, 21) . Wenn man Uruk nicht zuletzt für eine Begräbnis-
stätte (Kose 1999: 19) hält, in der die Leute zeitweilig bei ihren Ahnen wohnten,
um mit ihnen verbunden zu sein, sind Übergänge und Kombinationen zwischen
Nomadismus und Sesshaftigkeit gewohnte Lebenspraxis. Als rivalisierende Stadt-
staaten mit dem Ziel von Eroberung, Zerstörung und Expansion zu Territorial-

staaten gegeneinander standen, entschieden eindeutige Zugehörigkeiten über die Lebenschancen von Zeitgenossen. Eroberung, Unterwerfung, Gefangennahme, Deportationen und Zwangsarbeit waren für ganze Völkerschaften Gang und Gäbe. So nahmen etwa 70 000 dieser Zwangsarbeiter an den Einweihungsfeierlichkeiten teil, nachdem sie den Palast in Kalhu bzw. Nimrod nach Jahren erbaut hatten (Englund 2003: 6 f). Unter dem Eindruck solch verbreiteter Lebenserfahrungen von Vertreibung und Zwangsarbeit an den Orten der Verschleppung ist die Bedeutung der Stadt-Metapher als Ideal eines sicheren Alltags in etwa abzuschätzen auch aus einer diachronen Perspektive. Die Szenen schildern den städtischen Alltag. Die Hausgemeinschaften waren die elementaren Wirtschaftseinheiten im Gemeinwesen (Cancik-Kirschbaum 2003: 117). Zu denen gehörte die erweiterte Kernfamilie sowie alle von ihr Abhängigen und zu ihr Beitragenden. Den Haushaltsvorstand hatte das männliche Familienoberhaupt inne. Die Ehefrau nahm die Position der Hauserhalterin ein (Kose 1999, 75). Als Gebärende hatte sie maßgeblich für den Fortbestand der familialen Gemeinschaft zu sorgen. Als Wirtschafterin trug sie zum ökonomischen Bestand bei und konnte dafür auch über eigene Entscheidungen und Eigentum verfügen. Die szenischen Darstellungen der Stadt-Metapher bilden geordnete und geschlossene sozialen Formationen ab. Es geht dem heutigen diachronen Verständnis gemäß um die Pflege des Körpers, vielleicht um Krankenpflege oder auch Niederkunft, um die Zubereitung von Nahrung und handwerkliche Arbeit. Die Anordnung der Szenen in der Struktur einer Weltformel bettet das alltäglich Private in übergreifende Zusammenhänge des Transzendentalen, des Regionalen, der Machtverteilungen und des Austauschs ein. Der Kreis umschließt die lokale Gesellschaft und das Kreuz weist in die Weltgegenden, so dass Schließungen und Verbindungen sozialer und physischer Räume in einem symbolisiert sind. Die Metapher der Stadt verweist auf den Ort des Zusammenlebens im Wissen des gewaltsam versprengten Lebens vieler Zeitgenos-

**Abbildung 4**   Ägyptische Hieroglyphe für „Stadt"
(Benevolo 1993: 41)

**Abbildung 5** Plan einer idealen Stadt (Eaton 2001: 61)

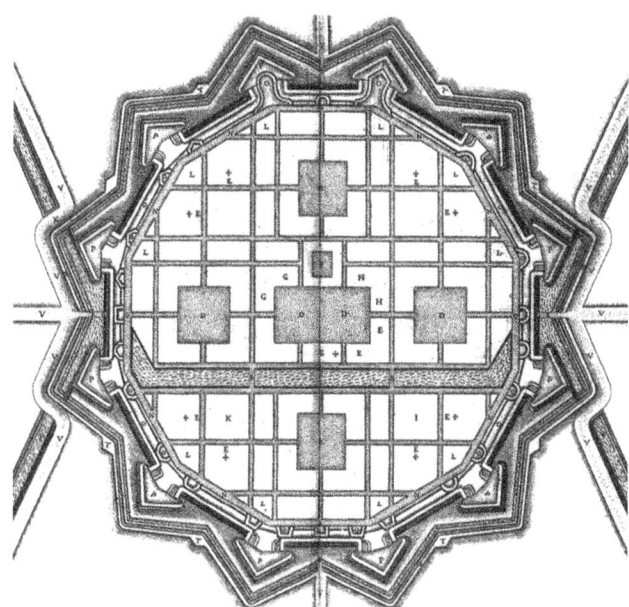

sinnen. Der Ort der Präsentation des Symbols im Thronsaal des Königs positioniert es als politische Metapher in einer öffentlichen Kommunikation, in der es um die Legitimation von Macht, Eroberung und Gewalt geht.

Als Hieroglyphe in den ägyptischen Schriftsprachen ist das Zeichen für Stadt wie für Siedlung insgesamt ein Kreuz im Kreis (Symbol 2). Die Ähnlichkeit der Struktur mit dem Symbol 1 liegt auf der Hand. Unausgeführt bleibt die bildliche Darstellung der Szenen des Alltags. Diese Auslassung kann mit der Konventionalisierung im Gebrauch des Symbols als Hieroglyphe zusammenhängen. Sie definierte seine Bedeutung für die Schriftkundigen, indem die Perspektiven und Ambivalenzen reduziert wurden. Mit der Ruhigstellung seiner metaphorischen Eigenschaften verliert das Symbol streng genommen seine Position in der Sammlung von Metaphern. Obwohl die Morphologie der Symbole 1 und 2 große Ähnlichkeiten zeigt, unterscheidet sie der metaphorische Gebrauch einerseits vom instrumentellen Gebrauch[8] als konventionelles (Schrift-)Zeichen andererseits.

---

8    Bis heute ist alltagssprachlich von Stadtvierteln oder -quartieren die Rede, auch wenn der metaphorische Bezug zu den vier Weltgegenden verlorengegangen ist.

Dieser Plan einer idealen Stadt wurde veröffentlicht in Vincenzo Scamozzi: L'idea della architettura universale von 1615 und steht in einer Traditionslinie zumindest „von der Hochantike bis zum Mittelalter" (Eaton 2001: 20), in der die Vorstellungen wünschenswerter Verhältnisse und Entwürfe für ideale Weisen des Zusammenlebens mit idealen geometrischen Figuren verbunden wurden. Der Kreis und das Quadrat sind metaphorische Repräsentationen für soziale und materiale/physische Ordnungen, die in den mittelmeerischen Kulturen verstanden und tradiert wurden (vgl. Eaton 2001, Benevolo 1993). Mit dem Zeitalter der Renaissance positionierte sich das individuelle Subjekt als machtvoller Gestalter in den Geschehensabläufen seiner Wirklichkeit. Nunmehr beanspruchte der genialische Gestalter die Beherrschung der Perspektiven in handwerklicher und vor allem konzeptioneller Manier für sich. Ihre Berechnung und Konstruktion als Verfahren der Lenkung bzw. Manipulation der Aufmerksamkeit anderer auf einen Gegenstand wird Filipo Brunelleschi zugeschrieben. Der Künstler und Entwerfer kann zum Animateur verschiedener Perspektiven in mannigfaltigen Konstellationen werden. Das Symbol 3 zeigt eine säkularisierte Draufsicht, die ein nunmehr innerweltliches Verhältnis zwischen einem Bauherrn und seiner Stadt thematisiert. Im Vergleich zur Symbolisierung einer göttlichen Übersicht ist ihre Bezeichnung als ‚Vogelperspektive' durchaus blasphemisch. Gezeigt wird eine ideale Stadt des 17. Jahrhunderts. Darstellungen dieser Art waren häufig. Sie sind Ausdruck für zeitgenössische Impulse zur Stadtentwicklungen im Zusammenhang mit den Innovationen der Militär- und Meliorationstechniken. Die Begradigung von Flussläufen und die Trockenlegung von Land ermöglichte neue Siedlungen – nicht nur in Italien. Die Reichweite und Zerstörungskraft von Kanonen ließ neue Wehranlagen als Schutz der Städte in kriegerischen Auseinandersetzungen angeraten erscheinen. Die Architekten und Festungsbauingenieure fertigten solche idealen Entwürfe für die Kommunikation mit ihren potenziellen Auftraggebern an. Die geometrische Perfektion des Planes galt als professioneller Ausweis für den Planer. Der metaphorische Gebrauch der geometrischen Figuren – weiterhin der Kreis als vollkommene Figur – schließt die Zusicherung von sozialer Ordnung durch technische Mittel ein. Weniger eine göttliche Ordnungsmacht als vielmehr eine weltliche Koalition zwischen dem potenten Bauherren und dem genialischen Techniker galten als Garanten. Die metaphorische Praxis diente der Werbung des einen um den oder die anderen sowie der Anbahnung besagter Koalition, ehe die Idealisierungen des Masterplans in einem fallbezogenen Planwerk zu spezifizieren waren.

Um Stadtgründungen geht es auch bei nächsten Symbol 4, das einen Plan für ein System von Gartenstädten zeigt.

Der Autor Ebenezer Howard stellte sich für England an der Wende zum 20. Jahrhundert vor, dass die Gartenstadtbewegung ein neues Siedlungssystem

**Abbildung 6**    Garden-City-Konzept von 1902 nach E. Howard (Beevers 1988)

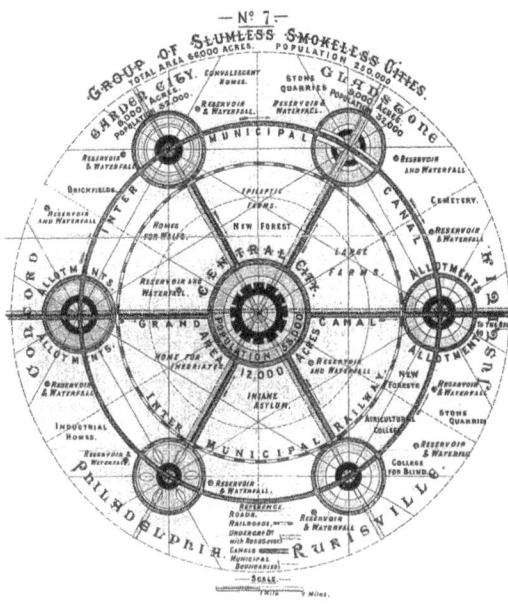

hervorbringen könne, indem es das alte überlagere und absorbiere. Auf diese
Weise sollten die sozialen und infrastrukturellen Probleme der frühkapitalisti-
schen Stadt überwunden werden, wie sie mit der Gestaltungsmacht dominanter
Bauherren vor allem des Industrie- und Wohnungsbaus entstanden waren. Dafür versuchte der Initiator, eine Sammlungsbewegung von Verfechtern seines
Gartenstadt – Konzeptes in Gang zu bringen. Er wollte die Gestaltungsmacht in
den Händen einer Vielzahl von ,kleinmächtigen' Engagierten organisieren, die
in der Formation von Genossenschaften die Bauherrschaft gemeinsam ausüben.
Howard war kein professioneller Architekt, sein Selbstverständnis war das eines
selbstbeauftragten Initiators und Organisators. Für seine Aufklärungs- und Wer-
beschrift „Gardencities of Tomorrow" von 1898 und für spätere Auflagen entwickelte er etliche Illustrationen, die er im metaphorischen Gebrauch einsetzte.
Für seine Symbole setzte er die kulturell verfügbare formale Sprache der geometrischen Symmetrie und Ausgewogenheit ein, darunter ist der Kreis wiederum
die wichtigste Figur. Er entwarf Bilder der idealen Garden City für ein modula-
res Siedlungssystem von Gartenstädten. In deren Zentrum liegen die Orte und
Belange der lokalen Gemeinschaften: der Kristallpalast als öffentliches Gebäude

**Abbildung 7**   Die drei Magneten (Howard 1968: 57)

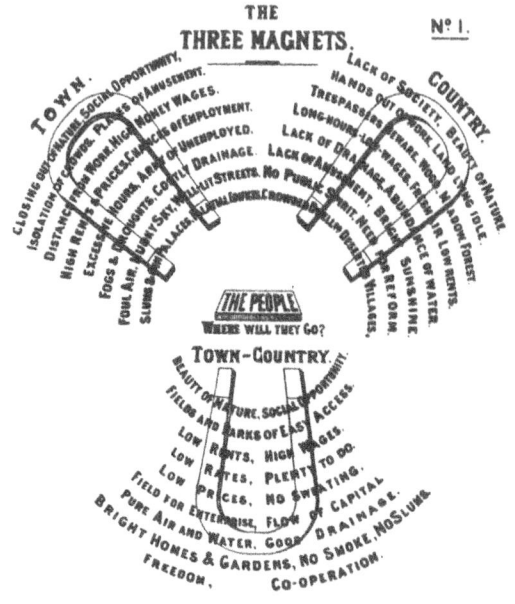

und der Central Park zur Erholung und zur Begegnung. Der kreisförmige Umfang der Garden Cities symbolisiert nicht mehr die Stadtmauer sondern einen
Bannkreis, für dessen Wirkung Howard den Vergleich zum Magnetismus her-
anzieht.

Das Bild der drei Magneten beschreibt Kräfte der Attraktion, die von der ‚alten‘ Stadt, dem Land und der Gartenstadt (town-country) ausgehen. In der Perspektive und Erfahrung der Rezipienten können sie sich jeweils entfalten. Das
Publikum wirkt mit am metaphorischen Gebrauch der Bilder, wenn es seine Entscheidungen über seinen Wohnstandort abwägt im Kontext von politischen und
ökonomischen Bedingungen, die die Metapher assoziiert durch ihre alltagsweltlichen Rahmungen. Howard strukturiert eine Kommunikationssituation, die mit
Flusser als ein offener „Amphitheaterdiskurs" (1998: 27) bezeichnet werden, und
in der sich ein kollektiver Akteur assoziieren kann. Die Einzelnen sammeln ihre
ökonomischen und kulturellen Ressourcen und wirken an der kollektiven Bauherrschaft mit. Die Gartenstadtbewegung hat eine erfolgreiche Wirkungsge-
schichte erreicht, die zumindest bis in die Zwischenkriegszeit Europas reichte und
sich m. E. in den aktuellen Praktiken der Baugemeinschaften fortsetzt.

**Abbildung 8**   Modell der Stadtstruktur von E.W. Burgess (1925: 55 nach Friedrichs 1995: 41)

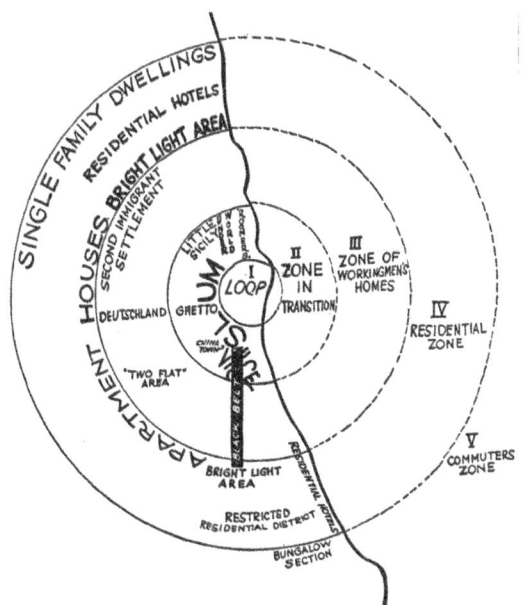

Das Symbol 6 (in der Abb. 8) entstammt der Chicago School und geht auf
E.W. Burgess zurück. Die Erklärungsleistung des Modells, das im Ergebnis stadt-
soziologischer Forschungen entwickelt wurde, bezieht sich auf den Status Quo
einer amerikanischen Stadt im modernen Kapitalismus. Es bildet die Verteilung
der städtischen Funktionen im Stadtraum systematisch ab, wobei wiederum der
Kreis als ideale Ordnungsstruktur dient. Gezeigt wird eine segregierte Stadt, in
deren Zentrum der Central Business District (CBD) mit den Geschäftshäusern
und Banken liegt. Der Name Loop weist auf die Wendeschleife einer Stadtbahn
von Chicago hin. Weitere Charakterisierungen beziehen sich auf Wohngebiete unterschiedlicher Qualität und Bevölkerung. Zwischen seinem synchronen Bezug
auf den Fall Chicago einerseits und seinem allgemeingültigen Modellcharakter
andererseits besteht eine Spannung, die den metaphorischen Gebrauch des Ver-
gleichens und Übertragens bei den Rezipienten befeuern kann. Die sozialen Ad-
ressen, mit denen das Modell operiert, legen die je eigenen Perspektiven der involvierten Rezipienten nahe, um die Stadt als business man, working man oder
homeless man usw. zu sehen. Das Modell arrangiert die Perspektiven auf einem
Markt – vor allem einem Bodenmarkt – und thematisiert die interdependenten

Positionierungen der Akteure. Die Metapher funktionierte in ihrer Rezeptionsgeschichte über Chicago hinaus, indem sie Orientierungen vermittelte und den Erwartungen (z. T. durchaus Befürchtungen) von Marktteilnehmern eine Aussicht
gab. Das Funktionieren der Metapher wie des Modells drückte sich als ‚Quasi-
Gesetze' liberaler Stadtentwicklungen aus, deren Realisierungen die Renditen der
Bodennutzungen bestimmen. So ist die Zone of Transition als ein städtischer Bereich in Erwartung der Ausweitung des CBD zu verstehen. In den Bestand der
Häuser wird nicht mehr investiert, da Abriss und Neubebauung erwartbar sind.
Den Eigentümern stehen Wertsteigerungen vor Augen. Bis dahin wird Armen
und Desintegrierten eine Zwischennutzung gewährt. Der Markt unterminiert die
politischen Einflussmöglichkeiten, welche lokale Gesellschaften auf die Stadtent-
wicklung nehmen können oder sollten. Die Multiperspektivität der Metapher The
City enthält nicht nur die marktrelevanten Informationen über A- oder B-Lagen,
sondern ermöglicht auch solche Anschlüsse, die die Autoren selbst herstellten:
Urbanism as a way of life (Wirth 1938), so dass Grenzziehungen und Zonierun-
gen möglichst durchlässig und verhandelbar werden vermittels der Praktiken von
Kommunikation und Partizipation. Die Orientierung auf die politische Gestaltung des Zusammenlebens ist eine der Intentionen, die über das Beschreiben und
Erklären des Status quo der STADT hinausweist – auch für die aktuelle Rezeption.

Die Metapher der *Europäischen Stadt* nach Max Weber beruht auf einem Nomen (Symbol 6 der Reihe), dem kein Bild direkt zugeordnet werden kann. An
seinem Text ‚Die Stadt' arbeitete er zwischen 1911 und 1914, zu dessen Veröffentlichung kam es erst postum 1921 im „Archiv für Sozialwissenschaft und Sozial-
politik" unter dem Titel: „Die Stadt. Eine soziologische Untersuchung" (Nippel
2000: 11). Er wurde in spätere Ausgaben von „Wirtschaft und Gesellschaft" aufgenommen (an verschiedenen Positionen im Gesamtplan des Werkes). In seinem Entstehungszusammenhang ist der Begriff von der Europäischen Stadt nicht
als Metapher konstruiert worden. Weber ordnete sein Material nach den Prinzipien der „Kasuistik" (Weber zitiert nach Nippel 2000: 22). Seine Typologie, in der
er die Europäische Stadt vergleichsweise neben die z. B. Ostasiatische stellte, ist
eine „klassifizierende" (ebenda). Für die Klassifikationen ist ihm daran gelegen,
aus einer unbeteiligten und somit auch ungeteilten Beobachterposition objektive
Beschreibungen zu geben. Der Autor positionierte sich autonom und objektiv, so
dass ein dialogisches Arrangement mit einem alltagsweltlich situierten Publikum
von ‚Laien' nicht beabsichtigt war – ausgenommen die Fachkollegen, mit denen
dieserart objektives Wissen geteilt werden konnte/sollte. Vermutlich ist das einer
der Gründe, weshalb die Geschichte der Rezeption des Weber-Textes „auf weite
Strecken eine Geschichte der Nichtrezeption und der Missverständnisse oder
Fehldeutungen" (Bruhns 2000: 39) ist. Sie kam rund 80 Jahre später in Gang und
entwickelte die metaphorische Wirkung der *Europäischen Stadt*. In der Reihe der

Metaphern wird sie somit nicht zur Zeit ihrer Entstehung sondern ihrer Rezeption angeordnet. Der metaphorische Gebrauch setzt beim Publikum mit den Erfahrungen der Verluste der speziellen Qualitäten der europäischen Stadt ein, wie sie Weber bereits konstatiert hatte. Sie betrafen die physische Gestalt der Städte in ihrer Kompaktheit, ihr Weichbild, ihre markante äußere Begrenzung (durchaus auch durch eine Stadtmauer), ihre politische Öffentlichkeit, ihr eigenständiges Recht und ihre soziale Vielfalt. Zur Metapher wurde die *Europäische Stadt*, indem deren Gefährdung und Vergänglichkeit thematisiert wurden – solche Erfahrungen induzierten den metaphorischen Gebrauch in der Rede von der Krise der Europäischen Stadt im Kontext von Globalisierungen (Siebel 2006, Weiske 2009). Wiederentdeckt wurde das städtische Bürgertum als Akteur der Europäischen Stadt, das fähig ist bzw. sein sollte, seine Selbstverwaltung zu organisieren (Bruhns & Nippel 2000: 9). Für die metaphorische Praxis kann die „referentielle Intention" der Kommunizierenden konstatiert werden (Tomasello 2009: 41), die Aufmerksamkeit der Rezipienten auf ihre eigenen Potenziale zu lenken. Die wünschenswerte Selbstertüchtigung des Publikums, sein Empowerment als lokale Gesellschaft, startet die seither anhaltenden Debatten um Partizipation der Bürgerinnen an den Belangen der STADT. In diese Praxis lassen sich sprachliche oder

**Abbildung 9**  s5-Stadt. Agglomeration im Zentrum (U. Meyer nach T. Sieverts & M. Schneider 2010)

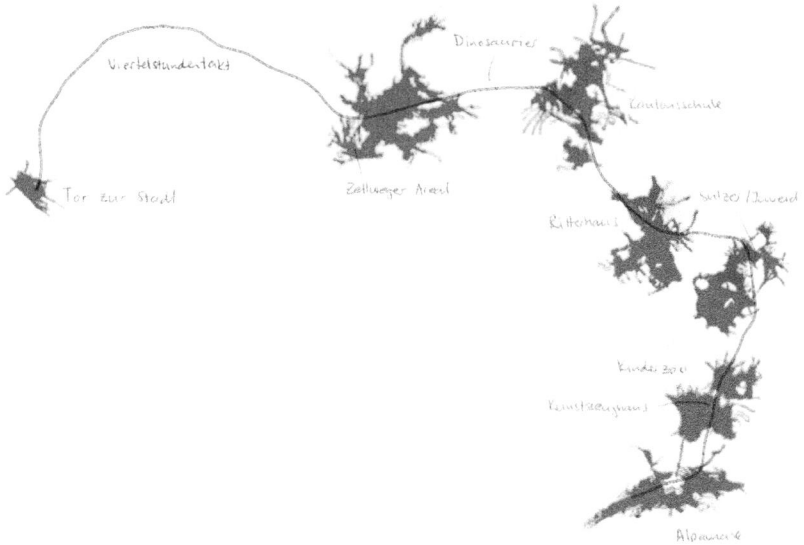

bildliche Ausdrücke einbeziehen, selbst wenn sie in einem diachronen Kontext entstanden sind. Am Beispiel der *Europäischen Stadt* lässt sich zeigen, dass Metaphern aufblühen und erlöschen in den Praktiken ihres Gebrauches, den der Autor mit seinen Formulierungen ermöglichen aber nicht bewerkstelligen kann.

Das Symbol 7 der s5-Stadt entstammt einem Forschungsprojekt (2006–2010) der jüngsten Vergangenheit zur Entwicklung des Siedlungsraumes nahe Zürich. Der Name enthält die Bezeichnung einer S-Bahnlinie, die mit etwa 50 km Länge ausgehend von der Kernstadt Zürich die Mobilität in starkem Maße bedingt. Sie verbindet als technische Infrastruktur eine Agglomeration im Zentrum und am Zürichsee, in der etwa 300 000 Menschen in 27 politischen Gemeinden und drei Kantonen wohnen. Alle Funktionen und Gelegenheiten, die eine Großstadt gewöhnlich zu bieten hat, finden sich in diesem räumlichen Zusammenhang. Ob man sie darum als eine aktuelle Version von STADT verstehen könnte, war eine Forschungsfrage der Planerinnen und Planer. Sie formulierten diese urbanistische Idee als die Metapher von der s5-Stadt (Sieverts & Schneider 2010), die sie im Forschungsprozess mit dem Verständnis und der Praxis der Bewohnerinnen konfrontierten. Im Ergebnis war zu konstatieren, dass die Rezipienten die Metapher der s5-Stadt nicht oder noch nicht in Gebrauch genommen haben. Die Autoren dieser Metapher nehmen als planende Experten die Perspektive der Draufsicht ein, die ihnen professionell verfügbar ist. In dieser Perspektive treten die Kohäsionsbeziehungen der Agglomeration deutlich hervor (Verkehr, Handel, Versorgung, große technische Infrastrukturen, Kooperationen ...). Für diese planerisch-fiktive Perspektive gibt es in der politischen Arena keinen Akteur, der mit hoheitlichen Rechten über die Agglomeration insgesamt ausgestattet ist und die Vernetzungen der Agglomeration weiter betreiben, ihre urbanen Qualitäten befördern könnte. Der Perspektive widerspricht der Willensbildungsprozess in den Gebietskörperschaften, der gemäß der politischen Gliederung in Kantone und Gemeinden verfasst ist. Die angebotenen Perspektiven, sich als s5-Städter zu sehen und zu positionieren, wurden von den Bewohnerinnen der Agglomeration nicht eingenommen. Sie entsprechen nicht ihren aktuellen alltagsweltlichen Lebenszusammenhängen. Möglicherweise ist die Karriere dieser Metapher von der s5-Stadt damit jedoch nicht ein für allemal beendet. Der Vorgriff der Expertinnen bringt die mobile Praxis der Bewohner in ein Bild, das für einen künftigen metaphorischen Gebrauch geeignet zu sein scheint und allmählich auch politisch relevant werden könnte. Die Metapher könnte später noch funktionieren.

## d) Mobilität als Trajektor des Gebrauchs von Metaphern der STADT

Nachdem für jede der ausgewählten Metaphern je eigene Gebrauchspraktiken re-konstruiert wurden, sollen sie übergreifend als Elemente einer Reihe betrachtet werden mit dem Ziel, Einsichten in die verschiedenen Modi des Zusammenle-bens in Städten zu erhalten. Im Überblick zeigt sich, dass die bildlichen Gestal-tungen der Metaphern von festen Konturen und Definitionen zu Entgrenzungen und Weichzeichnungen tendieren. Ich interpretiere diese Tendenzen, die sich mit dem 20. Jahrhundert umso deutlicher markieren, als einen Ausdruck einer zu-nehmenden Alltagsmobilität der Städterinnen und Städter. Der Status der Zuge-hörigkeit zu einer lokalen Gesellschaft, der Modus des Zusammenlebens und die Mobilität von Städtern bilden einen komplexen und interdependenten Gesche-henszusammenhang, der metaphorisch gefasst wird, während kausal formulierte Zusammenhänge jeweils zu kurz greifen. Die Zugehörigkeit und Zurechenbar-keit zu lokalen Gesellschaften bestimmt/e die Lebensverläufe in historisch unter-schiedlichem Maße. Die persönliche Verfügung über Rechte auf Selbstbestim-mung und Freizügigkeit verändern die Ideen von der STADT wie auch die Modi des Zusammenlebens. Die Rekonstruktion des Gebrauchs der Metaphern in den jeweiligen Geschehenszusammenhängen ermöglicht es, deren alltagsweltliche Leistungen abzuschätzen. Orientierungen und Problematisierungen werden aus den Kontextualisierungen und der Perspektivität des metaphorischen Wissens be-zogen, welches für die private Lebensführung und die politische Kommunikation genutzt werden kann. Im Überblick sind Karrieren aufsteigender wie erlöschen-der Metaphern zu beobachten. Sie stehen in einem Verhältnis zur Zustimmung der adressierten Rezipienten. Die Zustimmung bindet sich „in erster Linie [an] die Perspektive, in der die Metapher ihren Gegenstand zeigt" (Seel 1990: 253). Die Perspektive des adressierten mobilen und zeitgenössischen Akteurs als Städter ist selbst eine bewegliche. In ihrer Körpergebundenheit ist sie Verortung und Bewe-gung zugleich und entspricht so dem postmodernen „Hier – Dort – Dazwischen." (Hilti 2012), welche die urbanen Praktiken und die Modi des Zusammenlebens weiterhin bestimmen werden. Wir wissen, was eine Stadt ist, während sie sich ständig ändert nach Maßgaben unserer urbanen Praktiken. Insofern können wir immer auch anders – in Städten zusammenleben und uns eine Vorstellung von der STADT machen. Die Rekonstruktion des Metapherngebrauches in den Dimensio-nen seiner triadischen Struktur entdeckt die Bindungen und Entbindungen/Frei-heiten, welche die Teilnehmer sich gegenseitig abverlangen und einräumen.

# Literatur

Beevers, R. (1988): The Garden City Utopia: A critical Biography of Ebenezer Howard. New York: St. Martin's Press.

Benevolo, Leonardo (1993): Die Geschichte der Stadt. Frankfurt am Main ; New York: Campus Verlag.

Böhle, Fritz & Margit Weihrich (2010) (Hg.): Die Körperlichkeit sozialen Handelns. Soziale Ordnung jenseits von Normen und Institutionen. Bielefeld: transcript.

Bruhns, Hinnerk & Wilfried Nippel (Hg.): Max Weber und die Stadt im Kulturvergleich. Göttingen: Vandenhoeck und Ruprecht.

Burgess, E. (1925/1967): The Growth of the City. In: Park, R. and E. Burgess (Hg.): The City. University of Chicago Press.

Cancik-Kirschbaum, Eva Christiane (2003): Die Assyrer. Geschichte, Gesellschaft, Kultur. München: C. H. Beck

Coenen, Hans Georg (2002): Analogie und Metapher. Grundlegung einer Theorie der bildlichen Rede. Berlin; New York: de Gruyter.

Eaton, Ruth (2001): Die ideale Stadt. Von der Antike bis zur Gegenwart. Berlin: Nicolaische Verlagsbuchhandlung.

Englund; Klaudia (2003): Nimrud und seine Funde. Der Weg der Reliefs in die Museen und Sammlungen. Rahden/Westfahlen: Leidorf.

Flusser, Vilém (1998): Kommunikologie. Frankfurt am Main: Fischer Taschenbuch.

Forman, W., Barnett, R. D., & Solar, G. (1959). Assyrische Palastreliefs. Prague: Artia-Verl.

Friedrichs, Jürgen (1995): Stadtsoziologie. Opladen: Leske+Budrich.

Gimmler, Antje (2010): Mobilität als Metapher – Zum Gebrauch von Metaphern in den Sozialwissenschaften. In: Bölker, M. et al. (Hrsg.): Information und Menschenbild. Berlin; Heidelberg: Springer Verlag, S. 139–153.

Gutmann, Mathias & Benjamin Rathgeber (2010): Kognitive Metaphern. In: Bölker, M. et al. (Hrsg.): Information und Menschenbild. Berlin; Heidelberg: Springer Verlag, S. 115–137.

Goffman, Erving (2005): Wir alle Spielen Theater. Die Selbstdarstellung im Alltag. 3. Aufl. München; Zürich: Piper.

Hilti, Nicola (2012): Hier – dort – dazwischen. Lebenswelten multilokal Wohnender im Spannungsfeld von Bewegung und Verankerung. Wiesbaden: Springer VS.

Howard, Ebenezer (1968). *Gartenstädte von morgen. Das Buch und seine Geschichte.* Berlin; Frankfurt/M u. a.: Ullstein.

Junge, Matthias (2011): Die metaphorische Rede: Überlegungen zu ihrer Wahrheit und Wahrheitsfähigkeit. In: ders. (Hrsg.): Metaphern und Gesellschaft. Die Bedeutung der Orientierung durch Metaphern. Wiesbaden: Springer VS.

Kolb, Frank (2005): Die Stadt im Altertum. Düsseldorf: Albatros.

Kose, Arno (1999): Alter Orient und Ägypten. In: Hoepfner, Wolfram: Geschichte des Wohnens. 5000 v. Chr. – 500 n. Chr. Vorgeschichte – Frühgeschichte – Antike. Stuttgart: Dt. Verl.-Anst., S. 13–84.

Kurz, Gerhard (1993³): Metapher, Allegorie, Symbol. Göttingen: Vandenhoeck und Ruprecht

Nippel, Wilfried (2000): Webers „Stadt". Entstehung – Struktur der Argumente – Rezeption. In: Bruhns, Hinnerk & Wilfried Nippel (Hg.): Max Weber und die Stadt im Kulturvergleich. Göttingen: Vandenhoeck & Ruprecht, S. 11–38.

Osterhammel, Jürgen (2009): Die Verwandlung der Welt. Eine Geschichte des 19. Jahrhunderts. München: C. H. Beck.

Schmidt, Robert (2012): Soziologie der Praktiken. Frankfurt am Main: Suhrkamp.

Schmitt, Rudolf (2011a): Systematische Metaphernanalyse als qualitative sozialwissenschaftliche Forschungsmethode. Download: http://www.metaphorik.de/21/schmitt.pdf. [Abruf 13. 05. 2013].

Schmitt, Rudolf (2011b): Methoden der sozialwissenschaftlichen Metaphernforschung. In: Junge, Matthias, a. a. O. S. 167–184.

Seel, Martin (1990): Am Beispiel der Metapher. Zum Verhältnis von buchstäblicher und figürlicher Rede. In: Intentionalität und Verstehen. Forum für Philosophie Bad Homburg (Hg.). Frankfurt am Main: Suhrkamp. S. 237–272.

Sennhauser, Hans Rudolf (1999): Stadtumgrenzung und Grenzen in der Stadt. Zur kosmologischen und heilsgeschichtlichen Ausdeutung von Stadtgestalt und Stadtsymbol. Ein Ausschnitt. In: Sigel, Brigitt: Abgrenzungen – Ausgrenzungen in der Stadt und um die Stadt. Stadt- und Landmauern. Band 3. Veröffentlichungen des Instituts für Denkmalpflege der ETH Zürich, S. 147–168.

Siebel, Walter (2006): Die europäische Stadt. Frankfurt am Main: Suhrkamp.

Sieverts, Thomas & Martin Schneider (2010): Die S5-Stadt – Realität oder Metapher? Download http://www.s5-stadt.ch/fileadmin/ebook/s5-stadt_ebook.pdf. [Abruf 18. 02. 2013].

Stadelbacher, Stephanie (2010): Die körperliche Konstruktion des Sozialen. Ein soziologischer Blick auf die Theorie kognitiver Metaphorik von Georg Lakoff und Mark Johnson. In: Böhle Fritz & Margit Weihrich, a. a. O., S. 299–320.

Tomasello, Michael (2009): Die Ursprünge der menschlichen Kommunikation. Frankfurt am Main: Suhrkamp.

Weinrich, Harald (1976): Sprache in Texten. Stuttgart: Klett.

Weiske, Christine (2009): Die Europäische Stadt – Ein räumlich und zeitlich definiertes Ereignis. In: Bornberg, Renate/Habermann-Nieße, Klaus & Zibell, Barbara (Hrsg.): Gestaltungsraum Europäische StadtRegion. Frankfurt am Main; Berlin; Bern, Wien u. a.: Peter Lang: S. 15–28.

Wirth, Louis (1938): Urbanism as a Way of Life. In: American Journal of Sociology, Vol. 44, No. 1, S. 1–24.

# Metaphorik des unbeschreiblichen Gefühls in christlichen Kontexten heute

Regine Herbrik

## 1 Einleitung

Es liegt nahe, dass zum Thema dieses Sammelbandes auch ein Beitrag aus dem Bereich der Religionssoziologie beigesteuert wird. Schließlich ist die Auseinandersetzung mit der Kommunikation über das ‚Herausragende und Überwältigende‘, das eigentlich nicht beschrieben werden kann und dann doch metaphorisch und symbolisch kommuniziert wird, seit langer Zeit ein Themenfeld der Theologie, der Religionswissenschaft und dann auch der Religionssoziologie. Bereits zu Rudolf Ottos Konzeption von Religion gehört die Begrifflichkeit des „mysterium tremendum" (Otto 2004: 13), das das Erschaudern vor dem Numinösen bildhaft anschaulich beschreibt, genauso wie die „majestas" desselben.

Metapher und Symbol kommt in der judeo-christlichen Tradition unter anderem vor dem Hintergrund des Bilderverbots eine besondere Bedeutung zu. Dass die Haltung der christlichen Kirchen zu Visualisierungen, insbesondere zur bildhaften, bildhauerischen Abbildung dies- und jenseitiger Entitäten, von jeher alles andere als unproblematisch war, ist ein weidlich bekannter Sachverhalt (vgl. Bachmann 2005). Das zweite der zehn Gebote verbietet dem sich gerade in der Wüste um ein goldenes Kalb scharenden Volk Gottes via Inschrift auf einer Steintafel die Anfertigung materialer Abbildungen Gottes – je nach Übersetzung zumindest in skultureller Form. „Du sollst dir kein Gottesbild machen und keine Darstellung von irgendetwas am Himmel droben, auf der Erde unten oder im Wasser unter der Erde." (Exodus/2. Mose 20, 4) Mit Blick auf die Geschichte des Juden- aber auch des Christentums ist das der Beginn einer wechselreichen, jahrhundertelangen Auseinandersetzung mit der Frage, ob und inwieweit Abbildungen Gottes und seiner Geschöpfe mit den göttlichen Geboten in Übereinstimmung zu bringen sind. Wie Bachmann (2005: 15 ff.) zeigt, lässt sich diese Problematik sogar noch in jüngerer Zeit in den theologischen Überlegungen Barths und Bultmanns wieder finden.

Problematisch scheint hinsichtlich der Abbildungen Gottes die Gefahr der Erschaffung eines Götzenbildes, das nicht nur stellvertretend, sondern auch an Stelle Gottes Verehrung durch die Gläubigen erfährt. Andere Interpretationen sehen den Sinn des Bilderverbots auch in dem Schutz des Menschen vor dem für ihn unerträglichen Anblick Gottes (vgl. Bachmann 2005: 8) oder schlicht in der Unmöglichkeit, die „Freiheit" Jahwes von magischer Beschwörbarkeit in einer Verbildlichung einzufangen und sie gleichzeitig zu bewahren (Brumlik 1994: 28). Der alttestamentarische Gott entzieht sich dem Blick des Menschen. Er wird ihm lediglich durch sein Wirken in der Welt, seine Schöpfung und sein Wort zugänglich. Bildhafte Elemente der Sprache sind von diesem Verbot nicht betroffen. Ganz im Gegenteil stellt sich für manche sogar die Frage, ob „theologisches Sprechen als Ganzes metaphorischen Charakter habe, bzw. als Umgang und Argumentieren mit Metaphern zu begreifen sei" (Hailer 1999: 43).

Im Folgenden soll es jedoch nicht darum gehen, religiöse Kommunikation in ihrer Gesamtheit einzuschätzen. Vielmehr soll anhand einiger Beispiele aus einem Forschungsprojekt[1] über die metaphorische Dimension des Sprechens über Emotionen im Bereich der Religion nachgedacht werden. Die Anlage des Projekts beruht auf der Beobachtung, dass der für die Modernisierung üblicherweise veranschlagte Prozess der Säkularisierung durchaus nicht dazu geführt hat, das Religiöse aus dem Leben der Menschen der spät- oder postmodernen Gesellschaften zu verdrängen. Einige Autoren sprechen im Gegenteil sogar von einer Renaissance des Religiösen oder einer Resakralisierung (vgl. Bell 1977, Berger 1999). Zumeist wird in diesem Zusammenhang darauf hingewiesen, dass die großen christlichen Kirchen gesellschaftlich und in absoluten Mitgliederzahlen gemessen an Bedeutung verlieren und ihre Vormachtstellung zugunsten eines vielgestaltigen Angebots an alten und neuen spirituellen und religiösen Gruppierungen und Praxen einbüßen. Zu dieser Vielfalt gehören mittlerweile auch in Mitteleuropa zunehmend Gemeinden, die charismatisch, (neu)pfingstlerisch und/oder evangelikal ausgerichtet sind (vgl. Kern 1998) sowie Gemeinden, die sich vor allem dadurch charakterisieren lassen, dass ihre Gläubigen in der Mehrzahl über einen (häufig gemeinsamen) Migrationshintergrund verfügen (vgl. Hüwelmeier/Krause 2009).

Durch die Neugründungen der letzten Jahrzehnte entstand ein vielgestaltiges Gemeindespektrum, anhand dessen sich die Frage stellen ließ, welche emotionalen Stile für christliche Kirchengemeinden heutzutage charakteristisch sind und inwiefern sich die emotionalen Stile einzelner Gemeinden voneinander un-

---

1    Die hier verwendeten Beispiele stammen aus dem Datenkorpus des Forschungsprojekts „Die Emotionalisierung der Religion – neue emotionale Stile im Kontext religiöser Erfahrung" (Projektleiter: Hubert Knoblauch und Regine Herbrik), das vom Exzellenzcluster „Languages of Emotion" der FU Berlin finanziert wird.

terscheiden. Als emotionale Stile werden dabei die situativen Verdichtungen kommunikativer Codierungen des Emotionalen bezeichnet, die der Beobachtung und Analyse zugänglich sind.

Innerhalb einer der Analyseebenen, die im Zuge des Projekts untersucht wurden, standen insbesondere die *Bedeutungen* im Fokus, die den Emotionen von den Handelnden zugeschrieben wurden. Die dafür erhobenen Daten stammen hauptsächlich aus ausführlichen Leitfaden-Interviews, innerhalb derer Gläubige zur Reflexion und Narration ihrer Glaubensbiographie angeregt wurden. Neben der Schilderung der jeweils eigenen Emotionen begegnen uns innerhalb dieser Daten auch Reflexionen der Gläubigen auf die Emotionalität ihrer Religion[2]. Zusätzlich wurden Text- und audiovisuelle Daten ausgewertet, die den Internetauftritten einzelner Gemeinden entnommen wurden.

Wie bereits an anderer Stelle ausführlicher dargestellt (vgl. Knoblauch/Herbrik in Druck), soll hier nicht der häufigen säkularistischen Gegenüberstellung von ‚irrationaler emotionaler Religion‘ und ‚rationaler wissenschaftlicher Moderne‘ gefolgt werden. Schließlich ordnet bereits Max Weber, der in seiner Grundlegung der Soziologie die Zweckrationalisierung des Handelns (und darin seine Ökonomisierung) zum Schicksal der Moderne erklärt, die Emotionalität nicht dem Verhalten zu, sondern betrachtet sie als eigenständigen Idealtypus des Handelns, nämlich als „affektuelles Handeln" (Weber 1980[1922]: 12). Dieser Typus ist – wie alle Idealtypen des Handelns – gekennzeichnet durch Sinnhaftigkeit.

Somit ist bereits bei Weber das Emotionale als Dimension sinnhaften Handelns verankert. Wie sich der Geist des Kapitalismus aus der protestantischen Ethik ableitet, so ist auch der Sinn von Emotionen von der Gesellschaft geprägt und prägt seinerseits das soziale Handeln mit anderen.

---

2   So wird von Herrn R. im folgenden Beispiel eine Bewertung einzelner Religionen hinsichtlich ihrer Fähigkeit, Hoffnung zu machen, vorgenommen.

    R: ähm: (--) also ich bin jemand ich geh an die sache eigentlich eher eher sachlich ran mit weniger emotionen und ich hab mich halt mit den verschiedenen religionen beschäftigt auch mit=m buddhismus mit=m hinduismus und des sind für mich alles äh religionen äh die keine freude machen. der hinduismus isch ne sehr traurige religion man wird so oft wiedergeboren bis man irgendwann in ins nirvana kommt des isch eigentlich ne traurige religion der buddhismus isch auch ne traurige religion [...] weil im buddhismus gibts noch nicht mal eine seele also die wenigschten glauben dann überhaupt (an ne) seele (weil) man geht einfach im nirvana au:f

    I: ja

    R: für mich isch chrischtentum eigentlich ne religion die die eim auch hoffnung macht und dass es was anderes gibt und dass ein weiterleben nach m tod gibt

    I: ja

    R: des isch des was mich (-) da so anzieht [mmh]

Auf Emotionen bezogene Kommunikation kann nun, wie jede andere Kommunikation, hinsichtlich ihrer rhetorischen Konstruktion untersucht werden. Als besonders charakteristisch für sie wird im wissenschaftlichen Diskurs seit Jahren (vgl. Fainsilber/Ortony 1987: 241) der hohe Anteil dabei verwendeter figurativer Sprache betrachtet. Hierbei handelt es sich genau genommen um eine Wechselbeziehung insofern die Rhetorik seit jeher wiederum Techniken der Emotionalisierung zur Verfügung stellt. Gleichzeitig wird vielerorts das Sprechen über Religion bzw. innerhalb der Religion ('religious language') als besonders stark metaphorisch gekennzeichnet.[3]

Vor diesem Hintergrund erscheint es sinnvoll, bei der Auswertung von Datenmaterial, das unter einer religions- und emotionssoziologischen Fragestellung betrachtet und für deren Beantwortung erhoben wurde, insbesondere auch auf Tropen wie Metaphern, Metonymien und Synekdochen zu achten. Wichtig ist jedoch, dass Kommunikation dabei nicht auf ihre figurative Dimension reduziert, sondern weiterhin in ihrer multi-modalen, mehrstimmig orchestrierten und mit unterschiedlichen rhetorischen Mitteln gestalteten Komplexität gedacht wird. Denn: „Metaphern sind zwar ein mächtiger Bestandteil der sprachlich-kommunikativen Sinnproduktion. Doch diese kann und darf deshalb nicht auf Metaphern allein reduziert werden." (Kruse/Biesel/Schmieder 2012: 9) Es geht im Folgenden daher nicht darum, einen im Sinne von Lakoff und Johnson (1998) so stark ausgeweiteten Metaphernbegriff zu etablieren, dass jede Form von Sinn letztlich aus Metaphern erklärt werden kann. Vielmehr soll die Metaphernanalyse als Bestandteil, als spezifischer Fokus einer umfassenderen Auswertung fungieren und somit nicht als einziges Mittel der Dateninterpretation verstanden werden.[4]

## 2    Unbeschreiblich und unsagbar

Als Grund für die Häufung figurativer Sprache im Bereich der Kommunikation, die mit Emotionen und Religion befasst ist, wird immer wieder auf die Schwierigkeit verwiesen, mithilfe nicht-metaphorischer und insgesamt nicht-figurativer Sprache geeignete Beschreibungen zu finden. Da sowohl das Emotionale als auch das Religiöse kulturgeschichtlich der dem rational-aufgeklärt Vernünftigen dia-

---

3   So z. B. bereits bei Cipollone, wenn er das Ziel seines Aufsatzes folgendermaßen beschreibt: „I hope to show that religious language expresses he religious dimension of human experience and reality through a metaphorical redescription of reality." (Cipollone 1977: 458)

4   Während beispielsweise für Kruse, Biesel und Schmieder (2012) die rekonstruktive Analyse die Rahmenmethode darstellt, ist dies in unserem Fall ein Methodenset, zu dem die sozialwissenschaftliche Hermeneutik (Soeffner 2012) genauso gehört wie konversationsanalytische Verfahren (Bergmann 2012).

metral gegenüberstehenden Gegenseite zugeschrieben werden, kann dies auch nicht überraschen. Soeffner weist darüber hinaus darauf hin, dass beide Bereiche für die Geschichte des Unsagbarkeitstopos eine wichtige Rolle spielen. Während im Bereich der Religion das Numinose, also ein „Es" (Soeffner 2000: 119), als ineffabel konzipiert wird, ist es hinsichtlich der Beschreibung von Emotionen ein „Ich" (ebd.), das im Repertoire der historisch, gesellschaftlich und kulturell jeweils spezifischen zur Verfügung stehenden sprachlichen Formen keine geeignete findet, die dem Auszudrückenden Genüge tun könnte. Im Sprechen über Emotionen im Bereich der Religion treffen somit zwei Frömmigkeitsmodelle aufeinander: die den Alltag auf ein Außerhalb hin überschreitende Jenseitsreligion und die sich dem Subjekt und speziell dessen ‚Innen' – wie eben seinen Emotionen -zuwendende „Diesseitsreligion" (Soeffner 2000: 112). Dabei zeigt sich jedoch, dass letztere die erstere nicht vollständig ersetzt, sondern dass aus dem Zusammenspiel beider neue Formen von Religion (vgl. auch die „populäre Religion" bei Knoblauch (2009) entstehen, die das Subjekt in seiner ganz persönlichen, körperlichen, kognitiven und emotionalen Erfahrung, die auf eine durchaus jenseitige Lebenswelt zeigt, auffasst. Der Abstand zwischen Jenseits und Diesseits wird dadurch kleiner und verschwimmt an einigen Stellen.

Ob und wenn ja für wen es empirisch tatsächlich schwierig oder fast unmöglich sein mag, über Emotionen und religiöse Erfahrung zu sprechen, soll hier dahingestellt bleiben. Relevant ist jedoch, dass für beide Bereiche eine Problematisierung der Schwierigkeiten der Vermittlung und Kommunikation besteht, die auch im Alltag geläufig ist.

Tatsächlich findet sich die Thematisierung der Kommunikationsproblematik, die auch häufig in einer stolpernden, fast stotternden Art und Weise vorgetragen wird, die den Eindruck des Ringens um Worte noch verstärkt, mehrfach in unserem Datenmaterial wieder. Auf die Frage, was ihm in bzw. an Taizé (einem Ort, wo sich junge ChristInnen aus ganz Europa treffen) besonders gut gefallen habe, antwortet Herr Müller im Interview unter anderem:

R: dis is was ganz besonderes also dis is so ne (-) sache die ich jetzt wo ich keine beispiele hätte also ich ich mach jetzt auch andere sachen ich geh jetz auch irgendwie zu anderen events sag ich mal ((lacht leicht)) wenn man das jetzt irgendwie damit vergleichen will aber dis: hat schon ne ganz besondere qualität die: ich jetzt nich mit irgendwas vergleichen könnte

Frau Reinhardt beschreibt ihre Taufe im Erwachsenenalter mit direkt anschließender Erstkommunion und Firmung so:

R: das warn erlebnis also (---) ds ds ich glaub das kammer schwer beschreiben und

R:  wie soll ich ich weiss auch gar nicht so wie ichs in worte kleiden soll es war so
    wie (---) fast so=n bisschen wie=n TRAUM; (--) dis is (-) wahrscheinlich auch
    so=n bisschen mmh: (1.5) abge' (-) also (-) ich zumindest bin auch ab und zu
    mal so ab(--)geglitten sozusagen so in geDANKen irgendwie total (-) in mich
    verSUNken, und so (-) also (--) ich kann dis deswegen auch gar nicht so rich-
    tig in worte mehr fassen (--) was ich damals so empFUNden hab;

Die City Kirche Berlin, deren Pastor Spitzer auch häufig im TV und in Video-Pod-
casts im Internet zu sehen ist, veröffentlicht auf ihrer Internetseite Zuschauerreak-
tionen, die sich auf seine Auftritte beziehen. Ein Autor schreibt dort

> Ich weiß nicht wie ich anfangen soll. Seit einigen Tagen schaue ich mir Ihre
> Predigten im Internet an und bin jedes mal zu Tränen gerührt. Ihre Worte
> treffen mich direkt ins Herz. Solche Predigten habe ich in meinem Leben noch
> nicht erlebt. Mir fehlen die Worte um meine Gefühle zu beschreiben. Eigent-
> lich wollte ich mich auch nur bei Ihnen bedanken. Vielen, vielen Dank.

Bereits anhand der wenigen hier gezeigten Beispiele wird jedoch deutlich, dass die
Kennzeichnung eines Erlebnisses oder Gefühls als unbeschreiblich die Beschreibung des Ereignisses oder Gefühls häufig nicht ersetzt oder abbricht. Denn im
Anschluss an die hier gezeigten Sequenzen finden sich jeweils selbstredend Beschreibungsversuche.

Dies kann so gelesen werden, dass wir es mit einer rhetorischen Figur, eben
dem Unsagbarkeitstopos zu tun haben, der eine wichtige kommunikative Funktion übernimmt. Laut Curtius beschreibt er die „Betonung der Unfähigkeit, dem
Stoff gerecht zu werden." (Curtius 1961: 168) Dieser Topos spielt entsprechend in
der antiken Rhetorik für die Redegattung der Lobrede, beispielsweise einer Fest-
tagsrede zu Ehren eines Herrschers, eine wichtige Rolle. Dabei geht es darum,
„bereits bestehende Superlative noch einmal zu übertreffen und in den Schatten
zu stellen" (Soeffner 2000: 119).

Wie bereits Gülich (2005) am Beispiel von Beschreibungsversuchen epilep-
tischer Auren, Träume, Nahtoderfahrungen und Visionen gezeigt hat, wird der
Unsagbarkeitstopos, wenn er in der Alltagssprache (und eben nicht in der Fest-
tagsrede) genutzt wird, häufig nicht nur *verwendet*, sondern sein Inhalt wird *performativ* in der Art des Sprechens aufgeführt und damit inszenatorisch gedoppelt.

Dies schlägt sich in – zum Teil auch langen – Pausen, Abbrüchen, Paraphrasen, Selbstkorrekturen und Wiederholungen nieder. Darüber hinaus zeigt Gülich,
wie mithilfe des Unsagbarkeitstopos' Erfahrungen, wie Schmerz beispielsweise,

als „rein subjektiv" (Gülich 2005: 230), also nicht intersubjektiv zugänglich, markiert werden. Sie kommt letztlich zu drei Perspektiven auf das Sprechen über Unbeschreibbarkeit als rhetorischer Topos, Gattungsmerkmal (vgl. Luckmann 1986) und Formulierungsressource.

Dem möchte ich jedoch eine weitere Sichtweise hinzufügen, die nur sichtbar wird, wenn man die Äußerung der Unsagbarkeit nicht aus ihrem Kontext herauslöst und auch nicht ausschließlich als rhetorischen Topos betrachtet. Sie wird sichtbar, wenn man prüft, welches kommunikative Problem sie löst bzw. welche kommunikative Funktion sie im Hinblick auf die Sequentialität von Problematisierung der Kommunikation und dann doch stattfindender Beschreibungsversuche einnimmt. Sie erscheint dann häufig als Rahmen im Sinne Goffmans (vgl. Goffman 1980) für die Kommunikation dessen, was doch gleichzeitig als unbeschreiblich gekennzeichnet wird. Dieser Rahmen fungiert als meta-kommunikativer Deutungshinweis (vgl. Soeffner 2004), der jeglichen Beschreibungsversuchen die Fähigkeit abspricht, eine hinreichende und abschließende Darstellung leisten zu können. Dies scheint jedoch letztlich gerade die Voraussetzung dafür zu sein, dass überhaupt eine Beschreibung gewagt werden kann. Das heißt: Der Beschreibungsversuch wird überhaupt erst möglich durch die vorherige und häufig auch abschließende Rahmung mithilfe des Hinweises auf die Unbeschreiblichkeit, denn sie entlastet den Beschreibungsversuch von einem Perfektionsanspruch, der angesichts der besonderen Qualität des zu Beschreibenden (Außeralltäglichkeit, Außergewöhnlichkeit) anstünde, jedoch per definitionem niemals eingelöst werden könnte.

## 3    Metapher, religiöse Sprache und Religion

Wenig überraschend erfolgt die Beschreibung des Unbeschreibbaren in dem von uns untersuchten Datenkorpus auch und insbesondere mithilfe figurativer Sprache. Das ist insofern naheliegend als der – bei Ricœur (1996) insbesondere der ‚lebendigen' – Metapher die kommunikative Funktion zugeschrieben wird, dort einen Ausweg zu schaffen, wo ihn die Anrufung der Unbeschreiblichkeit bereits zugleich verleugnet und geebnet hat. Der Metapher wird in weiten Teilen des damit befassten, wissenschaftlichen Diskurses (vgl. beispielhaft Winko 2003: 105) die Fähigkeit zugeschrieben, neue oder gegebenenfalls auch erste Beschreibungszugänge zu eröffnen, die dem nicht-figurativen, buchstäblichen Sprachgebrauch ansonsten verschlossen blieben. Sie sind daher ein wichtiger Bestandteil religiöser Sprache. Wie sich dies aus theologischer Sicht darstellt, ist ausführlich behandelt und in umfangreichen Schriften niedergelegt worden (vgl. Hartl 2008, Stoellger 2000).

Aus soziologischer Perspektive stellt sich die Frage, inwiefern Religion einen Bedarf an lebendigen Metaphern im Sinne Ricœurs schafft, die ,neue' Beschreibungsformen, das heißt zu einem gewissen historischen Zeitpunkt neue Weisen des Sprechens-über, befördern? Oder umgekehrt gefragt, wo werden nicht-ostensive Referenzen benötigt? Dies geschieht nicht erst dort, wo die Rede zu Text wird, wie Ricœur annimmt, sondern dort, wo ein Imaginäres zur Verhandlung ansteht. Über die Beschaffenheit dieses Imaginären lässt sich nun trefflich streiten. Gemeint ist hier weniger ein vorgängiges Potential, das als anthropologische Grundkonstante im Sinne der Aufklärung als Einbildungskraft gefasst worden ist. Es lässt sich vielmehr mit Durkheim (1998) in einen engen Zusammenhang mit der Entstehung von Religion aus dem gesellschaftlichem Leben und Handeln setzen, im Zuge dessen unter Mitwirkung eines spezifischen Kollektivgefühls eine Idealisierung entsteht, mithilfe derer die Gemeinschaft der „wirklichen Welt" eine andere, ideale Welt gegenüberstellt und erstere dadurch letztlich erfindet, herstellt und reformiert.

Unter dieser Maßgabe entpuppt sich das hier behandelte Thema als an einer zentralen, sensiblen Schaltstelle soziologischer Theorie angesiedelt, an der Gesellschaft, Religion, Imaginäres und Emotion aufeinander bezogen sind und wo insofern der Ort zu sein scheint, der die Entstehung und Verwendung neuer Metaphern geradezu herausfordert.

Junge (2011) und eine ganze Reihe weiterer sozialwissenschaftlicher AutorInnen hat in jüngerer Zeit vorgeschlagen, die Rolle der Metaphernanalyse bei der (auch qualitativen) Analyse von Daten zu stärken. Dieser Einladung wollen wir insbesondere hinsichtlich eines Datenkorpus folgen, der figuratives Sprechen vermuten lässt. Die Methodik, mithilfe derer wir uns den Metaphern, Metonymien und Synekdochen nähern, folgt weniger der Kognitionstheorie als vielmehr einem rekonstruktiven Zugang, der die Metapher innerhalb ihres sequentiellen Kontextes betrachtet und durchaus im Sinne des hermeneutischen Zirkels die Metapher mittels der Interpretation der gesamten Rede und die gesamte Rede mittels der Auslegung der in ihr verwendeten Metaphern in ihrer Sinnhaftigkeit zu deuten sucht. Lediglich aus Gründen der Übersichtlichkeit werden im Folgenden einzelne Sprachbilder gebündelt und teilweise auch ohne ihre jeweilige kontextuelle Einbettung erwähnt.

## 3.1 „Emotion" als Platzhalter für alles, was nicht der Logik bzw. Kognition zuzuordnen ist

Die Frage, welche Bedeutung im Bereich der Religion dem Verstand, der Vernunft, der Kognition auf der einen und der Erfahrung, dem Gefühl, der Emotion auf der anderen Seite zukommt, begleitet den theologischen Diskurs, aber auch die tagtägliche Auseinandersetzung mit dem Glauben bereits seit langer Zeit (vgl. Machon 2005). In unserem Datenmaterial finden wir entsprechend nicht nur figurative Beschreibungen bestimmter emotionaler Erfahrungen, sondern auch die Verwendung des Begriffs „Emotion" als Stellvertreter (im Sinne einer Metonymie) für eine Art der Auseinandersetzung mit Wirklichkeiten, die durch Ihre Gegensätzlichkeit zu wissenschaftlichen Axiomen und naturwissenschaftlichen Gesetzmäßigkeiten charakterisiert wird. So erklärt einer der von uns interviewten Gläubigen:

R: natürlich IST der gesamte glaube sind hundert prozent emotionen (--) ja weil weil es is ja (2.0) also es is ja so eins plus eins is zwei das wird mir vorgegeben so. und wenn ich n tisch schief halte dass der ball runterrollt is n naturgesetz so. (-) aber glaube ist ja ohne emotion ja überhaupt nich machbar (--) das heißt in der tatsache dass ich also erst einmal GLAUBE dass dort jemand und so weiter oder fort höheres macht schicksal oder wie immer man das f:ormulieren will oder gott und so weiter und so fort is ja schon mal eine emotion

„Emotion" ruft dabei also nicht nur ein an sich schon komplexes physisches, psychisches, soziales Phänomen des menschlichen Lebens auf, sondern auch eine dem übergeordnete Facette des menschlichen Daseins, die seit der Zeit der Aufklärung hauptsächlich in Gegenüberstellung zu und Abgrenzung von der Ebene des Verstandes und der Vernunft sowie der Kognition beschrieben wird.

## 3.2 Das ganz Andere als ex-negativo-Beschreibung der religiösen Erfahrung

Geht es dann konkret um das Sprechen im Bereich von Religion und Emotion, stellt die Beschreibung religiöser Erfahrung, die auch häufig mit starken Emotionen verbunden ist, eine der Schwierigkeiten dar. *Dass* sich dies schwierig gestaltet, wird, wie oben beschrieben, performativ inszeniert (durch Abbrüche, Paraphrasen und Pausen), dann aber auch rhetorisch durch die Verwendung von Vergleichen und figurativer Sprache betont. Buchstäbliche Bedeutungen der Alltagssprache werden als unzureichend gekennzeichnet, um das ‚ganz Andere', um das es geht, zu vermitteln. Im folgenden Beispiel finden sich exemplarisch die performative Rahmung durch die Art, wie gesprochen wird, sowie der Vergleich mit einem „Traum" als rhetorische Form.

R:  war so wie (---) fast so=n bisschen wie=n TRAUM; (--) ds is (-) wahrscheinlich auch so=n bisschen mmh: (1.5) abge' (-) also (-) ich zumindest bin auch ab und zu mal so ab(--)geglitten sozusagen so in geDANKen irgendwie total (-) in mich verSUNken, und so (-)

In der Terminologie von Schütz und Luckmann (2003) kann man sagen, dass durch diesen Vergleich („wie=n TRAUM") die zu beschreibende Erfahrung und die in ihr erlebten Emotionen einer anderen „Sinnprovinz" als derjenigen des Alltags, die ja mittels alltäglicher Kommunikation beschrieben werden könnte, zugeordnet wird. Wichtig ist jedoch, dass eben nicht die Sinnprovinz „Traum" gemeint ist, sondern eine, die in einer, nicht besonders stark ausgeprägten („fast so=n bisschen"), Ähnlichkeitsbeziehung zu ihr steht. Der Vergleich zeigt in Richtung des Traums und nimmt gleichzeitig eine deutliche Abgrenzung vor. Dadurch wird sowohl ein Anhaltspunkt für die Beschaffenheit der zu beschreibenden Erfahrung gegeben als auch eine Leerstelle etabliert, die sich aus der unbeantworteten Frage nach Art und Umfang der Ähnlichkeit zwischen Traum und dieser Erfahrung speist. Insofern übernimmt hier ein Vergleich die nach Lakoff und Johnson „primäre Funktion der Metapher" (Lakoff/Johnson 1998: 177), „uns zu ermöglichen, daß wir eine Art der Erfahrung von einer anderen Art der Erfahrung her partiell verstehen können" (ebd.). Partiell muss das Verstehen jedoch aufgrund der gezeigten Leerstelle bleiben.

Interessant ist hinsichtlich dieser Sequenz zusätzlich, dass dabei Beschreibungen, die gewöhnlich für Bewegung im Raum genutzt werden. „ab(--)geglitten sozusagen in gedanken irgendwie total (-) in mich versunken" für die Beschreibung des Wechsels zwischen Sinnprovinzen genutzt werden. Die Unterscheidung der Sinnprovinzen und der Abstand zwischen ihnen bekommt in diesen Fällen eine räumliche Anschaulichkeit. Hier lohnt es sich nachzusehen, wie mithilfe von Orientierungsmetaphern (im Sinne von Lakoff und Johnson (1998: 22 ff.) Richtung und gegenseitige Verortung des eigenen Bewusstseins bzw. der „geDANKen" und der von ihm bewohnten Lebenswelten gedacht wird. Schon Lakoff und Johnson weisen auf die Orientierungsmetapher „Wach sein ist oben; schlafen ist unten." (Lakoff/Johnson 1998: 23) hin. Dieses Bild lässt sich hier insofern wiederfinden, als der sich vom hellwachen Alltags-Bewusstsein unterscheidende Zustand, Traum und in Gedanken als Ort gedacht wird, in den abglitten wird, wohin also eine Abwärtsbewegung führt. Das gilt ebenfalls für „verSUNken", wobei hierbei eine zweite Verortung eine Rolle spielt. Auch hier wird nicht nur die Richtung angegeben, sondern auch das Behältnis, innerhalb dessen die Bewegung nach unten stattfindet – namentlich „in mich". Krämer (2009) weist darauf hin, dass wissenschaftsgeschichtlich dem tiefen Gedanken und der tiefen Einsicht eine andere, meist hochwertigere, Qualität zuerkannt wird als allem, was als oberfläch bezeichnet wird. Die Wendung „in mich verSUNken" kann vor diesem Hintergrund gelesen werden als eine Entfernung von der Oberfläche und damit Oberflächlichkeit des Ichs.

Das sich dabei abzeichnende Spiel mit Hinweisen, die sich auf unterschiedliche Sinnprovinzen beziehen, zeigt sich auch an Beschreibungsansätzen wie

R:  das war gar nicht mehr so richtig WIRKlich

Würde die Sequenz „das war nicht wirklich" lauten, so wäre mithilfe der Negation der Wirklichkeit eine klare Einordnung getroffen. Durch „mehr so richtig" deutet sich jedoch einerseits ein Verlauf (erst war es wirklich, jetzt ist es das nicht *mehr*) und andererseits eine Ambiguität (nicht *so richtig*) an. Letztere finden wir auch in Beschreibungen wie der folgenden:

R:  und dieses IMmer WIEder dieses IMmer WIEder SAgen ds is wie so ne art (-)
    und da kommt man dann in so ne art trance würd ich sagen also dieses IMmer
    WIEder sprechen der namen und der (---) ds (-) ja ds is dann (1.5) ds immer
    wie wenn man dann den ROsenkranz betet; zum beispiel

Sie spielen eine konkret benennbare Art des Bewusstseinszustands (hier: Trance) an, nehmen die Bestimmung jedoch immer auch wieder zurück bzw. relativieren sie und kennzeichnen sie als nicht genau zutreffend („so ne art trance"), so dass der Schwebezustand zwischen Benennung und Rücknahme der Benennung einen Imaginationsraum schafft, der von allen KommunikationsteilnehmerInnen jeweils ausgestaltet werden kann und soll.

Als eines der Paradebeispiele für die Abkehr von der ‚natürlichen Einstellung' (Schütz) gilt literaturhistorisch der „andere Zustand" des „Mann ohne Eigenschaften" (Musil (1997[1930–1932]). Der „andere Zustand" fungiert als eine Art bewusstseinsinterne Anderswelt, denn er ist schwer zu erreichen, die Zugänge sind versteckt, aber nicht unauffindbar, er hat deutlich mystische Züge, steht in Verbindung mit ‚fremden Orten' und der Schönheit, und er ist mit positiven Affekten besetzt, die seine Attraktivität ausmachen. Gleichzeitig erscheint er bei Musil jedoch auch in seinen Schattenseiten, die sich insbesondere in Form der pathologischen bzw. pathologisierten Varianten einer abweichenden Wirklichkeitskonstruktion zeigen. Auch in den Beschreibungen religiöser Erfahrung finden wir den anderen Zustand:

R:  irgendwie (--) in so nem andern zu<<lachend>stand>
I:  hm=hm,
R:  =son bisschen (--) benebelt ((lacht))

Wie hier zu sehen ist, erfolgt die Distanzierung von der einmal gefundenen Benennung (hier: „andern zustand") nicht nur lautsprachlich („so nem"), sondern
auch mithilfe eines Emotionsausdrucks (Lachen), der synchron zur lautsprach-
lichen Äußerung erfolgt und sie, bereits während sie zu hören ist, mit zusätzlichen
Deutungshinweisen versieht. Auch der darauf folgende zweite Beschreibungsversuch („=son bisschen (--) benebelt") wird auf diese Art und Weise gerahmt.

Als „benebelt" wird gemeinhin jemand bezeichnet, dessen waches Bewusstsein ‚getrübt' ist, beispielsweise aufgrund von Rauschmitteln, extremer emotionaler Zustände oder Krankheit. Nebel ist ein Naturphänomen, das die visuelle,
teils auch akustische Wahrnehmung erschwert und dadurch die Orientierung im
Raum soweit behindert, dass mit „benebelt" eine Ähnlichkeit zur Orientierungs-
losigkeit im Rausch angespielt wird. Aufgrund dieser Eigenschaften umgibt Nebel
in narrativen und Bildwelten häufig die Anderswelt (besonders prominent: „The
Mists of Avalon" von Marion Zimmer Bradley), also den ganz anderen, besonderen, mystischen Ort, dessen Geheimnis durch die osmotische Barriere des Nebels
geschützt wird. Analoges leisten der Weihrauch im Gottesdienst und der Bühnen-
nebel im Showbusiness. Auf der Bildebene sind insofern der andere Zustand und
der Nebel, das benebelt-Sein zwei Bestandteile einer geläufigen Figuration.

Zur Beschreibung der Besonderheit eines Ortes, hier der Kirche, dient jedoch
auch, wie im Folgenden, ein ganz irdischer Entwurf der Anderswelt, namentlich
der „wellnesstempel", der „als vergleich" für Orte herangezogen wird, die eine
Transformation und die Rückkehr zu einem Ausgangspunkt ermöglichen.

R:  wo man hingeht? wo ALLES ähm (2.5) egal wie man IS wo alles wieder GUT
     oder wo alles so ähm (--) egal wie man (-) reinkommt (-) da wird alles neut-
     ralisiert. also wie soll ich sagen wies so ne art ähm (3.0) wellnesstempel? <<la-
     chend> als vergleich>?
I:   [hm=hm]

## 3.3    Herz statt Seele

Eine weitere metonymische Verknüpfung ist im Hinblick auf die Verwendung des
Wortes „Herz" zu konstatieren. Dass das „Herz" für die Beschreibung der religiösen Gefühle eine wichtige Rolle spielt, ist wenig überraschend. Die Auseinandersetzung mit dem „Herzen" als „Organ und Metapher" füllt ganze Sammelbände

(Geerlings/Mügge 2005) und ist spätestens seit der Herz-Jesu-Frömmigkeit des Katholizismus im 18. Jh. für das Christentum von herausragender Bedeutung. Das Herz scheint im Hinblick auf Religion insgesamt der Seele den Rang abzulaufen und diesen Begriff immer häufiger zu ersetzen. Dies bestätigt sich insofern, als neue Übersetzungen alter christlicher Texte zur Vermeidung von Pathos – wie Nord (vgl. Nord 2011: 268) überraschender Weise argumentiert – dort wo früher „Seele" stand, jetzt ebenfalls vom „Herz" sprechen. Ob „Herz" tatsächlich weniger pathetisch klingt als „Seele" soll hier dahingestellt bleiben. „Herz" ist als Bild jedenfalls offensichtlich nicht so stark in Mitleidenschaft gezogen worden wie die Seele, deren Semantik sich im Zuge der Psychologisierung der Gesellschaft deutlich verschoben hat. Während die Untiefen und Dunkelheiten der Seele zunehmend in den Fokus diverser öffentlicher und wissenschaftlicher Diskurse rückten (vgl. Gebhardt 2002), etablierte sich die Herz-Grafik als nahezu universelles Symbol der Liebe und Zuneigung (vgl. Kruse/von Plessen 2004).

Grundsätzlich stellt sich die Frage, was mit „Herz" jeweils umspannt und aufgerufen wird; der emotionale Bereich, die Seele, der ganze Körper, der fühlende Mensch? Dies lässt sich jedoch weniger leicht beantworten als es scheinen mag. Deswegen ist eine Rekonstruktion des Bildes anhand unterschiedlicher Verwendungsweisen notwendig.

Innerhalb der folgenden Sequenz wird „herz" tatsächlich als Paraphrase für „seele" eingesetzt, hinzu kommt jedoch die Metapher „heilt", die beide als körperähnlich oder als Körperteile erscheinen lässt, die von Krankheit befallen und entsprechend auch geheilt werden.

R:  mit der zeit zu lernen wie des wie des einfach heil macht wie des die seele heilt des herz heilt

Weiterhin fällt auf, dass das „herz" innerhalb eines Typus der figurativen Verwendungsweisen als in eine Kommunikation eingebunden vorgestellt wird.

I:  was hat ihnen denn nich so gefalln in der gemeinde in berlin,
R:  (1.5) das kann ich jetzt so rückwirkend schlecht sagen weil dis wirklich sehr lange her is aber (-) ich geh da einfach hin. entweder gefällt mir das
I:  ja
R:  =also dass das mein herz anspricht oder (-) ich kann auch feststelln (-) hier (-) fühlste dich einfach nich wohl

Die Wendung „dass das mein herz anspricht" dient hier als genauere Erläuterung von „gefällt mir" und als Gegensatz zu „fühlste dich einfach nich wohl". Da es in diesem Beispiel um einen biographischen Auswahlprozess (hinsichtlich der Kirchengemeinde) und die ihm zugrunde liegende Motivation geht, könnte man argumentieren, dass „anspricht" lediglich auf eine Art und Weise verwendet wird, die aus der Marktökonomie bekannt ist; das Produkt spricht mich an. In diesem Fall stünde „herz" für die Person als ganzheitliches Konstrukt, mit all seinen am Auswahlprozess beteiligten Dimensionen (Kognition, Emotion, Körper etc.). Da die Wendung jedoch eine Erläuterung der die gesamte Person einschließenden Beschreibung „gefällt mir" ist und in ihr das ‚ich' nicht wiederholt wird, scheint es doch so zu sein, dass es speziell um das Bild des Herzens geht, das eben nicht für den ganzen Menschen steht, sondern für einen bestimmten Aspekt; die Seele, den emotionalen Bereich? Dieser Aspekt wird jedenfalls dadurch als für den Auswahlprozess besonders relevant markiert. Wird das „herz" in eine kommunikative Beziehung gebracht, schafft es etwas, mit dem „herz" kommunikativ Kontakt herzustellen, so dient dies als Entscheidungskriterium.

Ein ähnliches Bild zeichnet die Formulierung

R:  dis erreicht mein herz

Die Überwindung einer Distanz wird hier bildhaft jedoch nicht zwangsläufig durch kommunikative Ansprache gelöst, sondern durch räumliche Annäherung. Dieser räumliche und auch Bewegungsaspekt wird noch deutlicher und verbindet sich mit der Kommunikation im folgenden Beispiel:

R:  wo jesus worte sagt die bei den leuten zu denen er sie redet GANZ TIEF ins
    herz hinein gehen

Das „herz" erhält mithilfe der Orientierungsmetapher „GANZ TIEF […] hinein" selbst einen räumlichen Charakter. Die oben bereits erwähnte Metapher der Tiefe (Tiefes vs. Oberflächliches) wird nun mit dem Bild „herz" verbunden. Obwohl „herz" auf „leuten" (Plural) bezogen ist, wird es im Singular verwendet. Es geht demnach nicht um die einzelnen Herzen der jeweiligen Leute, sondern um umfassendere Kategorie, die den „leuten" gemein ist.

Diese Lesart lässt sich anhand einer ähnlich gebauten Sequenz erhärten:

R:  ja, und ich kenn leute die sind im lobpreis auf die knie gefalln und ham ge-
    weint und gott hat ihnen sachen gezeigt in ihrem herzen und sie sind haben
    gott enorm geSPÜrt

Von der Beschreibung der äußerlich sichtbaren Phänomene „auf die knie gefalln und ham geweint" wird hier übergegangen zum Geschehen, das sich im „herzen" abspielt, bis hin zur Schilderung der Erfahrung Gottes („gott enorm geSPÜrt") mithilfe einer ganz bestimmten Form der Wahrnehmung. Hinzu kommt jedoch, dass hier das Herz nicht nur über räumliche Tiefe verfügt, sondern tatsächlich einen Raum bildet, innerhalb dessen Interaktion zwischen Gott und Mensch, Zeigen und letztlich Erkenntnis stattfindet. Damit dies geschehen kann, benötigt das als Raum gedachte „herz" einen Zugang

R:   und dass ihr herz eben auch offen is sich auf gott einzulassen

und ist der Bereich im Menschen, in den Gott direkt handelnd eingreift:

R:   weil ähm gott is jemand der herzen verändert

Insofern lässt sich sagen, dass das sprachlich verwendete Bild „Herz", zwar sicher häufig in Ersetzung des Begriffes „Seele", aber doch auch mit einer ganz eigenen Ausrichtung, den Gefühlen einen Ort im Körper gibt und gleichzeitig der Zielpunkt und Aufenthaltsort Gottes bzw. seiner Stellvertretung, nämlich seines Wortes, im Menschen ist. In der Herz-Metonymie werden somit Mensch, Körper des Menschen, Gefühl und Gott/Jesus und deren Wirken in eine – beispielsweise mithilfe einer Orientierungsmetapher – beschriebene Nähe zueinander gebracht und miteinander vermittelt. Das Herz tritt auf als gemeinsamer Raum oder Behälter für Gott und Mensch, innerhalb dessen dem Menschen eine bestimmte Art von Erkenntnis durch Gott ermöglicht wird.

## 3.4   Körper

Als eine Lösung für die Schwierigkeit, die Dimension des Erlebens der religiösen Erfahrung und des Fühlens der Emotion zu beschreiben, begegnen wir auch der Strategie, jeweils stattdessen die körperlichen Symptome darzustellen. So wird im oben angeführten Beispiel das auf die Kniefallen und das Weinen derjenigen geschildert, deren emotional geladene religiöse Erfahrung dargestellt werden soll. Auch hier kann wiederum das Herz eine Rolle spielen, nun jedoch als konkretes körperliches Organ.

R:   irgendwie diese abschlussfeier (--) ds war dann so puh ja schön und irgendwie
      so (-) weiss gar nicht mehr wie ichs beschreiben soll; (---) so aufregend so (-)
      so mit herzklopfen ((lacht))

Seine Art und Weise innerhalb einer bestimmten Situation („abschlussfeier") zu funktionieren, wird genutzt, um die emotionale Erfahrung („aufregend") zu beschreiben. Einen etwas anderen, stärker metaphorischen Zugang wählt ein Interviewpartner, der beschreibt, wie er zu seinem geistlichen „Mentor" kam:

R:  aber ich wusst nur das is jemand der irgendwas hat mich gePACKT als ich ihn
    erlebt hab so irgendwas in mir drin hat mir gesagt so den willst du kennen lernen und du willst ähm herausfinden warum er so ist wie er ist

Zunächst wird ein Beschreibungsversuch abgebrochen („das is jemand der"). Aufgrund des Sprachflusses und der Prosodie erkennen wir jedoch, dass im Anschluss nahtlos ein Übergang in eine Hilfsbeschreibung stattfindet. Diese beginnt mit der Kennzeichnung einer Leerstelle („irgendwas"), die das handelnde Subjekt offen hält. Der Sprecher benutzt das Bild eines Übergriffs auf seinen Körper – oder einen Teil seines Körpers –, um eine ‚innere' Erschütterung zu beschreiben. Die körperliche Passivität, die einer von außen kommenden Aktivität unterliegt, dient als Bild zur Beschreibung eines auf das innere Erleben bezogenen Übergriffs. Darüber hinaus spielt hier wiederum die Kommunikation eine Rolle, die hier zwischen etwas nicht definiertem und dem Sprecher selbst im Sprecher stattfindet. Hier wird nicht wie oben explizit das Herz als Kommunikationsraum aufgerufen, die Konstruktion ist jedoch insofern ähnlich, als der Dialog als in den Menschen hinein verlagert gedacht ist.

Das Bild des packenden Etwas bekommt eine noch stärkere Bildhaftigkeit („wie was) einen zu boden drückt"), jedoch auch eine interessante Ambivalenz („ich konnt nicht mehr los lassen"), wenn wir folgende Sequenz hinzuziehen:

R:  und ich hab dis gefühl gespürt ds war auch n gebetsabend wo ich auch gott gespürt habe einfach so da packt mich grad was ich hab gott nich gesehn als irgend n licht oder keine ahnung so sondern es hat mich gepackt ich konnt nich mehr los lassen in dem moment davon (weil wie was) einen zu boden drückt

Diese Art der Beschreibung ist aber nicht nur den Gefühlen in der religiösen Erfahrung mit Gott vorbehalten, sondern wird genauso im Hinblick auf die Erfahrung teuflischer oder dämonischer Mächte genutzt:

R:  ich habs erlebt schon zweimal dass als ich äh im bett lag und einschlafen wollte
    ähm etwas über mich macht ergriffen hat was mich (---) was so ne angst in mir
    auch hervorgelöst hat dass ich mich nich mehr bewegen konnte
[…]
R:  nein dis war keine panik sondern es war so ähm irgendwas drückt mich irgendwas hält mich grad fest und ich kann mich nich ich kann mich nich dagegen wehren

Hier verschwimmen jedoch die Grenzen zwischen der metaphorischen Verwendung der Beschreibung einer körperlichen Erfahrung („über mich macht ergriffen hat"), der Benennung konkreter Gefühle („angst") und der buchstäblichen körperlichen Erfahrung („ich mich nich mehr bewegen konnte"). Als Gesamteindruck bleibt jedoch das Bild des immobilisierten, handlungs- und bewegungsunfähigen, machtlosen Körpers, der von einer unbestimmten Macht unterworfen wird.

Die Aspekte „Schwere" und „Gewicht" spielen insofern gerade im Bereich der Metaphern, die sich aus Bildern und Vorstellungen zum menschlichen Körper speisen, ebenfalls eine wichtige Rolle. So wird auf die Frage nach den Gefühlen während des Gebets oder im Gottesdienst geantwortet:

R:  man fühlt sich hinterher erleichtert

Gewicht ist etwas, das wir mit unserem Körper wahrnehmen, wenn wir etwas tragen. Das kann die Fortbewegung be*schwer*lich machen. Mittels der Beschreibung des Wegfalls einer Beschwerung durch „erleichtert" wird eine körperliche Wahrnehmung zur Charakterisierung einer emotionalen Erfahrung verwendet.

Umgekehrt erhalten abstrakte Konstrukte („seele") körperliche Eigenschaften („dürstete") zugeschrieben, wie in der folgenden Sequenz, die einer online auf der Gemeindewebsite veröffentlichten E-Mail eines/r Gottesdienstbesucher/in entnommen ist:

[…] meine seele dürstete nach Nahrung. Und ich sollte IHN – den heiligen Geist – zu spüren bekommen.
So übt auch Gott mithilfe eines Körperteils („hand") sein Wirken am Menschen aus („einen … abhält"):
R:  ich glaub schon dass es da so was gibt wie den heiligen geist oder die hand gottes die einen dann vielleicht auch von so was abhält

Einerseits wird also die Beschreibung der subjektiv empfundenen Gefühle, weil diese größtenteils als unmöglich gekennzeichnet worden ist, durch die Beschreibung somatischer Anzeichen oder Phänomene ersetzt, von denen auf die Emotionen geschlossen werden soll. Geschildert wird dabei kein Leib-Sein, sondern ein Körper-Haben (Plessner), indem der eigene Körper zum von außen betrachteten Objekt wird, dessen Veränderungen und Regungen beschrieben und gedeutet werden können, um dadurch etwas über die blackbox „Emotion" zu vermitteln und zu erfahren. Andererseits wird durch die Verwendung von Körpermetaphern das Wirken transzendenter Mächte in der Welt vorstellbar gemacht.

## 3.5   Sozialität, Kommunikation und Interaktion

Ein weiterer Komplex figurativer Sprache innerhalb emotionsbezogener Beschreibungen im Feld der Religion bezieht sich auf Sozialität. Zu ihm gehören zwei unterschiedlich gelagerte bzw. gewertete Varianten: einerseits Schilderungen von Gefühlen der „universellen Geborgenheit", des „Dazugehörens", der „Verbundenheit", des sich „auch als Fremder so aufgenommen Fühlens" sowie das Gefühl, „dass jemand hinter mir steht also Sicherheit". Das Gefühl der Geborgenheit und der Sicherheit hängen dabei tendenziell mit dem jeweiligen Gottesbild zusammen. So gehört zu einem hierarchischen Gottesbild mit der Anerkennung der Allmacht Gottes die Schilderung der Geborgenheit und Zugehörigkeit.

Weiterhin finden wir sprachliche Bilder zur Beschreibung von Emotionen, die sich aus dem Bereich des Sozialen speisen wie in dieser Antwort auf die Frage, welche Gefühle für den Interviewpartner mit dem Glauben verbunden sind.

R:  ja; also da gibts erstmal das gefühl geborgenheit man kann=s mit liebe mit
     barmherzigkeit kombinieren einfach dieses gefühl egal wo ich bin egal was ich
     tu ich bin net allein er hats uns versprochen er ist bei uns bis ans ende der tage
     bis ans ende der welt ähm dieses gefühl egal was ich mach was ich tu ich bin
     net allein ähm ich hab ne unterstützung er ist bei mir

Dabei geht es um eine Emotion, die sich nicht mithilfe *eines* Wortes benennen zu lassen scheint. Daher werden zunächst mehrere dieser Begriffe zusammengebracht. Doch dann erfolgt eine weitere Bestimmung mithilfe einer figurativ genutzten Beschreibung der Imagination von Gemeinschaft („ich bin net allein") bzw. der Vorstellung einer imaginären Anwesenheit („er ist bei mir").

Aufbauend auf dieser Anwesenheitsmetaphorik ist dann auch von Kommunikation („zwiesprache") die Rede:

R:  beten is wirklich was was aus dem gefühl heraus kommt was die tiefste zwie-
     sprache aus der reinen emotion is

Hier findet sich wiederum die oben beschriebene Orientierungsmetapher „tief", die in diesem Fall jedoch nicht einen Raum in den Menschen, seine Seele oder sein Bewusstsein eröffnet, sondern die Kommunikation räumlich klassifiziert. Die religiöse Kommunikation („beten"), deren Ursprung im „gefühl" verortet wird, spielt sich nicht an der Oberfläche ab, sondern ist im Superlativ „tiefste zwiesprache".

In einem anderen Fall wird das Bild der visuellen Interaktion gewählt:

R:  es ist immer noch etwas anderes wenn man selbst vorm altar steht und ich
    sach mal vor GOTT steht (-) ds is ja nix anderes für mich da (--) und man
    weiss AH jetzt kuckt er mich an ((lacht))

Aus der Gegenwart des Altars wird nicht nur die direkte Begegnung mit Gott abgeleitet, sondern darüber hinaus „weiss" die Interviewte, dass Gott sich ihr zu-
wendet. Dies ist innerhalb des Bildes insofern schlüssig als wir in der direkten
Interaktion tatsächlich wissen, ob uns jemand anschaut. Wird Gott als anwesen-
des Gegenüber verstanden, so kann auch seine Blickrichtung gelesen werden. Das
Bild der direkten Interaktion mit Gott bzw. Jesus spiegelt sich auch in der Metapher des „nachfolgen"s oder der neueren Version des „mit gott unterwegs sein"s
wieder:

R:  jeder der bei uns in der gemeinde is is auch jemand der ähm die entscheidung
    für sich getroffen hat ich möchte jesus nachfolgen und mich wirklich auch in-
    vestIErn darin dass ähm (--) dass er sichtbar wird
R:  heute mit gott unterwegs sein für mich heißt ich hab warum soll ich vor men-
    schen angst haben ich hab keine angst

Beide beinhalten außerdem das Bild einer Bewegung. Doch während das früher
häufiger gebrauchte „nachfolgen" einen Weg vor Augen stellt, der zuerst von Jesus gegangen wird und dann auch von denjenigen, die sich als „Nachfolger" bezeichnen, entwirft das in heutiger Zeit zunehmend gebräuchliche „mit gott unterwegs sein" ein Bild sich gemeinsam fortbewegender Akteure; überspitzt gesagt:
eine Wandergruppe, zu der auch eine transzendente Macht gehört.
    Doch auch im Hinblick auf diese Sozialitäts-Bilder kann das interagierende
Gegenüber eine Leerstelle bleiben, wenn beispielsweise gesagt wird:

R:  da würd ich schon sagen das kann ja auch so=n ruf von oben gewesen sein

Durch die Orientierungsmetapher („oben") ist jedoch angedeutet, dass es sich um
eine positiv besetzte Kraft handeln wird. Oder ganz offen:

R:  man fühlt sich irgendwie beschenkt

Die Kehrseite und komplementäre Variante bilden dabei die Beschreibungen von
Gefühlen der „Verantwortung", „Überforderung" und „Ohnmacht", die genauso
im Hinblick auf Gott wie auf die Arbeit in der Gemeinde geäußert werden.

## 3.6    Physikalische Bilder

In der folgenden auf einer Kirchengemeindewebsite veröffentlichten E-Mail kombiniert die Autorin Metaphern, die sich aus dem Bereich der Physik speisen, mit solchen aus dem Bereich „Herz", „Körper" und „Interaktion":

Eine Welle der Energie stellte sich mir entgegen. Die Worte aus dem Munde dieses Predigers nahmen mich sofort gefangen. Sie fanden ihren Weg direkt in mein Herz. Es weitete sich, nahm alles auf, was an Zuversicht und Gottvertrauen während der Predigt sich im Kirchenraum aufbaute. Die Kraft, die Stärke des Heiligen Geistes waren förmlich fassbar. Und mit jedem neuen Satz wuchsen sie. Eine Wärme durchströmte den Körper und schien „heilende" Strahlen auszusenden. Am liebsten würde ich aufstehen, losgehen und mein Leben sofort mit dieser neuen Kraft fortsetzen.

In diesem Abschnitt ist eine ganze Reihe an Metaphern kombiniert, die wir zum Teil bereits kennengelernt haben. So treffen wir wiederum auf das Herz als räumliche Imagination, die besonders relevant für Kommunikation ist. Eine körperliche Empfindung wird selbst bereits metaphorisch („Wärme") beschrieben, deutet jedoch darüber hinaus auf etwas über sie Hinausgehendes hin. Interessant ist hier jedoch insbesondere die Dynamisierung physikalischer Bilder („Energie", „Kraft", „Stärke", „Wärme", „Strahlen") durch die Kombination mit Bewegungsmetaphern. Die „Welle" verbinden wir mit einer spezifischen Art der Bewegung von Flüssigkeit, der „Weg" der Worte des Pastors beschreibt eine Bewegung, die im „Herz" endet. Damit endet jedoch die Bewegung nicht, sondern wird vom Herz übernommen („weitete sich"). Auch in „aufbaute" und „wuchsen sie" finden wir Bilder von Bewegung genauso wie in „durchströmte" und „auszusenden". Letztendlich gipfelt die Beschreibung in dem wiederum metaphorischen Wunsch nach körperlicher Bewegung, die für einen frisch gestärkten neuen Aufbruch steht.

Dass „Energie" eine der wichtigsten Metaphern des ‚New Age' darstellt, ist wohlbekannt.[5] Die Verwendung dieses aus der Physik stammenden Begriffs lässt sich durch die Betrachtung des Entstehungskontextes der Bewegung und wichtiger Autoren aus dieser Zeit (Fritjof Capra war beispielsweise Physiker), auch plausibilisieren (Knoblauch). In der christlichen Tradition ist diese Metaphorik hingegen nicht in derselben Form verwurzelt, jedoch in unserem Material an einigen Stellen vorzufinden; am eindrücklichsten vielleicht in den Äußerungen einer Person aus dem Klerus:

---

5    „The overarching New Age metaphor is ‚all reality is energy', and so we see things in terms
     of how they interact with energy, and try to discover magical roles from that." (Dunn 2008:
     184) Siehe auch bereits Stenger (1989: 123).

R:  beim SEgen sozsagen wenn ich zweien oder bei der konfirmation jedem ein-
    zeln (-) die hände auflege? (-) da passIERT eine enerGIE, äh el=entweder eine
    energieherabFLEHung oder energieüberTRAgung sozsagen

Wichtig ist dabei jedoch, dass hier nicht das Bild einer magischen Technik ge-
zeichnet wird, mithilfe derer die Eingeweihten Außerordentliches bewirken können. Vielmehr wird eine rituelle Handlung beschrieben („hände auflege"), die
nicht in einen Kausalzusammenhang gestellt wird. Die interviewte Person berichtet nicht, was sie bewirkt hat, sondern was „da passIERT", was also zu diesem
Zeitpunkt geschieht. Während uns der Begriff der Energieübertragung aus der
Physik und diversen Spielarten des New Age bekannt ist, stellt die „energieher-
abFLEHung" einen interessanten Neologismus dar, der die christliche Begrifflichkeit der Herabflehung (Epiklese), die sich gewöhnlich auf den Heiligen Geist
oder den göttlichen Segen richtet, mit der „energie"-Metapher verbindet. Diese
wird im Folgenden ausgebaut, mit Bewegungsmetaphern verbunden und in einen
Zusammenhang mit der Metapher „kraft" gesetzt. Letztere beschreibt eine Ressource – ob körperlicher, geistiger, mentaler oder emotionaler Art bleibt offen –,
die es der Sprecherin erlaubt, eine rituelle Geste auszuführen („die hände wirklich zu erheben"). Mithilfe des Ausbaus der „energie"-Metapher können daraufhin
hin auch „ANdere energien" eingeführt werden, die wie „stör[sender;]" wirken,
um zu erläutern, warum sich die Anwesenheit von zu viel Medientechnik im Gottesdienst negativ auswirkt. In diesem Zusammenhang bekommt die „energie"-
Metapher auch für den christlichen Kontext eine ganz eigene Schlüssigkeit. Durch
den vermehrten Einsatz von Videokameras und anderem technischen Gerät im
Rahmen von Festgottesdiensten treten, so das gezeichnete Bild, vermehrt phy-
sikalische, elektrische Energien in den Gottesdienst ein und in Konkurrenz zu
dem eigentlich relevanten Geschehen (insbesondere dem Segen). Um diese Kon-
kurrenzsituation zu verdeutlichen, ist die für den Segen verwendete „energie"-
Metapher, die hier sogar zusätzlich onomatopoetisch illustriert wird („bzzzzzt?"),
schlüssig:

R:  da fliesst enerGIE; ds merk ich (-) selber da da (-) selbst sogar sozsagen ohne
    berührung der aaronitische SEgen man ich muss mir zu bis zum schluss des
    gottesdienstes selber noch kraft übrig behalten (-) um die hände wirklich zu
    erheben und ich merke- dass da bzzzzzt? (-) etwas sozsagen FLIESST; auf die
    gemeinde (-) ähm (--) und (---) wie es in der elektrik, sozsagen oder elektro-
    nik ist? wenn da jetzt ANdere energien- die sich nicht nicht konzentrieren auf
    dieses (-) heilige, nach (unverst.) otto auch heilige geschehen, (-) dann sind es
    wie stör[sender;]

## 4    Fazit

Im Zuge der Metaphernanalyse wird deutlich, dass sich die Gläubigen aus einem tradierten, sich jedoch kontinuierlich wandelnden Pool an Bildern und Metaphern bedienen, der charakteristisch für die christliche Tradition ist und weite Teile ihrer Sprache und Bildsprache ausschlaggebend mitprägt hat und gleichzeitig auch von ihr geprägt wird.

Für das Sprechen über Emotionen im Bereich der Religion ist über die Metaphernanalyse hinaus zu resümieren, dass die häufig vorfindliche Unsagbarkeitsbeteuerung nicht nur als rhetorischer Topos zu betrachten ist und eine Beschreibung ersetzt. Vielmehr erfüllt sie eine kommunikative Funktion als Deutungshinweis, der durch die Versicherung der Unbeschreibbarkeit gerade das Sprechen über das Unbeschreibliche ermöglicht, indem er das Scheitern der Beschreibung vorwegnimmt und sie damit von einem Perfektionsanspruch entlastet.

Eindrücklich präsentiert sich uns das Ringen um eine zufriedenstellende Beschreibung eines Emotions- und Erfahrungsbereichs, der weder mit dem Jenseits noch mit dem Diesseits in eins fällt, als „ganz Anderes" jedoch mit beidem zu tun hat und im ‚Zwischen' angesiedelt ist. Der „Wellness-Tempel" (selbst eine Metapher) begegnet uns hier als Vergleich, der den Gottesdienst in der Kirche als Ort der Transformation und Erneuerung beschreiben soll. Obwohl also die christliche Tradition über ein umfassendes Begriffsarsenal zur Beschreibung außeralltäglicher Erfahrungen und Emotionen verfügt, werden neue Vergleiche, Metaphern und Bilder konstruiert und neu kombiniert.

Auch Ersetzungen finden dabei statt. So wird die im Zuge ihrer psycho-analytischen Aufarbeitung suspekt gewordene Seele ersetzt durch das – global als Graphik positiv konnotierte – Herz und erhält damit einen neuen Bezug zum Körper. In der Herz-Metonymie werden somit Mensch, Körper des Menschen, Gefühl und Gott/Jesus und deren Wirken in eine Nähe zueinander gebracht und miteinander vermittelt. Das Herz tritt auf als gemeinsamer Raum oder Behälter für Gott und Mensch, innerhalb dessen dem Menschen eine bestimmte Art von Erkenntnis durch Gott ermöglicht wird.

Neu ist insbesondere auch die Verwendung der aus dem New Age bekannten Energie-Metapher zur Beschreibung von Segnungen, die damit in Konkurrenz zu anderen Energien gesetzt wird.

Zusammenfassend lässt sich festhalten, dass die sozialwissenschaftliche Metaphernanalyse als Bestandteil rekonstruktiver, hermeneutischer und sequenzanalytischer Verfahren einen hilfreichen Beitrag zur Interpretation von Datenmaterial leisten kann. Speziell für solche Untersuchungsfelder, die durch ein hohes Maß an figurativer Sprache charakterisiert sind, schließt die Metaphernanalyse eine Lücke im Methodenspektrum. Mit ihrer Hilfe eröffnet sich uns ein Zugang zu den aktuell relevanten Beschreibungs- und Bebilderungsressourcen, die in christlichen Gruppen und Gemeinden heutzutage Verwendung finden. Schließlich gehören zum emotionalen Stil einer Gemeinschaft, den wir zu beschreiben trachten, nicht nur die dort gültigen Gefühlsregeln und die emotionalen Performanzen, sondern auch die Art und Weise, wie Emotionen verhandelt, erzählt und illustriert werden.

## Literatur

Bachmann, Claus (2005): Vom unsichtbaren zum gekreuzigten Gott. Die Karriere des biblischen Bilderverbots im Protestantismus. In: Zeitschrift für Systematische Theologie und Religionsphilosophie 47: 1–34.

Bell, Daniel (1977): The return of the sacred? The argument on the future of religion. In: British Journal of Sociology 28, 4: 419–449.

Berger, Peter L. (Hrsg.) (1999): The Descularization of the World. Resurgent Religion and World Politics. Grand Rapids: Wm. B. Eerdmans Publishing Company.

Bergmann, Jörg (2012): Konversationsanalyse. In: Flick, Uwe; Kardorff, Ernst von; Steinke, Ines (Hrsg.): Qualitative Forschung. Ein Handbuch. Reinbek: Rowohlt: 524–537.

Brumlik, Micha (1994): Schrift, Wort und Ikone. Wege aus dem Bilderverbot. Frankfurt a. M.: Fischer.

Cipollone, Anthony P. (1977): Religious Language and Ricœur's Theory of Metaphor. In: Philosophy Today 21, 4: 458–467.

Curtius, Ernst Robert (1961): Europäische Literatur und lateinisches Mittelalter. Bern: Francke.

Dunn, Patrick (2008): Magic, Power, Language, Symbol. A Magician's Exploration of Linguistics. Woodbury: Llewellyn.

Durkheim, Emile (1998 [1912]): Die elementaren Formen des religiösen Lebens. Frankfurt a. M.: Suhrkamp.

Fainsilber, Lynn; Ortony, Andrew (1987): Metaphorical Uses of Language in the Expression of Emotions. In: Metaphor and Symbolic Activity 2 (4): 239–250.

Gebhardt, Miriam (2002): Sünde, Seele, Sex. Das Jahrhundert der Psychologie. Stuttgart: DVA.

Geerlings, Wilhelm; Mügge, Andreas (Hrsg.) (2005): Das Herz. Organ und Metapher. Paderborn: Schöningh-Verlag.

Goffman, Erving (1980): Rahmen-Analyse. Ein Versuch über die Organisation der Alltagserfahrung. Frankfurt a. M.: Suhrkamp.

Gülich, Elisabeth (2005): Unbeschreibbarkeit: Rhetorischer Topos – Gattungsmerkmal – Formulierungsressource. In: Gesprächsforschung – Online-Zeitschrift zur verbalen Interaktion 6: 222–244.

Hailer, Martin (1999): Metapher und Symbol, oder: Ist Skepsis in der Theologie unausweichlich? In: Bernhardt, Reinhold; Link-Wieczorek, Ulrike (Hrsg.): Metapher und Wirklichkeit. Die Logik der Bildhaftigkeit im Reden von Gott, Mensch und Natur. Göttingen: Vandenhoeck & Ruprecht: 42–53.

Hartl, Johannes (2008): Metaphorische Theologie: Grammatik, Pragmatik und Wahrheitsgehalt religiöser Sprache. Münster: Lit.

Hochschild, Arlie (1979): Emotion Work, Feeling Rules, and Social Structure. In: The American Journal of Sociology 85, 3: 551–575.

Hüwelmeier, Gertrud; Krause, Kristine (Hrsg.) (2009): Traveling Spirits. Migrants, Markets and Mobilities. New York: Routledge.

Junge, Matthias (Hrsg.) (2011): Metaphern und Gesellschaft. Die Bedeutung der Orientierung durch Metaphern. Wiesbaden: VS Verlag.

Kern, Thomas (1998): Schwärmer, Träumer und Propheten. Frankfut a. M.: Knecht.

Knoblauch, Hubert (1993): ‚Neues Paradigma‘ oder ‚neues Zeitalter‘? : Fritjof Capras moralisches Unternehmen und die ‚New-Age-Bewegung‘. In: Jörg, Bergmann;; Hahn, Alois; Luckmann, Thomas (Hrsg.): Religion und Kultur. Kölner Zeitschrift für Soziologie und Sozialpsychologie , Sonderheft, 33 Wiesbaden: Westdeutscher Verlag: 249–270.

Knoblauch, Hubert (2009): Populäre Religion. Auf dem Weg in eine spirituelle Gesellschaft. Frankfurt a. M.: Campus Verlag.

Knoblauch, Hubert; Herbrik, Regine (in Druck): Emotion, Wissen und Religion. In: Charbonnier, Lars; Mader, Matthias; Weyel, Birgit (Hrsg.): Religion und Gefühl. Göttingen: Vandenhoeck & Ruprecht: 213–230.

Krämer, Sybille (2009): Von der ‚Tiefe‘ des intellektualistischen Sprachbildes zur ‚Oberfläche‘ der verkörperten Sprache. In: Hinke, Angelika; Feilke, Helmuth (Hrsg.): Oberfläche und Performanz. Untersuchungen zur Sprache als dynamische Gestalt. Tübingen: Max Niemeyer: 33–50.

Kruse, Jan; Biesel, Kay; Schmieder, Christian (2012): Metaphernanalyse: Ein rekonstruktiver Ansatz. Wiesbaden: VS Verlag.

Kruse, Cornelia; Plessen, Marie-Louise von (2004): Von ganzem Herzen. Diesseits und jenseits eines Symbols. Berlin: Nicolai.

Lakoff, George; Johnson, Mark (1998): Leben in Metaphern. Konstruktion und Gebrauch von Sprachbildern. Heidelberg: Carl-Auer-Systeme.

Luckmann, Thomas (1986): Grundformen der gesellschaftlichen Vermittlung des Wissens: Kommunikative Gattungen. In: Neidhardt, Friedhelm; Lepsius, Rainer; Weiss, Johannes (Hrsg.): Kultur und Gesellschaft. Kölner Zeitschrift für Soziologie und Sozialpsychologie. Sonderheft 27. Opladen: Westdeutscher Verlag: 191–211.

Machon, Henryk (2005): Religiöse Erfahrung zwischen Emotion und Kognition. Wiliam James', Karl Girgensohns, Rudolf Ottos und Carl Gustav Jungs Psychologie des religiösen Erlebens. München: Herbert Utz Verlag.

Musil, Robert (1997): Der Mann ohne Eigenschaften. Roman. Erstes und zweites Buch. Herausgegeben von Adolf Friese. Reinbek: Rowohlt.

Nord, Christiane (2011): Funktionsgerechtigkeit und Loyalität. Die Übersetzung literarischer und religiöser Texte aus funktionaler Sicht. Berlin: Frank & Timme.

Otto, Rudolf (2004 [1917]): Das Heilige. Über das Irrationale in der Idee des Göttlichen und sein Verhältnis zum Rationalen. Nachdruck. München: C. H. Beck.

Ricœur, Paul (1996): Die Metapher und das Hauptproblem der Hermeneutik. In: Haverkamp, Anselm (Hrsg.): Theorie der Metapher. Darmstadt: Wissenschaftliche Buchgesellschaft: 356–375.

Schütz, Alfred; Luckmann, Thomas (2003): Strukturen der Lebenswelt. Konstanz: UVK.

Soeffner, Hans-Georg (2012): Sozialwissenschaftliche Hermeneutik. In: Flick, Uwe; Kardorff, Ernst von; Steinke, Ines (Hrsg.): Qualitative Forschung. Ein Handbuch. Reinbek: Rowohlt: 164–175.

Soeffner, Hans-Georg (2004): Auslegung des Alltags – Der Alltag der Auslegung. Zur wissenssoziologischen Konzeption einer sozialwissenschaftlichen Hermeneutik. 2. durchgesehene und erg. Auflage. Konstanz: UVK.

Soeffner, Hans-Georg (2000): Gesellschaft ohne Baldachin. Über die Labilität von Ordnungskonstruktionen. Weilerswist: Velbrück.

Stenger, Horst (1989): Der „okkulte" Alltag. Beschreibungen und wissenssoziologische Deutungen des „New Age". In: Zeitschrift für Soziologie 18, 2: 119–135.

Stoellger, Philipp (2000): Metapher und Lebenswelt. Hans Blumenbergs Metaphorologie als Lebenswelthermeneutik und ihr religionsphänomenologischer Horizont. Tübingen: Mohr.

Weber, Max (1922): Wirtschaft und Gesellschaft. Grundriß der verstehenden Soziologie. Tübingen: Mohr.

Winko, Simone (2003): Kodierte Gefühle. Zu einer Poetik der Emotionen in lyrischen und poetologischen Texten um 1900. Berlin: Erich Schmidt Verlag.

# Metaphern als „Übersetzungsarbeit" – Skizze zu einer differenztheoretischen Kommunikationsanalyse am Beispiel des Metapherngebrauchs

Wolfgang Sucharowski

---

## 1 Einordnung in den Forschungsstand

Das Thema *Metapher als Übersetzungsarbeit* beansprucht selbst Metaphorik, da die Metapher mit bestimmten Handlungen gleichgesetzt wird, bei denen von einem Ursprungsbereich her, ein Akteur zielgeleitet, mit gewissem Aufwand und einer speziellen Intention etwas auf ein Ziel hin verfolgt (Weinrich 1976; Blumenberg 1979). Metaphern so zu deuten, beinhaltet bereits ein bestimmtes Verständnis von Metaphern. Ihr wird eine Bedeutungen organisierende Funktion zugeschrieben. In der Forschungsgeschichte zur Metapher geschah das auf vielfältige Weise. Metaphern waren Gegenstand einer Ausdrucksforschung. Sie lassen sich dann im Hinblick auf die Rhetorik und Stilistik beobachten (Plett 2001; Kurz 2004) oder werden Gegenstand der Lexik (Strauß 1991; Liebert 1992). Sie wurden als Konzept bildende Operatoren erkannt und unter Aspekten einer die Wirklichkeit strukturierenden Kognition beschrieben (Schwarz 2002). Zunehmend kristallisierte sich heraus, dass sie Leitfunktionen in verschiedenen Medien besitzen und in Erfolgsmedien im Sinne von Luhmann eine wichtige Rolle spielen (Schmitz 2004). Seit 2000 wird ihre Leistung in und für konkrete kommunikative Interaktionen untersucht (Cameron et al. 2009) und ihre Relevanz in der alltäglichen Kommunikation anerkannt (Sperber und Wilson 1986).

Die Rolle der Metaphern kann dabei sehr unterschiedlich betrachtet werden. Grundsätzlich ist festzuhalten, dass Metaphern als Gegenstand der Interaktionsforschung kein neues Thema sind. Untersucht wurde ihre Vermittlungsfunktion im gesellschaftlichen Diskurs allgemein, wenn es darum geht, die Komplexität sozialer oder politischer Phänomene kommunizierbar zu machen (Schröder 2012: 97–108; 279–285). Auch die Wissenschaft greift auf dieses Mittel immer wieder zurück, wenn ihre Konzepte offen gehalten werden müssen und die Komponenten heterogen sind. Bekannt ist diese Leistung aus der unterrichtlichen Praxis, wo

ihre veranschaulichende Funktion das Lernen unterstützt (Cameron 2003). Neben diesen auf gesellschaftliche Interaktion ausgerichteten Beschreibungen wird
zunehmend die konkrete Interaktion von Kommunikationspartnern analysiert
(Cameron und Deignan 2003; Cameron und Low 2004). So ist festzustellen, dass
der Gebrauch von Metaphern in einem Redebeitrag das weitere Interaktionsgeschehen beeinflusst. Sie tragen dazu bei, dass ihr Einsatz eine Kohärenz stiftende
Funktion wahrnimmt. Bestehende Beiträge ordnen sich neu und zu erwartende
wird eine bestimmte Richtung gewiesen. Ihre Wirkung kann bis hin zur Organisation des jeweiligen Sprecherwechsels reichen (Holt und Drew 2005). Dabei bleibt
offen, wie die Akteure mit den Metaphern von Gesprächsbeitrag zu Gesprächsbeitrag umgehen werden. Denn das Verstehen der Metapher kann unter den Interagierenden differieren, vorausgesetzt die lexikalische Phrase wird als Metapher
erkannt bzw. anerkannt (Cameron 2008).

Methodisch ist daher ein Weg zu finden, der mit der Ambivalenz solcher Situationen umgehen kann bzw. sie überhaupt zu identifizieren erlaubt. Ein Ansatz findet sich in der Konversationsanalyse. Sie lenkt den Blick auf interaktiv
strukturell formale Eigenschaften während des Kommunikationsprozesses und
interessiert sich für die Interaktionsmechanismen, die den Prozess organisieren
(Selting und Couper-Kuhlen 2001). Aussagen über die Funktionsweise der Metaphern beschränken sich bei einer solchen Perspektive auf das Beobachten von
Formmerkmalen, die im Gebrauchsumfeld von Metaphern auftreten. Eine besondere Rolle kommt dem Sprecherwechsel zu sowie der Frage nach typischen Se-
quenzstrukturen, die sich daraus ableiten lassen (Streeck 2010). Das Aufarbeiten
der Inhaltlichkeit hält dieser methodische Ansatz bewusst außen vor. Eine Analyse des Metapherngebrauchs würde sich darauf beschränken, ein Auftreten unter
dem Aspekt der strukturbildenden interaktiven Zusammenarbeit zu analysieren.
Konkret hieße das für die Analysen, solche Stellen müssten identifiziert werden,
wo Metaphern von einem Akteur ins Spiel gebracht werden. Hier wäre dann zu
prüfen, inwieweit sich das Interaktionsverhalten der Beteiligten gegenüber dem
bisherigen Verhalten verändert, ob neue Formen auftreten und die Interaktion
strukturieren.

Eine solche Perspektive greift methodisch sehr kurz, da sie Oberflächenphäno-
mene abfragt und ihre konfigurative und interaktive Wirksamkeit einer bestimmten Phrase zuschreiben würde. Das ist riskant. Plausibel bleibt der erste Blick auf
die lokalen Verhältnisse im Umfeld des Auftretens einer Metapher. Denn feststellbar ist, ob ihr ein Sprecherwechsel folgt. Nicht klären kann sie indes, was genau er
im Hinblick auf den Gebrauch der Metapher bedeutet. Denn das würde erst durch
eine inhaltliche Betrachtung näher charakterisierbar sein.

Dass im konkreten kommunikativen Geschehen eine Metapher benutzt wird,
kann unterschiedlich motiviert sein. Während die Veranschaulichungsfunktion

auf mentale Aktivitäten abzielt, die nicht zwingend interaktive Tätigkeiten nach sich ziehen müssen, lässt eine gesprächssteuernde Funktion Konsequenzen für die Interaktion erwarten, die Sequenzstruktur könnte sich gegenüber der bestehenden ändern. Das wird erst recht geschehen, wenn Metaphern gegen Konversationsprinzipien verstoßen und sich Partner unterstellen, dass das bewusst geschieht. Das alles macht deutlich, Analysen des Gebrauchs erscheinen nicht ohne pragmatisch funktionale Kontexte sinnvoll. Metaphern unterliegen, sind sie Teil einer aktuellen Kommunikation, den dort herrschenden kommunikativ-pragmatischen Bedingungen. Das erweitert oder beschränkt die Zuschreibung ihrer möglichen Gebrauchsbedingungen.

Ein weiterer Aspekt ist bei einer kommunikativen Analyse zu berücksichtigen. Durch das Herausarbeiten der konzeptuellen Bedingungen, nach denen Metaphern Bedeutsamkeit zugeschrieben werden kann, ist klar geworden, dass der interaktive Umgang mit Metaphern nicht Regeln einer Bedeutungszuschreibung folgen kann, wie sie aufgrund herkömmlicher lexikalischer Verhältnisse bedingt werden. Die Erkenntnisse der kognitiven Metaphernforschung legen nahe, dass ihre Verarbeitung psycholinguistisch gesehen eines kognitiven Mehraufwands bedarf (Nayak und Gibbs, JR. 1990). Deshalb muss bei einer Analyse das operative Potential, das eine Metapher mit sich führen kann, mit gedacht werden (Zanotto et al. 2008). Das heißt nicht, dass im Verhalten der Akteure nach den Konzepten gesucht werden muss, die Metaphern konventionell konstituieren.

Was der Einzelne über eine Metapher weiß, ist nicht Gegenstand einer solchen Untersuchung, das ist eine andere Forschungsfrage. Für den konkreten Kommunikationsvorgang ist relevant, ob die Akteure Bezüge zu etwas herstellen, das durch ein metaphorisches Konzept motiviert ist und dass sie es auf eine Weise bearbeiten, die eine solche Orientierung nahe legt. Gesucht wird nach Spuren einerseits auf der inhaltlichen „Oberfläche", die auf einen Umgang mit der Phrase verweisen, der andererseits sich aus einem zugrundeliegenden metaphorischen Konzept speist. Dabei muss sich deren Wirksamkeit nicht auf die unmittelbare Nähe beschränken, sondern die Implementation einer Metapher kann vom Zeitpunkt ihrer Einführung für den weiteren Fortgang ihre Wirksamkeit erhalten. Hier spielt die Differenziertheit ihrer konzeptionellen Struktur eine Rolle sowie die kommunikativ pragmatischen Funktionen, durch welche die Auswahl der Interaktionen bedingt werden kann.

Damit werden theoretische Modelle angesprochen, die das Beobachten von sprachlichen Phänomenen bedingen. Was deutlich werden lässt, dass eine Methodik zwar vom beobachtbaren Gegenstandsbereich abhängig ist, dieser definiert sich aber erst aus den theoretischen Grundannahmen über den Gegenstand selbst. Das Anliegen einer funktionalen Pragmatik ist es, Gebrauchsbedingungen zu formulieren, die erklären, wie sich Akteure darauf verlassen können, dass mit sprachlichen Äußerungen bestimmte Kooperationen möglich sind (Brünner und Graefen 1994). Das erklärt einen Erwartungsraum, sagt aber noch nichts darüber aus, ob und wie er faktisch nutzbar gemacht wird.

Interessant erscheinen Ansätze zu sein, die das Auslösen einer Kommunikation und nicht das Verhalten von Akteuren in interaktiven Kommunikationssituationen (Semino 2008) zu beschreiben und zu verstehen versuchen. Kommunikation ist ein Vorgang, der sich zwar ständig ereignen kann, für den es aber Motive geben muss. Das ist unabhängig davon, ob das den Personen bewusst ist oder nicht. Jede Kommunikation enthält nämlich das Risiko, nicht zu dem Ziel zu führen, das sich der Sprecher wünscht oder auch zu vermeiden versucht. Dan Sperber und Deirdre Wilson (Sperber und Wilson 1986) hatten bereits in ihrer Relevanztheorie darauf hingewiesen, dass sich die Akteure mit dem Problem konfrontiert sehen, semantische Strukturen mit den Verhältnissen der vorfindlichen Situationen aufeinander abstimmen zu müssen, um erkennen zu können, was relevant ist. Was eine solche Abstimmung motiviert, wird allerdings kommunikationswissenschaftlich nicht verortet.

## 2    Kommunikative Praktiken und die Rolle der Metaphern

Ein Kommunikationsansatz, der in der Tradition der Systemtheorie entwickelt worden ist, könnte dieses Defizit überwinden helfen und dem Konzept der Konversationsanalyse eine neue Perspektive eröffnen. Zugleich ist der Ansatz im Hinblick auf das Modellieren des Metapherngebrauchs interessant. Geleitet wird das Modell von dem Gedanken, dass das, was wir wahrnehmen durch das, was diese Wahrnehmung von anderem unterscheidet, gelenkt wird (Baecker 2005: 46–54). Das Miteinander-Sprechen über etwas ist unauffällig solange, wie die Angesprochenen das Gefühl haben, für das, was angesprochen wird, eine Referenz zu finden. Eine „Kommunikation" wird einsetzen, wenn er keine Referenzen mehr finden kann oder unsicher wird. Zu klären haben dann die Betroffenen, worüber sie beide jetzt reden.

### 2.1    Das Bestehende erhalten

Aus der Grundkonstellation einer ungeklärten Differenz lassen sich verschiedene kommunikative Praktiken zu ihrer Bewältigung finden. Sie regeln den Umgang mit Auswahlbereichen, die sich die Partner als relevant unterstellen, und bedingen Kommunikation, wenn geglaubt wird, dass die unterstellten Bereiche das Geäußerte nicht mehr ausreichend erklären.

Gerade war wieder zu lesen: in der Hähnchenmast wird zu viel Antibiotika eingesetzt. Dass hier dringender Handlungsbedarf besteht, ist allen Beteiligten klar. Die Geflügelwirtschaft hat sich bereits im Jahr 2011 verpflichtet, innerhalb von fünf Jahren den Antibiotikaeinsatz um 30 % zu verringern. Auch wenn erst vor kurzem das in der Öffentlichkeit anders vermittelt wird, die Geflügelhalter sind am Wohlergehen ihrer Tiere durchaus interessiert. (Mecklenburger, 13.07.2012: mensch-und-land.de)

Die Äußerung findet sich in dem Internetforum *Mensch und Land*[1]. Darin werden über die gegenwärtige Landwirtschaft Positionen vertreten und gegeneinander gestellt. Das geschieht in der Ausdrucksform sehr unterschiedlich, wie die ersten Analysen belegen. Inhaltlich ist es immer eindeutig. Der Auswahlbereich ist das Reden über das, was zur Zeit in der Landwirtschaft geschieht. Wer sich auf diesem Hintergrund äußert und die Form eines Forumsbeitrags wählt, will über Zustände in der Landwirtschaft diskutieren und er tut dies in der Erwartung, von anderen wahrgenommen zu werden. Das bedeutet, er sucht nach Kommunikation. Im ausgewählten Beispiel erfolgt dies im Habitus sachlichen Sprechens. Der Akteur wählt ein Sprachregister, das die Referenzpunkte im Wirklichkeitsausschnitt so anspricht, dass die subjektive Sicht des Sprechers möglichst unterdrückt wird und unsichtbar bleibt. Andere betonen gerade diese und nutzen dazu ein metaphorisches Ausdrucksvokabular.

Die Struktur des kommunikativen Handelns im zitierten Beispiel kann durch eine einfache Differenzoperation dargestellt und das damit verbundene Geschehen beobachtet werden. Dem Auswahlbereich wird die Eigenschaft zugeschrieben, etwas zu sein, was als funktionierendes Ganzes verstanden und dessen Erhaltung als sinnvoll eingeschätzt wird, Dirk Baecker (2005, 152–153) nennt das „System". Die Kommunikation wird genutzt, um den Erhalt des „Systems" zu sichern und gegenüber anderen zu verteidigen. Die Akteure sprechen über den Erhalt des Bestehenden (= Reproduktion) auf dem Hintergrund einer Abwehr möglicher Gefährdungen (= Störung) desselben.

System² = Reproduktion $\overline{\qquad}$ Störung $\overline{\qquad}$

---

1    Das Umwelt- und Landwirtschaftsministerium in Mecklenburg-Vorpommern hatte 2012–2013 ein Internetforum eingerichtet, in dem Themen einer modernen Land- und Ernährungswirtschaft öffentlich diskutiert werden sollten. Ziel dieses Forums *Mensch und Land* war es, einer breiten Öffentlichkeit die Möglichkeit zu bieten, sich an einer politischen Diskussion mit zu beteiligen. Derzeit untersucht die wissenschaftliche Begleitung des Forums unter anderem die Rolle des bildhaften Sprechens, welche die Beiträge in diesem Forum begleitet.

2    In der kommunikativen Differenztheorie wird seit Niklas Luhmann zur Darstellung von Verhältnissen der Differenzoperationen das sog. Haken-Kalkül von George Spencer Brown be-

Die Viehhaltung ist ein schwieriges Geschäft und hat mit vielen Gefahren um-
zugehen, diese geht unter anderem von der Anwendung von Antibiothika aus,
was die Öffentlichkeit kritisch sieht und anmahnt. Damit wird die gegenwärtige
Geflügelhaltung in Frage gestellt. Es besteht die Gefahr einer *Störung*. Der Vorwurf trifft aber nicht zu, weil sich im Verhalten der Tierhalter einiges geändert
hat, so dass der erhobene Vorwurf nachweislich unzutreffend ist. Die Geflügelhaltung kann deshalb in der jetzigen Form weiter bestehen, *Reproduktion* der bestehenden Verhältnisse. Die Beiträge, die sich anschließen, können nun belegen,
dass die gegenwärtige Geflügelhaltung optimal allen Anforderungen gewachsen
ist. Das geschieht dann auch, indem weitere Belege zitiert werden, die nachweisen,
dass wissenschaftliche Ergebnisse der Viehhaltungspraxis recht geben. Der Sicht
wird aber auch widersprochen. Das kann durch das Behaupten eines anderen Auswahlbereichs geschehen, so dass sich Positionen gegenüberstehen. Die Positionen
selbst sind in anderen Auswahlbereichen verankert, die zum Gegenstand einer
Differenzprüfung führen können und eine sie begleitende Kommunikation auslösen. Diese erfolgt sehr oft in einer anderen kommunikativen Praxis und wird dann
dort von der Nutzung metaphorischer Ausdrucksformen begleitet.

## 2.2   Gruppenbildung und Selbstfindung

Eine andere kommunikative Praxis zielt darauf ab zu klären, ob zwischen den Akteuren ein umfassender Auswahlbereich geteilt wird, der über das situativ Gebundene hinausreicht und in gemeinsamen Normvorstellungen begründet ist.

> Es geht inzwischen immer weniger um die Produktion von Fleisch für unsere Bevöl-
> kerung, sondern um Gülleproduktion für den Hunger eines modernen Fuhrparks. Die
> Schweine gehen in den Export und die Gülle bleibt in Mecklenburg-Vorpommern. Die
> Alt-Telliner Ferkelfabrik am Tollensetal ist in Wirklichkeit eine gewaltige Güllefabrik.
> Für diese hat die Daberkower Landhof AG ihr Ackerland als Bauland verkauft. Die Ein-

---

nutzt. Das ist nicht unumstritten (Hennig 2000, 157–198), weil die mit den *Laws of Form*
verbindbaren Implikationen nur vage rezipiert worden sind. Im Folgenden wird der Forma-
lismus ebenfalls nur benutzt, um die Differenz zwischen dem, was angezeigt wird, d. h. im
ersten Haken steht, und dem, was diese Anzeige lesbar macht, zu vergegenwärtigen. Im ersten Hakenfeld steht daher das, was in der Kommunikation angezeigt wird und für die Akteure erkennbar sein kann, wenn sie dazu einen „Hintergrund" aktualisieren, wir werden
von einem Auswahlbereich sprechen, der das Angezeigte kommunikativ bearbeitbar macht
(Baecker 2005, 24–25). Wichtig ist ferner, dass das, was im Auswahlbereich ist, in den An-
zeigenbereich geholt werden kann und so ein Vorstellen dessen erlaubt, was der Auswahlbereich ist.

wohner der Gemeinde Alt Tellin verblieb ein Mitspracherecht, das sich in seiner Wirkung durchaus mit dem der Drittwelt-Landbewohner vergleichen lässt, die der Willkür
internationaler Konzerne ausgeliefert sind. (Milchmädchen, 10.09.2012: mensch-und-
land.de/forum)

Das Besondere an der Art des Sprechens dieses Schreibers liegt in seiner Diktion,
anders als im vorherigen Beitrag die subjektive Position zuzulassen Es gibt den
*Hunger des modernen Fuhrparks* und damit wird ein Bild kreiert, das sich dann zu
einem Konzept des Hungers nach Gülle ausweitet und dieses „verwandelt" eine
Ferkel- in eine Güllefabrik und aus Ackerland wird Bauland und aus dem Mitspracherecht der Einwohner wird das Diktat der Konzerne über die Landbewoh-
ner. Die Phrasen sind so lexikalisiert, dass die mit ihnen beobachteten Zustände
einen Kontext initiieren, der den Leser dazu zwingt, sich der Sichtweise des Sprechers zu stellen. Er kann zustimmen oder dagegen protestieren.

Der Auswahlbereich ist nicht auf die Bewirtschaftung von Viehzucht einge-
schränkt, sondern es gibt einen umfassenderen, der das Beobachtete bewertet.
Damit wird mehr bearbeitet als durch die Kommunikationspraxis *System* geleistet wird. Der Angesprochene wird nicht nur aufgefordert, sich ein Bild von einer
landwirtschaftlichen Wirklichkeit zu konstruieren, sondern er wird gezwungen,
zu dieser selber Stellung zu beziehen. Es reicht somit nicht mehr aus, nur darüber
zu reden, was stört und wie kann das verhindert werden, sondern es muss darüber gesprochen werden, warum das so ist. Diese Wirkung scheint mit der Formulierung vom „Hunger eines modernen Fuhrparks" auslösbar.

Von Dirk Baecker (2005, 226–231) wird diese Praxis unter dem Begriff der
Sinnfunktion *Netzwerk* beschrieben. Darin charakterisiert er zwei grundlegende
Differenzoperationen. Das Geäußerte wird auf ein mögliches Ziel im Auswahlbe-
reich daraufhin geprüft, ob es erreicht wird bzw. werden kann oder nicht.

Netzwerk = Kontrolle | Identität |

Hinter den Variablen *Kontrolle* und *Identität* stehen wieder weitere eigene Differenzoperationen, die das Äußerungsverhalten zu beobachten erlauben.

Kontrolle = Abweichung | Ziel |

Es war schwere Kost, die Prälat Peter Kossen den Kirchgängern in Lohne vor ei-
gen Wochen auftischte. Nach einem kurzen Schlenker zum heiligen Martin kam der
Gottesmann in seiner Predigt auf irdische Ärgernisse: „Erschreckende Menschenverachtung" mache sich in Niedersachsens Mästerhochburgen breit … Der Spiegel 7,
09.02.2013, 66

Mit dem Hinweis auf „irdische Ärgernisse" wird etwas angesprochen, was von dem, was wünschenswert ist, abweicht. Dieses Ärgernis wird mit den „Mäster-hochburgen" von Niedersachen konkretisiert. Die Phrase von der „erschrecken-den Menschenverachtung" geht über das aktuelle Ärgernis hinaus. Das kann durch eine weitere Differenzoperation erfasst werden, die prüft, welcher norm-hafte Zusammenhang mit zu bedenken ist, wenn ein Ziel nicht erreicht wird. Ein bestehender Auswahlbereich wird mit einem ihn begleitenden verbunden und er-laubt das Bewerten eines beobachteten Bereichs.

Identität = Kontrolle ⌐ Norm ⌐

So können die Partner darüber sprechen, welche grundsätzlichen Begründungen sie mit den kommunizierten, problematischen Sachverhalten verbinden. Stimmt das nicht mit dem überein, was sie untereinander erwarten, entsteht eine Kom-munikation darüber. Dadurch kann sich der Sprecher von einer Gruppe von Per-sonen distanzieren, denen er abspricht, sich gemäß der von ihm erwarteten Norm zu verhalten.

Wenn die Äußerung zur „Gülleproduktion" von Milchmädchen (10. 09. 2012) jetzt noch einmal angeschaut wird, dann fordert das überzeichnete Bild einer Gülle-Welt eine Normendiskussion heraus. Auch hier fällt die Wahl der lexika-lischen Mittel auf. Ziel soll es nicht sein darüber zu reden, dass Einwohner von Geruch belästigt oder durch verstärkten Autoverkehr beeinträchtigt werden und dass dagegen geeignete Maßnahmen ergriffen werden müssten, um sie wieder in den Zustand unbelästigten Wohnens zu versetzen. Das überzeichnete Bild fordert den Angesprochenen heraus, nicht nur gegen etwas zu sein, sondern auch Gleich-gesinnte zu gewinnen: Ich bin deiner Meinung und was du sagst, das stimmt.

## 3    Konsequenzen für einen methodischen Ansatz

Das differenztheoretische Konzept einer solchen Kommunikationstheorie bietet Möglichkeiten, Äußerungsverhalten in der Alltagskommunikation zu beobachten. Das Äußerungsverhalten eines Akteurs wird als Kommunikation wahrnehmbar, wenn es von einem Anderen aufgrund ihm verfügbarer Selektionsregeln, die auf einem dafür relevanten Redundanzraum operieren, „gelesen" werden kann. Dabei beobachten die Akteure, welche Phrasen sich durch welche Differenzoperatio-nen erfassen und charakterisieren lassen und schließen daraus auf mögliche kom-munikative Praktiken, die das Handeln der Betroffenen motiviert und leitet. Der Prozess geschieht in der Regel unbewusst. Ferner können Akteure in einer Situa-tion gleichzeitig unterschiedlichen Praktiken folgen, was die Kommunikation für die anderen Beteiligten unsicher und schwer kalkulierbar macht. Die das kommunikative Geschehen ermöglichenden Auswahlbereiche sind nicht als feste Areale vorzustellen, auch wenn damit zu rechnen ist, dass es thematische Cluster gibt, die mehr als andere verfestigt auftreten. Fassbar wird der Auswahlbereich nur dann, wenn die Akteure ihn problematisieren, d.h. sie verlassen den bisherigen indexikalisch fixierten Geltungsbereich des Geäußerten. Sie müssen dann miteinander klären, inwieweit das, worüber sie reden, noch demselben unterstellt werden kann. Wenn das nicht mehr der Fall ist, kann ein alternativer ausgehandelt werden oder die Kommunikation endet.

Eine kommunikative Praxis muss durch die Akteure initiiert, inszeniert, stabilisiert oder umorganisiert werden, vorausgesetzt die Kommunikation soll nicht beendet oder abgebrochen werden. Das sind Handlungsweisen, die mit der Idee der Accounts in der Ethnomethodologie bereits angedacht worden ist (Brinker und Sager 1989: 135–136). Hier werden Ausdrucksmittel vorausgesetzt, die dem Gegenüber anzeigen, dass die bis hierher geltende kommunikative Praxis in Frage gestellt wird. So kann der Akteur zu regeln versuchen, welche Variablen aufgerufen werden, wie sie zueinander in Beziehung gesetzt werden könnten und wie sie dadurch einen Raum eröffnen, der ihre Besetzung legitimiert. Die Akteure beobachten so in Abhängigkeit zu der von ihnen gewählten Praxis, wie sie die Variablen besetzen und auf diese Weise Inhalte benennen und kommunizierbar machen.

Aus der ethnomethodologischen Forschung sind solche Mittel für die Gesprächsorganisation bekannt, durch welche Sprecherwechsel kontrolliert werden (Sacks et al. 1974). Die Gesprächs- und Textlinguistik hat sprachliche Ausdrucksformen beschrieben, durch welche sich die Partner anzeigen können, was ihnen wichtig erscheint oder wie sie sich im Interaktionsprozess orientieren (Gumperz 2002; Gansel 2011).

Die Differenztheorie legt eine Suche nach Markierungen auf der Anzeigenseite nahe, durch die Auswahlbereiche stabil gehalten, umorganisiert oder ersetzt werden könnten. Unsicherheiten im Auswahlbereich lassen erhöhte Aktivitäten auf der Anzeigenseite erwarten oder werden durch einen Wandel in der Art der bisherigen Aktivität sichtbar und sind somit empirisch fassbar. Die Akteure können Elemente des vermeintlichen Auswahlbereichs zur Anzeige bringen und ihre Stimmigkeit zur Disposition stellen. Ferner kann im sprachlichen Habitus oder Stil des Geäußerten sichtbar werden, worauf Wert gelegt wird. Wechselt das Sprachregistern oder die prosodische Form, können das Hinweise darauf sein, dass mit dem Geäußerten anders als bisher verfahren wird. Das gilt dann auch für körperliche Ausdrucksveränderung. Mimik und Gestik zeigen das im Vorfeld meist vor den linguistischen Ausdrucksformen an.

Methodisch ist damit der Gegenstandsbereich, der beobachtet werden soll, genannt. Es geht um das Verhalten der Akteure, das durch ihre Äußerungen dem

Gegenüber sichtbar und einem dritten als Beobachter zugänglich gemacht wird. Das Geäußerte wird dabei auf einen möglichen Differenzbereich hin für die Beobachtung erschlossen. Denn die Frage nach der Wirksamkeit der Metapher soll im Hinblick auf die kommunikative Praxis angeschaut werden. Sie leitet sich aus dem ab, was die Akteure im Verhalten des Gegenübers (an)erkennen. Das ist zugänglich in der Art, wie sie ihr Verhalten an das des Gegenübers anschließen. So lassen sich Verknüpfungen erkennen, die, wenn sie nicht willkürlich sind, Bedingungen der Kohärenz unterliegen. Eine kommunikative Praxis kann dann als ein Mechanismus beschrieben werden, der der spezifischen Kohärenzanforderung genügt, wie sie durch die jeweilige Praxis gesetzt wird. Dass die Akteure auch Möglichkeiten nutzen, ihr Anliegen zu tarnen, oder sich gar nicht sicher sind, worin ihre Intentionen bestehen, ist etwas, was immer mitgedacht werden muss. Hier wird dieses Thema nicht weiter verfolgt.

## 4    Die Metapher als Differenzoperation

Wenn die Metapher auf der Anzeigenseite auftritt, ist der so Angesprochene aufgefordert, darauf zu reagieren. Eine Metapher ist nur kommunizierbar, wenn die Akteure mit ihr umgehen können. Das setzt einen Klärungsprozess voraus, der im Konzept von Baecker (2005, 254–280) als Operation des Design beschrieben wird. Eine Metapher funktioniert erst dann, wenn ihr von den Akteuren eine Funktion zugewiesen werden kann, die einen zu erwartenden Umgang mit den dadurch entstehenden Auswahlbereichen sichert.

$$\text{Disgn} = \overline{\text{Funktion}} \;\rceil \quad \overline{\text{Form}} \;\rceil$$

Die Metapher bedeutet für die Akteure stets ein Risiko für ihre Kommunikation. Denn wenn sie von der Formseite her gedacht wird, stellte sie die Akteure vor das Problem, klären zu müssen, welche Differenzen durch sie bewältigt werden sollen (Baecker 2005: 85–87). So ist immer damit zu rechnen, dass die Erwartung an bestimmte Inhalte nicht erfüllt wird. Die Akteure sind darauf angewiesen mithilfe der jeweils gewählten kommunikativen Praxis den Auswahlbereich auf seine Stimmigkeit hin auszutesten. Das heißt, die Besetzung der Variablen wird von Fall zu Fall erprobt. Ein solcher Vorgang kann durchaus konfliktär vonstattengehen. Welche Rolle die Anzahl der Tiere in Mastställen spielt, hängt dann in der Kommunikation davon ab, in welcher kommunikativen Praxis und durch welche Variable dieser Sachverhalt von den Akteuren behandelt wird.

Metapher kann so als eine Form verstanden werden, die die Akteure zwingt ihren sozialen Raum zu reflektiert, so dass er als gemeinsamer Raum für sie epistemisch beherrschbar wird. Die Sinnfunktionen, also die Praktiken und die sie bestimmenden Variablen müssen so besetzt sein bzw. werden, dass sie für die Akteure wieder kalkulierbar sind bzw. bleiben. Die Chance einer Metapher liegt nun darin, dass sie, wenn eine kommunikative Praxis in eine kritische Phase kommt, als ein Verfahren zur Verfügung steht, das den Akteuren die Möglichkeit schafft, die vorhandenen Variablen in den bestehenden Funktionen zu prüfen und nach alternativen Besetzungen zu suchen, die den Fortgang der Kommunikation wahrscheinlich macht. Wie das funktioniert, zeigt eine kleine Episode aus dem Förderunterricht eines Kindes, das Schreibenlernen übt.

Ein Kind hat beim Schreiben von <b> und <d> Schwierigkeiten. Als es wieder ein <b> zu schreiben versucht, unterstützt der Lehrer das mit einer Bemerkung:

01 L  Einen Strich und dann mach einen Halbkreis dran
02 S  MALT EINEN STRICH UND ETWAS HAKENÄHNLICHES AN DEN STRICH.
03 L  Nein, das ist ein Bauch
04 S  Herr M hat einen Bauch LACHT
05 L  Buchstaben auch LACHT
06 S  LACHT UND MALT ETWAS, WAS SCHON BESSER EINEM HALBKREIS ÄHNELT
07 L  LACHT schon besser

Auf ein Lernproblem eines Schülers reagiert die Lehrkraft mit einem bildhaften Hinweis, der die Gestalt des Buchstabens besser lernbarer machen soll. Der Bildgedanke wird unvermittelt aufgegriffen und bestätigt dem Lehrer, dass das Bild angenommen worden ist. Ob er als Schreibhilfe bereits verstanden wurde, bleibt offen. Der Lehrer stellt deshalb explizit den Bezug zum Schreiben her. Der Schreibversuch des Schülers lässt erkennen, dass er sich der Lehrererwartung annähert. Die Lernhilfe scheint wirksam zu sein.

Normalerweise sind die Verhältnisse nicht so klar strukturiert. In einem Gesprächskreis über die moderne Landwirtschaft[3] kommt es zu dem folgenden Gedankenaustausch.

---

3  Parallel zum Forum *Mensch und Land* wird in Arbeitsgruppen das Thema über die Zukunftschancen einer Landwirtschaft diskutiert. Das geschieht sehr konfliktär, weil die einzelnen Gruppen sehr unterschiedliche Vorstellungen besitzen und gegenseitig ausschließende Konsequenzen daraus ziehen.

01 M  Es gibt grundsätzlich ein Problem. Nur die Adaption technischer Innovationen lässt perspektivisch gesehen die Landwirtschaft weiter am Leben erhalten.

02 B  Das gefährdet die kleinen Betriebe.

03 M  Jaja, es müsse aber klar sein, ohne eine technikgestützte und ressourcenschonende Bewirtschaftung hat die Landwirtschaft keine Zukunft. Eine Mindestgröße scheint da nur konsequent gedacht.

04 N  Technik ja, der Landwirt muss nachhaltig produzieren. Das setzt die Fruchtbarkeit der Böden voraus und das macht einen sparsamen Umgang mit der Ressource Mineralstoffe, Phosphor, Stickstoff nötig. Hier sind unsere Landwirte die Innovativsten aller Branchen.

05 M  Weil sie sich zu immer größeren Betriebseinheiten zusammenschließen.

06 A  Ein Betrieb ist ein Wirtschaftsunternehmen, das sollten wir uns alle immer vor Augen halten und ich glaube auch, dass niemand das bezweifelt. Wir müssen das Geld erwirtschaften, was den Lebensunterhalt sicher stellt und die Weiterentwicklung des Betriebs und eben auch die Umweltauflagen möglich macht.

07 B  Der Landwirt als Banker

08 A  Was ist schlimm daran?

09 B  Weiß nicht, mir gefällt das nicht, wir haben doch andere Aufgaben. Banker, nein. Wir sind auch keine Kaufleute und schon gar nicht Aktionäre. (Arbeitsgruppe X)

Wie im Fall des Lehrers und seines Schülers kommt es zwischen den Akteuren zu Äußerungshandlungen, die erkennen lassen, dass das, was angezeigt worden ist, bearbeitet wird. Es gibt eine Anschlusskommunikation. Der Vergleich des Landwirts als „Banker" wird von A akzeptiert und von B abgelehnt. Aus methodischer Sicht stellt sich die Frage, wie sich die Äußerung „der Landwirt als Banker" zur aktuellen kommunikativen Praxis verhält. Der Disput zwischen den Akteuren M, B, N und A setzt sich damit auseinander, dass die bestehende Landwirtschaft in Gefahr ist. Dem kann sie nur durch das Aufgreifen neuer Technologie begegnen. Das macht Kapital erforderlich, das nicht unbedingt vorhanden ist oder durch Zusammenschlüsse gesichert werden kann. Damit verändert sich aber der Charakter der Betriebsführung und das wirft die Frage auf, ob das, was dann dort gemacht wird, noch Landwirtschaft genannt werden kann.

Während bis zu diesem Punkt über die Abwehr einer „Störung" geredet wird, öffnet der Beitrag 06 A die Möglichkeit, über etwas Neues zu reden: ein Wirtschaftsunternehmen. Das kann ein Verlassen der Sinnfunktion *System* bedeuten und ein Reden darüber initiieren, welche neue Norm das Selbstverständnis begründet. B erkennt diese Gefahr und markiert die Äußerung von A so, dass die weitere Kommunikation klären muss, ob sie wie bisher fortgesetzt werden kann oder ein Wandel eintritt, durch den das Akzeptieren eines neuen Verständnisses geklärt werden muss.

Landwirtschaft kann nicht mehr durch die kommunikative Praxis im *System* unter den Akteuren sicher verhandelt werden. Denn die Konsistenz der Vorstellungen, was Landwirtschaft ist, schwindet zunehmend. Das hat damit zu tun, dass die Variable Reproduktion im Hinblick auf die Variable Störung nicht mehr beherrschbar erscheint. Der Charakter des Betriebs verändert sich aufgrund der Äußerungen so grundlegend, dass ein gemeinsames Verständnis nicht mehr unterstellt werden kann und die bestehende Sinnfunktion gefährdet wird. Mit der metaphorischen Redeweise vom „Banker" wird der soziale Raum geöffnet, die Wahl der Sinnfunktion und die Besetzung der Variablen stehen zur Disposition.

Ein anderes Fallbeispiel aus der zitierten Gruppenarbeit zeigt die Wirkweise einer Metapher für die Kommunikation noch prägnanter.

(11)

01 T  Ich will Ihnen das mal genauer erklären. Wir sind doch die Gralshüter.

02 N  Wie bitte? Ich höre wohl nicht recht.

03 T  Der Boden ist unser Schatz und glauben Sie, ein vernünftiger Mensch wird der nicht alles tun, sich diesen zu bewahren. Sind wir denn verrückt. Unterstellen Sie uns doch nicht ständig Unfähigkeit und Kurzsichtigkeit. Das ist nicht fair.

04 N  Dass ich nicht lache, wer hat zu den hohen Schadstoffbelastungen beigetragen? Wer baut nur noch Mais an, um an billiges Geld zu kommen. Wer

05 K  Ich glaube, wir sollten wieder zu einer sachlichen Diskussion zurückkommen. Ja, Herr T.

06 T  Boden ist ein Gut, das wir hier alle am Tisch wie einen Schatz behandeln. Sie tun das, ich tu das und auch meine Kollegen woanders. Vielleicht sollten wir uns darüber unterhalten, was wir tun, um dieses Gut

07 K  Ja, das ist wichtig, wir müssen uns das erklären können, was

08 T  um dieses Gut gemeinsam zu erhalten.

09 N  Mit einem Schatz geht man anders um.

10 T  Wie anders?

11 K  Meine Herren, vielleicht probiert jeder jetzt zuerst einmal seine Sicht zu erläutern und dann bitte ich auch die anderen dazu etwas zu sagen.

12 T  Nun lassen Sie mich doch endlich sagen, warum ich meine, dass wir dasselbe wollen, Sie und ich. Wir wollen den Boden nicht zerstören. Wir haben Techniken, wie wir das verhindern. Wir tun, was uns die Wissenschaft rät. Tun Sie anderes? Wir wissen um unser aller gemeinsames Wohl.

13 K  Ja schon.

14 N   Ich weiß natürlich auch, dass wir auch Unterschiede haben. Sie favorisieren
       Techniken, die bei uns nicht diese Präferenz haben. Trotzdem, ...
(Arbeitsgruppe Y)

Der Diskussionsverlauf polarisierte die Meinungen der anwesenden Akteure zwischen denen, die traditionell Landwirtschaft betreiben, und denen, die ökologi-
schen Landbau für die einzig zulässige Alternative halten. Die Kommunikation
drohte abzubrechen bzw. in eine kommunikative Praxis überzugehen, in der die
Ignoranz und Unfähigkeit des Anderen zum Thema wird.

Mit der Äußerung 01 T „Ich will Ihnen das mal genauer erklären. Wir sind
doch die Gralshüter." änderte sich die Situation schlagartig. Die Anschlusskommunikation erfolgt nach den bereits beobachteten Mustern, die Akteure gehen auf
das Angezeigte mit Kommentierungen ein: 02 N „Wie bitte? Ich höre wohl nicht
recht". Dabei zeigt der Akteur N Überraschung und keine Bereitschaft, sich auf
einen Wandel in der bisherigen Praxis einzulassen (04 N). Mit den Ausführungen
von T (03 T) wird klar, dass ihm an einer Diskussion gelegen ist, welche die bisherigen Zielvorstellungen neu zu justieren erlauben soll.

Die Metapher stellt die Variable Norm zur Disposition und erlaubt die Suche
nach einer Neubesetzung. Dirk Baecker (2005, 142) verknüpft diese Suche nach
einem Wert, in diesem Fall der Fürsorge für den Naturraum, mit einer eigenen
Differenzoperation *Kultur,* die Werte im kulturellen Auswahlbereich von Werten
prüft. So kann innerhalb der kommunikativen Praxis der Netzwerke ein neuer
Themenkomplex installiert werden. Damit wird eine Chance eröffnet, ein neues
Netzwerk zu finden, das die Akteure eint, obwohl sie zugleich Mitglied in Netzwerken sind, die sie unterscheiden.

Mit dem Beitrag 12 T erläutert T, dass sein Handeln eine Varietät des Tuns von
N ist, weil seine Technik der Behandlung des Bodens Normen folgt, die auch für N
gültig sind: Es gibt die ethische, die Verantwortung gegenüber einem allgemeinen
Gut zeigt. Es gibt die wissenschaftliche, bei der unbestreitbaren Erkenntnissen gefolgt wird. Dem Thema Boden wird somit ein Auswahlbereich zugeschrieben, der
es möglich macht, einerseits die Eigenständigkeit des Standpunktes zu bestätigen
und andererseits eine Position einzuführen, von der aus Inhalte möglich werden,
die nicht zum gegenseitigen Ausschluss führen müssen.

## 5   Übersetzungsarbeit durch die Metapher

Metaphern erweisen sich aus der beschriebenen Sicht als Verfahren, mit denen
einer Gefährdung von Kommunikation begegnet wird, indem sie die Stabilität
von Variablen aufgrund ihrer Besetzung im Rahmen einer bestimmten kommu-

nikativen Praxis zu prüfen erlauben. Die Akteure werden durch das Auftreten der Metapher dazu herausgefordert, die Variablenbelegung(en) zu prüfen und Alternativen zu erproben, die eine sichere Fortsetzung der Kommunikation gewährleisten. Die Metapher leistet so gesehen „Übersetzungsarbeit", denn sie setzt Bestehendes voraus, das im sozialen Raum nach einer sichereren Verortung sucht, um unter den Akteuren kommunizierbar zu bleiben.

## Literatur

Baecker, Dirk (2005): Form und Formen der Kommunikation. 1. Aufl. Frankfurt am Main: Suhrkamp. Online verfügbar unter http://www.gbv.de/dms/faz-rez/FD120051010388523.pdf.

Blumenberg, Hans (1979): Schiffbruch mit Zuschauer. Paradigma einer Daseinsmethapher. 1. Aufl. Frankfurt a.m: Suhrkamp (Suhrkamp-Taschenbuch Wissenschaft, 289).

Brinker, Klaus; Sager, Sven Frederik (1989): Linguistische Gesprächsanalyse. Eine Einführung. Berlin: E. Schmidt (Grundlagen der Germanistik, 30).

Brünner, Gisela; Graefen, Gabriele (1994): Texte und Diskurse. Methoden und Forschungsergebnisse der funktionalen Pragmatik. Opladen: Westdt. Verl.

Cameron, Lynne (2003): Metaphor in educational discourse. London: Continuum.

Cameron, Lynne (2008): Metaphor Shifting in the Dynamics of Talk. In: Zannoto, Mara Sophia; Cameron, Lynne; Cavalcanti, Maridla C. (Eds.): Confronting Metaphor in Use. An applied linguistic approach. Amsterdam, Philadelphia: John Benjamins, S. 45–62.

Cameron, Lynne; Low, Graham (2004): Figurative variation in episodes of educational talk and text. In: *European Journal of English Studies* (8 (3)), S. 355–373.

Cameron, Lynne; Deignan, Alice (2003): Combining Large and Small Corpora to Investigate Tuning Devices Around Metaphor in Spoken Discourse. In: *Metapher and Symbol* (18 (3)), S. 149–160.

Cameron, Lynne; Maslen, Robert; Todd, Zazie; Maule, John; Stratton, Peter; Stanley, Neil (2009): The Discourse Dynamics Approach to Metaphor and Metaphor-Led Discourse Analysis. In: *Metaphor and Symbol* (24, 2), S. 63–89.

Gansel, Christina (2011): Textsortenlinguistik. Göttingen: Vandenhoeck & Ruprecht (Profile, 3459).

Gumperz, John Joseph (2002): Discourse strategies. [Nachdr.]. Cambridge: Cambridge Univ. Press (Studies in interactional sociolinguistics, 1).

Hennig, Boris (2000): Luhmann und die formale Mathematik. In: Merz-Benz, Peter-Ulrich; Wagner, Gerhard (Hgg.): Die Logik der Systeme. Zur Kritik der systemtheoretischen Soziologie Nikals Luhmanns. Konstanz: Universitätsverlag, S. 157–198.

Holt, Elizabeth; Drew, Paul (2005): Figurative Pivots: The Use of Figurative Expressions in Pivotal Topic Transitions. In: *Research in Language and Social Interaction* (38, 1), S. 35–61.

Kurz, Gerhard (2004): Metapher, Allegorie, Symbol. Göttingen: Vandenhoeck u. Ruprecht.

Liebert, Wolf Andreas (1992): Metaphernbereiche der deutschen Alltagssprache. Kognitive Linguistik und Perspektiven einer Kognitiven Lexikographie. Frankfurt am Main: Lang

Nayak, Nandini P.; Gibbs, Raymond W., JR. (1990): Conceptual knowledge in the interpretation of idioms. In: *Journal of Experimental Psychology: General* (119), S. 315–330.

Plett, Heinrich F. (2001): Einführung in die rhetorische Textanalyse. Hamburg: Buske.

Sacks, Harvey; Schegloff, Emanuel A.; Jefferson, Gail (1974): A simplest systematics for the organization of turn-taking in conversation. In: *Language* 50, S. 696–735.

Schmitz, Ulrich (2004): Sprache in modernen Medien. Einführung in Tatsachen und Theorien, Themen und Thesen. Berlin: Schmidt (Grundlagen der Germanistik, 41).

Schröder, Ulrike (2012): Kommunikationstheoretische Fragestellungen in der kognitiven Metaphernforschung. Eine Betrachtung von ihren Anfängen bis zur Gegenwart. Univ., Habil.-Schr. Duisburg-Essen. Tübingen: Narr (Tübinger Beiträge zur Linguistik, 539).

Schwarz, Monika (2002): Einebenen Ansatz vs. Mehrebenen Ansatz. In: Cruse, A. Allan et al. (Hgg.): Lexikologie/Lexicology. Ein internationales Handbuch zu Natur und Struktur von Wörtern und Wortschatz. Berlin, New York: de Gruyter, S. 277–284.

Schwarz-Fiesel, Monika (2004): Kognitive Linguistik heute. Metaphernverstehen als Fallbeispiel. In: *Deutsch als Fremdsprache* (41), S. 83–89.

Selting, Margret; Couper-Kuhlen, Elizabeth (2001): Studies in interactional linguistics. Amsterdam: J. Benjamins (Studies in discourse and grammar, 10).

Semino, Elena (2008): Metaphor in discourse. Cambridge: Cambridge Univ. Press.

Sperber, Dan; Wilson, Deirdre (1986): Relevance. Communication and cognition. 1st publ. Oxford: Blackwell.

Streeck, Jürgen (2010): New adventures in language and interaction. Amsterdam: Benjamins (Pragmatics & beyond new series, N. S., 196).

Weinrich, Harald (1976): Sprache in Texten. 1. Aufl. Stuttgart: Klett.

Zanotto, Mara Sofia; Cameron, Lynne; Cavalcanti, Marilda do Couto (2008): Confronting metaphor in use. An applied linguistic approach. Amsterdam: Benjamins (Pragmatics & beyond, N. S., 173).

# Rostock, das Sydney der Ostsee – Zur Spezifik von Namenmetaphern

Petra Ewald

Der metaphorische Gebrauch von Eigennamen (kurz: Namen) begegnet uns in bestimmten Kommunikationsbereichen und Textsorten (vgl. 5.) so häufig, dass er keineswegs als exotisches Randphänomen abzutun ist. Insofern verwundert es, dass den Besonderheiten von Namenmetaphern in übergreifenden metaphorologischen Darstellungen bislang wenig Aufmerksamkeit zu Teil wird: „Die Metapherntheorie befasst sich seit der Antike bevorzugt mit Nominalmetaphern [...]" (Kohl 2007: 46) – allerdings nahezu ausschließlich mit metaphorisch gebrauchten Gattungsbezeichnungen (Appellativa), die den Großteil der Substantivmetaphern ausmachen. Mitunter finden sich zwar – speziell in linguistisch ausgerichteten, metaphorische sprachliche Einheiten fokussierenden Arbeiten – einschlägige Beispiele[1], diese werden jedoch unkommentiert neben appellativische Metaphern gestellt und somit nicht in ihrer Spezifik beleuchtet. Der vorliegende Beitrag möchte dazu beitragen, dieses Defizit zu beheben, indem der metaphorische Gebrauch von Namen mit dem von Appellativa verglichen wird. Im Zentrum stehen dabei diejenigen Merkmalsbereiche, in denen sich besonders deutliche Unterschiede abzeichnen: Zum einen frage ich (auf der konzeptuellen Ebene) nach Besonderheiten der metaphorisch gekoppelten Konzepte, zum anderen (auf der sprachlichen Ebene) nach Verstehensprozessen und Texteinbettung, Konventionalisierungsgraden und Remetaphorisierbarkeit, Vorkommen und Funktionen von Namen- sowie Appellativmetaphern. Das Korpus der zugrunde gelegten Namenmetaphern, die hier im Mittelpunkt der Betrachtung stehen[2], enthält primär Zufallsfunde aus

---

1  Vgl. Skirl/Schwarz-Friesel 2007: 1f.: *Ich bin Spinoza!* (Robert Menasse), *Ich kann mir die Verwandlung von Maggie Thatcher zu Frau Holle auch nicht erklären.* (Guido Westerwelle über Angela Merkel)

2  Auf die Merkmale der Appellativmetaphern, die in der Forschungsliteratur schon gut beschrieben sind, wird im Folgenden eher summarisch verwiesen.

Printmedientexten[3], daneben aber auch Belege, die eine Cosmas II-Recherche (Archiv der geschriebenen Sprache/alle öffentlichen Korpora/3.6.2013) erbrachte.[4]

# 1    Abgrenzung von Namen und Appellativa

Die im Weiteren zu skizzierenden Unterschiede zwischen Namen- und Appellativmetaphern resultieren aus den spezifischen Merkmalen beider Substantivkategorien, die daher eingangs zumindest grob umrissen werden müssen. Appellativa, wie *Fluss* (vgl. *der reißende Fluss*), referieren auf Gattungen (bzw. einzelne Gattungsvertreter) und verfügen damit über eine weite Extension, aber über eine geringe Intension (hier: ,größerer natürlicher Wasserlauf').[5] Appellativa charakterisieren daher ihre Referenten, indem sie ihnen die in ihrer lexikalischen Bedeutung gebündelten Merkmale zuweisen. Ich gehe hier davon aus, dass es sich bei appellativischen Bedeutungen um relativ feste Verbindungen prototypischer Kategorienmerkmale handelt[6] (vgl. die Bedeutungsbeschreibungen in Wörterbucheinträgen), die sich allerdings nicht trennscharf vom Weltwissen der Sprachnutzer abgrenzen lassen. Namen, wie *Warnow, Rhein* oder *Elbe,* referieren hingegen auf Individuen als singuläre Denotate und besitzen daher eine minimale Extension.[7] Kraft ihrer Monoreferenz übernehmen Namen die Funktion, ihre Träger aus der Masse der Gattungsvertreter herauszuheben, d.h. sie zu identifizieren und zu individualisieren. Die Frage nach der Intension von Namen führt uns zu dem höchst umstrittenen, für mein Thema aber relevanten Phänomen der Namenbedeutung: Versteht man die lexikalische Bedeutung allgemein als eine (relativ) feste Bündelung (relativ) genau bestimmbarer semantischer Merkmale, liegt es nahe, Namen nicht als Bedeutungsträger zu betrachten, ihnen eine lexikalische Bedeutung ab-

---

3    Vgl. das Abkürzungsverzeichnis am Ende des Beitrages.
4    Durch gezielte Suche in Online-Textkorpora lässt sich allerdings nur eine kleine Teilmenge der Namenmetaphern ermitteln: Sofern man (metaphernverdächtige) Namen prominenter Namenträger (die schon durch metaphorischen Gebrauch aufgefallen sind oder bei denen ein solcher denkbar ist) mit typischen Markern für metaphorischen Namengebrauch (wie dem Definitartikel) eingibt – etwa (wie hier geschehen) *das Paris, das Venedig* – kann man hoffen, unter den Treffern Fälle von metaphorischem Namengebrauch zu finden (die natürlich aus der Menge nicht einschlägiger Gebrauchsweisen herauszufiltern sind). Sämtliche im Weiteren aufgeführten *Paris*-Belege stammen aus den Cosmas II-Korpora.
5    Bei Hyponymen, wie *Nebenfluss* oder *Gebirgsfluss,* nimmt die Extension ab und die Intension zu.
6    Im Sprachgebrauch erlangen diejenigen Merkmale besonderes Gewicht, die dem inhaltlichen Fokus des Textes entsprechen.
7    Sofern unterschiedliche Individuen formal identische Namen tragen, handelt es sich um Fälle von Namenhomonymie.

zusprechen (vgl. Nübling/Fahlbusch/Heuser 2012: 13 f.). Denn anders als die durch Appellativa benannten, mittels eines (notwendigerweise) begrenzten Merkmalssatzes erfassten Kategorien zeichnen sich Individuen durch eine schier unendliche Menge von Merkmalen aus, die sich zudem in ständiger Veränderung befinden (vgl. Debus 2012: 43). Dennoch ist davon auszugehen, dass an Namenformative Wissen über die namentragenden Individuen gebunden ist. So setzt etwa auch Debus (2012: 48) innerhalb der aktuellen Namenbedeutung einen trägerabhängigen Inhalt an; Thurmair (2002: 8) geht davon aus, „dass mit Eigennamen ein Wissen um Charakteristika oder Eigenschaften des Namenträgers verbunden ist und dass dieses Wissen [...] Voraussetzung für den erfolgreichen Gebrauch von Eigennamen ist [...]." Es fragt sich jedoch, inwieweit es berechtigt erscheint, diese Inhalte pauschal als Namenbedeutung zu fassen, wie Hansack (2004: 56) dies tut: „Die Bedeutung eines Namens ist der Datenbereich, der durch diesen Namen indiziert (beziehungsweise adressiert) wird. Dabei ist es gleichgültig, wie dieser Datenbereich konkret aussieht: Die Gesamtheit dessen, was über einen Namen indiziert wird, bildet dessen Bedeutung." Problematisch erscheint diese Sichtweise insofern, als Namen z. T. nur (kleinen) Gruppen von Sprachnutzern bekannt sind und sich das Wissen der Sprachnutzer über einen Namenträger in starkem Maße unterscheidet, sich für einzelne Namen (auch für weithin bekannte Namen prominenter Namenträger) also schwerlich solche überindividuellen, festen Wissenselemente ausmachen lassen, die man als Bedeutung buchen könnte: „Bei den EN [Eigennamen] wird [...] in der Regel kein vergesellschaftetes, ‚eingefrorenes' Sachwissen – über eine generelle Bezugnahme auf eine allgemeine Sachverhaltsklasse hinaus – vermittelt" (Wotjak 1989 [1976]: 57). Daher kann ein idealer Name auch nicht die Funktion übernehmen, seinen Träger zu charakterisieren.[8] Ich gehe hier im Weiteren mit Sandig (vgl. 1995: 540) davon aus, dass mit jedem Namen zwingend zwei Wissenskomponenten verbunden sind – zum einen Wissen über den Namenstatus des Lexems und damit dessen Monoreferenz, zum anderen (sekundäre Verwendung ausgeschlossen) Wissen über die Klasse, der dieser Name angehört. Alle anderen mit dem Namen verbundenen Wissenselemente[9] werden hier nicht der (überindividuellen) Namenbedeutung, sondern dem (stark divergierenden) Weltwissen (konkret: dem Wissen über den Namenträger) zugerechnet, selbst wenn man davon ausgehen kann, dass die Masse der Sprachnutzer darüber verfügt (vgl. *Goethe*: großer deutscher Dichter).

---

8   Ich gehe davon aus, dass sich an der Peripherie des proprialen Bereiches solche Namen befinden, die neben der Identifizierungs- und Individualisierungsfunktion auch eine Charakterisierungsfunktion übernehmen (vgl. *Rheinisches Schiefergebirge, Institut für deutsche Sprache, Ostseezeitung*).

9   Ausgenommen sind die von der Namengestalt ausgelösten Assoziationen, die (vor allem in der literarischen Onomastik) als Namenbedeutsamkeit gefasst werden.

## 2 Spezifik der metaphorisch gekoppelten Konzepte

Sowohl Appellativ- als auch Namenmetaphern beruhen auf wahrgenommenen bzw. behaupteten/unterstellten Ähnlichkeiten zweier unterschiedlicher Vorstellungsbereiche, des Ursprungs- und des Zielbereichs. Innerhalb dieser Konzepte heben sich zwei für meine Belange wichtige Subkategorien voneinander ab: Wir „haben [...] z.B. eine **mentale Repräsentation** unserer eigenen Mutter im Langzeitgedächtnis gespeichert. Es handelt sich hierbei um ein Individuen- oder Token-Konzept. Zugleich verfügen wir über ein Klassen- oder Type-Konzept MUTTER, welches generalisierend und abstrahierend die wesentlichen Eigenschaften (FRAU, HAT KIND GEBOREN) der Kategorie repräsentiert" (Skirl/Schwarz-Friesel 2007: 7). Auf dieser Basis lassen sich Appellativmetaphern knapp wie folgt charakterisieren: Ursprungsbereich ist ein Klassen-Konzept, das auf ein Klassen- oder ein Individuen-Konzept im Zielbereich projiziert wird. (Vgl. *Banken sind Haie.*, *Diese Bank ist ein Hai.*) In beiden Fällen lässt die Metapher die Merkmale des Zielbereichs (der Kategorie bzw. des Individuums) in den Vordergrund treten, die (im jeweiligen Kontext) die Ähnlichkeitsbeziehung begründen. „Häufig sind Fälle [...], wo ein abstraktes Konzept [...] mit Hilfe eines konkreten Konzepts [...] charakterisiert wird" (Skirl/Schwarz-Friesel 2007: 8).

Anders als bei den Appellativmetaphern bildet bei Namenmetaphern grundsätzlich ein Individuen-Konzept den Ursprungsbereich. Wie die folgenden Belege[10] zeigen sollen, kommen hierfür singuläre Vertreter unterschiedlicher Kategorien in Betracht[11], wenn sich auch für anthroponymische und toponymische Metaphern die meisten Belege finden lassen[12]:

I.

(1) [Jordi Évole] *Der spanische Manuel Andrack.* (S 31/2012, S. 56)

(2) [Christof Wackernagel] *[...] der „deutsche James Dean" der späten sechziger Jahre [...]* (S 19/2013, S. 144)

---

10 Ausgeklammert werden im Weiteren Namenmetaphern innerhalb von Komposita, die in meinem Korpus kaum vertreten sind.

11 Dies trifft zumindest für den okkasionellen metaphorischen Gebrauch von Namen zu, der bei allen Beispielen unter I. und II. vorliegt. Unter den lexikalisierten Namenmetaphern finden sich fast ausschließlich anthroponymische und solche mit Bezug auf Figuren aus Mythologie und schöner Literatur, wie *Xanthippe, Krösus, Judas, Adonis, Mäzen, Nestor, Don Quichotte*, vereinzelt auch toponymische, wie *Mekka*. (Vgl. dazu genauer unter 4.)

12 Sollte in den folgenden (aus Raumgründen möglichst kurz gehaltenen) Textpassagen der Zielbereich nicht klar zutage treten, werden entsprechende Angaben in eckigen Klammern vorangestellt. Die Namenmetaphern sind durch Fettdruck hervorgehoben.

(3)  *Der Lemberger Arzt und Jurist Oleg Tjagnibok, 43, ist Vorsitzender der Frei-*
     *heitspartei, ein ukrainischer Jörg Haider.* (S 43/2012, S. 115)
(4)  [Prinzessin Lilian] *[...] der Daniel Westling ihrer Zeit [...]* (NNN 12.3.2013,
     S. 9)
(5)  *Der türkische Prediger Fethullah Gülen inszeniert sich als der Gandhi des Is-*
     *lam.* (S 32/2012, S. 28)
(6)  [Charlotte Casiraghi] *[...] dass sie fortan als die „Pippa Monacos" galt [...]*
     (NNN 20.1.2012, S. 9)
(7)  *„Jack the Ripper" vom Main* (NNN, 23.4.2012, S. 23)
(8)  *Hansa-Coach Wolf als Miss Sophie* (NNN 5.1.2012, S. 21)
(9)  [Ehepaar Bo Xilai, Gu Kailai] *Die roten Kennedys* (S 16/2012, S. 100)
(10) *Gronau ist das Neukölln der Sparkassendirektoren.* (Z-M 5/2013, S. 6)
(11) *Angst vor einem neuen Lichtenhagen. Neonazis machen Stimmung gegen ein*
     *Asylbewerberheim in Wolgast* (NNN 25.9.2012, S. 3)
(12) *[...] in der nordfranzösischen Region Nord-Pas-de-Calais – also quasi im*
     *Ruhrgebiet Frankreichs.* (FTD 4.12.2012, S. 28)
(13) [Region zwischen Darmstadt und Karlsruhe] *[...] ein deutsches Silicon Val-*
     *ley [...]* (FTD 4.12.2012, S. 6)
(14) [Rue Lambert] *[...] die Fifth Avenue von Port-au-Prince [...]* (S 2/2011, S. 85)
(15) [Parsteinsee] *Der deutsche Balaton* (NNN 4./5.8.2012, S. 3)
(16) *Erst hatte sich Deutschland abgeschafft – das waren Sarrazins Feuchtgebiete*
     *[...]* [Hervorhebung von *Feuchtgebiete* im Original durch Kursivdruck, P.E.]
     (Z-M 27/2012, S. 41)
(17) *[...] der berühmten Beida [...], der Peking-Universität, Chinas Stanford.*
     (Z 23/2013, S. 65)
(18) [Angela Merkels Bürgersprechstunde] *Auf der Suche nach dem politischen*
     *Bernsteinzimmer von Stralsund* (S 21/2011, S. 32)
(19) [die Anka, ein DDR-Angelkahn] *[...] war damals quasi der Trabant der Seen.*
     (NNN 9.10.2012, S. 3)

Wie die Beispiele andeuten, können neben offiziellen Personennamen (dem Ge-
samt-, Ruf- oder Familiennamen) auch inoffizielle Personennamen (Beispiel 7),
Figuren- (Beispiel 8) und Personengruppennamen (Beispiel 9) metaphorisch
gebraucht werden, daneben Namen von Städten und Stadtteilen, Landschaften,
Straßen, Gewässern, Kunstwerken, Institutionen und Waren, sodass im Hinblick
auf die Ursprungsbereiche keine Beschränkungen zu erkennen sind. In den obigen Beispielen stellen auch die Zielbereiche ausnahmslos Individuen-Konzepte
dar. (In meinem Material findet sich nur ein einziger analog strukturierter Beleg mit einem Klassen-Konzept als Zielbereich: *Rinderhackbraten. Der Burt Rey-*
*nolds des Essens.* [SZ 17./18.3.2012, S. V2/4]) Die Individuen-Konzepte des Zielbe-

reichs gehören in aller Regel derselben Kategorie wie die des Ursprungsbereichs an, bei Personen finden wir fast ausschließlich Geschlechtsidentität (Ausnahme: Beispiel 4). Die metaphorisch benannten Individuen des Zielbereichs sind in der Regel, aber nicht immer (vgl. Beispiel 18) selbst Namenträger. Vergleicht man die metaphorisch gekoppelten Individuen-Konzepte, zeigt sich, dass in aller Regel das Ursprungs-Konzept das bekanntere darstellt (so auch Thurmair 2002: 22). Wie bei den Appellativmetaphern ist der Ursprungsbereich also auch bei solchen Namen-metaphern stärker im Lebens- und Erfahrungsbereich der Sprachnutzer veran-kert. Neben Individuen-Konzepten können, wie die folgenden Belege zeigen, aber auch Klassen-Konzepte Zielbereiche von Namenmetaphern sein:

II.
(20) *Die Endzwanziger, die davon träumen, die nächsten **Mark Zuckerbergs** zu werden [...]* (SZ 17/18. 3. 2012, S. 16)
(21) *Paris Hilton, Katie Price und die anderen **Katzenbergers** dieser Welt [...]* (NNN 23. 1. 2013, S. 2)
(22) *Wüsten-**Ceausescus*** (OZ 12. 1. 2011, S. 2)
(23) *Sie [Angela Merkel] ist in ihrer Koalition umgeben von **Pofallas**, **Röslers**, **Rött**-**gens**.* (NNN 14. 5. 2012, S. 2)
(24) *„Es gibt viele **Neuköllns** bei uns"* (NNN 18. 10. 2012, S. 2)
(25) *Unsere **Griechenländer*** (Z 51/2011, S. 32)

Für diesen Typ von Namenmetaphern scheinen, wie die Beispiele zeigen, primär Anthroponyme und Toponyme infrage zu kommen.

## 3  Verstehensprozesse und Texteinbettung

Im Folgenden orientiere ich mich an den bei de Knoop (1987: 21 ff.) beschriebenen Schritten im Prozess des Metaphernverstehens und gehe folglich davon aus, dass der Rezipient eine Metapher zunächst als solche erkennen muss (Rekognition), um sie im Weiteren im Hinblick auf die beteiligten Konzepte zu rekonstruieren (Re-konstruktion) und schließlich die verbindende(n) Ähnlichkeit(en) zu entschlüs-seln (Interpretation). (Zumindest die beiden letzten Phasen dürften sich über-schneiden.) Appellativmetaphern werden primär durch „bedeutungsmäßige[n] Unvereinbarkeit der gebrauchten Sprachzeichen" (de Knoop 1987: 22) signali-siert.[13] „Texte erzeugen meistens Textwelten [!] und wenn Wörter (unter Berück-

---

13  Derartige Inkompatibilitäten treten natürlich auch bei anderen Arten nicht-wörtlichen Le-xemgebrauchs auf, wie bei der Metonymie und der Ironie, die dann im weiteren Verlauf des Verstehensprozesses auszuschließen sind.

sichtigung der Gesetze der Textwelt und von ko(n)textuellen Informationen) nicht mehr eigentlich auf Elemente der Textwelt verweisen, liegt ein starkes Indiz für uneigentlichen Wortgebrauch vor: [...] Metaphorisch sind Wörter, deren potenzielle Textwelt-Referenten nicht mehr in den eigentlichen Bedeutungsspielraum derselben Wörter fallen oder [...] [die] dem Textwelt-Referenten unpassende Charakteristika und Fähigkeiten zuordnen" (Müller 2012: 75). Die Rekognition von Appellativmetaphern erfolgt demnach primär bedeutungsbasiert. Sie kann grammatisch unterstützt werden, da metaphorische Äußerungen „sich häufig – a b e r  n i c h t  n o t w e n d i g – dadurch aus[zeichnen], daß Kollokations-, Distributions- und/oder Valenzregeln außer Kraft gesetzt werden" (Beckmann 2001: 84). Daneben besteht die Möglichkeit, besondere Metaphern-Marker einzusetzen (etwa dann, wenn eine Verwechselung mit dem wörtlichen Lexemgebrauch befürchtet wird) – zum einen „redecharakterisierende[n] Adverbiale[n]" (Beckmann 2001: 90), wie *sogenannt, gewissermaßen, gleichsam* oder (deutlicher auf metaphorischen Sprachgebrauch verweisend) *bildlich/metaphorisch gesprochen,* zum anderen Anführungszeichen[14] (vgl. Beckmann 2001: 91 f.) oder typographische Auszeichnungsmittel. Metasprachliche Signalwörter, wie *quasi,* werden gleichfalls zur Markierung von Namenmetaphern eingesetzt (vgl. Beispiele 12 und 19), ebenso wie ortho- und typographische Signale (vgl. Beispiele 2, 6, 7 und 16). Daneben weisen Namenmetaphern jedoch, anders als Appellativmetaphern, so regelmäßig bestimmte grammatische Besonderheiten auf, dass sich metaphorischer Namengebrauch daran festmachen lässt. Alle Beispiele im Block II. (vgl. 2.) erscheinen in der (hier mit -*s* gebildeten) Pluralform, die bei Referenz auf einen individuellen Namenträger üblicherweise (abgesehen von Personengruppennamen, vgl. *die Märchensammlung der Grimms*) nicht begegnet.[15] Die unter I. erfassten Belege zeichnen sich dadurch aus, dass die metaphorisch gebrauchten Namen nahezu ausnahmslos durch Attribute spezifiziert sind – entweder durch vorangestellte Adjektive bzw. Namen im Genitiv (vgl. Beispiele 1, 2, 3, 9, 11, 13, 15, 16, 17, 18) oder durch nachgestellte Genitiv- oder Präpositionalattribute.[16] Die Attribuierung allein kann allerdings noch nicht als Markierung des metaphorischen Namengebrauchs gelten: Sie begegnet auch bei nicht-metaphorisch verwendeten Namen, wenn ein bestimmtes Merkmal des Namenträgers hervorgehoben oder dieser zeitlich, räumlich usw. eingegrenzt werden soll; vgl. *das*

---

14 Dabei ist zu beachten, dass Anführungszeichen nicht auf die Markierung von Metaphern festgelegt sind.

15 Aus der Pluralform allein kann allerdings noch nicht auf das Vorliegen einer Namenmetapher geschlossen werden, da diese auch bei anderen besonderen Namenverwendungen auftritt – in Fällen von Namenhomonymie (vgl. *die beiden Frankfurts, alle Marias meiner Klasse*) und bei metonymischem Namengebrauch (vgl. *die zwei Picassos der Galerie*).

16 Derartige, auf den Zielbereich bezogene Attribute treten durchaus auch bei Appellativmetaphern auf (vgl. Müller 2012: 136 ff.), allerdings nicht derart regelhaft.

*moderne Paris, das heutige Paris, das romantische Paris der 20er Jahre, das Paris der kleinen Gassen.* Im Unterschied zu diesen Belegen zeichnen sich die Attribute der Namenmetaphern jedoch gemeinhin dadurch aus, dass die in ihnen ausgedrückten Merkmale nicht auf den Namenträger, sondern auf das im Zielbereich befindliche Individuen-Konzept zutreffen. Auf diese Weise wirken sie – in Verbindung mit dem metaphorisch gebrauchten Namen – konterdeterminierend: „Die Konterdetermination macht die Metapher als solche deutlich und löst somit letztlich auch eine Vergleichsoperation aus [...]" (Thurmair 2002: 10).[17] Sofern der Zielbereich im unmittelbaren Textumfeld benannt ist, wie im Beleg *Rostock, das Sydney der Ostsee,* handelt es sich sogar um eine deutliche „zweifache Konterdetermination" (Thurmair 2002: 11): *Rostock* ↔ *Sydney, Sydney* ↔ *Ostsee.* Die Konterdetermination tritt, auch abhängig von der Art der Attribute, mehr oder weniger deutlich zutage.[18] Ihre Wahrnehmung setzt jedoch grundsätzlich Wissen über den Namenträger, also Weltwissen, voraus – anders als bei der primär mithilfe von Bedeutungswissen erfolgenden Rekognition der Appellativmetaphern. (Um die Konterdetermination in Beispiel 16 zu erkennen, muss man z. B. wissen, dass *Feuchtgebiete* der Name eines Romans und Thilo Sarrazin nicht dessen Autor ist.)

Die Rekonstruktion von Appellativmetaphern kann insofern erhebliche Probleme bereiten, als der Zielbereich der metaphorischen Projektion nicht in jedem Fall klar benannt wird: „Der nicht-metaphorische Ko-Text kann (muss aber nicht) Zielbegriffe enthalten, die den Textwelt-Referenten bezeichnen oder näher umschreiben" (Müller 2012: 75). Der präferierte Eindeutigkeitsgrad der Zielbereichsmarkierung ist dabei offensichtlich auch abhängig von der Textsorte.[19] Auch in dieser Hinsicht scheinen sich Namenmetaphern anders zu verhalten: Unter mei-

---

17  Neben der Konterdetermination lassen vor allem Besonderheiten des Artikelgebrauchs auf Namenmetaphern (unterschiedlichen Konventionalisierungsgrades) schließen. Dieser (in Thurmair 2002 sehr gründlich beschriebene) Aspekt bleibt im Weiteren unberücksichtigt.

18  Das Adjektiv *neu* (vgl. Beispiel 11) könnte z. B. auch einen nicht-metaphorisch gebrauchten Namen attribuieren, wie im folgenden Beleg: *Nun steht der Eiffelturm schon 110 Jahre für das neue Paris, als dessen Schandfleck er einst angesehen wurde.* Generell scheint die metaphernsignalisierende Kraft von Adjektivattributen hinter der anderer Attributstypen zurückzustehen: Bei Toponymen (deren Namenträger ortsfest sind) dürfte die Verbindung mit (lokal zuordnendem) Genitivattribut z. B. (abgesehen von Disambiguierung bei Namenhomonymie, vgl. *das Bamberg Frankens* vs. *das Bamberg South Carolinas*) eindeutig auf metaphorischen Gebrauch hinweisen, während dieselbe Zuordnung über ein vorangestelltes Adjektivattribut auch bei nicht-metaphorischer Namenverwendung durchaus vorstellbar ist, vgl. einen (konstruierten) Satz wie *Das fränkische Bamberg ist ein Touristenmagnet.* (aber, sofern nicht auf Namenhomonymie Bezug genommen wird: *Das Bamberg Frankens ist ein Touristenmagnet.*).

19  „Die deutliche Tendenz zur Fixierung des Zielbereichs unterscheidet politische Reden von lyrischen Texten" (Müller 2012: 142).

nen Belegen des Blocks I. findet sich kein einziger, in dem das als Zielbereich
fungierende Individuum unbestimmt bliebe: Es lässt sich in jedem Fall eindeutig aus dem Gesamttext entnehmen, wird aber auch häufig im unmittelbaren Umfeld der Namenmetapher direkt benannt (vgl. Beispiele 3, 5, 8, 10, 12, 17).[20] Für die
Namenmetaphern des Blocks II. gilt offensichtlich, dass die den Zielbereich bildende Klasse derselben Kategorie wie der Namenträger im Ursprungsbereich angehört: Metaphorisch gebrauchte Personennamen referieren auf Klassen von Personen, metaphorisch gebrauchte Namen von Städten auf Klassen von Städten usw.
Die jeweils klassenbildenden Merkmale ergeben sich im Zuge der Interpretation
der Metapher.

Die Interpretation von Appellativmetaphern ist als ein primär semantisch ba-
siertes Verfahren zu sehen, bei dem die Rezipienten zunächst ihr Wissen über
Wortbedeutungen einbringen, um die zugrunde liegende(n) Ähnlichkeit(en) zu
erschließen. Allerdings kann die Konzeptkopplung auch solche Merkmale des Ursprungsbereichs betreffen, die nicht zum Bedeutungs-, sondern zum Weltwissen
der Sprachnutzer zählen – etwa dann, wenn ein Satz wie *Der Mann ist ein Löwe.*
sich auf die Eigenschaft von Löwen bezieht, viel zu schlafen (vgl. Skirl/Schwarz-
Friesel 2007: 57). (In solchen Fällen ist angesichts des stark divergierenden Welt-
wissens der Sprachnutzer von einem erhöhten Scheiternsrisiko auszugehen.) Bei
der Interpretation von Namenmetaphern ist der Rezipient dagegen, legt man
das oben umrissene Konzept der Namenbedeutung zugrunde (vgl. 1.), allein auf
sein Weltwissen angewiesen. Der Interpretationsprozess gestaltet sich hier insofern komplexer, als das Individuen-Konzept des Ursprungsbereichs zunächst in
ein Klassen-Konzept überführt werden muss: Der Rezipient hat zum einen sein
Wissen über den Namenträger zu aktivieren und zum anderen herauszufinden,
für welche Kategorie von Referenten dieser ein besonders guter Vertreter ist, für
welche Kategorie er daher stehen könnte. (Daher spricht man bei Namenmetaphern auch von appellativischem Namengebrauch.) In meinem Eingangsbeispiel
*Rostock, das Sydney der Ostsee* wäre also nach besonders markanten und auffälli-
gen Merkmalen von Sydney zu fragen, die diese Stadt als besonders guten Vertreter einer bestimmten Kategorie von Städten erweisen[21] – und zwar einer solchen,
der auch Rostock angehört. Insofern ist für die Interpretation solcher Namenme-

---

20  Dies mag auch damit zusammenhängen, dass Namenmetaphern primär in Textsorten auftreten, die zu einer deutlichen Zielbereichsmarkierung neigen (vgl. 5.).

21  Allerdings ist die Möglichkeit in Rechnung zu stellen, dass ein Namenträger in räumlich-
zeitlicher Entfernung auf ein bestimmtes, überschaubares Set von markanten Merkmalen
reduziert wird. Diese – von Burkhardt (2012: 221) als „sekundäre[n] Bedeutung" bezeichne-
ten – Merkmale kommen dann primär als Andockstellen der metaphorischen Projektion infrage.

taphern, die sich auf Individuen beziehen (vgl. die Belege in Block I.), zwingend
auch Weltwissen über den Zielbereich erforderlich. (Wenn man gar nichts über
Rostock weiß, wäre die Metapher kaum interpretierbar.[22]) Bei den Beispielen im
Block II., die nicht auf Individuen-Konzepte Bezug nehmen, deutet die Textwelt
auf die Merkmale der Namenträger hin, die den von den Rezipienten zu erschlie-
ßenden neuen Klassen-Konzepten zugrunde liegen.

Aus dieser Skizzierung des Verstehensprozesses wird deutlich, „welche Rolle
das (für Sprecher und Hörer gemeinsame) Wissen um die Eigenschaften des
Eigennamenträgers spielt; ohne dieses Wissen sowohl über den als Bildspender
fungierenden Eigennamenträger als auch über den Bildempfänger sind die Metaphern nicht interpretierbar" (Thurmair 2002: 21). „Für einen Rezipienten, der das
(sub)kulturspezifische Wissen um die Eigenschaften eines Eigennamenträgers
nicht hat, gibt es […] kaum Möglichkeiten, zu einer sinnvollen Interpretation zu
gelangen" (Thurmair 2002: 22). Daher hat ein Textproduzent, will er das Scheitern
einer Namenmetapher ausschließen, die Textadressaten und das bei diesen zu erwartende Wissen über einzelne Namenträger in Rechnung zu stellen.[23] Die obigen Beispiele zeigen, dass dabei auch regionale und zeitliche Besonderheiten zu
beachten sind: Die Hydronymmetapher *Balaton* (vgl. Beispiel 15) dürfte in Regio-
nen, in denen die deutsche Entsprechung *Plattensee* favorisiert wird, kaum verständlich sein. (Das trifft natürlich auch auf den nicht-metaphorischen Namengebrauch zu.) Die Figurennamenmetapher *Miss Sophie* (Beispiel 8) hat kurz nach
dem Jahreswechsel die größten Chancen, erfolgreich interpretiert zu werden, da
der Sketch „Dinner for One", in dem Miss Sophie auftritt, zum traditionellen TV-
Programm des Silvesterabends gehört. Um das Verstehen einer Namenmetapher
abzusichern, können die ähnlichkeitsstiftenden Merkmale des Ursprungsbereichs
auch im Text benannt werden – im Vor- oder im Nachfeld der Metapher, z. T.
auch diese umrahmend. Mit nachgestellten Erläuterungen ist besonders dann zu
rechnen, wenn eine schwer interpretierbare Namenmetapher in der Überschrift
erscheint – mit der offensichtlichen Funktion, zum Lesen des Textes anzuregen.
(Dies gilt auch für mein Einstiegsbeispiel *Rostock, das Sydney der Ostsee*, das erst
innerhalb des Folgetextes erklärt wird: *Seit der Wende entwickelt sie [die Han-
sestadt Rostock] sich zum Kreuzfahrtstandort Nummer eins in Deutschland und
spielt international in einer Liga mit den Häfen von Sydney und Dubai.* [P 20/2011,
S. 8 f.]) Das Verfahren der Verstehenssicherung durch Benennung der ähnlich-

---

22  Zu den Schritten der Interpretation von Namenmetaphern vgl. auch Thurmair 2002: 22 f.
23  Geht man davon aus, dass die Textproduzenten von ihren Adressaten verstanden werden
    wollen, kann man aus der Art der verwendeten Namenmetaphern (und dem Maß, in dem
    der Text Interpretationshilfe bietet) auch darauf schließen, welches Weltwissen sie bei die-
    sen erwarten.

keitsstiftenden Merkmale ist, wie in den folgenden, in etlichen anderen Belegen meines Korpus erkennbar:[24]

- zu (19), mit vorangestellter Erläuterung: *Wer aus dem Osten kommt, kennt die Anka. Sie ist dort nichts Besonderes, ist heute noch allgegenwärtig und war damals quasi der **Trabant** der Seen.* (NNN 9.10.2012, S. 3)
- zu (15), mit nachgestellter Erläuterung: *Der deutsche **Balaton** [...] Denn ähnlich wie in dem bekannten ungarischen Gewässer muss man hier gefühlte mehrere Kilometer laufen, um endlich tief ins Wasser zu kommen – das südöstliche Ufer des Parsteinsees ist ungemein flach.* (NNN 4./5.8.2012, S. 3)
- zu (6), mit umrahmender Erläuterung: *Die Tochter von Prinzessin Caroline von Monaco ist jung, attraktiv, unverheiratet – und für die Regenbogenpresse der vielversprechendste Nachwuchs im Hause Grimaldi. Seit der Hochzeit ihres Onkels Albert von Monaco mit Charlene Wittstock im Sommer stieg das Interesse an der 25-Jährigen stark an, die im rosafarbenen Chanel-Kleid eine gute Figur machte. So gut, dass sie fortan als die „**Pippa** Monacos" galt – ähnlich wie Pippa Middleton ihrer Schwester Kate bei der königlichen Hochzeit in Großbritannien, so stahl auch Charlotte der angespannten Braut fast die Schau.* (NNN 20.1.2012, S. 9)

## 4  Konventionalisierungsgrade und Remetaphorisierbarkeit

Alle Metaphern lassen unterschiedliche Konventionalisierungsgrade erkennen. Innerhalb der Appellativmetaphern unterscheide ich mit Skirl/Schwarz-Friesel (2007: 28 ff.) zunächst lexikalisierte von nicht-lexikalisierten. Lexikalisierte Appellativmetaphern (vgl. *Stuhlbein, Baumkrone, Fensterflügel, Nagelbett, Wäschespinne*) sind fest im Lexikon gespeichert, müssen also nicht eigens durch Konzeptkopplung produziert und auch nicht mittels des oben beschriebenen Verfahrens interpretiert werden. Aus diesem Grunde nehmen wir den metaphorischen Charakter solcher sprachlicher Einheiten auch nicht mehr wahr. Allerdings kann die „metaphorische Motiviertheit [...] in spezifischen Kontexten ins Bewusstsein gerückt werden, sodass eine **Remetaphorisierung** (oder auch **Remotivierung**) er-

---

24  Auch bei Appellativmetaphern können Textproduzenten solche „Mittel einsetzen, die das Verstehen des Verfahrens direkt unterstützen" (Beckmann 2001: 92). Angesichts der Spezifik von Namenmetaphern, nur mithilfe von Weltwissen interpretierbar zu sein, ist zu vermuten, dass derartige Verstehenshilfen hier in stärkerem Maße zum Einsatz kommen.

zeugt wird" (Skirl/Schwarz-Friesel 2007: 29)[25]. Zur Remetaphorisierung kommt es „in der kontextspezifischen Verbindung mit anderen Wörtern, die eine über die automatische Verarbeitung des Lexems hinausgehende Interpretation anregt" (Kohl 2007: 61). Sie lässt sich demnach bei den primär semantisch fundierten Appellativmetaphern, wie in den folgenden Beispielen, allein durch solche Begleitwörter auslösen, die den Ursprungsbereich der Metapher verdeutlichen (etwa durch Zugehörigkeit zum selben Wortfeld): *Er spielt eine bedeutende Rolle, nur hat er im falschen Rollenbuch studiert.* (Tille 1983: 29). *Je weniger Redestoff, um so öfter wird er gewendet, gefärbt und kunstgestopft.* (Tille 1983: 41) *Wolkenkratzer und Behauptungen brauchen einen festen Grund.* (Tille 1983: 51) Die lexikalisierten Metaphern sind durch eine fließende Grenze von den nicht-lexikalisierten getrennt, die nicht mit festen Bedeutungen gespeichert, sondern als Metaphern hervorzubringen und zu interpretieren sind. Diese lassen sich mit Skirl/Schwarz-Friesel (2007: 30 ff.) weiter in kreative Metaphern (auf der Basis etablierter Konzeptkopplungen) und innovative Metaphern (auf der Basis neuer Konzeptkopplungen) unterteilen. Es besteht die Möglichkeit, dass okkasionelle Metaphern sich sukzessive zu lexikalisierten entwickeln. Der Sprachgebrauch lässt unterschiedliche „Indikatoren für eine Konventionalisierung" (Beckmann 2001: 142) erkennen. Beckmann (2001: 142) nennt die Faktoren „Vorkommenshäufigkeit", „Verzicht auf Indizierung und Erklärung", „Vorkommen in Redeberichten", „allgemeine Erklärbarkeit", „metasprachliche Verwendbarkeit", „,spezifische'" und „,erweiterte' Metaphernfähigkeit".

Auch unter den Namenmetaphern finden sich einige lexikalisierte, d. h. fest im Wortschatz etablierte, wie die folgenden:

*Adonis: „schöner Mann* [...] [nach *Adonis,* dem schönen Jüngling der grch. Sage]" (Wahrig 2006: 116)
*Casanova: „Frauenliebling, Frauenverführer* [nach dem ital. Schriftsteller u. Abenteurer Giacomo Girolamo Casanova, 1725–1798]" (Wahrig 2006: 321)
*Nestor: „1 Ältester einer Gemeinschaft* 2 *alter, weiser Berater* [...] [nach dem König von Pylos, *Nestor,* dem ältesten u. weisesten der grch. Könige im Trojan. Krieg]" (Wahrig 2006: 1064)
*Xanthippe: „zanksüchtige Frau* [wohl fälschlich nach der Frau des Sokrates]" (Wahrig 2006: 1679); „,zanksüchtige Ehefrau, unleidliches Weib' [...], Name der be-

---

25 Lediglich tote Metaphern, bei denen die Ursprungsbedeutung nicht mehr bekannt ist, widersetzen sich einer Remetaphorisierung. So lässt sich z. B. der metaphorische Ursprung von *Kopf* (,Haupt, Schädel') nicht mehr bewusst machen. – „Die heutige Bedeutung [...] entwickelt sich in mhd. Zeit, und zwar über ,Gefäß, Schalenförmiges' zu ,Hirnschale' und ,Haupt'" (Pfeifer 2005: 717).

reits bei Xenophon als zänkisch und bösartig geschilderten Gattin des griech. Philosophen Sokrates (5. Jh. v. u. Z.), seit dem 16. Jh. im Dt. als Appellativum gebraucht" (Pfeifer 2005: 1587)

Anders als bei den Appellativmetaphern geht bei den Namenmetaphern mit der Lexikalisierung ein Kategorienwechsel einher, indem sie depropprialisiert und zu Appellativa werden. Dieser Prozess kann als abgeschlossen gelten, wenn das Namenformativ eine feste Merkmalsbündelung als Bedeutung angenommen hat (vgl. die Wörterbucheinträge zu den obigen Beispielen), für das Verständnis des Lexems also keinerlei Wissen über den ursprünglichen Namenträger (nicht einmal mehr Wissen über den ursprünglichen Namenstatus des Wortes) erforderlich ist. Indem der Bezug zum Namenträger verlorengeht, entzieht sich der metaphorische Ursprung der neuen, appellativischen Bedeutung mehr und mehr unserer Wahrnehmung. (Das Stadium der toten Metaphern, vgl. Fußnote 25, dürften Namenmetaphern jedoch kaum erreichen, da Namen nicht wie Appellativa veralten und aus dem Namenschatz ausscheiden.) Eine Remetaphorisierung lässt sich hier, anders als bei den Appellativmetaphern, nicht auf semantischer Ebene erreichen, sondern nur durch Vermittlung von Weltwissen über den Träger des ursprünglichen Namens. (Um ein Appellativum wie *Casanova* zu remetaphorisieren, müsste etwa bewusst gemacht werden, dass das Wort ursprünglich als Name einer individuellen Person mit besonderen Merkmalen zugeordnet war.) Neben den lexikalisierten finden wir (wie im appellativischen Bereich) ein breites Spektrum mehr oder weniger gebräuchlicher nicht-konventionalisierter Namenmetaphern (vgl. alle Belege unter 2.).[26] Grundsätzlich gelten für Namenmetaphern dieselben Konventionalisierungsindikatoren wie für Appellativmetaphern (vgl. oben). Darüber hinaus wird ihr Konventionalisierungsgrad von Thurmair (2002) an der Verbindbarkeit mit bestimmten Begleitwörtern festgemacht – dem unbestimmten Artikel und Attributen wie *(ein/e) zweite/r, richtige/r*. Auf dieser Basis unterscheidet sie „metaphorisch usualisiert[e]" Namen (z.B. *Napoleon, Kassandra, Casanova*), „metaphorisch okkasionelle[n]" (z.B. *Mutter Teresa, Paganini, Adenauer*) und „metaphorisch ad hoc" gebrauchte Namen (z.B. *Jenny Elvers, Harald Juhnke, John Wayne*) (vgl. Thurmair 2002: 15 f.). Bei der ersten Gruppe sind die mit dem Namen verbundenen Eigenschaften „so gefestigt, dass man die Namen problemlos mit dem unbestimmten Artikel verbinden kann und auch mit dem Attribut ‚richtig' (genauso: ‚echter') [...]. Mit dem Begriff *ein zweiter* sind diese Eigennamen nur schwer verbindbar, da sie in einem hohen Maße metaphorisch usuali-

---

26  Auf eine Diskussion der Frage, inwieweit sich die Unterscheidung von kreativen und innovativen Metaphern (vgl. Skirl/Schwarz-Friesel 2007: 30 ff.) auf die Namenmetaphorik übertragen lässt, möchte ich hier verzichten.

siert sind, so dass sie auf beliebig viele Personen prädiziert werden können. In der Gruppe 2 [...] sind die Namen noch nicht so verfestigt, deshalb ist der einfache prädizierende Gebrauch mit unbestimmtem Artikel recht problematisch, und noch mehr die Verwendung von *richtig*: es ist (noch?) unklar, welche stereotypen Eigenschaften den Namenträger ausmachen. Dies ist bei der dritten Gruppe, den ‚metaphorisch ad hoc' gebrauchten, deren metaphorische Verwendung allenfalls vereinzelt auftritt, noch deutlicher sichtbar [...]" (Thurmair 2002: 16). Die usualisierten Namen der Gruppe 1 dürften sich auch deshalb gegen eine Verbindung mit *ein/e zweite/r* sperren, weil deren Akzeptabilität Wissen über den ursprünglichen Namenstatus der Wörter voraussetzt, das – wie oben erwähnt – im Zuge der Deproprialisierung verlorengehen kann.

## 5    Vorkommen und Funktionen

Appellativmetaphern sind allgegenwärtig: Wir begegnen ihnen in sämtlichen Textsorten. Sie übernehmen, in Abhängigkeit von den Charakteristika des Textes, unterschiedliche aus einem großen Spektrum denkbarer textexterner Funktionen (vgl. Bertau 1996: 216 ff.; Kohl 2007: 64 ff.). Innerhalb von Texten vermögen Appellativmetaphern (im Zusammenspiel mit Metaphern anderer Wortartprägung) Kohärenz zu stiften, sofern metaphorische Ausdrücke ein und desselben Ursprungsbereichs einen kompletten Text oder bestimmte Passagen durchziehen (zur einschlägigen Kategorie des Metaphorisierungstextes vgl. Pohl 2002: 105). Vergleichbare textinterne Leistungen scheinen Namenmetaphern kaum zu übernehmen, obgleich es durchaus denkbar wäre, durch gemeinsame situative, regionale usw. Rahmen verbundene Namen zu nutzen, um eine ähnliche Verbindung der Individuen im Zielbereich anzuzeigen. In meinem Material findet sich nur ein einziges Beispiel, das von dieser Möglichkeit (spärlich) Gebrauch macht:

(26) *Wenn das hier [die Ted Conference] Woodstock ist, dann ist Peter Diamandis der Jimi Hendrix des Optimismus.* (SZ 10./11. 3. 2012, S. 15)

Die dominierenden textexternen Funktionen der Namenmetaphern ergeben sich aus der Spezifik der Textsorten, in denen sie besonders häufig begegnen. Dabei handelt es sich zum einen um Printmedientexte, zum anderen um Reiseführer und Reisebeschreibungen, die Thurmair (2002: 21) erwähnt, sowie um Werbetexte (vor allem der Tourismusbranche). In Printmedientexten scheinen nichtkonventionalisierte Namenmetaphern gerne als „einmaliges Aufmerksamkeitssignal" (Thurmair 2002: 25) genutzt zu werden, vor allem, wie bereits erwähnt, an exponierten Textstellen, wie in Überschriften. Daneben fungieren sie offensichtlich auch häufig als Vehikel dafür, mittels beigegebener Erklärungen (vgl. 3.) text-relevantes Weltwissen zu transportieren, wie in den folgenden Beispielen[27]:

(27) *„Mecklenburg-Vorpommern", so ihre [Corinna Cwielags] Diagnose, „ist auf dem Weg, ein zweites Cloppenburg zu werden." Der niedersächsische Land-kreis galt lange als Mekka der Mäster – so lange, bis die Böden mit lauter Gülle verseucht waren und die Menschen zu protestieren begannen.* (S 32/2012, S. 84)

(28) *Jaroslaw Kaczynski sagt diesen einen verstörenden Satz mitten in das ent-täuschte Schweigen seiner Anhänger hinein. „Ich bin tief davon überzeugt, dass wir in Warschau ein Budapest erleben werden." Die wenigsten Zuhörer be-greifen sogleich, was der nationalkonservative Parteiführer damit sagen will. Soeben hat er die polnische Parlamentswahl klar verloren. Was faselt er da plötzlich von Budapest? Betretene Stille folgt. Doch später dämmert es dem einen oder anderen. In Budapest regiert der rechtspopulistische Premier Viktor Orban mit einer verfassungsändernden Zweidrittelmehrheit. Der Ungar ist da-bei, den Staat nach Prinzipien umzugestalten, die mit einer Demokratie schwer in Einklang zu bringen sind. Kritiker sprechen von einem autoritären Sys-tem oder gar von „Faschismus light". Dieses Modell aber, so sagt es Kaczynski mit seinem Satz über Budapest, war auch meine Idee. Und es bleibt mein Ziel.* (NNN 11.10.2011, S. 3)

Bestimmte singuläre Namenmetaphern (vor allem solche von Warennamen mit hohem Prestigefaktor, wie *Ferrari, Mercedes* oder *Rolls Royce*) werden gerne als „eine Art Superlativ" (Thurmair 2002: 24) eingesetzt, um dem Zielbereich beson-dere, herausragende Qualitäten zu bescheinigen. Ähnliches gilt für die Verwen-dung solcher toponymischer Metaphern in Reiseführern u. Ä., die sich auf pro-minente Namenträger mit bestimmten, gemeinhin hoch geschätzten Merkmalen beziehen, wie *Paris* oder *Venedig*[28]. In derartigen Kontexten können Namenme-taphern durchaus auch eine Werbefunktion übernehmen, die allerdings – wie der folgende Kommentar (aus meinem Cosmas II-Material) andeutet – durch allzu häufigen Gebrauch außer Kraft gesetzt wird: *[...] auf der Welt [gibt es] 1268 Venedigs. Experten schätzen die Dunkelziffer sogar dreimal höher. Denn Venedigs gibt es allein im Norden zig-fach: Lübeck wird Venedig des Nordens genannt. Und Hamburg, Emden, Amsterdam, Brügge ... Was aber macht ein Venedig eigentlich*

---

27   Gerade in dieser Funktion ist es keineswegs so, dass „das Verständnis der Metapher [...] vage bleiben oder ganz ausfallen" darf, wie Thurmair (2002: 25) pauschal feststellt. Dagegen spricht auch, dass Metaphernerklärungen z. T., wie in (28), im Text breiten Raum einnehmen.

28   Hier erweisen sich Namenmetaphern im Vergleich zu nicht-metaphorischem Sprachge-brauch auch insofern als vorteilhaft, als sie im Dunkeln lassen, welche(s) der zahlreichen markanten Merkmale des Namenträgers sie fokussieren.

*zum Venedig? Richtig, mehrere Kloakegruben zwischen zerfallenden Häuserwän-
den. Hauptsache, es führt eine bröckelnde Brücke drüber. Braucht ein Venedig sonst
noch was? Ja: einen Venedig-Verkündiger. Einen Schriftsteller, der mal gesagt hat:
„Die und die Stadt ist das ,Venedig des …"'* [...]* (Braunschweiger Zeitung 27.5.2008)

## 6    Fazit

Namenmetaphern heben sich von Appellativmetaphern grundsätzlich durch Nutzung von Individuen-Konzepten (im Ursprungsbereich) sowie durch ihre damit
verbundene Weltwissensbasiertheit ab. Aus dieser Spezifik ergeben sich, wie die
obige, skizzenartige Darstellung verdeutlichen sollte, zahlreiche Besonderheiten
des Verstehens und des Gebrauchs, die weitere Untersuchungen wert sind und die
Namenmetaphern (ungeachtet ihrer vergleichsweise geringen Zahl) als ergiebigen
Gegenstand metaphorologischer Forschung ausweisen.

## Literatur

Beckmann, Susanne (2001): Die Grammatik der Metapher. Eine gebrauchstheoretische Un-
    tersuchung des metaphorischen Sprechens. Tübingen: Max Niemeyer Verlag.
Bertau, Marie-Cécile (1996): Sprachspiel Metapher. Denkweisen und kommunikative Funk-
    tion einer rhetorischen Figur. Opladen: Westdeutscher Verlag.
Burkhardt, Armin (2012): Nomen est omen? Der Eigenname und seine Bedeutung(en) – aus
    philosophischer und linguistischer Sicht. In: Muttersprache, 122. Jg., H. 3, S. 215–232.
Debus, Friedhelm (2012): Namenkunde und Namengeschichte. Eine Einführung. Berlin:
    Erich Schmidt Verlag.
Hansack, Ernst (2004): Das Wesen des Namens. In: Brendler, Andrea/Brendler, Silvio (Hg.):
    Namenarten und ihre Erforschung. Ein Lehrbuch für das Studium der Onomas-
    tik. Hrsg. anlässlich des 70. Geburtstages von Karlheinz Hengst. Hamburg: baar,
    S. 51–65.
De Knop, Sabine (1987): Metaphorische Komposita in Zeitungsüberschriften. Tübingen:
    Max Niemeyer Verlag.
Kohl, Katrin (2007): Metapher. Stuttgart/Weimar: Verlag J. B. Metzler.
Müller, Ralph (2012): Die Metapher. Kognition, Korpusstilistik und Kreativität. Paderborn:
    mentis.
Nübling, Damaris/Fahlbusch, Fabian/Heuser, Rita (2012): Namen. Eine Einführung in die
    Onomastik. Tübingen: Narr Francke Attempto Verlag.
Pfeifer, Wolfgang (2005): Etymologisches Wörterbuch des Deutschen. 8. Aufl. München:
    Deutscher Taschenbuch Verlag.
Pohl, Inge (2002): Kognitive Metapherntheorie inklusive Frameansatz als Beschreibungs-
    instrumente metaphorischer Projektion, dargestellt an Metaphern aus meinungsbil-

denden Texten. In: Pohl, Inge (Hg.): Semantische Aspekte öffentlicher Kommunikation. Frankfurt am Main [u. a.]: Peter Lang, S. 105–143.

Sandig, Barbara (1995): Namen, Stil(e), Textsorten. In: Eichler, Ernst/Hilty, Gerold/Löff-
ler, Heinrich/Steger, Hugo/Zgusta, Ladislav (Hg.): Namenforschung. Ein internationales Handbuch zur Onomastik. 1. Teilband. Berlin/New York: Walter de Gruyter,
S. 539–551.

Skirl, Helge/Schwarz-Friesel, Monika (2007): Metapher. Heidelberg: Universitätsverlag
Winter.

Thurmair, Maria (2002): *Der Harald Juhnke der Sprachwissenschaft*. Metaphorische Eigenna-
menverwendungen. In: Deutsche Sprache, 30. Jg., H. 1, S. 1–27.

Wahrig (2006): Wahrig. Deutsches Wörterbuch. Herausgegeben von Renate Wahrig-
Burfeind. 8., vollständig neu bearbeitete Aufl. Gütersloh/München: Wissen Media
Verlag.

Wotjak, Gerd (1989): Zum Problem der Eigennamen aus der Sicht der Semantiktheorie. In:
Debus, Friedhelm/Seibicke, Wilfried (Hg.): Reader zur Namenkunde I. Namenthe-
orie. Germanistische Linguistik 98–100, S. 51–66 (zuerst erschienen in LS/ZISW/A,
Arbeitsberichte 30, Berlin 1976, S. 22–37).

## Quellen

FTD: Financial Times Deutschland
NNN: Norddeutsche Neueste Nachrichten
OZ: Ostseezeitung
P: prisma
S: Der Spiegel
Z: Die Zeit
Z-M: Zeit-Magazin
Tille, Peter (1983): Sommersprossen. 666 aphoristische Gesichtspunkte. Halle-Leipzig: Mit-
teldeutscher Verlag.

# Metaphorische Moral in aktuellen biotechnologischen Diskursen
Ein Beitrag zur Analyse normativer Annahmen
in der deutschen Presseberichterstattung
zur Synthetischen Biologie[1]

Martin Döring

## 1 Einleitung – Metaphern und Wissenschaft

Die Analyse von Metaphern ist in der Wissenschaftsforschung mittlerweile ein fest etabliertes Arbeitsgebiet. Es gibt kaum eine Studie in den Bereichen des *Technology Assessments*, den *Science Studies*, den *Science and Technology Studies*, der *Philosophy of Science* oder des *Public Understanding of Science*, in dem nicht die sinnstiftende und kommunikative Relevanz von Metaphern bemerkt worden ist. Auch wenn ihr bedeutungsgenerierendes, heuristisches und bewertendes Potenzial schon früh in der Wissenschaftsforschung erkannt wurde, so hat es relativ lange gedauert, bis sie als analytischer Gegenstand eine mehr oder minder systematische Beachtung erfuhr (Haraway 1976, Condit 1999, Kay 2000, Maasen/Weingart 2000, Fox Keller 2003, Bock von Wülfingen 2007, Nerlich/Elliott/Larsson 2009, Hellsten/Nerlich 2011). Dies ist umso erstaunlicher, da Vorläufer der Wissenschaftsforschung wie Ludwik Fleck (1980, 2011) oder Thomas S. Kuhn (1978, 1996) schon relativ früh auf die erkenntnisleitende und konstitutive Funktion der Metapher für den wissenschaftlichen Erkenntnisprozess hingewiesen haben. So bemerkte Fleck (1983: 87) schon in den 1930er Jahren, dass sich z. B. Naturwissenschaftler, Philologen oder Theologen innerhalb ihrer wissenschaftlichen Disziplin gut verständigen können, die fachliche Diskussion eines Physikers mit einem Philologen jedoch schwierig ist. Gegenseitiges Verständnis scheint auf geteiltem Wissen, unausgesprochenen Annahmen und Erfahrungen zu beruhen, die für die Entwicklung disziplinärer Denkstile und -kollektive konstitutiv sind. Einen analytischen Zugang zu diesen Denkstilen und -kollektiven bieten sprach-

---

1  Die Arbeit an diesem Beitrag wurde im Rahmen des vom BMBF geförderten Forschungsprojekts *Holistische Konzepte des Lebens: Erkenntnistheoretische und soziokulturelle Implikationen der Systembiologie* (Förderkennzeichen 01GP0904) durchgeführt.

liche Strukturen wie Metaphern, da in ihnen als Medium spezifische Formen des Konzeptualisierens, Denkens, Erkennens, Wahrnehmens, Kommunizierens und Bewertens gebündelt werden. Für die Fabrikation von Erkenntnis (Knorr-Cetina 1984) sind Metaphern im wissenschaftlichen Alltag grundlegend, metaphorisches Denken ist fester Bestandteil wissenschaftlicher Arbeit (Brown 2008). Auch jenseits der Wissenschaft, im Gebiet der Wissenschaftskommunikation, spielen Metaphern eine wichtige Rolle. So wird gern das verständnissichernde wie auch kreativ-spielerische Potenzial (Osthus 1998) von Metaphern in der medialen Berichterstattung über Wissenschaft genutzt: Wissenschaftsressorts in Tageszeitungen bereiten aktuelle Forschungsergebnisse allgemeinverständlich für den Leser mit Rückgriff auf konventionalisierte Metaphern auf, während Fernsehsendungen anschaulich erklären, dass z. B. Mitochondrien die Kraftwerke der Zelle sind. Ohne Metaphern scheint inner- wie außerwissenschaftliche Kommunikation kaum möglich zu sein: Metaphern sind nicht nur allgegenwärtig, sondern auch notwendig für gegenseitiges Verstehen

Dies trifft in besonderem Maße für den hier untersuchten Gegenstand der Biotechnologie zu, der in den vergangenen 20 Jahren stark an innerwissenschaftlicher und öffentlicher Aufmerksamkeit gewonnen hat. Im Kontext der Entschlüsselung des menschlichen Genoms (Kay 2000), der Diskussion über die wissenschaftliche Forschung mit embryonalen Stammzellen (Hauskeller 2005, Döring/Nerlich 2004, Döring/Zinken 2005) oder der Freisetzung genetisch veränderter Organismen (Cook 2005: 108–119) haben sich ethische und moralische Kontroversen über die rote und grüne Biotechnologie entwickelt, die sich nicht selten um die zentrale Metapher des *Playing God* gruppierten. Spielt der Mensch wirklich Gott oder nutzt er nur biotechnologische Innovationen, die ein möglicherweise gesünderes und damit besseres Leben ermöglichen oder gar – wie im Falle der grünen Biotechnologie – den Welthunger beenden? Ist er überhaupt in der Lage, die Konsequenzen dieser neuen Handlungsmöglichkeiten abzuschätzen (Döring 2012)? Was bedeutete es, wenn das menschliche Genom mit der Metapher des Textes erfasst wird, man aber bis heute große Schwierigkeiten hat, diesen genetischen *Buchstabensalat* in seiner Bedeutung und Funktionalität zu erfassen? Warum bezeichnen Befürworter der Forschung mit embryonalen Stammzellen diese metaphorisch als Zellhaufen oder magische Kugeln für neuartige Therapien, mit denen Volkskrankheiten überwunden werden, während Gegner sie als Menschen im Entstehen rahmen? Welche Implikationen ergeben sich aus der Metapher *Frankenfood,* mit der die Aussaat von genetisch verändertem Mais kritisiert wurde (Zinken et al. 2008)?

Es metaphert gehörig im Kontext biotechnologischer Innovationen, und umso erstaunlicher ist es, dass selten eine kritisch-diskursive (Keller 2004, Semino 2008, Schmitt 2011, Steen et al. 2010) und systematische Analyse moralisch-ethischer Implikationen und normativer Annahmen (Komduur et al. 2009) in Metaphern vorgenommen wurde. Jenseits einer normativ philosophischen Perspektive, in der moralische Prinzipien und ethische Konzepte zur bioethischen Bewertung konkreter Forschungsergebnisse oder biotechnologischer Innovationen herangezogen werden (Markowitz 2012), erscheint es aus einer empirischen Perspektive sinnvoll, normative Annahmen in Metaphern biotechnologischer Diskurse analytisch genauer unter die Lupe zu nehmen. Zielpunkt könnte eine bioethische Bewertung biotechnologischer Diskurse sein, die die Möglichkeiten einer kritischen Metaphernanalyse nutzt.

Genau an diesem Punkt setzt der vorliegende Beitrag an, indem er aus einer empirischen Perspektive versucht, eine praktikable Methode für die Analyse normativer Annahmen zu entwickeln, die sich in metaphorischen Übertragungsprozessen zwischen Bildspender und Bildempfänger (Weinrich 1963) verstecken. Gegenstand der exemplarischen Untersuchung normativer Annahmen ist die Presseberichterstattung zur Synthetischen Biologie, die als neueste Entwicklung der Biologie darauf abzielt, künstliche biochemische Systeme und Gensequenzen in Lebewesen zu integrieren. Ziel der Untersuchung ist es, eine methodische Vorgehensweise zu entwickeln und zu erproben, deren theoretischer Ausgangspunkt die Arbeiten von Johnson (1993), Lakoff (1996), Jäkel (1997), Nordgren (1998), Lakoff/Johnson (1999), Komduur et al. (2009), Balmer/Herremann (2009) sowie eigene Überlegungen sind. Bevor wir uns jedoch der Datenanalyse und -interpretation widmen, ist es notwendig, das in diesem Beitrag genutzte theoretische Konzept der Metapher zu umreißen. Nachdem dies im nächsten Abschnitt geschehen ist, werden im Folgenden die methodischen Grundlagen für die Fallstudie entwickelt und erste Ergebnisse dargestellt. Das abschließende Kapitel fasst die Ergebnisse der Analyse zusammen und thematisiert in einem Ausblick mögliche Potenziale einer metaphernanalytischen Bioethik.

## 2    Bewertendes Denkwerkzeug Metapher – theoretische Aspekte

Das Interesse an Metaphern ist seit Beginn der 1980er Jahre wiedererwacht und hat im Kontext der *Cognitive Semantics* über die Fachgrenzen der Linguistik hinaus eine breite Rezeption und Anwendung z. B. in der Psychologie (Schmitt 2010), Soziologie (Junge 2012), Wissenschaftsforschung (Brown 2008) oder Ethnologie (Quinn 2005) erfahren. Ausgangspunkt dieser Entwicklung war die essayistische Darstellung einer kognitiv ausgerichteten Metapherntheorie durch den Linguisten George Lakoff und den Philosophen Mark Johnson (Lakoff/Johnson 1980), die in ihrem Buch *Metaphors We Live By* die Metapher jenseits des poetischen Ausnahmediskurses als alltägliches und erkenntnisleitendes Phänomen veranschlag-

ten. Sieben Jahre nach *Metaphors We Live By* erfolgte die theoretische Ausdifferenzierung des Ansatzes (Lakoff 1987, Johnson 1987), in dem die Grundlagen einer
erfahrungsmäßig motivierten Metapherntheorie dargelegt wurden. So genannte
„[…] sensomotorische Körpererfahrungen […]" Jäkel (1997: 287) und kulturelles
Wissen bilden die Ausgangsbasis für eine metaphorisch motivierte Konzeptualisierung und Kategorisierung der Welt „which allow the [human being; M. D.] to
react to, and manipulate the world" (Dirven 2000: 4). Zentral ist der der Metapher
inhärente Prozess der metaphorischen Übertragung (metaphorical mapping), indem eine abstrakte durch eine gegenständliche Bedeutungsdomäne erschlossen
wird: Kurz, „[t]he essence of metaphor is understanding and experiencing one
kind of thing in terms of another" (Lakoff/Johnson 1980: 5). Von Johnson (1987:
105) wird dieser Prozess als ein „[…] blend [of all] the influences (bodily, per-
ceptual, cultural, linguistic, historical, economic) that make up the fabric of our
meaningful experience" beschrieben. Damit ist die Metapher zentraler Mechanismus vielfältig motivierter Sinnstiftungen, die die Interaktion zwischen Mensch
und Umwelt strukturieren und in so genannte Modellvorstellungen überführen
(Ingold 2000: 409). Wenn z. B. die menschliche DNA metaphorisch als Buch bezeichnet wird, so wird durch einen Übertragungsprozess das Abstraktum DNA
mit Hilfe des konkreten Gegenstandes Buch semantisch erschlossen. Die mit dem
Konzept Buch verbundenen Implikationen, wie z. B. lesen oder schreiben, fließen
in den sinnstiftenden Prozess ein und strukturieren die Zieldomäne sowie wissenschaftliche Praxen soweit, dass DNA-Abschnitte um- oder neu geschrieben werden sollen. Zu beachten ist, dass sprachlich realisierte Metaphern als Oberflächen-
strukturen verstanden werden, die auf so genannten konzeptuellen Metaphern
gründen. Sprachliche Metaphern verweisen also auf konzeptuelle Metaphern, die
als kognitive Konstrukte oder übergreifende Modellvorstellungen menschliche
Erfahrungsbereiche semantisch strukturieren und mit Hilfe sprachlicher Metaphern überhaupt kommunizieren. Betrachtet man detaillierter die Funktionsweisen der Metapher (Jäkel 1997: 40–41, Döring 2005: 109–122), so ergeben sich folgende sechs Aspekte, die für das Diskursfeld Wissenschaft wichtig sind:

1)  Die Allgegenwart der Metapher (die Metapher ist ein alltägliches Phänomen
    der wissenschaftlichen Sprache und des wissenschaftlichen Diskurses).
2)  Die konzeptuelle Fundierung der Metapher (die Metapher ist ein kognitiver
    Mechanismus, mit dem abstrakte Begriffsdomänen durch konkretes Wissen
    und Erfahrung in der Wissenschaft konzeptualisiert werden).
3)  Der konzeptuellen Fundierung von Metaphern in idealisierten kognitiven Mo-
    dellen (eine Gruppe von konzeptuellen Metaphern strukturiert eine wissen-
    schaftliche Diskursdomäne).

4) Metaphern sind notwendig (Metaphern machen in der Wissenschaft abstrakte Sachverhalte zugänglich, indem sie sie mit Hilfe von erfahrungsmäßig gewonnenen Wissensdomänen erschließen).

5) Metaphern sind kreative Denkinstrumente (metaphorisch gewonnenes Wissen kann nicht auf Propositionen reduziert werden)

6) Fokussierungsaspekt der Metapher (Metaphern heben bestimmte Bedeutungsaspekte in der Wissenschaft hervor, während sie andere – möglicherweise für den Erkenntnisprozess wichtige Aspekte – verdecken)

Zusammenfassend betrachtet wird deutlich, dass Metaphern eine kategorisierende Funktion für menschliche Sinnstiftungen haben, die auch wichtiger Bestandteil wissenschaftlicher Erkenntnisprozesse sind. Grundlegend ist der den Metaphern eigene Übertragungsprozess, den Balmer und Herremann (2009: 221) zusätzlich als einen „[…] act of ethical conceptualisation […]" verstehen: „Via the mapping ethical arguments are transferred, metaphors are ethical statements" (Balmer/Herremann 2009: 221). Aus dieser Perspektive betrachtet ist es notwendig, die sechs Funktionsweisen der Metapher um eine siebte zu ergänzen:

7) Bewertungsfunktion der Metapher (Metaphern übertragen ex- und implizit Bewertungen der Ausgangs- auf die Zieldomäne)

Metaphern sind damit „[…] prime targets and tools […]" (Maasen/Weingart 2000: 37) einer moralisch-ethischen Analyse, deren normative Annahmen mit Hilfe einer Kookkurrenzanalyse – so die Überlegung – offengelegt und im Rahmen einer Bioethik kritisch reflektiert werden könnten. Die für eine solche Analyse notwendige Methodik wird im folgenden Kapitel dargestellt.

## 3  Metaphern finden und normative Annahmen analysieren – methodische Aspekte

Nachdem wir im vorherigen Kapitel einen skizzenartigen Einblick in die leicht erweiterten theoretischen Grundlagen für die Analyse von Metaphern in biotechnologischen Diskursen gewonnen haben, werden in diesem Abschnitt methodische Fragen erörtert, die für unsere Fallstudie wichtig sind. Die moralisch und ethisch motivierte Analyse normativer Annahmen scheint, so die Überlegung, maßgeblich auf metaphorischen Übertragungen zu beruhen. Um Annahmen aus diesen metaphorical mappings offenzulegen, wird es allerdings notwendig sein, diese mit Hilfe einer Kookkurrenzanalyse zu erschließen.

Nach diesen ersten Überlegungen wenden wir uns in einem ersten Schritt der Herstellung des zu analysierenden Datensatzes zu. Im vorliegenden Fall der medialen Repräsentationen der Synthetischen Biologie ermöglichten Pressedatenbanken entsprechender Verlage einen relativ leichten Zugriff auf die Daten, die mit Hilfe von Stichworten aufgefunden und zusammengestellt wurden. Für die Analyse bot sich die von Jäkel (1997: 153) entwickelte Methodik einer onomasiologisch-kognitiven Metaphernanalyse an, die jedoch für die hier durchzuführende Analyse normativer Annahmen um Aspekte der *imaginative ethics* von Nordgren (1998) und eigene Überlegungen ergänzt wurde. Folgende 10 Schritte sind in Anlehnung an Jäkels (1997: 153) Konzept notwendig:

1) Wähle einen abstrakten Diskursbereich als Zielbereich (mediale Repräsentationen der Synthetischen Biologie).
2) Kontextualisiere den Analysebereich durch eine umfassende und multimediale Lektüre (integrative Lektüre z. B. von Zeitungstexten, wissenschaftlichen Publikationen, fiktionalen Texten, Radiosendungen und Filmbeiträgen)
3) Suche nach Sprachmaterial und entwickle eine Textgrundlage (Pressetexte über die Synthetische Biologie).
4) Identifiziere alle sprachlichen Metaphern (genaue Durchsicht der Texte und Zusammenstellung der Metaphern in eine Tabelle).
5) Scheide konventionelle von idiosynkratrischen Metaphern (alle idiosynkratrischen Metaphern wurden aus der Tabelle gelöscht).
6) Formuliere konzeptuelle Metaphern (gruppiere sprachliche Metaphern unter konzeptuelle Metaphern).
7) Analysiere die metaphorischen Übertragungen (Notiere in der Tabelle, welche Lexeme als Ausgangsdomänen die metaphorischen Übertragungen bestimmen und in welchen Bereichen sie wortwörtlich gebraucht werden).
8) Gebe die Lexeme der Ausgangsdomänen in eine Kookkurrenzdatenbank (z. B. Cyril Belica) ein (notiere relevante Kookkurrenzen).
9) Interpretiere den Einfluss der Kookkurrenzen auf den Zielbereich und systematisiere sie zu normativen Annahmen der konzeptuellen Metapher.
10) Diskutiere die normativen Annahmen kritisch in Bezug auf ihre ethischen, rechtlichen und sozialen Aspekte (ELSA) im Kontext biotechnologischer Innovationen.

Zielpunkt der hier skizzierten Methodik ist es, die metaphorische Struktur und Logik der jeweiligen Diskursdomäne zu ordnen, um durch die systematische Analyse der metaphorischen Übertragungen normative Annahmen offenzulegen und diese vor dem Hintergrund der *imaginative ethics* (Nordgren 1998) für eine bioethische Analyse zu nutzen. Wie eine solche Analyse durchgeführt werden kann, soll nun anhand der Presseberichterstattung zur Synthetischen Biologie aufgezeigt werden.

## 4    Metaphern und normative Annahmen in der deutschen Presseberichterstattung zur Synthetischen Biologie

Die Synthetische Biologie ist ein relativ junges biotechnologisches Forschungsfeld, das sich in den vergangenen zehn Jahren rasant entwickelt hat (Calvert 2010, Boldt et al. 2009, Boldt et al. 2012, O'Malley et al. 2008, Schmidt et al. 2009, Schmidt 2012). Kennzeichnend ist für sie ein hoher Grad an Interdisziplinarität: So arbeiten unter anderem Wissenschaftler aus den Bereichen der Molekularbiologie, der Biochemie, der Physik, der Mathematik und der Informatik an der Entwicklung neuer biologischer Teilsysteme, neuen biologischen Funktionen, synthetischen Stoffwechselwegen oder der Entwicklung so genannter Minimalorganismen.[2] Angesichts der involvierten Disziplinen sowie eines explizit technikbezogenen Ansatzes kann im Kontext der Synthetischen Biologie auch von dem Versuch einer Zusammenführung der Biologie mit den Ingenieurswissenschaften gesprochen werden. Neben der traditionellen Laborforschung nehmen die computergestützte Modellierung biologischer Entitäten sowie die Simulation biologischer Prozesse eine zentrale Rolle ein. Ultimatives und bisher noch nicht erreichtes Ziel ist die Planung und biotechnologische Entwicklung neuer Lebensformen, die z. B. zur Entwicklung verbesserter Medikamente beitragen oder ölzersetzende Bakterien für die Bekämpfung von Ölunfällen bereitstellen könnte. Keines dieser Ziele ist bisher erreicht worden, auch wenn es Craig Venter, einem der führenden Forscher und Unternehmer in diesem Feld im Mai 2010 mit Hilfe seiner Mitarbeiter gelang, das künstliche Bakterium Mycoplasma Mycoides JCVI-syn1.0 herzustellen. Die Arbeitsgruppe um Venter integrierte eine synthetisch hergestellte genetische Sequenz in das Genom eines Bakteriums, das sich danach selbstständig vermehrte. Auch wenn es sich bei Mycoplasma Mycoides JCVI-syn1.0 nicht um eine genuin synthetische Lebensform handelt, so ist es das bisher erste biotechnologisch hergestellte Bakterium, das die fundamentalen Merkmale für die Zuschreibung von Leben erfüllt: Stoffwechsel und Vermehrung. Die damit technisch induzierte Veränderung in Richtung einer biotechnologischen Herstellung von Lebewesen (Cserer/Seiringer 2009) sorgte nach der Pressekonferenz Venters im Mai 2010 weltweit für eine intensive Medienberichterstattung und in der Folge für eine gesteigerte öffentliche Aufmerksamkeit. Im Zentrum dieser Aufmerksam-

---

2    Das Adjektiv *neu* bezeichnet in diesem Fall den disziplinären Anspruch, nicht in der Natur vorkommende biologische Substanzen oder Prozesse zu entwickeln.

keit lag die Sorge, dass im Falle einer Freisetzung – ähnlich wie im Kontext genetisch veränderter Organismen (z. B. Raps) – die Wirkung künstlicher Organismen auf den menschlichen Körper wie auf ökologische Systeme nur schwer abzuschätzen ist. Immer wieder wurden Fragen der Biosicherheit (Balmer/Martin 2008) im Kontext der Synthetischen Biologie thematisiert und die Rolle des Menschen als Schöpfer neben Gott erörtert.

Ausgehend von dieser ersten Kontextualisierung der Synthetischen Biologie, für die unterschiedliche Quellen wie Internetseiten, Zeitungsartikel, Filme auf unterschiedlichen Medienportalen und wissenschaftliche Artikel herangezogen wurden, wurde eine zweite wissenschaftliche Kontextualisierung der Synthetischen Biologie vorgenommen, um jenseits des öffentlichen Diskurses einen guten Einblick in aktuelle wissenschaftliche Entwicklungen, zukünftige Forschungsfragen sowie wissenschaftliche Einschätzungen zu ethischen Fragen zu erlangen.[3] Beide Datengrundlagen wurden im Hinblick auf thematische Zentrierungen und Leerstellen analysiert, mit denen die diskursive Schichtung der Synthetischen Biologie ein Stück weit offengelegt werden könnte. Mit diesem Interpretationshintergrund ausgestattet, wurden in einem folgenden Arbeitsschritt Online-Datenbanken von zwei führenden deutschen Tages- (Süddeutsche Zeitung und Frankfurter Allgemeine Zeitung) und Wochenzeitungen (Der Spiegel und Die Zeit) nach Artikeln zur Synthetischen Biologie durchsucht. Das mit Hilfe von Suchbegriffen wie *Synthetische Biologie, Craig Venter, Minimalorganismus, künstliches Leben* etc. zusammengestellte Datenkorpus von rund 92 Presseartikeln erstreckte sich über die Zeitspanne von 2001–2011 und eröffnete einen guten Einblick in die medialen Konjunkturen der Berichterstattung zur Synthetischen Biologie. Kennzeichnend für den Datensatz ist, dass die Tagepresse prinzipiell kürzer berichtet als die Wochenzeitungen und gut ein Drittel der Artikel in der Zeitspanne nach Venters Pressekonferenz zur Herstellung der Bakteriums Mycoplasma Mycoides JCVI-syn1.0 erschien.

Diese Textgrundlage wurde gemäß der weiter oben dargestellten Vorgehensweise (Punkt 4–10) untersucht. Sie ermöglichte jenseits des Auffindens idiosynkratrischer Sprachbilder den Zugriff auf konventionelle Metaphern, die einer induktiven Vorgehensweise folgend in konzeptuelle Metaphern überführt wurden. Die deutsche Presseberichterstattung zur synthetischen Biologie ist für die Zeitspanne von 2001–2011 durch folgende konzeptuelle Metaphern geprägt (Tab. 1).

---

3    Für die Analyse wurden mit Hilfe der Suchmaschine PubMedPubMedReminer relevante
     Scientific Reviews aus Online-Datenbanken zusammengestellt. Diese Textsorte ermöglicht
     einen guten Überblick über die Entwicklung eines wissenschaftlichen Feldes, da sie von führenden Wissenschaftlern publiziert werden.

**Tabelle 1** Konzeptuelle Metaphern in der deutschen Presseberichterstattung

| |
|---|
| MOLEKULARE EINHEITEN SIND LEGOSTEINE |
| DIE HERSTELLUNG VON NEUEN LEBEWESEN IST EIN KONSTRUKTIONSPROZESS |
| DIE DNA IST EIN COMPUTERPROGRAMM |
| DIE HERSTELLUNG VON NEUEN LEBEWESEN IST ELEKTROTECHNIK |
| DIE ZELLE IST EINE FABRIK |

Diesen konzeptuellen Metaphern entsprechen exemplarisch die folgenden sprachlichen Metaphern:

1) „Das Ziel ist, dass wir eines Tages über *eine Vielzahl genetischer Legosteine* verfügen, erklärt Tom Knight, […]" (FAZ 13.08.2009).

2) „Gleich mehrere Forschergruppen suchen nach dem *richtigen Bauplan* für einen Stoffwechsel, der umweltfreundlichen Biosprit ausscheidet" (Die Zeit 30.07.2009).

3) „Mit der *DNA schreiben wir die Anleitung*", sagt George Church in seinem Eckbüro in der Abteilung für Genetik, „und *programmieren die Zelle wie einen Computer*" (Der Spiegel 14.08.2006).

4) „[…] sich in diesem Labyrinth aus Bauelementen und Leiterbahnen abspielen, so hoffen die Biologen *Schaltpläne für einzelne Zellen oder Organe aufstellen* zu können […]" (SZ 17.08.2009).

5) „[…] Hefezellen beibringen, Biotreibstoffe zu produzieren. Schritt für Schritt muss er dazu *den natürlichen Organismus zur Chemiefabrik umbauen*" (Der Spiegel 04.01.2008).

Aus diesen sprachlichen Metaphern wurden in einem weiteren Schritt die Lexeme der Ausgangsdomänen zusammengestellt, wobei bei den Komposita *Legostein* und *Chemiefabrik* der erste (Lego) und zweite Teil (Fabrik) des Kompositums für die Kookurrenzanalyse verwendet wurde, da sie die semantischen Merkmale für die metaphorische Übertragung determinieren. Folgende Lexeme wurden in die Kookkurrenzdatenbank Cyril Belica[4] eingegeben: Lego, Bauplan, Computer, Schaltbild und Fabrik. Folgende Kookkurrenzen wurden verzeichnet (Tab. 2):

---

4  Cyril Belica ist eine im Internet unter http://corpora.ids-mannheim.de/ccdb/frei zugängliche Kookkurrenzdatenbank für die deutsche Sprache, die „[…] systemisch-strukturellen Eigenschaften von Kohäsionsrelationen zwischen den Konstituenten des Sprachgebrauchs […]" aufzeigt (IDS 2012).

**Tabelle 2**   Kokkurrenzen zu den Lexemen der Ausgangsdomänen

| Lexem | Kokkurrenzen |
|-------|--------------|
| Lego | Dänisch, Spielzeughersteller, Barbie, Spielzeugkonzern, Spielzeugwarenhersteller und spielen |
| Bauplan | Genetisch, Gen, Protein, enthalten, Enzym |
| Computer | Software, eingeben, Daten, vernetzen, simulieren |
| Schaltplan | Elektronisch, elektrisch, Schaltpläne, Messreihen, Detailbeschreibung |
| Fabrik | Arbeiten, Arbeiter, Arbeiterin, Arbeiterschaft, Arbeitshalle |

Die mit dem Lexem der Ausgangsdomäne verbundenen Kokkurrenzen motivieren normative Annahmen, die mit in den Zielbereich übertragen werden. Im Sinne eines feldsemantischen Ansatzes (Trier 1932, Liebert 1992), in dem die umliegenden Wörter die Semantik (Lehrer/Kittay 1992: 3) des Ausgangslexems mitbestimmen, können „[…] systems of implications […]" (Black 1962: 43) im Rahmen der metaphorischen Erschließung übertragen und durch das hier dargelegte Verfahren offengelegt werden. Für die medialen Repräsentationen der Synthetischen Biologie ergeben sie die in Tabelle 3 verzeichneten interpretativ gewonnenen normativen Annahmen:

**Tabelle 3**   Verzeichnis der normativen Annahmen

| Lexem | Kokkurrenzen | Normative Annahmen |
|-------|--------------|--------------------|
| Lego | Dänisch, Spielzeughersteller, Barbie, Spielzeugkonzern, Spielzeugwarenhersteller und spielen | Spielerischer und gefahrenloser Umgang mit genetischen Bauteilen |
| Bauplan* | Genetisch, Gen, Protein, enthalten, Enzym | Wurde bereits vom biotechnologischen Diskurs rekonzeptualisiert |
| Computer | Software, programmieren, eingeben, Daten, vernetzen, simulieren | Biotechnologische und ingenieursmäßige Entwicklung neuer Organismen |
| Schaltpläne | Elektronisch, elektrisch, Schaltpläne, Messreihen, Detailbeschreibung | Planmäßige und strukturierte Entwicklung von Lebewesen |
| Fabrik | Arbeiten, Arbeiter, Arbeiterin, Arbeiterschaft, Arbeitshalle | Die Zelle als belebte Produktionseinheit in einem industriellen Kontext |

* Interessanterweise ist die Semantik dieses Lexems durch die Kokkurrenzen biotechnologisch ausgerichtet.

Dieser Überblick über die normativen Annahmen zeigt, dass trotz des Bemühens um eine kritische Reflektion von Fragen der Biosicherheit die Synthetische Biologie metaphorisch als spielerischer und kontrollierter Umgang mit genetischem Material oder genetisch veränderten Organismen gerahmt wird. Darüber hinaus werden durch die konventionellen Metaphern Aspekte einer ingenieursmäßigen Vorgehensweise betont, in deren Kontext die biologische Entität Zelle als belebte Produktionseinheit für die zukünftige industrielle Verwertung – zumindest sprachlich und konzeptuell – zugerichtet wird. Für die hier entworfene Methode zur Analyse normativer Annahmen in metaphorischen Übertragungen erweist sich die Untersuchung von Kookkurrenzen als sinnvoll, da sie die Semantik der Wertzuschreibungen beeinflussen. Es zeigt sich „[that] [m]uch of moral reasoning is [in fact; M. D.] metaphorical reasoning […]" (Lakoff 1996: 5) und dass metaphorische Übertragungsprozesse einer kritischen Analyse bedürfen, um normative Annahmen und implizite Wertzuschreibungen aufzuspüren und für die Diskussion offenzulegen: „[…] [T]he way we frame a […] [new technology, M. D.] will determine what we ought to do about it, and our semantic frames about these […] [technologies; M. D.] are – at least to some extent – based on metaphor." (Johnson 1993: 52).

Zusammenfassend betrachtet haben wir gesehen, welche grundlegende Rolle die konventionalisierte Metaphorik für die Konzeptualisierung und mediale Repräsentation der Synthetischen Biologie spielt. In die metaphorischen Übertragungen, durch die das Abstrakte mit Hilfe des Gegenständlichen semantisch erfasst wird, gehen normative Annahmen und implizite Wertzuschreibungen ein, die die Synthetische Biologie als ingenieursmäßiges, spielerisches und gefahrloses Forschungsfeld mit industriellen Verwertungspotenzialen rahmen. Diese metaphorisch-moralische Fokussierung mitsamt ihren spezifischen Wertzuschreibungen führt dazu, dass ein mechanistisch-ingenieurwissenschaftliches Interpretationsschema der Synthetischen Biologie im Vordergrund der medialen Berichterstattung steht und Fragen der Biosicherheit nur am Rande der Berichterstattung thematisiert werden. Im Rahmen der hier erstmals zur Anwendung gekommenen Methode dürfte deutlich geworden sein, wie eine neue biotechnologische Disziplin nicht nur über die Medien bedeutungsmäßig erschlossen und eine breiteren Öffentlichkeit erklärt wird, sondern wie durch Metaphern spezifische Wertzuschreibung in medialen Interpretationsangeboten erfolgen, die das öffentliche Erscheinungsbild der Synthetischen Biologie maßgeblich mitbestimmen. Aus den hier dargelegten methodischen und theoretischen Überlegungen ergeben sich erste inhaltliche Anschlüsse für die Analyse ethischer, rechtlicher und sozialer Aspekte (ELSA) der Biotechnologie, mit denen eine empirisch verfahrende Ethik oder Bioethik metapherntheoretisch erweitert werden könnte.

## 5    Metapherntheoretische Syn-Ethik und normative Annahmen

Die vorliegende und exemplarische Analyse hat gezeigt, dass Metaphern ein wichtiges und sinnstiftendes Element im medialen Diskurs zur Synthetischen Biologie sind. Neben ihrer wissensgenerierenden Funktion kommt ihnen eine genuin bewertende Funktion zu, die bisher weder methodisch noch theoretisch erschlossen wurde. Diese Leerstelle ernstnehmend, rückte die hier exemplarisch dargestellte Vorgehensweise des metaphorischen Übertragungsprozesses ins Zentrum des Interesses und kombinierte ihn mit einer Kookkurrenzanalyse, um normative Annahmen zu analysieren. Die methodische und theoretische Zusammenführung aus kognitiver Metapherntheorie und Kookkurrenzanalyse erwies sich als praktikabler Ansatz, um impliziten Wertzuschreibungen aus einer empirischen Perspektive auf die Spur zu kommen. Damit könnte der Ansatz für die semantische Fundierung einer empirisch verfahrenden Bioethik herangezogen werden, die jenseits einer normativ philosophischen Perspektive konkret auftretende Sinnstiftungen und deren normative Annahmen zum Ausgangspunkt einer kritischen Analyse und Diskussion moralisch ethischer Prinzipien nutzt. Weiterführend gedacht, ergeben sich auch Verbindungen zu einer empirisch verfahrenden und kontextsensitiven Ethik, für deren Methodendefizit (Musschenga 2009: 192) die hier dargestellte sprachwissenschaftliche Vorgehensweise einen ersten Ansatzpunkt aufzeigt. In Bezug auf die Synthetische Biologie bleibt festzuhalten, dass sie trotz intensiver Forschung bis dato noch keines ihrer selbst propagierten Ziele erreicht hat. Die in den Metaphern der deutschen Presseberichterstattung aufgezeigten normativen Annahmen bergen die Gefahr, unhinterfragt übernommen und zur Bewertung dieser neuen Technologie herangezogen zu werden, ohne dass gesellschaftlich relevante Problembereiche oder ethisch fragwürdige Aspekte thematisiert werden. Insofern bietet das hier dargestellte Verfahren die Möglichkeit, normative Annahmen in der Berichterstattung über die Synthetische Biologie zu analysieren und moralisch-ethische Leerstellen zu problematisieren. Damit wäre ein erster Schritt in Richtung einer metapherntheoretisch fundierten Syn-Ethik getan, dem allerdings noch viele folgen müssen.

# Literatur

Balmer, Andrew/Martin, Paul (2008): Synthetic Biology: Social and Ethical Challenges. Nottingham: University of Nottingham.

Balmer, Andrew/Herreman, Camille (2009): Craig Venter and the Reprogramming of Life: How Metaphors Shape and Perform Ethical Discourse in the Media Presentation of Synthetic Biology. In: Nerlich, Brigitte/Elliott, Richard/Larson, Brendon (Hrsg.): Communicating Biological Sciences: Ethical and Metaphorical Dimensions. Aldershot: Ashgate, 219–234.

Black, Max (1962): Models and Metaphors. Studies in Language and Philosophy. Ithaca: Cornell University Press.

Bock von Wülfingen, Bettina (2007): Genetisierung der Zeugung. Eine Diskurs- und Metaphernanalyse reproduktionsgenetischer Zukünfte. Bielefeld: Transcript.

Boldt, Joachim/Müller, Oliver/Maio, Giovanni (2009): Synthetische Biologie. Eine ethisch-philosophische Analyse. Bern: Bundesamt für Bauten und Logistik.

Boldt, Joachim/Müller, Oliver/Maio, Giovanni (Hrsg.) (2012): Leben schaffen? Ethische Reflexionen zur Synthetischen Biologie. Münster: Mentis.

Brown, Theodore (2008): Making Truth: Metaphor in Science. Champaign: University of Illinois Press.

Calvert, Jane (2010): Synthetic Biology: Constructing Nature? In: Sociological Review, 58(s1), 95–112

Cserer, Amelie/Seiriger, Alexandra (2009): Pictures of Synthetic Biology. In: Systems and Synthetic Biology, 3(1-4), 27–35.

Condit, Celeste Michelle (1999): The Meanings of the Gene: Public Debates about Human Heredity. Wisconsin: University of Wisconsin Press.

Cook, Guy (2005): Genetically Modified Language: The Discourse of Arguments for GM Crops and Food. London: Taylor and Francis.

Dirven, René (2000): Cognitive Linguistics. Duisburg: LAUD Papers.

Döring, Martin (2005): „Wir sind der Deich"; Zur metaphorisch-diskursiven Konstruktion von Natur und Nation. Hamburg: Verlag Dr. Kovač.

Döring, Martin (2012): Leben systembiologisch. TA und Metaphor Assessment der Systembiologie. In: Technikfolgenabschätzung – Theorie und Praxis, 12 (2), 36–42.

Döring, Martin/Nerlich, Brigitte (2004): Die metaphorisch-mediale Modellierung von Stammzellen-Kulturen in der deutschen und britischen Presseberichterstattung. In: Zeitschrift für Biopolitik, 2, 17–29.

Döring, Martin/Zinken, Jörg (2005): The Cultural Crafting of Embryonic Stem Cells: The Metaphorical Schematisation of Stem Cell Research in the Polish and French Press. In: Metaphorik.de, 8, 6–33.

Fleck, Ludwik (1980): Entstehung und Entwicklung einer wissenschaftlichen Tatsache. Einführung in die Lehre vom Denkstil und Denkkollektiv. Frankfurt am Main: Suhrkamp Verlag.

Fleck, Ludwik (1983): Erfahrung und Tatsache: Gesammelte Aufsätze. Frankfurt am Main: Suhrkamp Verlag.

Fleck, Ludwik (2011): Denkstile und Tatsachen: Gesammelte Schriften und Zeugnisse. Frankfurt am Main: Suhrkamp Verlag.

Fox Keller, Evelyn (2003): Making Sense of Life: Explaining Biological Development with Models, Metaphors and Machines. Harvard: Harvard University Press.

Haraway, Donna (1976): Crystals, Fabrics, and Fields: Metaphors of Organicism in Twentieth-Century Developmental Biology. Yale: Yale University Press.

Hauskeller, Christine (2005): Science in Touch: Functions of Biomedical Terminology. In: Biology and Philosophy, 20, 815–835.

Hellsten, Iina/Nerlich, Brigitte (2011): Synthetic Biology: Building the Language for a New Science Brick by Metaphorical Brick. In: New Genetics and Society, 30(4), 375–397.

Ingold, Tim (2000): The Perception of the Environment. Essays on Livelihood, Dwelling and Skill. London: Routledge.

Jäkel, Olaf (1997): Metaphern in abstrakten Diskurs-Domänen: Eine kognitiv-linguistische Untersuchung anhand der Bereiche Geistestätigkeit, Wirtschaft und Wissenschaft. Frankfurt am Main: Peter Lang.

Johnson, Mark (1987): The Body in the Mind: The Bodily Basis of Meaning, Imagination, and Reason. Chicago: University of Chicago Press.

Johnson, Mark (1993): Moral Imagination: Implications of Cognitive Science for Ethics. Chicago: University of Chicago Press.

Junge, Matthias (Hrsg.) (2012):Metaphern und Gesellschaft. Die Bedeutung der Orientierung durch Metaphern. Wiesbaden: VS Verlag.

Kay, Lily (2000): Who Wrote the Book of Life? A History of the Genetic Code. Stanford: Stanford University Press.

Keller, Reiner (2004): Diskursforschung. Eine Einführung für SozialwissenschaftlerInnen. Opladen: Leske und Budrich.

Knorr-Cetina, Karin (1984): Die Fabrikation von Erkenntnis. Zur Anthropologie der Naturwissenschaft. Frankfurt am Main: Suhrkamp.

Komduur, Rixt/Korthals, Michiel/te Molder, Hedwig (2009): The Good Life: Living for Health and a Life without Risk? On a Prominent Script of Nutrigenomics. In: British Journal of Nutrition, 101 (3), 307–316.

Kuhn, Thomas (1978): Die Entstehung des Neuen: Studien zur Struktur der Wissenschaftsgeschichte. Frankfurt am Main: Suhrkamp.

Kuhn, Thomas (1996): Die Struktur wissenschaftlicher Revolutionen. Frankfurt am Main: Suhrkamp Verlag.

Lakoff, George (1987): Women, Fire, and Dangerous Things: What Categories Reveal about the Mind. Chicago: University of Chicago Press.

Lakoff, George (1996): Moral Politics. What Conservatives Know that Liberals Don't. Chicago: University of Chicago Press.

Lakoff, George/Johnson, Mark (1980): Metaphors We Live By. Chicago: Chicago University Press.

Lakoff, George/Johnson, Mark (1999): Philosophy in The Flesh: the Embodied Mind and its Challenge to Western Thought. New York: Basic Books.

Lehrer, Adrienne/Kittay, Eva Feder (Hrsg.) (1992): Frames, Fields and Contrasts: New Essays in Semantic and Lexical Organisation. Hillsdale: Lawrence Erlbaum.

Liebert, Wolf-Andreas (1992): Metaphernbereiche der deutschen Alltagssprache. Kognitive Linguistik und die Perspektiven einer Kognitiven Lexikographie. Frankfurt am Main: Peter Lang.

Maasen, Sabine/Weingart, Peter (2000): Metaphors and the Dynamics of Knowledge. London: Routledge.

Markowitz, Ezra (2012): Is Climate Change and Ethical Issue? Examining Young Adults' Beliefs about Climate Change. In: Climatic Change, 114, 479–495.

Musschenga, Bert (2009): Was ist empirische Ethik? In: Ethik in der Medizin, 21, 187–199.

Nerlich, Brigitte/Elliott, Richard/Larson, Brendon (Hrsg.) (2009): Communicating Biological Sciences: Ethical and Metaphorical Dimensions. Aldershot: Ashgate.

Nordgren, Anders (1998): Ethics and Imagination. Implications of Cognitive Semantics for Medical Ethics. In: Theoretical Medicine and Bioethics, 19, 117–141.

O'Malley, Maureen/Powell, Alexander/Davies, Jonathan/Calvert, Jane (2008): Knowledge-making Distinctions in Synthetic Biology. In: BioEssays, 30(1), 57–65.

Osthus, Dietmar (1998): Metaphernspiele in Pressetexten – Ludischer Metapherneinsatz in französischen und deutschen Tageszeitungen. In: Gil, Alberto/Schmitt, Christian (Hrsg.): Kognitive und kommunikative Dimensionen der Metaphorik in romanischen Sprachen – Akten der gleichnamigen Sektion des XXV. Deutschen Romanistentages (Jena 28.9.–2.10.1997). Bonn: Romanistischer Verlag, 150–166.

Quinn, Naomi (Hrsg.) (2005): Finding Culture in Talk: A Collection of Methods. Basingstoke: Palgrave Macmillan.

Schmidt, Markus/Kelle, Alexander/Ganguli-Mitra, Agomoni/de Vriend, Huib (Hrsg.) (2010): Synthetic Biology: The Technoscience and its Societal Consequences. New York: Springer.

Schmidt, Markus (Hrsg.) (2012): Synthetic Biology: Industrial and Environmental Applications. Weinheim: Wiley-VCH Verlag.

Schmitt, Rudolf (2010): Metaphernanalyse. In: Mey, Günter/Mruck, Katja (Hrsg.): Handbuch Qualitative Forschung in der Psychologie. Wiesbaden: VS Verlag, 676–691.

Schmitt, Rudolf (2011): Systematische Metaphernanalyse als qualitative sozialwissenschaftliche Forschungsmethode. In: Metaphorik.de, 21, 47–82.

Semino, Elena (2008): Metaphor in Discourse. Cambridge: Cambridge University Press.

Steen, Gerard/Biernacka, Ewa/Dorst, Aletta/Kaal, Anna/López-Rodríguez, Clara/Pasma, Trijntje (2010): Pragglejaz in Practice. Finding Metaphorically Used Words in Natural Discourse. In: Low, Graham/Todd, Zazie/Deignan, Alice/Cameron, Lynne (Hrsg.): Researching and Applying Metaphor in the Real World. Amsterdam: John Benjamins, 165–184.

Trier, Jost (1931): Der deutsche Wortschatz im Sinnbezirk des Verstandes: Die Geschichte eines sprachlichen Feldes. Heidelberg: Carl Winters Universitätsbuchhandlung.

Weinrich, Harald (1963): Semantik der kühnen Metapher. In: Deutsche Vierteljahrs Schrift für Literaturwissenschaft und Geistesgeschichte, 37, 325–344.

Zinken, Jörg/Hellsten, Iina/Nerlich, Brigitte (2008): Discourse Metaphors. In: Frank, Roslyn/Ziemke, Tom/Bernadez, Enrique (Hrsg.): Body, Language and Mind Vol. 2: Sociocultural Situatedness. Amsterdam: John Benjamins, 363–386.

# C  Metaphern in der Soziologie

# Die Metapher des Organismus und ihre Funktionen in frühen soziologischen Theorien

## Tobias Schlechtriemen

Gegenstand der folgenden Ausführungen sind die Metaphern der Gesellschaft, genauer: ihre epistemologischen und wissenschaftspraktischen Funktionsweisen in soziologischen Theorien.[1] Diese abstrakte und etwas sperrige Formulierung des Themas lässt sich in der Sprache der Theater-Metaphorik reformulieren: Es geht mir um die *Rolle*, die Metaphern in der soziologischen Theoriebildung *spielen*. In diesem Sinne verstehe ich Metaphern als *Akteure*, die am Geschehen der Theoriebildung beteiligt sind. Metaphern *agieren* allerdings nicht nur auf der *Bühne* der Theoriebildung, sondern gestalten auch das Verhältnis zu unterschiedlichen *Publika*. Ihr Aktionsradius beschränkt sich nicht nur auf die innerwissenschaftliche *Darstellung*. Sie agieren vielmehr auch *vor* und *hinter* der *Bühne*, in anderen fachwissenschaftlichen genauso wie in öffentlichen Diskursen.

Im Fokus stehen die Rollen *der* Metaphern, die den soziologischen Gegenstand ‚Gesellschaft' in Szene setzen.[2] Dazu gehe ich an die Anfänge des Fachs zurück, in die Zeit, in der sich ‚die Gesellschaft' als wissenschaftlicher Gegenstand erst herausgebildet hat: also um die Mitte des 19. Jahrhunderts. In dieser Zeit entstehen die ersten Konzeptualisierungen einer Wissenschaft, die der französische Autor Auguste Comte 1839 als *„sociologie"* bezeichnet hat (Comte 1839: 252). Aber zu dieser Zeit – das gilt es sich deutlich vor Augen zu halten – gibt es die Soziologie als gemeinsamen Referenzpunkt noch nicht, schon gar nicht als etablierte wissenschaftliche Disziplin. Auch ‚die Gesellschaft' als ihr wissenschaftlicher Gegenstand ist entsprechend noch nicht formiert. Damit ist nicht gesagt, dass es keine Form von gesellschaftlicher Erfahrung des Sozialen gegeben hätte. Aber neu ist

---

1  Für ihre kritische Lektüre und Anregungen danke ich Ulrich Bröckling, Christian Dries, Matthias Junge, Matthias Leanza, Rudolf Schmitt und Ricky Vichum.
2  Zu den Metaphern der Gesellschaft vgl. Brown 1977; Rigney 2001; López 2003; Lüdemann 2004; Farzin 2011; Junge 2011; Schlechtriemen 2013.

die *wissenschaftliche Thematisierung* von ‚Gesellschaft' als Gegenstand einer eigenen Fachdisziplin (vgl. Wagner 2000).

Für die Autoren, die die ersten Konzeptualisierungen einer ‚Wissenschaft der Gesellschaft' entwerfen, ergeben sich aus dieser Situation besondere Herausforderungen: Der neue wissenschaftliche Gegenstand muss benannt werden; er muss klar umgrenzt und in seiner Form beschrieben werden; und zugleich muss seine wissenschaftliche Relevanz plausibel gemacht werden. Der Gegenstand ist wissenschaftlich noch nicht beachtet worden, dennoch soll er relevant sein. Aber warum hat ihn dann noch niemand beachtet und behandelt? Warum konnte ausgerechnet dieser Autor den Gegenstand und seine Bedeutung nun entdecken? Warum können die Fragen, die an den neuen Gegenstand gestellt werden, nicht durch die bereits bestehenden Wissenschaften beantwortet werden? Solche Fragestellungen bilden das Spektrum an spezifischen Herausforderungen für diejenigen Beschreibungen, die versuchen, eine neue Wissenschaft – in unserem Fall die ‚Wissenschaft der Gesellschaft' – zu begründen.[3] Die Rolle, die die Metaphern der Gesellschaft dabei spielen, lässt sich in dieser Konstellation besonders gut aufzeigen. Im Laufe des Textes sollen anhand konkreter Beispiele sechs zentrale Funktionen herausgearbeitet werden, die Metaphern in der soziologischen Theoriebildung ausüben können.

## 1    Lorenz von Steins Gründungserzählung der Soziologie

Für eine erste Annäherung an die Funktionsweisen von Metaphern bietet sich der Anfang von Lorenz von Steins *Geschichte der sozialen Bewegung in Frankreich* an (vgl. von Stein: 1850).[4] Dieses dreibändige Werk erscheint 1850. Darin entwickelt Lorenz von Stein einen systematischen Entwurf einer „Wissenschaft der Gesellschaft" (von Stein 1850a: XLII). Lorenz von Stein ist damit einer der ersten, der im deutschsprachigen Raum eine Gesellschaftswissenschaft konzipiert.[5] Die *Geschichte der sozialen Bewegung in Frankreich* beginnt mit folgenden Sätzen:

„Unsere Gegenwart hat begonnen, eine Reihe von Erscheinungen zu beobachten, für welche man früher weder im gewöhnlichen Leben, noch in der Wissenschaft einen Platz hatte. Nicht als ob sie nicht vorhanden gewesen wären; allein wo sie auftraten, betrachtete man sie als Ausnahmen, die nicht aus selbstständigen Kräften hervorgegangen seien [...]. Die neuere Zeit aber ist durch gewaltige

---

3    Zu den logischen und narrativen Spezifika von Gründungserzählungen vgl. Koschorke 2007.
4    Im Folgenden beziehe ich mich auf den ersten Band: von Stein 1850a.
5    Bereits 1810 schreibt Friedrich Buchholz in *Hermes oder über die Natur der Gesellschaft mit Blicken in die Zukunft* von einer „Wissenschaft der Gesellschaft" (Buchholz 1810: 16).

Ereignisse belehrt worden, daß jene Erscheinungen auf einer, die ganze Existenz der Völker, ja sogar die jedes Einzelnen durchdringenden Kraft beruhen; daß sie in einem inneren, nothwendigen Zusammenhange stehen, und daß die menschliche Erkenntniß, mit ihnen sich beschäftigend, bei einer von jenen Entdeckungen angelangt ist, die uns gleichsam hinter der bisher bekannten Welt und ihrer Ordnung einen anderen noch großartigeren Organismus von Kräften und Elementen erkennen lassen, und für die man im Anfange von jeher nur Zweifel und ein gewisses Staunen, aber weder einen Namen noch ein Gesetz zu haben pflegt. [...] die Erkenntniß des menschlichen Lebens hat in jenen Erscheinungen ein neues Gebiet gefunden, und dasselbe mit einem alten Namen bezeichnet. Es ist dies die *Gesellschaft*, ihr Begriff, ihre Elemente und ihre Bewegungen." (Ebd.: S. 11 f.).

Bereits in diesen ersten Zeilen greift von Stein die Frage auf, warum man ‚die Gesellschaft' bislang nicht gesehen hatte bzw., dass man sie nicht als einen eigenen und ‚selbständigen' Gegenstand aufgefasst hat. Vielmehr hätte man ‚jene Erscheinungen' als abgeleitete Phänomene, die auf anderes zurückzuführen sind, verstanden. ‚Gewaltige Ereignisse' hätten dann zu der neuen Einschätzung und der Erkenntnis geführt, dass es sich um einen eigenständigen Bereich handelt. Mit den ‚gewaltigen Ereignissen' sind hier die Französische Revolution und ihre Folgen gemeint. Lorenz von Stein hat die sozialen Umwälzungen bei seinen Frankreich-Aufenthalten 1841–1843 und 1848 vor Ort erlebt (vgl. Blasius 1970: 20). Durch diese Ereignisse könne der neue Gegenstand nun, in der Gegenwart von 1850, ‚entdeckt' werden – wobei es ihn im Grunde schon immer gegeben habe, man habe ihn nur eben nicht erkannt.

Auch die Relevanz des neuen Gegenstandes wird deutlich betont: Es handele sich um eine ‚die ganze Existenz der Völker, ja sogar die jedes Einzelnen durchdringende Kraft'. Diese neue Kraft sei am Anfang zwar deutlich spürbar, aber sie habe noch keinen Namen. Von Stein nimmt dafür einen, wie er schreibt, ‚alten Namen': ‚die Gesellschaft'.[6] Er geht auch gleich auf die möglichen Haltungen ein, mit denen die Leser auf seine Neufassungen reagieren werden: mit Staunen, aber auch mit Zweifel. Auf diese Weise nimmt er die Reaktionen vorweg und schließt sie in seine Ausführungen mit ein. Wenn man sich anschaut, wie er hier seine neue Sichtweise präsentiert, die Reaktionen seiner Leserschaft antizipiert und begründet, warum diese Erkenntnis sich gerade in seiner Zeit einstellen kann, dann wird deutlich, dass er bewusst mit den spezifischen Herausforderungen von Gründungstexten umgeht.

Soweit handelt es sich um erste einführende Beschreibungen und Konzeptualisierungen, die zeigen, wie Lorenz von Stein durchaus mit erzählerischem Geschick seine Darstellung der neuen Wissenschaft der Gesellschaft einleitet. Dar-

---

6 Zur Begriffsgeschichte von ‚Gesellschaft' vgl. Kaupp 1974.

über hinaus kommt hier bereits eine weitere Dimension seiner soziologischen Beschreibung ins Spiel: die Metapher des Organismus.[7] Zum einen spricht er explizit von einem ‚*Organismus* von Kräften und Elementen', der sich nun erkennen lasse; zum anderen tauchen Eigenschaften auf, die man der Organismus-Metaphorik zuschreiben kann, wie Selbständigkeit, ‚innerer und notwendiger Zusammenhang' und die Zugehörigkeit zum Bereich des Lebendigen – auf die Eigenschaften, die Max Black als die „Implikationen" (Black 1954: 72) bzw. das „*System miteinander assoziierter Gemeinplätze*" (ebd.: 70 f.) einer Metapher bezeichnet, werde ich weiter unten zurückkommen.

Zunächst will ich noch festhalten, *wie* Lorenz von Stein die Metapher des Organismus in diesen ersten Zeilen ins Spiel bringt. Der Einsatz der Organismus-Metapher funktioniert hier so, dass durch sie Neues und Altes miteinander verschränkt oder in Beziehung gesetzt wird. Neu ist im strengen Sinn nur die *Erkenntnis* der Gesellschaft als treibende Kraft ‚hinter der bisher bekannten Welt und ihrer Ordnung'. Diese Kraft wird dann als ein ‚anderer noch großartigerer Organismus von Kräften und Elementen' beschrieben. Mit der Formulierung, dass es sich nur um einen ‚anderen' Organismus, einen anderen Bereich, aber eben auch um einen Organismus handele, geht von Stein davon aus, dass die Leser seines Textes wissen, was ein Organismus ist, nur die *Gesellschaft* als Organismus stellt einen neuen Sachverhalt dar. Die Metapher wird dabei so eingesetzt, dass mit ihr auf Bekanntes, selbstverständlich Vorausgesetztes – den Organismus – zurückgegriffen und gleichzeitig der neue Gegenstand in diesem Bild gefasst wird – die Gesellschaft als Organismus.[8]

Hier sei nur kurz umrissen, auf welche Weise dann die Metapher des Organismus in von Steins Gesamtkonzeption auf verschiedenen Ebenen eine Rolle spielt: Die menschliche Gemeinschaft bildet bei ihm die oberste Einheit, die sich in den Gegensatz von Staat und Gesellschaft, Wille und Leben, Seele und Körper spaltet – wobei alle drei Bereiche als organische Einheiten bzw. als Organismen beschrieben werden: „Die Gemeinschaft der Menschen, die in der Persönlichkeit des Staats die organische Einheit ihres Willens findet, hat in jener Ordnung eine eben so feste, eben so großartige, eben so mächtige organische Einheit ihres *Lebens;* und diese organische Einheit des menschlichen Lebens, durch die Vertheilung der Güter bedingt, durch den Organismus der Arbeit geregelt, durch das System der Bedürfnisse in Bewegung gesetzt und durch die Familie und ihr Recht

---

7   Zur Organismus-Metaphorik vgl. Levine 1995; Schlechtriemen 2008; Merz-Benz/Wagner 2007; Lüdemann 2007; Lemke 2010.

8   Auf die Übertragungs*richtung* noch einmal gesondert zu verweisen, macht deshalb Sinn, weil in neueren Metapherntheorien (seit Ivor A. Richards und Max Black) der metaphorische Prozess nicht mehr als einfache Übertragung, sondern als Interaktionsgeschehen verstanden wird, in dem sich die beteiligten Bereiche wechselseitig beeinflussen.

an bestimmte Geschlechter dauernd gebunden, ist die *menschliche Gesellschaft.*"
(von Stein 1850a: XXVIII). Im weiteren Verlauf des ersten Bandes wird die Organismus-Metaphorik am ausführlichsten im Zusammenhang mit der Ordnung der
Gesellschaft entwickelt. Die Gesellschaft bildet eine selbständige organische Einheit. Ihre Teile – die ‚Organe' – haben verschiedene Funktionen, wobei sie in der
Arbeitsteilung wechselseitig voneinander abhängig sind. Ihre Differenzierung beruht auf der unterschiedlichen Verteilung der Güter, die durch Vererbung und
Recht für eine relativ stabile Gesellschaftsordnung sorgen. Dennoch kann sich der
Organismus der Gesellschaft als ganzer entwickeln, indem er sich weiter ausdifferenziert, die einzelnen Funktionen spezifischer und die Abhängigkeiten untereinander größer werden.

Lorenz von Steins Beschreibungen der neuen ‚Wissenschaft der Gesellschaft'
bewegen sich größtenteils im Rahmen der Organismus-Metaphorik.[9] Sobald er
von ‚der Gesellschaft' schreibt, stellt er sie als Organismus dar. Er ist – wie alle diejenigen, die ‚die Gesellschaft' beschreiben wollen – mit dem Problem konfrontiert,
dass dieser Gegenstand zunächst ungreifbar oder nur schwierig zu fassen ist. An
dieser Stelle können Metaphern aushelfen – und das ist die erste Funktion, die sie
ausüben: Sie setzen ‚die Gesellschaft' ins Bild und verleihen dem Gegenstand auf
diese Weise eine greifbare und anschauliche Gestalt.

## 2 Zur Funktionsweise anschaulicher Metaphern in der Theoriebildung

Bei den Metaphern der Gesellschaft handelt es sich in der Regel um *anschauliche*
Metaphern.[10] Das gilt zumindest für Metaphoriken wie die des Organismus, der
Maschine, des Theaters und des Netzwerks. Ob es sich bei dem ‚System' um eine
Metapher handelt, darüber lässt sich streiten.[11] Es ist jedenfalls nicht in gleicher
Weise anschaulich. Auch die Frage, ob die Anschaulichkeit ein Charakteristikum
aller Metaphern ist, kann hier nicht entschieden werden.[12] Wichtig ist für mich
vielmehr der Unterschied von einerseits anschaulichen Metaphern, wie Organis-

---

9    Dass von Stein im Grunde alles als Organismus versteht, bringt er verschiedentlich zum Aus-
     druck – so auch in seinen ‚Briefen über Frankreich': „*Nichts* gibt es, weder in der Zuständ-
     lichkeit noch in der Idee, was nicht ein Organismus wäre mit Ober- und Unterordnung" (Zit.
     n. Hahn 1965: 90).
10   Urs Stäheli beschreibt in ähnlicher Weise, wie ‚visuelle Semantiken' funktionieren (vgl.
     Stäheli 2007).
11   Zur Metapher des Systems vgl. Farzin 2011: 63 ff.; Lübcke/Villányi 2011.
12   Nietzsche geht durchaus davon aus und schreibt auch von „Anschauungsmetaphern"
     (Nietzsche 1980: 883).

mus, Maschine, Netzwerk etc., und andererseits weniger anschaulichen Metaphern oder Konzepten wie ‚Gesellschaft‘, ‚System‘, ‚Struktur‘ etc.

Genauer gefasst handelt es sich nicht um zwei Möglichkeiten im Sinne eines Entweder-oder, sondern um graduelle Abstufungen. Doch die Differenz von anschaulichen Metaphern und abstrakten Begriffen lässt sich am deutlichsten im Vergleich der beiden Pole des Spektrums beobachten. Allerdings wird dieser Unterschied hier nicht als ontologische Differenz verstanden, wie das in der philosophischen Tradition meistens der Fall gewesen ist.[13] Da ist die Metapher als rhetorische Figur vom Begriff oder das Bild und der Begriff deutlich voneinander geschieden und die Metapher bzw. das Bild gegenüber dem rationalen Begriff erkenntnistheoretisch abgewertet worden. Der Unterschied ist mir vielmehr deswegen wichtig, weil anschauliche Metaphern anders *funktionieren* als abstrakte Begriffe. Begriffliche Argumentationen gehen dem eigenen Anspruch zufolge von eindeutigen Definitionen aus und entwickeln linear aufeinander aufbauende Schlussfolgerungen. Plausibel ist eine solche Argumentation, wenn sie möglichst klar und logisch schlüssig ist. Davon unterscheiden sich sowohl die Funktionsweise von Metaphern als auch die Weise, wie sie Plausibilität erzeugen.

Das lässt sich beispielhaft an einer Passage von Lorenz von Steins Frankreich-Buch zeigen. Gegen Ende des ersten Kapitels geht er auf die Frage ein, wie sich die Ordnung der Gesellschaft herausbildet. Ausgangspunkt ist für ihn die Verteilung der Güter bzw. sind die Besitzverhältnisse. Die Bearbeitung und die wirtschaftliche Verwertung eines bestimmten Gutes oder Stoffes prägt die Persönlichkeit des Einzelnen: „Es ist eine der beachtenwerthesten Erscheinungen, daß die natürlichen Objekte, die der Mensch mit seiner Arbeit bezwingt zu seinem Dienste, fast eben so viel Einfluß auf ihn äußern, als er auf sie hat" (von Stein 1850a: XX). Von Stein gibt damit der Hegelschen Auffassung von Arbeit, der zufolge das Subjekt in der Arbeit dem Gegenstand seine Form einprägt und sich auf diese Weise in ihm ‚entäußert‘, eine materialistische Wendung: Die ‚natürlichen Objekte‘ bzw. ihre Bearbeitung formen den Menschen. Die Arbeit „bemächtigt sich seiner Individualität, und identificirt sie bis zu einem gewissen Grade gänzlich mit der besonderen, durch diese Lebensaufgabe geforderten Thätigkeit." (Ebd.). Auf diese Weise erhält jeder Einzelne eine spezifische Prägung und entwickelt die Fähigkeit, eine bestimmte Aufgabe besonders gut zu erfüllen. Damit ist er dann aber auch

---

13   Ausnahmen dazu stellen Nietzsche und Blumenberg dar: Nietzsche, der Begriffe aus ehemals anschaulichen Bildern ableitet, die wie Münzen durch Gebrauch abgenutzt worden sind (vgl. Nietzsche 1980). Blumenberg zeigt, dass sich Metaphern in Begriffe (am Beispiel von ‚Wahrscheinlichkeit‘) und Begriffe in Metaphern (am Beispiel der ‚Kopernikanischen Wende‘) wandeln können (vgl. Blumenberg 1999). Lüdemann fasst die Differenz von Metapher und Begriff als rein heuristischen Unterschied (vgl. Lüdemann 2004: 37).

ganz auf diese Spezialisierung festgelegt und entsprechend von anderen abhängig, die auf andere Tätigkeiten spezialisiert sind. So ergibt sich aus der Verteilung der Güter ein geordnetes Ganzes, dessen Teile voneinander unterschieden, aber wechselseitig aufeinander angewiesen sind. Das ist die Ordnung der Gesellschaft. Diese hier kurz zusammengefasste Argumentation baut von Stein Schritt für Schritt und in sich schlüssig auf.

Wenn man seinen Text genauer anschaut, kommt allerdings noch eine Ebene hinzu.[14] So schreibt er beispielsweise, dass „die einzelnen Beschäftigungen in einem organischen Verhältniß zu einander" stehen (von Stein 1850a: XXII) oder dass das Individuum, das einzelne „Glied", „an einer ganz bestimmten Stelle in diesen Organismus hinein" (ebd.) tritt. Die Metapher des Organismus taucht mit unterschiedlichen Formulierungen immer wieder auf und begleitet die sich vor diesem metaphorischen Hintergrund abspielende begriffliche Argumentation.

Einzelne Wörter des metaphorischen Bildfeldes[15] genügen, um die Metapher zu evozieren und vor Augen zu stellen.[16] Das ‚Vor-Augen-Stellen', in der rhetorischen Tradition: die *evidentia*, beschreibt, wie auf eine lebendig-anschauliche Weise Plausibilität erzeugt werden kann. Über die anschauliche Metapher, die ‚vor-Augen-steht', wird das betreffende Argument zusätzlich mit Evidenz ausgestattet – oder es kann umgekehrt auch unplausibel erscheinen. Jedenfalls handelt es sich dabei nicht um definitorische Klarheit und Eindeutigkeit, die überzeugt, sondern um eine auf Erfahrungen bezogene Anschaulichkeit, deren persuasive Wirkung auf ihrem ‚Bildsinn' beruht (vgl. Boehm 2007). Das Bild des Organismus – gerade in seiner Ausprägung als menschlicher Körper – ist jedem aus eigener Erfahrung bekannt – wobei sich die diesbezüglichen Erfahrungen durchaus unterscheiden.[17] Aber anschauliche Metaphern generieren ihre Evidenz auch nicht über eindeutige Festlegungen, sondern operieren über ihre Vieldeutigkeit und semantische Offenheit.[18]

---

14  Instruktive Anleitungen zum methodischen Vorgehen und dem aktuellen Forschungsstand in der Metaphernanalyse finden sich in den Arbeiten von Rudolf Schmitt (vgl. Schmitt 1995; ders. 2011 und ders. in diesem Band).

15  Zum Konzept des ‚Bildfeldes' vgl. Weinrich 1976.

16  Zum ‚Vor-Augen-stellen' als evidentia vgl. Campe 2006.

17  Für Lakoff und Johnson ist die Körpererfahrung, gerade auch was die damit verbundenen Orientierungen betrifft, der grundlegende Bezugspunkt für metaphorische Konzepte. Allerdings setze ich die menschliche Erfahrungen nicht als letzte Referenz an, sondern gehe davon aus, dass auch die Körperwahrnehmung ihrerseits wiederum durch Metaphern geprägt wird. Metaphorische Konzepte lassen sich nicht auf einen ‚letzten Grund' beziehen. Zu einer entsprechenden Kritik an Lakoff und Johnson vgl. Bono 2001: 219 ff.

18  Black schreibt, dass eine Metapher mit ihren Implikationen „zwar nicht scharf abgegrenzt, aber doch bestimmt genug ist, um eine detaillierte Aufzählung zuzulassen" (Black 1954: 71).

Begriffliche und metaphorische Evidenz müssen nicht immer zusammenstimmen, sondern können auch gegenläufig sein.[19] In unserem Fall gehen die Metapher des Organismus und von Steins soziologische Argumentation auf stimmige Weise miteinander einher. Die metaphorische Evidenz kann dabei mitunter die explizite begriffliche Argumentation ersetzen. An der eben besprochenen Stelle betrifft das die Frage nach der Einheitsbildung. Warum sollte die auf der Verteilung der Güter beruhende Ordnung eine Einheit bilden? Diese Frage behandelt von Stein hier nicht. Über die Metapher des Organismus wird diese argumentative Leerstelle aber aufgefangen, denn ein Organismus stellt immer schon eine Einheit dar – und zwar eine in sich differenzierte. Wenn er also davon schreibt, dass sich der Einzelne als Glied an einer bestimmten Stelle in den Organismus einfügt, leuchtet es auf bildlicher Ebene ein, dass es sich dabei ‚natürlich' um eine Einheit handelt – es muss gar nicht noch einmal explizit ausgeführt werden.

Auf diese Weise gehen die begriffliche Argumentation und die metaphorische Bildebene in unterschiedlichen sich wechselseitig verstärkenden, aber auch widerstrebenden oder sich ersetzenden Bezügen miteinander einher. Dass sie ‚miteinander einhergehen' bedeutet, dass sie sich wechselseitig beeinflussen, aber nicht einseitig auseinander abgeleitet werden können. Das trifft zum einen auf einzelne Argumentationen zu – wie hier bei der Beschreibung der Entstehung gesellschaftlicher Ordnung und Arbeitsteilung – zum anderen aber auch auf den von Lorenz von Stein entwickelten Gesamtzusammenhang. Wie oben bereits gesagt, wird die menschliche Gemeinschaft als Ganze genauso als Organismus beschrieben wie deren unterschiedliche Teile. Die Metapher des Organismus begleitet also nicht nur die jeweilige begriffliche Argumentation, sondern stellt auch ein verbindendes Element zwischen den Einzelargumentationen dar. Sie stiftet eine bildliche Kohärenz, die den gesamten Ansatz ‚konsolidiert', wie es Konersmann (2007: 15) nennt.

Im Unterschied zum linearen Nacheinander logischer Schlussfolgerungen gibt es in der Theoriebildung die Ebene der Metaphern, die nicht sukzessive entwickelt, sondern durch entsprechende Stichworte ‚mit einem Mal' aufgerufen und ‚vor-Augen-gestellt' wird. Ihre Reichweite kann dabei variieren. Als ‚Hintergrundmetaphern' (vgl. Blumenberg 1999: 20) im Sinne von Blumenberg bilden sie den metaphorischen Rahmen, innerhalb dessen sich die begriffliche Argumentation eines ganzen Ansatzes abspielt – folglich sind sie dauerhaft anwesend. Es gibt aber

---

19  Allerdings ist das in soziologischen Ansätzen, die ihren Gegenstand ‚die Gesellschaft' oder ‚das Soziale' in einer bestimmten Metapher fassen, unwahrscheinlich. Es liegt vielmehr nahe, dass sich auch die Theoriebildung bereits in der entsprechenden Metapher abgespielt hat und die Metapher die Fragestellungen und Lösungswege ‚in ihrem Sinne' geprägt hat.

auch Metaphern, die nur an einer bestimmten Stelle zum Einsatz kommen und dann oftmals eher eine illustrative Funktion haben.

## 3   Das Zusammenspiel von Metapher und Argumentation bei Herbert Spencer

Das zweite Beispiel soll zeigen, auf welche Weise die Metaphern der Gesellschaft die soziologische Theoriebildung prägen, genauer: welche theoretischen Anschlussstellen die Organismus-Metaphorik bietet, welche Fragestellungen sie nahe legt – und auch welche sie ausblendet – welche Lösungsrichtungen sie plausibel und welche sie unplausibel erscheinen lässt. Dazu eignet sich Herbert Spencers Text *Social Statics,* der ebenfalls um die Mitte des 19. Jahrhunderts, nämlich 1851, allerdings in England erschienen ist (vgl. Spencer 1851). Denn Spencer geht hier einen nach dem anderen, alle Aspekte durch, anhand derer sich aus seiner Sicht ein Organismus und die Gesellschaft vergleichen lassen. Am Anfang des Kapitels reflektiert er jedoch zunächst den Status des Vergleichs und stellt fest, „how essentially *vital* is the connection between each person and the society of which he is a unit. We commonly enough compare a nation to a living organism. We speak of ‚the body politic,‘ of the functions of its several parts, of its growth, and of its diseases, as though it were a creature. But we usually employ these expressions as metaphors, little suspecting how close is the analogy, and how far it will bear carrying out. So completely, however, is a society organized upon the same system as an individual being, that we may almost say there is something more than analogy between them." (Ebd.: 448). Die ‚Analogie‘ von Organismus – hier verstanden als Körper – und Gesellschaft funktioniert Spencer zufolge nicht nur als ‚Metapher‘. Vielmehr ist sie so ‚nah‘ und so ‚vollständig‘, dass es im Grunde ‚mehr als eine Analogie‘ ist. Neben dieser expliziten Einschätzung des Status der Organismus-Metapher ist hier außerdem interessant, dass die Rede vom ‚politischen Körper‘ zu seiner Zeit selbstverständlich ist, auch wenn sie seiner Meinung nach noch zu ‚metaphorisch‘ aufgefasst – und das bedeutet bei ihm: zu wenig ernst genommen – wird.

   In der Folge entwickelt Spencer detailliert die ‚Parallelen‘, die er zwischen Organismen und Gesellschaften sieht.[20] Für deren Darstellung gilt es auch die Ausführungen, die er in dem 1874 erschienenen Buch *Principles of Sociology* macht, zu berücksichtigen – denn hier greift er die bereits im ersten Text begonnenen Parallelisierungen wieder auf (vgl. Spencer 1969):

---

20   Zum Organismus bei Spencer vgl. Ritsert 1966 und Levine 1995.

1) Organismen sind wie Gesellschaften aus einer Vielzahl an mikroskopisch kleinen Organismen oder ‚Zellen' zusammengesetzt, die eine gewisse selbständige
   Lebendigkeit bzw. Unabhängigkeit besitzen (vgl. Spencer 1851: 449). Die erste
   Parallele bezieht sich somit auf das Verhältnis des Ganzen zu seinen Elementen
   oder Teilen, wobei sich die Individuen im großen Individuum der Gesellschaft
   genauso spiegeln, wie die Zellorganismen im organischen Ganzen.
2) Die Entwicklung von Organismen wie von Gesellschaften vollzieht sich als ein
   Differenzierungsprozess. Durch Zellteilung vermehren sich die Elemente und
   sie bilden unterschiedliche Charakteristika aus (ebd.). Auch Gesellschaften
   werden größer, sie ‚wachsen'[21] und ihre Mitglieder unterscheiden sich immer
   stärker voneinander, je größer die Gesellschaft wird.
3) Die Teile – Zellen oder Menschen – spezialisieren sich und üben eine bestimmte Funktion für das organische Ganze aus. Im Austausch dafür werden sie vom Organismus ernährt (vgl. Spencer 1851: 451). Wenn sich einzelne
   Teile nicht ihrer spezifischen Funktion für das Ganze unterordnen, wird das
   als ‚krankhaft' wahrgenommen (vgl. ebd.: 449). Im späteren Text von 1874 hebt
   Spencer auch noch die Herausbildung von Hierarchien hervor: Einige Teile
   üben Kontrolle über andere aus (vgl. Spencer 1969: 10). Im Laufe der Zeit kann
   ein Zellaustausch stattfinden, ebenso wie gesellschaftliche Institutionen bestehen bleiben, auch wenn die Akteure über die Generationen hinweg wechseln
   (vgl. ebd.: 15 ff.).
4) Bei Organismen lassen sich wie bei Gesellschaften verschiedene Entwicklungs-
   und Organisationsstufen unterscheiden (vgl. Spencer 1851: 451 ff.). Niedere
   Organismen bestehen wie einfache Gesellschaften aus Elementen, Mitgliedern, die sich untereinander gleichen und auch mehrere, gleiche Funktionen
   ausüben können. „The earliest social organisms consist almost wholly of re-
   petitions of one element. Every man is a warrior, hunter, fisherman, builder,
   agriculturist, toolmaker. Each portion of the community performs the same
   duties with every other portion; much as each portion of the polyp's body is
   alike stomach, skin, and lungs." (Ebd.: 453). In höheren Organisationsformen
   unterscheiden sich die Elemente voneinander und üben verschiedene Funktionen aus. Für soziale Organismen kann man von zunehmender Arbeitsteilung sprechen.[22]
5) Die einzelnen Zellen oder Mitglieder bilden in diesem Prozess nicht nur einfach Unterschiede und unterschiedliche Funktionen aus. Die Funktionen

---

21  Spencer schreibt von „growth" (Spencer 1969: 8).
22  Spencer hat diesen Aspekt aus Owens *Hunterian Lectures* (vgl. ebd.: 451). Durkheim über-
    nimmt ihn wiederum von Spencer und macht daraus den Unterschied von ‚mechanischer'
    und ‚organischer Solidarität'.

sind wechselseitig aufeinander bezogen: „not differences simply, but defini-tely-connected differences – differences such that each makes the others pos-sible" (Spencer 1969: 10 f.). Je stärker die funktionale Ausdifferenzierung ist, desto stärker sind die Einzelnen voneinander abhängig. Niedrige Organis-men, die wenig ausdifferenziert sind, wie Polypen, lassen sich zerschneiden und beide Teile können selbständig weiterleben.[23] Höhere Organismen und ausdifferenziertere Gesellschaften sind verwundbarer, sie haben eine höhere „sensitiveness" (Spencer 1851: 454), weil sie auf jedes spezialisierte Element an-gewiesen sind.

6) Andererseits sind gerade das Wechselseitig-aufeinander-bezogen- und das Wechselseitig-voneinander-abhängig-Sein die Eigenschaften, die aus diesen Elementen und Mitgliedern eine lebendige Einheit formen. Spencer schreibt hier auch von „individuation" (ebd.: 455). In Bezug auf die Einheit macht Spencer in den *Principles* dann noch die Einschränkung, dass Körper durch die Haut geschlossene Einheiten bilden und soziale Organismen aber „dis-crete" (Spencer 1969: 17) seien, weil ihre Elemente nicht in direktem Kon-takt miteinander stünden. Aber die Trennung der Mitglieder wird durch die Sprache überwunden.[24] Deswegen bildet die Gesellschaft ebenso eine Einheit, „of which one portion cannot be injured without the rest feeling it" (Spencer 1851: 455).

7) Spencer folgert am Ende, dass für ihn biologische und soziale Organismen unter das gleiche Gesetz fallen und dass es sich dabei um ein „law of nature" (ebd.: 462), ein Naturgesetz, handelt. Entsprechend geht es bei dem Vergleich, der Parallelisierung, für ihn nicht um eine metaphorische Übertragung: „being, not figuratively, but literally, the vital law of the social organism being the law under which perfect individuation, both of man and of society, is achieved" (ebd.). Auf diese Weise wird die Gesellschaft als Organismus in die Ordnung der Natur eingebunden und folgt entsprechend auch den Naturgesetzen. Die Wissenschaft der Gesellschaft kann dann auch nur eine Naturwissenschaft sein.

Im Rahmen der Organismus-Metaphorik wird die Gesellschaft als eine organi-sche Einheit gefasst. Ich hatte oben bereits darauf verwiesen, dass es gerade in der Gründungszeit der Soziologie wichtig ist, einen einheitlichen und klar um-

---

23 Zur Zerteilung des Polypen vgl. Spencer 1851: 454. 1744 hatte Abraham Trembley mit eben diesem Versuch – einen Polypen zu zerteilen – und dem Nachweis, dass beide Teile weiter-leben, die bis dato etablierte Präformationslehre widerlegt. Stattdessen bringt er mit seinem Ansatz der Epigenesis das Selbstorganisationsprinzip ins Spiel. Bis zu Varela/Maturana bleibt die Figur des Polypen mit der Selbstorganisation verbunden.

24 „Not in contact, they nevertheless affect one another through intervening spaces, both by emotional language and by the language, oral and written, of the intellect." (ebd.: 19).

rissenen Gegenstand vorweisen zu können. Diese Einheit besteht aus zunächst relativ selbständigen Elementen, die allerdings über den Prozess der zunehmenden Arbeitsteilung immer stärker voneinander abhängig werden. Sie üben unterschiedliche, für das Ganze des Organismus vitale Funktionen aus und sind darüber wechselseitig aufeinander angewiesen. Hier wird das zentrale soziologische Thema der Arbeitsteilung, der funktionalen Differenzierung ins Spiel gebracht.[25] Damit lassen sich zum einen soziale Unterschiede erklären – und auch legitimieren – zum anderen gibt es eine Krisendiagnose – der Begriff der ‚Krise‘ stammt aus der Medizin (vgl. Winau 2007) – wodurch krankhafte Elemente ausgemacht und Vorschläge zur Behandlung des sozialen Körpers und damit der gesellschaftlichen Intervention gemacht werden können. Anhand des Grades der sozialen und funktionalen Ausdifferenzierung lassen sich verschiedene Entwicklungsstufen unterscheiden und entsprechende evolutionstheoretische Überlegungen anstellen. Sowohl die Beobachtungen funktionaler als auch evolutionstheoretischer Differenzierungen richten sich auf einen natürlichen Gegenstand. Die Gesellschaft wird als ein Naturgegenstand imaginiert, der den Naturgesetzen unterliegt. Dazu gehört neben der Naturalisierung des Sozialen auch dessen Vergegenständlichung: „regarding a society as a thing [… as an] object" schreibt Spencer (1969: 8). Die Gesellschaft gehört zum Reich der Natur, bildet dennoch eine in sich geschlossene Einheit und ist ein Gegenstand, der mit objektiven, naturwissenschaftlichen Methoden untersucht werden kann. So setzt die Metapher des Organismus – und das ist die im engeren Sinn epistemologische Funktion – das Soziale auf ihre spezifische Weise ins Bild, welche sich deutlich davon unterscheidet, wie sich die Gesellschaft als Netzwerk oder als Theater darstellen würde.[26]

---

25  Vgl. dazu Luhmann 1985. In seinem Beitrag geht Hartmann Tyrell auf das Organismus-Bild und die soziale Differenzierung bei Durkheim ein (vgl. Tyrell: 1985). Spencer geht davon aus, dass das Thema der Arbeitsteilung erst aus der Politischen Ökonomie in die Physiologie bzw. Biologie und dann von ihm in die Soziologie übernommen worden ist (vgl. Spencer 1874: 11).
26  Neben der epistemologischen gibt es noch eine – wenn man so will –‚bildpolitische‘ Funktion der Organismus-Metaphorik. Sie erlaubt es beispielsweise Auguste Comte sich zwischen Restauration und Revolution zu positionieren oder auch Émile Durkheim die beiden starken Strömungen des Katholizismus wie des Positivismus zu bedienen. Zu Durkheim vgl. Wagner 1999.

# 4 Metaphern als bildliche gesellschaftliche Selbstbeschreibungen

Wenn man die Metaphern der Gesellschaft untersucht, fällt auf, dass in den soziologischen Texten in der Regel gerade die Metaphern auftauchen, die zeitgleich als gesellschaftliche Selbstbeschreibungen etabliert sind. Von Mitte bis Ende des 19. Jahrhunderts ist das in Europa die Organismus-Metaphorik. Die Gesellschaften, Staaten, Nationen dieser Zeit beschreiben sich selbst in diesem Bild – die Metapher des Organismus kursiert als ‚soziale Metaphorik', wie es Matthias Junge bezeichnet.[27] Aber eben auch in den soziologischen Beschreibungen wird die Gesellschaft als Organismus dargestellt. Bei Lorenz von Stein und Herbert Spencer wurde das genauer gezeigt, es gilt aber auch für viele weitere soziologische Autoren wie Auguste Comte, Albert Schäffle, Ferdinand Tönnies, Émile Durkheim. Demgegenüber beschreiben neuere soziologische Ansätze in der zweiten Hälfte des 20. Jahrhunderts das Soziale oftmals als Netzwerk.[28] Spätestens seit Mitte der 1990er Jahre ist die Netzwerk-Metaphorik in westlichen Gesellschaften omnipräsent (vgl. Schüttpelz 2007).

Weil es sich bei diesen Metaphern der Gesellschaft einerseits um soziale Metaphoriken handelt, insofern sie von einer breiteren Öffentlichkeit als Selbstbeschreibung in Anspruch genommen werden, und andererseits um Metaphern des Sozialen, die in der soziologischen Theoriebildung zum Einsatz kommen, stellen die metaphorischen Beschreibungen eine Schnittstelle des öffentlichen Diskurses und der fachwissenschaftlichen Debatten dar. Die Soziologie profitiert von dieser Zwischenstellung der Metapher, denn sie verschafft ihren Beschreibungen zusätzliche Plausibilität. Die Soziologie tritt mit dem Anspruch auf, dass sie die gesellschaftliche Wirklichkeit beschreiben kann. Wenn sie diese gesellschaftliche Wirklichkeit in dem Bild darstellt, das gleichzeitig auch als gesellschaftliche Selbstbeschreibung kursiert, generiert sie dadurch in ihrer Außendarstellung persuasive Effekte.[29]

Nun sind auch die wissenschaftlichen Texte gesellschaftliche Selbstbeschreibungen, die *innerhalb* der Gesellschaft verfasst werden. Diese ‚autologische' Struktur, dass soziologische Beschreibungen immer schon in das involviert sind, was sie beschreiben, hat Luhmann herausgearbeitet (vgl. Luhmann 1992: 485, 618). Er geht an dieser Stelle davon aus, dass die gesellschaftliche Einheit nur ‚imagi-

---

27 So lautet der Titel des von Matthias Junge 2012 gegründeten Arbeitskreises in der Sektion Wissenssoziologie der DGS.

28 Zu den bildlichen Beschreibungen der Gesellschaft als Netzwerk vgl. Schlechtriemen 2013 (im Erscheinen).

29 „Insbesondere für die Außendarstellung von Funktionssystemen werden bereits etablierte Bilder genutzt." (Stäheli 2007: 77).

när' konstituiert werden kann (vgl. Luhmann 1990: 716). Dazu kann hier ergänzt werden: und metaphorisch. So weit reichen die Vorteile der Metaphern der Gesellschaft.

Allerdings unterlaufen Metaphern aufgrund ihrer Zwischenstellung die Anforderung soziologischer Theoriebildung, dass diese ihre Begriffe möglichst eindeutig definieren und ihre Bedeutung innerhalb des Wissenschaftssystems kontrollieren will. Das, was sie bedeuten, speist sich nämlich auch aus ihrer Existenz als sozialer Metaphorik. Außerdem folgen sie ihrer bildlichen Funktionsweise, auf die ich oben bereits eingegangen bin. Die soziologische Theorie muss sich, was ihr Selbstverständnis betrifft, entsprechend umstellen, wenn sie die Metaphern der Gesellschaft als einen wichtigen Teil soziologischer Theoriebildung mit einbeziehen will.

Dazu kommen noch zwei Aspekte, die ebenfalls eine Auswirkung auf das soziologische Selbstverständnis haben. Sie gehören noch zu der Weise, wie die Organismus-Metaphorik die frühe soziologische Theoriebildung geprägt hat: Erstens wird dem soziologischen Beobachter eine exzeptionelle Position zugeschrieben.[30] Im Rahmen der Organismus-Metaphorik wird die Gesellschaft als ein Naturobjekt vergegenständlicht. Die Position dessen, der die Gesellschaft beschreibt, ist aus der Gesellschaft herausgenommen (exceptio)[31] – nur so kann er sie als Ganze beobachten. Der soziologische Beobachter ist nicht Teil der Gesellschaft, sondern analysiert sie von außen. Zur Konstitution der Ordnung der Gesellschaft als Ganzer gehört sozusagen als ihre Rückseite die exzeptionelle Position des soziologischen Beobachters. Interessant ist diesbezüglich zudem, dass die frühen Soziologen oftmals autobiografische Begründungen dafür angeben, warum oder wie sie in diese Ausnahmestellung gelangt sind. Als eine der Herausforderungen für Gründungstexte habe ich oben darauf verwiesen, dass die Frage, warum ausgerechnet diese Person nun die Einsicht hat, die die neue Wissenschaft begründen soll, beantwortet werden muss.[32]

Der zweite Aspekt betrifft den Umstand, dass die Organismus-Metaphorik die epistemischen Leistungen der Metapher ausblendet. Wenn die Gesellschaft als ein

---

30  Das habe ich an anderer Stelle am Beispiel von Auguste Comte genauer untersucht. Vgl. Tobias Schlechtriemen, „Auguste Comte als ‚großer Mann' – zur Exzeptionalität des soziologischen Beobachters" (in Vorbereitung).

31  Oder zumindest herausgehoben – Comte verortet sich an der Spitze der gesellschaftlichen Entwicklung, an der er als Einziger steht. Systematisch ist diese Spitze allerdings zugleich auch außerhalb der gesellschaftlichen Dynamik angesiedelt, sonst könnte er diese nicht *als Ganze* beschreiben.

32  Lorenz von Stein schreibt: „Ich weiß, daß an der Erkenntniß der einfachsten Wahrheiten Jahrhunderte gearbeitet haben, und daß dereinst der Mann kommen wird, der das menschliche Leben auf sein einfaches Lebensprinzip zurückführt." (von Stein 1850a: II). Er schreibt dies im Vorwort zu seinem Werk, in dem er genau dies zu leisten beansprucht.

Naturgegenstand dargestellt wird, der unabhängig von seiner Beschreibung ‚da draußen' existiert, dann sind alle soziologischen Beschreibungen nur nachträglich und haben keinen Einfluss auf ihn. Die konstitutive Leistung der soziologischen Beschreibungen und darunter eben auch der Metaphern der Gesellschaft wird von der Organismus-Metaphorik ausgeblendet. Es ist eine der offenen Fragen, ob es beispielsweise die Metapher des Netzwerks eher nahe legt, zum einen die Position der soziologischen Beobachterin oder des soziologischen Beobachters und zum anderen die Beteiligung der Metaphern am Zustandekommen des soziologischen Gegenstandes mit einzubeziehen. Die Gründe für die Ausblendung der epistemischen Funktionen metaphorischer Beschreibungen in frühen soziologischen Theorien lassen sich jedenfalls nicht nur auf ein letztlich naturwissenschaftliches Selbstverständnis der Soziologie, sondern auch auf die Wirkung der Organismus-Metaphorik selbst zurückführen. Um die Aufmerksamkeit dennoch auf die Leistungen der Metapher des Organismus zu lenken, habe ich oben auf die Theater-Metaphorik zurückgegriffen, die es erlaubt, gerade die Aktivität von Metaphern zu betonen.

Die Metaphern der Gesellschaft in die soziologische Theoriebildung einbeziehend, komme ich auf folgende sechs Funktionen, die sie in der wissenschaftlichen Praxis ausüben:

1) Die Metaphern der Gesellschaft setzen ‚die Gesellschaft' ins Bild und verleihen dem Gegenstand auf diese Weise eine greifbare und anschauliche Gestalt.

2) Jede Metapher vollzieht dies auf eine ihr spezifische Weise, indem die Implikationen der Metapher als Anschlussstellen für die soziologische Theoriebildung fungieren.

3) Metaphern generieren eine eigene bildliche Evidenz, die die begriffliche Argumentation begleitet – unterstützend, sie unterlaufend oder ersetzend.

4) Metaphern können sowohl einzelne Argumente plausibilisieren, als auch einen ganzen Ansatz konsolidieren, indem sie dauerhaft als Hintergrundmetaphorik präsent sind – je nach Reichweite.

5) Metaphern können bild- oder wissenschaftspolitische Wirkungen erzielen.

6) Als Schnittstelle zwischen fachwissenschaftlichem und öffentlichem Diskurs sorgen Metaphern für zusätzliche Plausibilität von soziologischen Außendarstellungen.

# Literatur

Black, Max (1954): Die Metapher. In: Anselm Haverkamp (Hg.): Theorie der Metapher. Darmstadt: Wissenschaftliche Buchgesellschaft, S. 55–79.

Blasius, Dirk (1970): Lorenz von Stein. Grundlagen und Struktur seiner politischen Ideenwelt. Köln: Univ. Diss.

Blumenberg, Hans (1999): Paradigmen zu einer Metaphorologie. Frankfurt a. M.: Suhrkamp, S. 117–165.

Boehm, Gottfried (2007): Jenseits der Sprache? Anmerkungen zur Logik der Bilder. In: Ders.: Wie Bilder Sinn erzeugen. Die Macht des Zeigens. Berlin: Univ. Press, S. 34–53.

Bono, James J. (2001): Why Metaphor? Toward a Metaphorics of Scientific Practice. In: Sabine Maasen und Matthias Winterhager (Hg.): Science Studies. Probing the Dynamics of Scientific Knowledge. Bielefeld: transcript, S. 215–234.

Brown, Richard Harvey (1977): A Poetic for Sociology. Toward a Logic of Discovery for the Human Sciences. Chicago, London: University Press.

Buchholz, Friedrich (1810): Hermes oder über die Natur der Gesellschaft mit Blicken in die Zukunft. Nachdruck. Kronberg 1975: Scriptor-Verlag.

Campe, Rüdiger (2006): Epoche der Evidenz. Knoten in einem terminologischen Netzwerk zwischen Descartes und Kant. In: Sybille Peters und Martin Jörg Schäfer (Hg.): Intellektuelle Anschauung. Bielefeld: transcript, S. 25–43.

Comte, Auguste (1839): Cours de Philosophie Positive. Bd. IV. (La Philosophie Sociale et les Conclusions Générales). Paris: Garnier.

Farzin, Sina (2011): Die Rhetorik der Exklusion. Zum Zusammenhang von Exklusionsthematik und Sozialtheorie. Weilerswist: Velbrück Wiss.

Hahn, Manfred (1965): Lorenz Stein und Hegel. Von der ,Erzeugung des Pöbels' zur ,sozialen Revolution'. Münster: Univ. Diss.

Junge, Matthias (2001) (Hg.): Metaphern und Gesellschaft. Wiesbaden: VS Verlag für Sozialwissenschaften.

Kaupp, Peter (1974): Gesellschaft. In: Joachim Ritter u. a. (Hg.): Historisches Wörterbuch der Philosophie. Bd. 3. Basel: Schwabe, Sp. 459–466.

Konersmann, Ralf (2007): Vorwort. Figuratives Wissen. In: Ders. (Hg.): Wörterbuch der philosophischen Metaphern. Darmstadt: Wissenschaftliche Buchgesellschaft, S. 7–21.

Koschorke, Albrecht (2007): Zur Logik kultureller Gründungserzählungen. In: Zeitschrift für Ideengeschichte, 2, S. 5–12.

Lemke, Thomas (2010): Gesellschaftskörper und Organismuskonzepte. Überlegungen zur Bedeutung von Metaphern in der soziologischen Theorie. In: Martin Endreß und Thomas Matys (Hg.): Die Ökonomie der Organisation – die Organisation der Ökonomie, Wiesbaden: VS Verlag für Sozialwissenschaften, S. 201–223.

Levine, Donald N. (1995): The Organism Metaphor in Sociology. In: Social Research. 62, 2, S. 239–265.

López, José (2003): Society and its Metaphors. Language, Social Theory and Social Structure. New York, London: Continuum International Publishing Group.

Luhmann, Niklas (1985) (Hg.): Soziale Differenzierung. Zur Geschichte einer Idee. Opladen: Westdeutscher Verlag.

Luhmann, Niklas (1992): Die Wissenschaft der Gesellschaft. Frankfurt a. M.: Suhrkamp.

Lübcke, Thomas/Villányi, Dirk (2011): Soziologische Systemtheorie und Metaphorik – Zur Epistemologie der Metapher des Systems. In: Matthias Junge (Hg.): Metaphern und Gesellschaft. Wiesbaden: VS Verlag für Sozialwissenschaften, S. 31–48.

Lüdemann, Susanne (2004): Metaphern der Gesellschaft. Studien zum soziologischen und politischen Imaginären. München: Wilhelm Fink Verlag.

Lüdemann, Susanne (2007): Körper, Organismus. In: Ralf Konersmann (Hg.): Wörterbuch der philosophischen Metaphern. Darmstadt: Wissenschaftliche Buchgesellschaft, S. 171–184.

Merz-Benz, Peter-Ulrich/Wagner, Gerhard (2007): Die Gesellschaft als sozialer Körper. Zur Sozio-Logik metaphorischer Transfiguration. In: Carsten Klingemann (Hg.): Jahrbuch für Soziologiegeschichte. Wiesbaden: VS Verlag für Sozialwissenschaften, S. 89–116.

Nietzsche, Friedrich (1980): Ueber Wahrheit und Lüge im aussermoralischen Sinne. In: Ders. Sämtliche Werke. Kritische Studienausgabe. Bd. 1. München: Dt. Taschenbuch Verlag, S. 873–890.

Rigney, Daniel (2001): The Metaphorical Society. An Invitation to Social Theory. Lanham u. a.: Rowman & Littelfield.

Ritsert, Jürgen (1966): Organismusanalogie und politische Ökonomie. Zum Gesellschaftsbegriff bei Herbert Spencer. In: Soziale Welt, 17, S. 55–65.

Schlechtriemen, Tobias (2008): Metaphern als Modelle. Zur Organismus-Metaphorik in der Soziologie. In: Ingeborg Reichle, Steffen Siegel, Achim Spelten (Hg.): Visuelle Modelle. München: Wilhelm Fink Verlag, S. 71–84.

Schlechtriemen, Tobias (2013): Bilder des Sozialen. Das Netzwerk in der soziologischen Theorie. München: Wilhelm Fink Verlag (im Erscheinen).

Schmitt, Rudolf (1995): Metaphern des Helfens. Weinheim: Beltz.

Schmitt, Rudolf (2011): Methoden der sozialwissenschaftlichen Metaphernforschung. In: Junge 2011, S. 167–184.

Schüttpelz, Erhard (2007): Ein absoluter Begriff. Zur Genealogie und Karriere des Netzwerkkonzepts. In: Stefan Kaufmann (Hg.): Vernetzte Steuerung. Soziale Prozesse im Zeitalter technischer Netzwerke. Zürich: Chronos, S. 25–46.

Spencer, Herbert (1851): Social Statics. Or the Conditions essential to Human Happiness specified, and the first of them developed. London: John Chapman.

Spencer, Herbert (1969): What is a Society? In: Ders.: Principles of Sociology [1874]. London: Macmillan, S. 7–22.

Stäheli, Urs (2007): Die Sichtbarkeit sozialer Systeme. Zur Visualität von Selbst- und Fremdbeschreibungen. In: Soziale Systeme, 13, Heft 1+2, S. 70–85.

Tyrell, Hartmann (1985): Emile Durkheim. Das Dilemma der organischen Solidarität. In: Ebd. Wiesbaden: Westdeutscher Verlag, S. 181–250.

Von Stein, Lorenz (1850a): Der Begriff der Gesellschaft und die soziale Geschichte der französischen Revolution bis zum Jahre 1830. Leipzig: Wigand.

Von Stein, Lorenz (1850): Geschichte der sozialen Bewegung in Frankreich von 1789 bis auf unsere Tage. In 3 Bdn. Leipzig: Wigand.

Wagner, Gerhard (1999): Emile Durkheim und der Opportunismus. Eine Notiz zur Institutionalisierung der Soziologie als einer Wissenschaft von der Moral in der Dritten

Republik Frankreichs. In: Carsten Klingemann u. a. (Hg.): Jahrbuch für Soziologiegeschichte 1995. Opladen: Leske und Budrich, S. 191–205.

Wagner, Peter (2000): ‚An Entirely New Object of Consciousness, of Volition, of Thought‘.
The coming into being and (almost) passing away of ‚society‘ as a scientific object.
In: Lorraine Daston (Hg.): Biographies of Scientific Objects. Chicago, London: Uni-
versity of Chicago Press, S. 132–157.

Weinrich, Harald (1976): Sprache in Texten. Stuttgart: Klett.

Winau, Rolf (2007): Krise (in) der Medizin: Die Entwicklung des medizinischen Krisen-
begriffs und das ärztliche Selbstverständnis. In: Henning Grunwald und Manfred
Pfister (Hg.): Krisis! Krisenszenarien, Diagnosen und Diskursstrategien. München,
Paderborn: Wilhelm Fink Verlag, S. 41–47.

# Handlungsanregende Potentiale einer schallenden Metapher – eine empirische Untersuchung der Metapher als Aktant

Danny Otto und Nelly Welskop

Metaphern begegnen uns überall. Punkt. Ob wir es wollen oder nicht, ständig werden wir mit Sprachbildern konfrontiert, zumeist ohne es zu bemerken. In der wissenschaftlichen Auseinandersetzung findet die Metapher, als grundlegende Kategorie unseres Denkens, zusehends Beachtung. Semantik, Linguistik und Philologie scheinen ihre Felder weitgehend abgesteckt zu haben, in der Philosophie spielt das metaphorische Sprechen seit Aristoteles eine Rolle, doch in der Soziologie, jenem Feld welchem diese Arbeit zuzurechnen ist, führen Metaphern ein rechtes Schattendasein. Es scheint ersichtlich, dass es sich um etwas anderes handelt, wenn bei einer oppositionellen Intervention von einem Dolchstoß oder einfach der Repräsentation einer anderen Meinung die Rede ist, aber was genau macht den Unterschied? Das rhetorische Mittel im Munde eines Politikers, die Abkehr vom gewöhnlichen Sprachgebrauch, die Besetzung des Wortes mit allen geschichtlichen Hintergründen, Ideologien, Visualisierungen, Straftatassoziationen? Dass der soziale Gebrauch von Metaphern bedeutenden Einfluss auf unser tägliches Leben hat, ist auch in soziologischen Abhandlungen mittlerweile gut nachzulesen. Probleme bereitet der interessante Schritt in eine methodisch fundierte Empirie. Aber: Wie forscht man über etwas, dass derart vielfältig ist und nur durch sich selbst bezeichnet werden kann? Wie kann diesem definitionsresistenten Ungetüm soziologisch zu Leibe gerückt werden?

Dieser Aufsatz unternimmt, unter Mobilisierung der Akteur-Netzwerk-Theorie[1] latourscher Prägung, den Versuch, die handlungsanregenden Potentiale der Metapher sichtbar zu machen. Die durch Metaphern angestoßenen Handlungen sollen beobachtbar werden! Der erste Teil des Beitrags legt das theoretische Fundament für dieses Vorhaben, indem die Akteur-Netzwerk-Theorie erläutert und die Metapher als Aktant aufgefasst wird. Die Darstellung von möglichen metho-

---

1 Im Weiteren kurz ANT.

dischen Zugängen zu einer als Aktant begriffenen Metapher wird im zweiten Abschnitt diskutiert, um im anschließenden Kapitel den Sprung in die Empirie zu wagen. Teilnehmende Beobachtungen in einem Kloster sollen zur Erfassung jener Handlungen dienen, die durch die Metapher des Glockenschlags angeregt werden. Abschließend wird zu fragen sein inwiefern der konzeptionelle Umweg über den Aktant zur Metapher eine empfehlenswerte Route für die handlungstheoretisch orientierte soziologische Auseinandersetzung mit diesem ubiquitären Phänomen darstellt.

# 1 Die Metapher als Aktant

Das Hauptanliegen der Autoren ist es einen empirischen Zugang zu dem komplexen und widerspenstigen Konstrukt der Metapher zu finden. Eine theoretische „Zähmung" ist hierfür unerlässlich. Wie sonst sollte diese flüchtige Idee den engen Vorgaben sozialwissenschaftlichen Betrachtung standhalten? Zu diesem Zweck soll ein Gedankenexperiment anhand der Theorie des Wissenschaftssoziologen, Anthropologen und Philosophen Bruno Latour durchgeführt werden, um der Metapher ein neues Gewand zu verleihen.

## 1.1 Die Akteur-Netzwerk-Theorie in kurzen Worten

Weitgehend von Michel Callon, John Law und Bruno Latour[2] entwickelt, setzt sich die ANT mit dem Verhältnis von vermeintlichen Subjekten und Objekten auseinander und stellt deren Trennung in Frage (vgl. Schroer 2008: 375). Ihrer Auffassung nach stehen Technik, Natur und Mensch in Interaktion und wechselseitiger Beeinflussung ohne das a priori Festsetzungen von Hierarchien der Handlungsfähigkeit möglich wären. Vielmehr treten sie in feingliederigen Assoziationen zueinander, formen Operationsketten, „das" Soziale und schließlich eine Gesellschaft[3] (vgl. Latour 2007: 21). Diese Assoziationen nachzuzeichnen, ihnen zu

---

2   Siehe unter anderem Callon 2006; Callon/Law/Rip 1986; Law 1986a; Law 1986b; Latour/Woolgar 1986; Latour 1987; Latour 2008.

3   „‚Das' Soziale ist keine Erklärungsgrundlage an sich mit welcher Verbindungen hinterfragt und Sachverhalten beschrieben werden können, kein Klebstoff, […] sondern *das, was* durch viele andere Arten von Bindegliedern verbunden wird." (Latour 2007: 16; Hervorhebungen im Original). Es ist fluide und wird in Momenten der Assoziation sichtbar an welchen nicht nur Menschen beteiligt sein müssen (vgl. ebd.: 111). Fragt man warum sich Menschen in einer bestimmten Art und Weise verhalten, so genügt es nicht „Soziales durch Soziales" (Durkheim 1984: 193) zu erklären, da das Soziale selbst aus verschiedenartigsten Bindeglie-

folgen und sie damit, im ursprünglichsten Sinne[4], sozial zu beschreiben, ist Aufgabe und Ziel der ANT.

Aufgrund des nicht zu unterschätzenden Grades der Abstraktheit und dem Verstoß gegen das Alltagsverständnis, erscheint es angebracht sich jenem, wohl bekanntesten Beispiel Latours zuzuwenden, um weitere Klarheit zu schaffen – dem Berliner Schlüssel. In der gleichnamigen Arbeit (Latour 1996) beschreibt er die Funktionsweise eines zweibartigen Schlüssels, der seinen Besitzern das Öffnen und Schließen der Tür nur zu bestimmten Zeiten gestattet. Der Hauswart ist in der Lage, mit einem gesonderten Schlüssel, das Schloss so zu präparieren, dass die Bewohner tagsüber die Tür nicht verschließen und nachts nicht offen belassen können. Der doppelbartige Schlüssel macht es ihnen unmöglich. Die genaue Funktionsweise ist vielerorts nachzulesen und soll hier nur insofern eine Rolle spielen, als das verständlich wird, dass ein Ding, der Schlüssel, soziale Vorgaben vermittelt. Jedoch:

> „[...] die asymmetrische Einkerbung des Schlüssellochs und der doppelbärtige Schlüssel „drücken" nicht die disziplinarischen Beziehungen „aus", „symbolisieren" sie nicht, „reflektieren" sie nicht, „verdinglichen" sie nicht, „objektivieren" sie nicht, „verkörpern" sie nicht, sondern sie machen sie, sie bilden sie." (ebd.: 49)

Ein Schild, um den Vergleich zu ziehen, mit der Aufschrift „Bitte schließen sie nachts ab und belassen die Tür am Tage geöffnet" könnte unter keinen Umständen die Disziplin des Schlüssels hervorrufen. Erst durch die Einbeziehung eines Gehilfen aus Stahl und diverser mathematischer und physikalischer Prinzipien ist es der Hausverwaltung möglich Ordnung im Haus zu gewährleisten (vgl. ebd.).

Als Theoretiker der ANT würde man in dieser Konstellation, somit nicht nur die Akteure Hausverwaltung und Hausbewohner sehen, sondern auch den Schlüssel in die Operationskette einbeziehen. Nur durch seine materielle Beschaffenheit ist er in der Lage die Einhaltung der sozialen Botschaft: „Bitte schließen sie nachts die Tür ab." zu gewährleisten. Sprache und Zeichen vermögen dies im beschriebenen Sinne nicht. Es scheint das auch nicht-menschliche Akteure das Soziale festigen (vgl. Ruffing 2009: 32; Latour 1996: 49). Um das Verständnis von gesellschaftlicher Organisation voranzutreiben, genügt es daher nicht sich auf bestimmte Akteure zu konzentrieren, während andere vorab ausgegrenzt werden.

---

dern zusammenzusuchen ist. Die genaue Ausgestaltung von Gesellschaften oder Kollektiven kann hier nicht weiter verfolgt werden. Der Hinweis auf die notwendige „auf Dauer Stellung" durch nicht-menschliche Entitäten, eine Verfestigung über die Reichweite eines einzelnen hinaus, muss genügen (vgl. Latour 2007: 117).

4    „Socius" (gemeinsam) ist das Partizipialadjektiv des Verbs sequi (folgen) (vgl. auch Latour 2007: 18).

Denkt man weiter wird das Wirken der *Dinge*[5] noch anschaulicher. Aus jeder Verbindung in einem Netzwerk gehen die an den Handlungsketten beteiligten Entitäten verändert hervor. Der Schlüssel wird speziell für seine Zwecke geformt, die Hausverwaltung kann ihre sonstigen Strategien zur Wahrung der Ordnung verwerfen oder abändern (es ist z. B. kein Nachtportier nötig), die Hausbewohner haben sich zu fügen oder clever aus der Situation zu befreien, was eine erneute Verformung des Schlüssels zur Folge haben könnte (vgl. Latour 1996: 47). Statt Differenzen aufzubauen und Grenzen zu ziehen, wie es zum Beispiel in modernisierungstheoretischen Ansätzen weiterhin üblich ist, wird Vermengungen nachgegangen und nach dem Credo „drawning things together" (Latour 2006) geforscht. Weder Dingen noch einem „Sozialen" kommt dabei eine determinierende Wirkmächtigkeit zu. In vielschichtigen Wechselwirkungen verändert sich alles Beteiligte (vgl. Schroer 2008: 362 und 380 f oder Latour 2007: 124).

Wie bereits durch das weite Dingverständnis impliziert, lassen sich derartige Gemengelagen nicht nur für physisch wahrnehmbare Entitäten nachverfolgen. Gedankengebäude, Ideologien oder religiöse Überzeugungen sind allerdings diffizilere Forschungsgegenstände. Derartige Einflussfaktoren werden nur im Gespräch oder durch genaueste Beobachtungen von Praktiken (z. B. Gebete, Anfertigung von Schnitzereien (vgl. Boivin 2008: 85 ff.)) sichtbar. Diese „Eigenart" lässt sie jedoch nicht weniger bedeutsam oder real werden als die Physis des beschriebenen Schlüssels. Es sollte Forschenden der ANT daher nicht erstaunlich oder banal erscheinen, wenn die Jungfrau Maria als Beteiligte einer Pilgerfahrt bzw. als deren Ursache beschrieben wird (vgl. Latour 2007: 84 f). Derartige Überzeugungen sollten nicht als Irrglaube abgetan, sondern in die Vielzahl der Assoziationen (z. B. Pilgerwege, Mitreisende, Jahreszeit) aufgenommen werden[6].

Mit diesem Verständnis plädiert die ANT somit dafür „nicht a priori irgendeine falsche Asymmetrie zwischen menschlichem intentionalen Handeln und einer materiellen Welt kausaler Beziehungen" (Latour 2007: 131) anzunehmen. Umgekehrt erstreckt sich dieses Ziel nicht in eine unangebrachte Gleichstellung zwischen menschlichen und nicht-menschlichen Wesen (vgl. ebd.). Offensichtliche Unterschiede werden genauso wenige geleugnet, wie augenscheinliche Verflechtungen. Die Dinge treten aus ihrem Schattendasein als folgsame *Zwischenglieder* heraus und werden als das erfahrbar, was sie im Zusammenleben sind – *Mittler.*

---

5    Latour nutzt für seine Ausführungen den sehr weiten Dingbegriff aus dem Deutschen Wörterbuch der Gebrüder Grimm: „In der weitesten, unbegrenzten Bedeutung begreift es ebenso das sinnlich bemerkbare, als das Übersinnliche, das gedachte." (Grimm/Grimm 1854: Spalte 1153); vgl. Ruffing 2009: 9).

6    Angelehnt an die Ethnomethodologie Harold Garfinkels ist es „[…] nicht die Pflicht des Soziologen, im vorhinein und anstelle des Teilnehmers zu entscheiden, woraus die soziale Welt besteht." (Latour 2007: 53).

Die Passivität eines einzig genutzten Objekts schwindet und die handlungsanregenden Potentiale treten zu Tage[7]. Handeln muss demnach neu verortet, ausgehandelt und verteilt werden.

Eine Definition von Handlung, die einzig intentional agierende Individuen in den Mittelpunkt rückt, kann der neuen Vielfältigkeit von Handlungsträgern kaum gerecht werden. Es scheint unmöglich alle potentiellen Einflussgrößen in einer holistischen Definition zu integrieren, daher schlägt Latour einen Handlungsbegriff vor, der am ehesten durch die Auffassung des „zum Tun bringen" oder „einen Unterschied machen" getroffen wird (vgl. Latour 2007: 92; Kneer et al. 2008: 10). *Akteure* sind entgegen klassischer Erwartungen „[...] nicht Ursprung einer Handlung, sondern das bewegliche Ziel eines riesigen Aufgebots von Entitäten, die zu ihm hin strömen." (Latour 2007: 81). In mannigfaltigen Variationen bewegen sie ihn dazu etwas zu tun und kreieren so die Unbestimmtheit der Handlung. Handeln wird neu verteilt und ist nicht mehr auf ein einzelnes Wesen zurückzuführen. Es ist stets unterbestimmt, da nie alle anregenden Entitäten versammelt werden können, weder vom Akteur selbst noch vom Analytiker. Um diesem „Aufgebot von Entitäten" sprachlich zu entsprechen, führt Latour den Begriff des *Aktanten* ein[8]. Er bezeichnet damit alles was einen Akteur dazu bringt etwas zu tun und entwirft so einen Handlungsträger, der deutlich vom Akteur, mit seiner starken Orientierung am Individuum, abgegrenzt ist. Anthropomorphe Gestalten stellen dabei nur eine Möglichkeit von vielen dar (der Hammer oder der Kubismus sind ebenso Figurationen, wie unsere Lehrerin Frau Koch). Zentral ist, dass Aktanten Akteure dazu bewegen Dinge zu tun. Weissagungen, Glaubensbekenntnisse oder der Kapitalismus sind dabei in keiner Form weniger „konkret", als Regen, Waffen oder Individuen (vgl. Latour 2007: 95 f.). Sie alle können einen Unterschied in der jeweiligen Situation hervorrufen. Eine theoretische Sicht, die Aktanten eine Wirkmächtigkeit zuspricht und versucht sie in Handlungszusammenhänge einzubetten, ist überaus fruchtbar für die handlungsorientierte Metaphernforschung, da

---

7   Um diese zentrale Unterscheidung weiter zu erhellen, kann man sich Zwischenglieder als eine Zugfahrt ohne Umsteigen, Zeitverlust und unvorhergesehene technische Probleme vorstellen. Das Ziel wird planmäßig erreicht. Mittler hingegen entsprechen eher dem System der Deutschen Bahn und kombinieren die Unwägbarkeiten zahlreicher Zugwechsel, unsicherer Anschlüsse und Durchsagen, die mit „Meine Damen und Herren, wir bitten um Entschuldigung...." beginnen. Damit ist eine pünktliche Ankunft nicht ausgeschlossen, jedoch sind viel mehr Einflussnahmen durch verschiedenste Entitäten (Weichen, Neigetechnik, Absprachen zwischen Zugpersonal, Gewicht des eigenen Gepäcks, Entfernung der Umstiegsgleise etc.) zu beobachten, als bei einer Direktverbindung.

8   Latour entleiht diesen Begriff bei Algirdas J. Greimas. In der Semiotik bezeichnet Greimas alle potentiell möglichen Handlungsträger in einer Geschichte, seien es Bäume, Ahornblätter, Nixen, Geister oder Zwerge, als Aktanten (vgl. Ruffing 2009: 35; Greimas 1971: 158).

auch die Metapher ein Aktant sein kann, der im gängigen Verständnis von Handlung bisher keinen Platz fand.

## 1.2 Metamorphose – von der rhetorischen Figur zum Aktant

Die Wahl der Metapherndefinition ist eine Frage der Fachrichtung, der Forschungstradition und schließlich der interessierenden Thematik. Zahlreiche Versuche wurden unternommen, um dieser kaum zu fassenden Konstruktion begrifflich zu entsprechen. Insbesondere da nur metaphorisch über Metaphern gesprochen werden kann (vgl. Junge 2010: 274), ist eine endgültige, allseits auf Zustimmung stoßende, Definition der Metapher nicht zu erwarten. Eine pragmatische Herangehensweise scheint daher sinnvoll und wird in dieser Arbeit verfolgt.

So schwer die Metapher in ihrer Komplexität, in ihrer Wandelbarkeit und in ihrem Formenreichtum zu fassen ist, kann sie dennoch eindeutig als eine Formulierung bezeichnet werden, die mehr in sich trägt als ihre reine wörtliche Bedeutung. Steht die Frage nach der Konstruktion von Realität durch Metaphern und ihre damit verbundenen Wirkungen im Mittelpunkt, so hilft diese einfache Feststellung noch nicht weiter. Ebenso wenig tragen simple Substitutions- oder Vergleichstheorien der Metapher zu einem besseren Verständnis auf diesem Gebiet bei. Wird die Metapher nur als rhetorisches Mittel verstanden, als uneigentliche Sprache oder Sprachschmuck, erscheint sie schnell obsolet, da sie einzig etwas in schönen Worten ausdrücken, dass auch literal gesagt werden könnte. Metaphern enthalten, aus dieser Perspektive betrachtet, nichts Neues, wirken überflüssig, ja störend (vgl. Lakoff/Johnson 2003: 44). Der Unterschied den die Metapher hervorruft, wird hier kaum sichtbar.

Lakoff und Johnson erweitern die klassischen Ansätze zur Definition der Metapher, indem sie sie als ein Konzept begreifen, dass sich aus verschiedenen Komponenten zusammensetzt. Indem die Autoren Metaphern als eine *„Gleichung plus einer Ungleichung"* (Lakoff/Johnson 2003: 101; Buchholz/von Kleist 1995: 94) definieren, unterstellen sie der Metapher kognitive und affektive Komponenten, die sowohl bewusst als auch unbewusst entstehen (Vgl. dazu Steger 2001: 89). Demnach wirken Metaphern handlungsrelevant, weil sie, durch Projektion von Eigenschaften von einem Sachverhalt auf einen anderen Sachverhalt, direkte handlungsbestimmende Ziele vorgeben. Einfach gesagt heißt dies: Wir handeln so, *„wie wir uns Dinge vorstellen"* (Lakoff/Johnson 2003: 57). Diesbezüglich bilanziert Liebert unter unmittelbaren Bezug auf die von Johnson und Lakoff entwickelte Theorie: *„Aus handlungstheoretischer Sicht stellen Metaphern Mittel dar, mit denen Sprecher in konkreten Situationen bestimmte Ziele erreichen wollen."* (Liebert 2003: 57). Lieberts Aussage schneidet einen weiteren äußerst bedeutenden Aspekt an:

Die Handlungsrelevanz von Metaphern scheint gebunden an einer Intention des Nutzers und der Fähigkeit des Empfängers, Metaphern als Handlungsanweisung zu verstehen[9]. Indem sie bewusst oder unbewusst unsere Aufmerksamkeit und Informationsverarbeitung lenken, leiten sie uns beim schlussfolgernden Urteilen. Wir fassen somit die Metapher als ein Konstrukt, dass verschiedene Sachverhalte verbindet, durch diese Verbindung mehr schafft als einen bloßen Vergleich oder eine Ersetzung und mittels der so angestoßenen Assoziationen für das Denken und Handeln einen Unterschied macht.

Inwiefern kann nun dieses kaum zu fassende, vielgesichtige Konstrukt als Aktant im Sinne Latours verstanden werden? Was heißt es für eine Metapher einen Unterschied zu erzeugen? Indem durch die Metapher Erfahrungen eines Feldes durch die Sprache eines anderen neu interpretiert werden, sind ebenjene Assoziationen nicht nur Teil einer Übertragung, sondern ebenso Ausdruck von etwas Neuem, dass aus den Assoziationen entsteht (vgl. Rigney 2001: 199). In der Assoziation liegt die Neuschöpfung, liegt die Handlungsfähigkeit und die Quelle der Unterschiede. Folglich macht die Metapher nicht nur einen Unterschied; sie stößt vielmehr weitere Entitäten an, da sie zwei Bereiche zusammenbringt und durch diese Kombination einen Punkt verdeutlicht, der ohne sie nicht in identischer Weise möglich wäre. Ebenso wenig wie die Funktionsweise des bereits genannten Berliner Schlüssels durch ein Schild aufrechterhalten werden könnte, kann eine Metapher durch etwas ersetzt werden ohne die Situation zu verändern. Sie gehört zur Konstruktion von Realitäten in einer spezifischen Lage und damit zu all jenen Einflüssen für welche die ANT das auf Individuen fixierte Konzept der Handlung öffnet. Die Plausibilität dieser Verbindung kann durch einen Testvorschlag Latours geprüft werden:

> „[…] *every time you want to know what a non-human does, simply imagine what other humans and non-humans would have to do were this character not present"* (Latour 1988: 299).

Man könnte sich demnach fragen, was nötig wäre um Otto von Bismarck im selben Licht erscheinen zu lassen, ohne die Metapher des „Steuermannes". Ein Begriff aus der Nautik wird mit einem preußischen Politiker in Verbindung gesetzt. Bismarck findet in diesem Sprachbild eine Auszeichnung, indem ihm, gleich dem Steuermann auf See, die Lenkung des Staatsschiffs in seiner Position als Reichskanzler, Vorsitzender des Bundesrates, preußischer Ministerpräsident und Außenminister angetragen wird. Er gibt die Richtung vor, dreht das Steuerrad der

---

9 An dieser Stelle sei darauf hingewiesen, dass das Verständnis von Metaphern starke kulturspezifische Besonderheiten aufweist.

Parteien zum Besten des deutschen Kaiserreiches und hält die Zukunft direkt in seinen Händen. Zwar steht ihm faktisch ein Kapitän (Kaiser Wilhelm I.) vor, doch er setzt den Kurs. Es kann als unwahrscheinlich gelten, dass die Charakterisierung als Zugführer, Leittier oder führender Politiker eines Staates die gleiche Wirkung auf das Selbst- und Fremdbild, die Handlungsfähigkeit und damit einhergehend die spätere Rezeption Bismarcks gehabt hätte. Ob das geschickte Oberhaupt eines Landes mit bekannter Durchsetzungsfähigkeit zu Verhandlungen anreist oder der „Steuermann" einer Nation, eines Staatsschiffs, erwartet wird, macht beispielsweise einen Unterschied für die Verhandlungssituation.

Ähnlich diesem Beispiel könnten weitere Metaphern auf die Probe gestellt werden. Wäre der Umgang mit PCs in einem Computerraum ohne die Bezeichnung als „Computerlabors" ebenso geregelt? Wäre das Selbstverständnis einer Abteilung, die sich unter der Bezeichnung „human resources" versammelt das gleiche ohne die Metapher?

Die Metapher ist, auf eine jeweils eigenständige Weise in die Umstände eingewoben, die unsere Handlungen hervorbringen. Sie kann zu der Vielzahl von Aktanten gezählt werden, die auf Akteure einströmen, um sie zum Handeln zu bewegen.

## 2    Zugang zu neuen Handlungsträgern

„Dass Metaphern für das Erkennen relevant sind, ist eine schöne Einsicht. Sich auf die Spur der Erkenntnis durch Metaphern zu setzen bedarf jedoch des zähen Ringens um Methodologie." (Gehring 2010: 218). Sehr treffend formuliert Petra Gehring hier die Schwierigkeiten beim methodischen Umgang mit der Metapher. Möglichst genaue und zielgerichtete Operationalisierungen sind von Nöten. Wie kann die Fassung der Metapher als Aktant dabei helfen diesem Ziel näher zu rücken?

War es den Theoretikern der ANT mittels des Aktantenbegriffes möglich die Dinge ins Soziale zurückzuholen, sie also aus der reinen Objektrolle herauszulösen und ihre Bedeutsamkeit für menschliche Handlungen zu betonen, so können Metaphern als Aktanten (letztlich nur ein Fall des weitgefassten Dingbegriffs) ebenso in ihren handlungsanregenden Potentialen soziologisch betrachtet werden. Die Metapher strömt als ein potentieller Aktant von vielen auf die Akteure ein und bringt sie, je nach Konstellation, dazu etwas zu tun. Gleich der Beobachtungen und Gedanken Latours über die Handlungsanregungen des Berliner Schlüssels kann die Metapher handlungstheoretisch betrachtet werden.

Für die Annäherung an Aktanten schlägt Latour verschiedene Herangehensweisen vor, die sich auch für die Metapher als fruchtbar erweisen dürften. Er geht davon aus, dass Assoziationen zwischen Akteuren und Aktanten nur dann sichtbar werden, wenn sie geschaffen werden (vgl. Latour 2007: 133). Danach sind sie zwar noch immer vorhanden, ihre Einbindung ist allerdings vollzogen und die einst hierfür nötigen bzw. dadurch angestoßenen Verbindungen sind in Routinen verblasst[10]. Folglich sollte nach Situationen gesucht werden in welchen diese Schaffung besonders stark wahrnehmbar ist oder wiederaufleben kann. Latour schlägt fünf Ansatzpunkte vor: 1.) den Ort der Entstehung (z. B. Labor, Zeichentisch des Ingenieurs), 2.) die räumliche oder zeitliche Distanz zu den betreffenden Dingen, 3.) Momente der Fehlfunktion, 4.) die historische Erschließung des Entstehungszusammenhangs oder 5.) die Schaffung künstlicher Distanz (vgl. ebd.: 138–140).

Für die empirische Erprobung des bisher dargelegten theoretischen Hintergrunds nähern wir uns den Aktanten auf die Weise von Archäologen und Ethnologen; entdecken die Assoziationen neu, die vergessen wurden, nur noch als Rudimente bekannt oder uns fremd geworden sind. Mit unbefangenem Blick treten wir der Situation gegenüber und erhoffen eine klarere Sicht auf die wechselseitigen Bedingungen und die vielfältigen Einflussgrößen, zu erlangen. Hierfür ziehen wir die schallende Metapher des Glockenschlages einer Kirchturmglocke als Untersuchungsgegenstand heran.

## 3 Handlungsanregende Potentiale einer schallenden Metapher

### 3.1 Der Glockenschlag als Metapher

Hört man einen Glockenschlag so denken und dachten die wenigsten Menschen daran, dass der Ursprung dieses Klanges „[…] ein aus Metall gefertigtes, kelchförmiges Gefäß mit schallabstrahlender Fläche" ist (Schilling 1988: 7). Von der literalen Bedeutung, die damit sehr wohl zum Ausdruck gebracht wäre, scheint unsere Wahrnehmung weit entfernt, obwohl sie heute nicht mehr so vielfältig daherkommen sollte, wie in der Vergangenheit. Die Geschichte der Glocke und damit die des Glockenschlags, ist mannigfaltig. Unterschiedlichste Aufgaben und Assoziationen werden im Laufe der Jahrhunderte an das Geläut heran-

---

10 Die Einbindung der Aktanten lässt sich am besten an den „Innovationen in der Werkstatt des Handwerkers studieren" (Latour 2007: 138), da sie dort noch stärker und sichtbarer in soziale Beziehungen eingeflochten sind als an ihren späteren Wirkstätten. Erfindungen oder Neuheiten benötigen ein ständiges Testen, Manipulieren, Diskutieren während fertige Dinge im Alltag oft „nur" genutzt werden. Ihre sozialen Komponenten treten dabei in den Hintergrund.

getragen. Verschiedene Glocken und Glocken(an)schläge werden zu verschieden Zwecke eingesetzt, rufen verschiedene Gedankengänge hervor, *induzieren verschiedene Handlungen.* Göttliche Ordnung, musikalische Erheiterung, Festlichkeit, Trauer, Warnung, Freude, Wohlstand, Zeit, Pflichten, die Leiden Christi ... das metaphorische Potential des Glockenschlages ist so weitläufig, wie seine wechselnden Aufgaben. Die stärkste Bindung, die sich bis in unsere Zeit erhalten hat, fand und findet sich zwischen Glocke und (im europäischen Kontext) der christlichen Religion. Die Kirchturmglocken rufen zum Gebet, strukturieren den Tagesablauf, informieren über Geburt, Taufe, Tod, melden Unglücke (Feuer, Wassernot), Krieg, Frieden, läuten feierlich zu Festtagen oder bei besonderen kirchlichen Ereignissen (vgl. Kasper 1995: 750). Die Glocke richtet ihren Schall an die Umgebung und fordert, je nach Art des Läutens, bestimmte Handlungen von den Adressaten ein.

Getreu der latourschen Überlegungen zu Aktanten symbolisiert der Glockenschlag nicht nur eine Handlungsanweisung, die er von Mensch zu Mensch weiterträgt, sondern er schafft eine Situation in welcher die Aufforderungen wirksam sein können. Ein Schild, ein Mensch, ein niedergeschriebenes Gesetz könnten nicht die Reichweite und Stabilität der Handlungsaufforderung replizieren. Glockenturm, Seil, Glockengießer, die Institution Kirche, Gott, Gemeindemitglieder, die Schallweite der Glocke, ihre Inschriften, Gravuren und Tonart; all diese Entitäten (bis hin zur Wetterlage, die den Schall beeinflusst) und mehr wirken zusammen, um in einem spezifischen Umfeld Handlungen hervorzurufen, die auf universellen (für eine Religionsgemeinschaft bindenden) Regularien beruhen.

Jedoch ist die Verbindlichkeit der Handlungsanregungen je nach Zeit und kulturellem Rahmen verschieden. Die Relevanz von Metaphern für unsere Handlungen ist unmittelbar mit der Fähigkeit die kodierte Handlungsanweisung zu verstehen, verbunden. Im 21. Jahrhundert hat für einen bedeutenden Teil der Bevölkerung[11], aufgrund verschiedenster Prozesse, inklusiver daraus resultierender Innovationen und veränderter Wertvorstellungen, eine Verschiebung der Bedeutung des Glockenschlages stattgefunden. Über die Gründe dieser Entwicklung kann und soll an dieser Stelle nicht dezidiert gesprochen werden[12]. Wichtig für diese Arbeit ist, dass die weitreichende Bedeutung des Glockenschlages sich im

---

11  Diese Aussage kann nur auf Christen in Deutschland beschränkt werden und bedarf auch in diesem Gebiet weiterer Forschung. Bei genauer Betrachtung werden sicherlich auch innerhalb Deutschlands beträchtliche regionale Unterschiede zu Tage treten.

12  Es wäre zu einseitig allein auf Säkularisierungstendenzen in der westlichen Welt zu verweisen, finden sich doch zahlreiche Studien zu einer Verlagerung von institutionalisierter Religiösität hin zu Spiritualität (vgl. u. a. Höld 2011). Dass eine Veränderung von Werthaltungen gegenüber der Kirche und der Verbindlichkeit ihrer Gesetze stattgefunden hat, lässt sich allerdings nicht bestreiten.

täglichen Leben verengt hat. Zwar ist heute die Glocke noch in den meisten Kirchen präsent und ihr Läuten ist rechtlich abgesichert, doch ist ihre Wirkung beschränkt. Im veränderten Takt des modernen Lebens rückt die Regelung des Arbeitstages oder der Abendruhe durch Kirchglockengeläut in den Hintergrund. Die Struktur des Tagesablaufs hat sich von allgemeingültigen Richtlinien abgelöst und ist nicht mehr an eine religiöse Einteilung gebunden. Unter Umständen bietet der Stundenschlag noch Orientierung, falls man in die Verlegenheit der „Uhrlosigkeit" gerät, essentiell ist diese Funktion angesichts der Ubiquität von tragbaren Zeitanzeigern nicht mehr. Alarmfunktionen werden effektiver durch Sirenen getragen, in städtischen Gemeinschaften geht die Verkündung relevanter Ereignisse über den Glockenschlag in der Kakophonie des Alltags unter und tägliche Gebetszeiten sind nur noch für eine Minderheit der (christlich) Gläubigen relevant. Andere Handlungsvorgaben sind es, die das Leben strukturieren.

## 3.2  Operationalisierung

Als nicht konfessionell gebundene Forscher bietet sich uns die Möglichkeit der als Aktant begriffenen Metapher des Glockenschlags archäologisch und ethnologisch auf die Spur zu gelangen. Methodisch haben wir uns dazu entschieden in der Gegenwart zu verharren und uns der Metapher des Glockenschlages in einem Kloster, das aufgrund seiner Verkapselung gegenüber der Außenwelt Gelegenheit zur ethnologischen Analyse bietet, zu nähern. Beobachtungen sollen die handlungsanleitenden Potentiale offenbaren die wir der Metapher des Glockenschlages theoretisch zugeschrieben haben.

Ausgehend von den dargestellten Überlegungen formulieren wir folgende Hypothesen:

H1: Kirchturmglockenschläge sind Metaphern und können daher als handlungsanregende Aktanten begriffen werden.

Diese Hypothese wurde durch die theoretische Vorarbeit bereits plausibilisiert. Nun soll der handlungsanregenden Kraft der Metapher empirisch nachgegangen werden, um sie so endgültig ins „Soziale" zurückzuholen (vgl. Latour 2007: 131).

H2: Es gibt einen Unterschied in der Bedeutung von Kirchturmglockenschlägen im Alltag und im Kloster.

H2.1: In Klöstern haben Kirchturmglockenschläge handlungsleitende Bedeutung.

H2.2: Im Alltag haben Kirchturmglockenschläge keine handlungsleitende Bedeutung.

An diesem Kontrast zwischen Kloster und Alltag möchten wir die handlungsanregenden Potentiale der Metapher des Kirchturmglockenschlages untersuchen. In der aufgeschlossenen Annäherung an zwei voneinander (weitgehend) geschiedene Felder soll wiederentdeckt werden, was einst weitläufig vorzufinden war – die Gestaltung des Tages in Anlehnung an den Glockenschlag.

Zur Verfolgung des dargelegten Forschungsinteresses wurde eine Kombination aus offener, nicht teilnehmender Beobachtung[13] und qualitativen Kurzinterviews gewählt. Anhand der zwei kontrastierenden Beispiele – Kloster und Alltagssituation – sollen Rückschlüsse auf unsere Problemstellung ermöglicht werden. Da bisher keine Studien zu diesem Forschungsbereich vorliegen, trägt die Untersuchung stark explorativen Charakter.

Als Beobachtungssetting der Alltagssituation wurde ein belebter kirchennaher Platz in städtischer Umgebung konzeptionalisiert. Grundlegend für die Auswahl des Beobachtungsortes waren die Erreichbarkeit und vor allem das stündliche und halbstündliche Läuten der Kirchturmglocke[14]. Aufgrund des ersten Kriteriums wurden die Beobachtungen in der Stadt Rostock durchgeführt. Um die Entscheidung für einen kirchennahen Platz in Rostock so bewusst wie möglich zu gestalten, führten wir Experteninterviews über die jeweilige Läuteordnung der Kirchen durch. Unsere Gesprächspartner waren dabei aktive Gemeindemitglieder, Stadtführer und Küster. Die Wahl fiel auf die Marienkirche am Neuen Markt, da dort stündlich und halbstündlich geläutet wird und der Platz durch Wochenmarkt, Anbindung an die öffentlichen Verkehrsmitteln und die zentrale Lage sehr belebt ist.

Für die Auswahl eines Klosters wurden die Kriterien der Erreichbarkeit und der Existenz eines lebendigen Ordens herangezogen. Das Rostock am nächsten liegenden Kloster mit einer lebendigen Bruderschaft (mit 17 Brüdern und zusätzlichen Angestellten, Pilgern, Besuchern) ist das Benediktinerkloster Schönwald[15]. Nach schriftlicher Ankündigung unseres Forschungsvorhabens erhielten wir die

---

13  Die Einordnung in teilnehmende und nicht-teilnehmende Beobachtung ist eine artifizielle, die nur verdeutlichen soll, inwiefern die Beobachter in die sozialen Interaktionen des Feldes integriert sind. Dabei „[…] handelt es sich nicht um Gegensatzpaare, sondern eher um mögliche Ausprägungen auf einem Kontinuum zwischen den jeweiligen Polen." (Lamnek 2010: 512). In dieser Studie haben wir klar die Rolle der Beobachter eingenommen.

14  Vor allem die letzte Rahmenbedingung ist aufgrund von Überlegungen des Lärmschutzes, der häufig nicht mehr funktionsfähigen Stundenschlagmechanik oder des Fehlens der Hauptglocke keinesfalls an jedem kirchennahen Platz gewährleistet.

15  Name anonymisiert.

Erlaubnis das Kloster zu besuchen, den Alltag zu beobachten und Brüder bzw. Gäste des Klosters zu interviewen.

Die Beobachtungen wurden in ihrer Struktur an die explorative Form unseres Forschungsinteresses angepasst. In Konsequenz gaben wir einem weniger starren Ansatz den Vorzug, um dem Feld offen zu begegnen. Einzig die Beobachtung an einem gewöhnlichen Wochentag, um Verzerrungen zu vermeiden (durch Sonn- oder Feiertage an denen eine besondere Aufmerksamkeit für Kirchturmglockenschläge zu erwarten ist), wurde in der Erhebungsphase zur Prämisse. Die Observationen im Kloster beschränkten sich auf die Zeit von 11 Uhr bis 16 Uhr, was die bedeutende Phase des Mittagsgebets einschließt. Für die städtische Situation in Rostock wurde ein äquivalenter Beobachtungsrahmen gewählt. Die Sicherung der Daten erfolgte über separate Protokolle der Beobachter, um die Breite der wahrgenommenen Sachverhalte zu erweitern. Zusätzlich wurden insgesamt vier problemzentrierte Interviews mit zwei Gästen der Klostergemeinde und zwei Ordensbrüdern durchgeführt, welche die (subjektive) Bedeutung des Glockenschlages zum Fokus hatte. Die Interviews wurden nicht mitgeschnitten und transkribiert, sondern in Form von Protokollen festgehalten[16]. Die vor der Erhebungsphase geplanten Befragungen in der Alltagssituation gestalteten sich aufgrund schlechter Wetterbedingungen als schwierig und wurden, als nicht elementarer Teil des Projekts, fallengelassen.

## 3.3   Ergebnisse

Im Rahmen unserer Untersuchung fanden wir eine Vielzahl von Indizien, die auf eine handlungsanleitende Kraft der Metapher hindeuten. Es war uns möglich Handlungen zu beobachten, die mit dem Kirchturmglockenschlag im Zusammenhang standen.

Ganz im Sinne der Akteur-Netzwerk-Theorie soll jedoch der schallende Glockenschlag keineswegs als die einzige Entität, die Handlungen hervorruft, verstanden werden – weder im Beobachtungsraum der Stadt, noch im Rahmen des Klosters. Vielmehr muss die Metapher als *ein* handlungsanregender Aktant in einem Gemenge von anderen Aktanten (beispielsweise seien hier genannt: die Routine der Gemeinschaft, Glaubensregeln, klimatische Rahmenbedingungen) verstanden

---

16  Selbstverständlich wären die Interviews in größer angelegten Untersuchungen zu transkribieren, um sie ihrer Flüchtigkeit zu berauben und sie so bearbeitbar zu machen (vgl. Kowal/O'Connel 2008), aber angesichts des kleinen Rahmens unseres Projekts war dies nicht möglich.

werden, die ebenfalls Handlungen anstoßen (können). Die Metapher ist so wenig determinierend wie andere Aktanten im sozialen Gefüge.

Die Beobachtungen des Klosters verdeutlichten erwartungsgemäß die Einbindung des Glockenschlags in die Strukturierung des Tages. Allerdings ist dabei nicht jeder Schlag der Kirchturmglocke gleich. Während der gewöhnliche Stundenschlag wenig Beachtung fand und keine im Zusammenhang stehende Handlung zu beobachten war, verändert sich die Situation beim Läuten zur Mittagsmesse. Die Glocke des Klosters läutet von 11:35 bis 11:40 Uhr und ruft damit die Gemeindebrüder, sowie alle Pilger und Besucher zur Klosterkirche. Wir konnten beobachten, wie die Menschen zur Kirche gingen, teils unter Geläut, teils nach Verstummen der Glocken. Der bedächtige Gang der Ordensbrüder deutete eine innere Vorbereitung auf die Messe an. 11:45 Uhr beginnt die Messe, in welcher der Glockenschlag als „Brecher des Schweigens" beteiligt ist. Die Glocke läutet das Angelusgebet („Der Engel des Herrn") ein und damit das Ende des Gottesdienstes. Sie ist in die Liturgie der Messe eingebunden. Eine veränderte Haltung der Personen nach dem Ende des Schweigens und zu Beginn des Gebets konnte observiert werden. Wir finden damit den Glockenschlag an einer Stelle an der er das Soziale stabilisiert. Selbstverständlich könnte auch eine andere Entität (eine Uhr, Personen, die die Zeit ansagen, Routine der Liturgie etc.) an die Stelle des Glockenschlages treten, aber keine könne ein äquivalentes Ergebnis erzeugen. Indem die Glocke und das daraus resultierende Geräusch von den Adressaten eine Personifikation erfährt („Sie ruft mich", „Sie mahnt mich zum Gebet") wird erst die metaphorische Aufladung explizit sichtbar (beispielsweise in Form von „Freude", „Besinnung auf Menschwerden"). Damit macht der Glockenschlag an dieser Stelle definitiv einen Unterschied und dieser war zu beobachten.

Durch die Inhalte der Interviews werden dieser Gedanke und die Beobachtungen noch bestärkt. „Die Glocke ruft mich und mahnt mich"; „Jetzt müssen wir laufen und tun, was uns für die Ewigkeit nützt."; „Der liebe Gott ruft"[17]. Derartige Ausführungen und mehr verwandten die Brüder in den Interviews. Die Glocke und der Glockenschlag wurden mit vielfältigen *Gebeten* (Angelusgebet dreimal am Tag; die „Schiedung" als Erinnerungsläuten an den Tod Christi jeden Freitag um 15 Uhr), *Ritualen* (Salbung und Segnung der Glocken und des Glockengusses; Glocken bei der Eucharistiefeier kündigen die Vereinigung an) und *Feierlichkeiten* (das neue Jahr zu Silvester einläuten; Glockenschweigen von Gründonnerstag bis

---

17  Durch Weihe und Segnung wird die Assoziation mit Gott noch verstärkt. Es handelt sich nicht nur um ein Musikinstrument, dass zur Zeitorganisation eingesetzt wird, sondern wird durch Praktiken zum „Sprachrohr" Gottes, der zum Gebet ruft, die Säumigen mahnt, die Mutlosen aufrichtet, die Trauernden tröstet, die Glücklichen erfreut und die Verstorbenen auf ihrem letzten Weg begleitet (vgl. Liturgische Institute Salzburg, Trier, Zürich 2000: 162).

zur Osternacht[18]) in Verbindung gebracht. Die Stabilisierung des Jahres- und Tagesrhythmus durch die schallende Metapher wird darin deutlich hervorgehoben. In den Interviews wurden zudem zahlreiche Assoziationen mit dem Glockenschlag genannt, die seine Einbindung in das (religiöse) Leben weiter untermauern: Heimat, Wegweiser, Erinnerung, Frieden, Geburt, Tod, „heilsame Unterbrechung des Tagesablaufs", Freude. Mit unseren Beobachtungen scheinen wir folglich nur einen kleinen Teil der Verflechtungen des Glockenschlages mit dem Leben der (christlich gläubigen) Menschen erfasst zu haben.

Auch die Beobachtungen im städtischen Raum entsprachen unseren theoretischen Überlegungen. Obwohl für die alltägliche Situation kein Interviewmaterial vorhanden ist, konnte durch die bloße Beobachtung ein anderes Verhältnis zum Glockenschlag bestätigt werden. Die Passanten zeigten mehrheitlich keinerlei Reaktionen bei Ertönen des Klanges. Einzelne wandten den Kopf zum Ursprung des Tons. Wenn in diesem Falle Handlungen angeregt wurden, dann schienen sie weltlichen Bezug zu haben – mal als nostalgische Anlehnung an den wohlbekannten Klang, mal als Abgleich der Zeit. Man könnte auch an dieser Stelle den Aktantencharakter des Kirchturmglockenschlages herausstellen, da die Situation ohne ihn auf dem Neuen Markt in Rostock nicht die gleiche wäre, jedoch werden die handlungsanregenden Potentiale des Glockenschlages nicht derart deutlich wie im Kontext des Klosters, respektive waren sie nicht zu beobachten.

Um handlungsanregend wirken zu können, scheint die Metapher somit auf einen bestimmten Rahmen angewiesen (vgl. Black 1954: 75)[19]. Diese Rahmen oder Zuschreibungen können in verschiedenen Bereichen sehr unterschiedlich sein und erst gegenüber Eingeweihten entfalten die gerahmten Metaphern ihre handlungsanregenden Potentiale. Eine Metapher, hier literal das Geräusch aus einem metallenen, kelchförmigen Gefäß mit schallabstrahlender Fläche, muss scheinbar mit einem bestimmten Bedeutungsgehalt aufgeladen werden, um potentiell handlungsanregend zu sein. Dies konnte anhand des Kontrasts von Kloster und Alltag beobachtet werden. Dementsprechend sind wir der Ansicht, dass das handlungsanregende Potential der Metapher stark mit dem zugehörigen Rahmen und den Kenntnissen der jeweiligen Bedeutung im Zusammenhang steht.

Der Blick auf die formulierten Hypothesen kann somit vorsichtig optimistisch ausfallen. Obschon die Betrachtung des Glockenschlages als Metapher mit die-

---

18  Dieser Aspekt ist besonders spannend, da in dieser Zeit das Glockenläuten durch die „Klappern" ersetzt wird. Die Unterschiede in der Ausübung der täglichen Glaubensroutinen wären ein interessantes Ziel für weitere Beobachtungen im Kontext des Klosters und der Erforschung des Glockenschlages.

19  An dieser Stelle scheinen sehr viele Aktanten zusammenzukommen. Es wäre eine wünschenswerte Aufgabe zukünftiger Studien diese genauer zu betrachten. Hier müssen sie unbedacht bleiben.

ser Arbeit erst ihren Anfang findet, konnte eine Handlungsanregung im Rahmen des Klosters beobachtet werden, die sich in einer städtischen Umgebung nicht zeigte. Die erste Hypothese (H1: Kirchturmglockenschläge sind Metaphern und können daher als handlungsanregende Aktanten begriffen werden.) kann anhand der theoretischen Darlegung und der empirischen Befunde bestätigt werden. Aus den gewonnenen Ergebnissen kann weiterhin geschlossen werden, dass, entsprechend der Hypothese H2 (H2: Es gibt einen Unterschied in der Bedeutung von Kirchturmglockenschlägen im Alltag und im Kloster) ein Unterschied zwischen Alltag und Kloster vorhanden und auch explizit beobachtbar ist. Die handlungsanregende Bedeutung des Kirchturmglockenschlages im Kloster war wahrzunehmen (H 2.1). Für fundierte Aussagen zur Bedeutung im alltäglichen Leben in einer Stadt (H 2.2) sind weitere Studien notwendig. Anhand des gewonnenen Materials ist keine Schlussfolgerung für diesen Bereich, über die Verschiedenheit von Kloster und Alltag hinaus, möglich.

Das unternommene Forschungsprojekt stellt einen Versuch dar, eine handlungstheoretische Bedeutung der Metapher empirisch zu fassen. Dabei wurde dieses Pilotprojekt von zahlreichen Schwierigkeiten begleitet, die teilweise methodischer aber auch struktureller Natur waren. Am schwerwiegendsten sind hierbei das Fehlen von Interviews in der Alltagssituation, was den Vergleich zwischen den untersuchten Feldern einschränkt und die Schwierigkeit eine ausreichend hohe Detaildichte für einen Bericht im Sinne der Akteur-Netzwerk-Theorie zu gewährleisten. Die Versammlung weiterer Aktanten, die in der Handlungsausgestaltung beteiligt sind (Darstellung von Ordensregeln, neue strukturierende Elemente im städtischen Leben), ist für weitreichendere Schlussfolgerungen zwingend notwendig.

Generalisierungen auf Basis der Ergebnisse sind nicht möglich. Der zentrale Gewinn liegt in der Erprobung des Konzepts eine Metapher als Aktant, um sie handlungsorientiert beobachten zu können. Dieser Ansatz kann diskutiert werden und für weitere Untersuchungen Anregungen bieten.

## 4    Ein zielführender Umweg?

Der Versuch die Metapher durch die Anwendung des Aktantenbegriffs der Akteur-Netzwerk-Theorie für die handlungstheoretische soziologische Forschung zugänglich zu machen, ist somit dargelegt. Als Aktant hält die Metapher Einzug in den Kreis vielfältiger Entitäten, die Handlungen induzieren, beeinflussen, anregen können. Sie kann auf Wegen untersucht werden, welche die ANT bisher hauptsächlich für die Untersuchung physisch wahrnehmbarer Dinge genutzt hat. Die Vorschläge Bruno Latours zur Erforschung der sozialen Wirkmächtigkeit von

Dingen werden auf die Metapher übertragen. Das definitionsresistente Ungetüm wird auf diese Weise theoretisch gerahmt und empirisch bearbeitbar. Die Kopplung an das Aktantenkonzept eröffnet die Möglichkeit die handlungsanregenden Potentiale von Metaphern nachzuzeichnen. Am Beispiel der Metapher des Kirchturmglockenschlages konnten die theoretischen Erwägungen in die Empirie getragen und der Erkenntnisgewinn durch die vorgeschlagene Verbindung plausibilisiert werden. Die Beobachtung der Metapher in zwei kontrastierenden Feldern (Kloster und städtischer Alltag) ließen die handlungsanregenden Potentiale des Glockenschlages zu Tage treten. Der Umweg über die Akteur-Netzwerk-Theorie zur empirischen Arbeit mit der Metapher war für diese Studie überaus zielführend und es ist zu erwarten, dass der hier vertretene Ansatz für zukünftige Untersuchungen ebenso fruchtbar sein dürfte.

## Literatur

Black, Max (1954): Metaphor. In: Proceedings of the Aristotelian Society 55, 273–294.

Boivin, Nicole (2008): Material Cultures, Material Mind. The Impact of Things on Human Thought, Society and Evolution. New York: Cambridge University Press.

Buchholz, Michael; von Kleist, Cornelia (1995): Metaphernanalyse eines Therapiegesprächs. In: Buchholz, Michael (Hrsg.): Psychotherapeutische Interaktion. Qualitative Studien zu Konversation und Metapher, Geste und Plan. Köln und Obladen: Westdeutscher Verlag. S. 93–126.

Callon, Michel; Law, John; Rip, Arie (Hrsg.) (1986): Mapping the Dynamics of Science and Technology. London: Macmillan.

Callon, Michel (2006[1986]): Einige Elemente einer Soziologie der Übersetzung. Die Domestikation der Kammuscheln und der Fischer der St. Brieuc-Bucht. In: Belliger; Krieger (Hrsg.): ANThology. Ein einführendes Handbuch zur Akteur-Netzwerk-Theorie. Bielefeld: Transcript. S. 135–174.

Durkheim, Emile (1984) [1895]: Die Regeln der soziologischen Methode. Frankfurt am Main: Suhrkamp.

Gehring, Petra (2010): Erkenntnis durch Metaphern? Methodologische Bemerkungen zur Metaphernforschung. In: Junge, Matthias (Hrsg.): Metaphern in Wissenskulturen. Wiesbaden: VS Verlag für Sozialwissenschaft.

Greimas, Algirdas J. (1971 [1966]):Strukturale Semantik. Methodologische Untersuchungen. Braunschweig: Friedr. Vieweg & Sohn.

Grimm, Jakob; Grimm, Wilhelm(1854): Deutsches Wörterbuch.Online-Version der Universität zu Trier. http://dwb.uni-trier.de/de/. Zugriff: 25. 05. 2013.

Höld, Hans G. (2011): Religionen nach der Säkularisierung. Festschrift für Johan Figl zum 65. Geburtstag. Wien u. a.: LIT-Verlag.

Junge, Matthias (2010): Der soziale Gebrauch von Metaphern. In: Junge, Matthias (Hrsg.): Metaphern in Wissenskulturen. Wiesbaden: VS Verlag für Sozialwissenschaften.

Kasper, Walter (Hrsg.) (1995): Lexikon für Theologie und Kirche. 3. völlig überarbeitete Auflage. Freiburg im Breisgau/Basel/Rom: Herder Verlag.

Kneer, Georg et al. (Hrsg.)(2008): Bruno Latours Kollektive: Kontroversen zur Entgrenzung des Sozialen. Frankfurt am Main: Suhrkamp.

Kowal, Sabine; O'Connel, Daniel C. (2008): Zur Transkription von Gesprächen. In: Flick, Uwe; von Kardorff, Ernst; Steinke, Ines (Hrsg.): Qualitative Forschung. Ein Handbuch. 6. Auflage. Reinbek: Rowohlt, S. 437–447.

Lakoff, George; Johnson, Mark (2003): Leben in Metaphern. Konstruktion und Gebrauch von Sprachbildern. 4. Auflage. Heidelberg: Carl-Auer-Systeme-Verlag.

Lamnek, Siegried (2010): Qualitative Sozialforschung. 5. überarbeitete Auflage. Weinheim/Basel: Beltz Verlag.

Latour, Bruno (1987): Science in Action. How to Follow Scientists and Engineers through Society. Cambrige: Havard University Press.

Latour, Bruno (1988): Mixing Humans and Nonhumans Together. The Sociology of a Door-Closer. In: Social Problems. 35(3). Special Issue. The Sociology of Science and Technology. 298–310.

Latour, Bruno (1996): Der Berliner Schlüssel. Erkundungen eines Liebhabers der Wissenschaft. Oldenbourg: Akadamie-Verlag.

Latour, Bruno (2006): Drawing things together. Die Macht der unveränderlich mobilen Elemente. In: Belliger; Krieger (Hrsg.): ANThology. Ein einführendes Handbuch zur Akteur-Netzwerk-Theorie. Bielefeld: Transcript. S. 259–307.

Latour, Bruno (2007): Eine neue Soziologie für eine neue Gesellschaft. Einführung in die Akteur-Netzwerk-Theorie. Frankfurt am Main: Suhrkamp.

Latour, Bruno (2008 [1995]): Wir sind nie modern gewesen. Versuch einer symmetrischen Anthropologie. Frankfurt am Main: Suhrkamp.

Latour, Bruno; Woolgar, Steve (1986 [1979]): Laboratory Life. The Construction of Scientific Facts. Princeton: Princeton University Press.

Law, John (1986a): On Power and its Tactics. A View from the Sociology of Science. In: The Sociological Review 34(1). S. 1–38.

Law, John (1986b): On the Methods of Long-Distance Control. Vessels, Navigation and the Portuguese Route to India. In: Law, John (Hrsg.): Power, Action and Belief. A new Sociology of Knowledge? London: Routledge.

Liebert, Wolf-Andreas (2003): Metaphern in der kognitiven Linguistik. In: Familiendynamik 28(1). S. 47–63.

Liturgische Institute Salzburg, Trier, Zürich (2000): Benediktionale. Studienausgabe für die katholischen Bistümer des deutschen Sprachgebiets. Freiburg im Breisgau/Basel/Rom: Herder-Verlag.

Rigney, Daniel (2001): The metaphorical society. An invitation to social theory. Lanham: Rowman & Littlefield.

Ruffing, Reiner (2009): Bruno Latour. Paderborn: Wilhelm Fink GmbH & Co. Verlags-KG.

Schilling, Margarete (1988): Glocken. Gestalt, Klang und Zier. Dresden: VEB Verlag der Kunst.

Schroer, Markus (2008): Vermischen, Vermitteln, Vernetzen . Bruno Latours Soziologie der Gemenge und Gemische im Kontext. In: Kneer, Georg et al. (Hrsg.)(2008): Bruno Latours Kollektive: Kontroversen zur Entgrenzung des Sozialen. Frankfurt am Main: Suhrkamp. S. 361–398.

Steger, Thomas (2001): Was Metaphern über Gefühle sagen. Ein neuer Zugang zu Emotionen auf der Managementebene. In: Schreyögg, Georg; Sydow, Jörg.(Hg): Managementforschung 11. Emotionen und Management. Gabler Verlag. Wiesbaden.

# Metaphorisches Handeln: Ein konzeptioneller Vorschlag

Matthias Junge

Die folgenden Überlegungen sind ein Versuch. Sie folgen der Intuition Deweys (vgl. 2008), dass theoretische Experimente hilfreich für die Klärung und weitere Entwicklung eines Gedankens oder Konzeptes sind. Das zu klärende Konzept ist das des metaphorischen Handelns bzw. der metaphorischen Handlung. Eine solche Vorstellung überschreitet den Hintergrund linguistisch geprägter Auffassungen und sieht das Gesamtphänomen Metaphorik als einen Gegenstand einer handlungstheoretisch orientierten Soziologie. Einleitend ist daher darauf hinzuweisen, dass allen mit sprachwissenschaftlichem Hintergrund die Metaphorik in einer ungewohnten bis fremden Perspektive erscheinen wird.

Aber gerade durch die im ersten Moment ungewohnte Perspektive wird über das sprachwissenschaftliche Instrumentarium hinaus das umfassende methodische Spektrum der Soziologie für die Metaphernforschung zugänglich. Und es wird realisiert, dass die Soziologie im Kern zugleich eine Text- und eine Handlungswissenschaft ist. Das Verhältnis beider wurde von Hans-Georg Soeffner einmal als Neigung zum „Gelegenheitsflirt" (2004: 160) gekennzeichnet. Meine Intention ist es, aus dem Flirt etwas „mehr" werden zu lassen.

Die text- und sprachwissenschaftliche Orientierung hat Nähe zum sprachwissenschaftlichen Metaphernverständnis und ist auch in der Soziologie intensiv rezipiert worden (Schmitt 2003; 2007; 2012). Aber das handlungswissenschaftliche Pendant im Hinblick auf die Metapher wurde bislang nicht erprobt oder gar entwickelt. Das ist aber nötig, um das intendierte „mehr" realisieren zu können.

Um die geforderte Probe aufs Exempel zu leisten, wird in vier Schritten vorgegangen: Zuerst wird der erwartete Gewinn skizziert. Er besteht darin, dass das Konzept des metaphorischen Handelns für eine pragmatische Praxistheorie eine hilfreiche Ergänzung sein könnte (1.). Anzumerken ist, dass der Zusatz „pragmatisch" vor allem bedeutet, dass nicht komplexe Zusammenhänge, Praktiken und ihre Muster im Mittelpunkt des theoretischen Interesses stehen, sondern Hand-

lungen (Gross 2009). Dies nicht nur, weil die Rekonstruktion von Praktiken die
Abbildung hoher Komplexität der Bedingungen einer Praxis verlangen würde,
sondern vor allem deshalb, weil im Folgenden die Metapher als eine Handlungsaufforderung im Sinne Meads verstanden wird (vgl. Mead 1997 II: 194). In einem
zweiten Schritt wird dann das Konzept der metaphorischen Handlung definiert
und diskutiert (2.) und in einem dritten Schritt mit einer längeren Liste von Beispielen plausibel gemacht (3.). Anschließend wird der Ort der Metaphorik im Sozialen aufgesucht (4.) und dabei auch das Konzept der metaphorischen Handlung gegen mögliche konzeptionelle Alternativen abgegrenzt. Dieser Schritt zielt
vor allem darauf, das Konzept als ein „sensitizing concept" im Sinne von Herbert
Blumer (1973) zu kennzeichnen. Es soll auf etwas aufmerksam machen, was bislang in der Soziologie nicht wirklich beachtet wurde.

## 1    Praxistheorie

Praxistheorien (Schmidt 2012; Reckwitz 2000, Turner 1994, Schatzki 1996) integrieren die Subjektseite und die Seite gesellschaftlicher Strukturen durch eine Rekonstruktion sozialer Praktiken. Diese werden beschrieben durch Angabe ihrer
wichtigen Merkmale: „Soziale Praktiken sind öffentlich. Sie sind an bestimmte
Umstände, Orte, Kontexte und materielle Rahmungen gebunden. Sie vollziehen
sich überwiegend im Modus des Gewohnten und Selbstverständlichen. Sie haben
kollektiven Zuschnitt, das heißt, sie involvieren Teilnehmerschaften und Prak-
tikergemeinschaften … In sozialen Praktiken spielen körperliche Performanzen
und Routinen, ein gemeinsam geteiltes praktisches Wissen und die beteiligten Ar-
tefakte eine wichtige Rolle. Und schließlich: Soziale Praktiken sind durch eine
sich immer wieder aufs Neue bildende Regelmäßigkeit gekennzeichnet." (Schmidt
2012: 10) Von diesen Merkmalen ist vor allem die Erwähnung der kollektiv ge-
wussten und praktizierten Gewohnheiten einer weiteren Erläuterung bedürftig.
Kollektiv bedeutet, dass alle an diesem Wissen und dieser Praxis teilhaben. Anders: Sie folgen ihr weitgehend und unhinterfragt bis unbewusst. Zu beachten ist,
dass Folgen im Sozialen einen Imperativ darstellt. Und diesem „gehorchen" die
Mitglieder des Kollektivs.

Es ist dieses „Gehorchen" dass das konzeptionelle Hauptproblem der Praxistheorien ausmacht: Trotz aller Betonung der Kreativität des Subjekts (Reckwitz
2012) haben sie zuletzt einen bias zur Strukturseite und zur identischen Reproduktion gegebener Strukturen durch die Subjekte. Daraus resultiert, dass Begründungen der Wandel- und Veränderbarkeit sozialer Strukturen durch das Subjekt nicht überzeugend sind. Der Verweis auf „interpretative Unterbestimmtheit"
der Handlungssituation und auf „kulturelle Interferenzen", Überlagerungen, zwi-

schen synchron gegebenen kollektiven Wissensordnungen (vgl. Reckwitz 2000: 623–637) läuft ins Leere, weil das Subjekt zur Nutzung dieser Spielräume aus konzeptionellen Gründen gar nicht in der Lage ist. So verbleibt die Praxistheorie letztlich auf der Seite der Rekonstruktion gesellschaftlicher Strukturen als kollektiv geteilten Wissensordnungen (Junge 2001) und erreicht die Kreativität der handelnden Subjekte nicht.

Dieses theoretische Problem könnte durch die Einführung einer Konzeption metaphorischen Handelns behoben werden. Dessen theoretische Bedeutung und gesellschaftliche Funktion besteht in der beständigen Produktion von Unterbestimmtheit für das Subjekt in Praktiken. Mit dieser Leistung wird die Kreativität der handelnden Subjekte in einer pragmatisch intendierten Praxistheorie konzipierbar und ihre gesellschaftliche Funktion beschreibbar.

Die weiteren Ausführungen werden einerseits die Bedeutung des Konzepts der metaphorischen Handlung explizieren und andererseits die gesellschaftliche Funktion metaphorischer Handlungen offenlegen. Wenn man beide Aspekte, Bedeutung und Funktion, zusammen nimmt, hat man ein umfassendes Bild davon, was das Konzept und die gesellschaftliche Nutzung metaphorischer Handlungen für soziale Praktiken und eine pragmatische Praxistheorie bedeuten und ermöglichen.

## 2 Die metaphorische Handlung

Metaphorische Handlungen gibt es viele. Die meisten Handlungen sind metaphorische Handlungen. Eine metaphorische Handlung kann definiert werden als eine Handlung, die mindestens zwei Bedeutungen trägt, ohne eine von ihnen als vorrangig für ihr Verständnis auszuweisen. Wichtig bei diesem Definitionsvorschlag ist vor allem die Angabe, dass mindestens zwei Bedeutungen vorliegen müssen. Es können also, und zumeist ist genau dies der Fall, auch eine größere Anzahl von Bedeutungen gleichzeitig gegeben sein. Aber: Metaphorische Handlungen sind nicht identisch mit Vieldeutigkeit. Diese verweist vorwiegend auf eine semantische Ebene ungeklärter oder unklarer Bedeutungen. Pragmatisch und für soziales Handeln und seine Analyse relevant wird Vieldeutigkeit im Sozialen als Unterbestimmtheit von Handlungen. Mit der Konzeption metaphorische Handlungen wird der Schritt von einer sprachwissenschaftlichen zu einem soziologischen, handlungstheoretisch konzipierten Verständnis der Metapher möglich. Wichtig ist hierbei, dass beide Verständnis- und Konzipierungsweisen nebeneinander bestehen können, weil sie je andere Aufgaben erfüllen.

Ein Beispiel mag die Konzeption der metaphorischen Handlung vorläufig verdeutlichen. Heiraten ist eine zutiefst metaphorische Handlung. Ihre Minimalbeschreibung im Falle einer standesamtlichen Eheschließung ist der mündliche Vertrag über die Begründung einer den Familienstand verändernden Verbindung auf Lebenszeit. Daneben trägt der Vorgang jedoch eine unbegrenzte Anzahl weiterer Bedeutungen: Das Bedürfnis nach Bindung, Sicherheit, Nähe, sozialer Platzierung, Erweiterung des sozialen Verkehrskreises, … – was auch im Einzelnen mit der Heirat an Bedeutungen (und Hoffnungen) verbunden sein mag, sie laden die durch die Minimalbeschreibung beschriebene Handlung mit vielzähligen Bedeutungen auf, ohne dass vorab schon festläge, welche auch noch gemeint und intendiert sind. Anders: Heiratende machen sich gemeinsam auf den Weg, um herauszufinden, was sie mit dem Heiraten meinten.

Die vorgeschlagene Begriffsbestimmung der metaphorischen Handlung ist vorläufig. Und sie ist scheinbar problematisch, weil mit der Erwähnung einer Vielzahl von Bedeutungen die sprachwissenschaftlich übliche Differenz von literaler und figuraler Bedeutung durch eine soziologische und handlungstheoretische Beschreibung überschrieben, außer Kraft gesetzt wird. Der Grund hierfür ist, dass das Konzept einer literalen Bedeutung in sozialen Handlungsvollzügen nicht anwendbar erscheint. Denn was könnte im sozialen Kontext eine literale Bedeutung sein? Körperbewegungen? Das an den Körper gebundene Verhalten? Eindeutige Intentionen? Rekonstruktionen von Handlungen als rationale Wahlhandlungen? Hier beginnt der Unterschied zwischen einer sprach- und einer handlungswissenschaftlichen Auffassung von Metapher.

Die konzeptionelle Differenz zwischen literaler und figuraler Bedeutung kann für die Analyse sozialen Handelns nicht verwendet werden, weil sich die literale Bedeutung einer Handlung nicht angeben lässt. D. h., im sozialen Handeln werden die Grundlagen dieser Differenzierung eingezogen, weil der eine Teil des Begriffspaars die literale Bedeutung im Sozialen nicht aufgefunden werden kann. Jede Handlung hat nur figurale Bedeutungen. Der Trennungsstrich zwischen einer sprachwissenschaftlichen und einer soziologischen Analyse der Metapher und des Gebrauchs von Metaphorik lässt sich an der Einziehung der in den sprachwissenschaftlichen Analysen unverzichtbaren Differenz von literaler und figuraler Bedeutung erkennen. Im Sozialen können wir keine Differenz von literal und figural feststellen, weil wir eine literale Bedeutung einer Handlung nicht angeben können.

Man kann sich das am Beispiel der Zeigegesten in der Rekonstruktion von Mead wie auch in der späteren Rekonstruktion des evolutionären Anthropologen Tomasello (vgl. 2006) deutlich machen. Worauf weist eine Zeigegeste hin? Um die Komplexität einer Zeigegeste als bedeutungtragender Geste überhaupt verstehen zu können, sind so viele entwicklungsgeschichtliche Vorannahmen zu treffen, dass die Rekonstruktion der Bedeutung einer Zeigegeste bereits das Verständnis ihres metaphorischen Charakters als einer „hinweisenden" Geste voraussetzt. An Zeigegesten lässt sich deutlich machen, dass elementare Vorgänge sozialer Interaktion wie auch sozialer Lernprozesse metaphorisch strukturiert sind. Metaphorisches Handeln am Beispiel der Zeigegeste expliziert, bedeutet nicht nur, dass wir im Sozialen kein Gegenstück zur literalen Bedeutung haben, sondern auch, dass wir einen präzisen Bedeutungsgehalt einer figuralen Handlung nicht angeben können, weil wir nur die metaphorische Bedeutung einer Handlungsweise schlechthin erfassen. Wenn wir jedoch nur die metaphorische Qualität jedweder Handlung erfassen, so ist jede Handlung eine metaphorische Handlung.

Metaphorische Handlungen legen in einer paradoxen Verkoppelung mit dem Angebot der Unterbestimmtheit zugleich bestimmbare Handlungen nahe. Es ist diese Verknüpfung, die metaphorische Handlungen für die soziale Praxis und ihrer Praktiken wertvoll macht. Denn wir haben hier in Einem: Komplexitätssteigerung und Komplexitätsreduktion. Eine Art „perpetuum mobile" der Interpretation eigene und fremden Handelns. Es erzeugt die Spannung letztlich unauflösbarer und nicht endgültig zu beseitigenden Aufforderungen zum Handeln.

## 3 Beispiele metaphorischer Handlungen

Wenn man nach dieser allgemeinen Definition weitere Beispiele sucht, so wird man mit einer Vielzahl von metaphorischen Handlungen konfrontiert. Dazu gehören, die jetzt folgende Liste geht auf eine Diskussion in einem Seminar zum Gebrauch der Metapher im Wintersemester 2012/13 zurück und ist unvollständig, weil es fürs erste nur um die Gewinnung von Beispielen zur Verdeutlichung des mit der Konzeption Gemeinten geht: Töten, Rituale, Sex, der schon erwähnte Flirt, Pflege, Lehre und Erziehung, Glauben, Schenken, Verleihen und Verschulden, Heiraten, der in Indien übliche Brautpreis und das Brautgeld, und nicht zuletzt der Tausch. Jedes dieser Beispiele könnte entfaltet werden in seiner Eigenschaft als metaphorische Handlung.

Was diesen Beispielen gemeinsam ist, dass die durch sie gekennzeichneten sozialen Handlungen ohne Festlegung auf eine bestimmte Bedeutung auskommen, auskommen wollen und auskommen müssen. Sie müssen ohne Festlegung einer bestimmten Bedeutung auskommen, weil in den Strukturen dieser Handlungen Unterbestimmtheit angelegt ist. Aber solche Handlungen wollen auch ohne Bedeutungsfestlegung auskommen, denn das macht sie „reizvoll und verführerisch". Denn metaphorische Handlungen gestatten jederzeit den „Widerruf", sie ermöglichen beständig die Aussage „das war doch anders gemeint".

Zurück zu den Beispielen. Die Bedeutung der genannten Handlungen ist nicht eindeutig bestimmt. Was wird mit dem Schenken zum Ausdruck gebracht? Oder: Was tun wir beim Sex? Was wird in Sprechstunden getan? Was geschieht, wenn wir Freunden etwas Leihen? Und zuletzt, um diese Reihe zu einem Ende zu bringen und an ein schon ausgeführtes Beispiel anzuknüpfen: Was tun wir, wenn wir zum Altar schreiten, wenn wir heiraten? Eine Heirat ist so voller übertragener Bedeutungen, dass selbst die beiden Heiratenden nicht bestimmt wissen, was sie tun (und es sei angemerkt, dies ist keine skeptische Einschätzung eines vermeintlichen Heiratsmuffels, denn die getroffene Aussage spricht nicht gegen das Heiraten, sondern vielmehr dafür, denn die vorzunehmende jedoch nie gelingende Festlegung der Bedeutung des Heiratens liegt vor den Heiratenden als eine Chance der Beziehung(sarbeit)).

Weitere Klarheit im Hinblick auf die metaphorische Handlung kann hergestellt werden, wenn man sie in eine begriffliche Ordnung einfügt. Damit ist gemeint, dass nach der relativen Position der Begriffe in einer hierarchischen Ordnung vom größten absteigend zum kleinsten Begriffsumfang zu fragen ist, Dann steht an erster Stelle mit dem weitesten Begriffsumfang das Konzept der symbolischen Handlung, weil jede Handlung eine symbolische, zeichenhafte (Peirce 1991) Bedeutung trägt. Anders: die Vorstellung nicht symbolischer Handlungen kann nicht erfolgreich konzipiert und gedanklich ausgeführt werden. An zweiter Stelle folgt mit einem kleineren Begriffsumfang das Konzept des sozialen Handelns und dann erst folgt das metaphorischen Handeln bzw. die metaphorischen Handlung. Metaphorisches Handeln ist eine Struktureigenschaft jeden sozialen Handelns. Kurz: Soziales Handeln ist immer auch metaphorisches Handeln – unterbestimmt, zur Interpretation und Deutung auffordernd, vieldeutig und vielsagend, jedoch nie eindeutig, einsinnig oder gar bestimmt.

Nun könnte man noch Reziprozität und Ambivalenz als Theorieangebote verstehen, die das mit metaphorischem Handeln angesprochene bereits aussagen und folglich die Konzeption metaphorischen Handelns überflüssig erscheinen lassen. Beide Konzepte würden dann aber überschätzt und die handlungstheoretische Auffassung sozialer Metaphorik verfehlt. Denn bei Reziprozität liegt die Konzentration auf der Kennzeichnung einer (Austausch-)Struktur, also erst in zweiter Hinsicht auf den Handlungen, die diese Struktur ermöglichen, und im Falle der Ambivalenz liegt die Konzentration auf einem Bewertungsvorgang von Handlungen und Strukturen, die gerade nicht durch Vieldeutigkeit, sondern durch Zweideutigkeit gekennzeichnet sind.

## 4    Metaphorik aus Interaktion: der „Ort" der Metaphorik

Wie könnte nun eine theoretisch angemessen konzipierte Vorstellung des metaphorischen Handelns aussehen? Zwei konzeptionelle Zugänge scheinen erfolgversprechend: Ein Anschluss an die von Goffman weiterentwickelte Theorie der Interaktionsordnung und andererseits ein Rückgriff auf die Ritualtheorie.

Metaphorische Handlungen strukturieren die soziale Realität. Besonders aufgemerkt auf diesen Sachverhalt hat der Dramatologe oder auch Interaktionstheoretiker Erving Goffman. Nicht nur, weil seine Schriften beständig mit Metaphern spielen – genannt seien nur die Metapher der Bühne, die Metapher von Vordergrund und Hintergrund, die Metaphorik des Theaters und Vieles mehr – nicht nur dieses Spiel mit metaphorischer Begrifflichkeit zur Analyse der sozialen Realität zeichnen die Schriften Goffmans aus. Vielmehr leistet er hervorragende Beiträge, um die tragende, das Soziale schlechthin konstituierende, Bedeutung der metaphorischen Qualität jeden Handelns in Interaktion zu demonstrieren. Goffman kann als ein Vorläufer für eine Theorie des metaphorischen Handelns in Anspruch genommen werden.

Im Rückgriff auf Goffman könnte eine Fundierung metaphorischen Handelns im Verweis auf die institutionelle Struktur jeder Vergesellschaftung erfolgen, weil Goffman die Voraussetzungen des Interagierens bereits als metaphorisch strukturiert aufweist und folglich jede der darauf beruhenden Handlungen metaphorisch ist.

So ist seine berühmte Unterscheidung von Vorder- und Hinterbühne nichts anderes als die Beschreibung der Differenz von Sagen und Meinen, nichts anderes als die Beschreibung der Differenz strukturell angelegter Möglichkeiten der Vieldeutigkeit. Goffman definiert Hinterbühne als einen integralen Bestandteil des sozialen Geschehens, indem er festhält „Die Hinterbühne kann definiert werden als der zu einer Vorstellung gehöriger Ort, an dem der durch die Darstellung hervorgerufene Eindruck bewusst und selbstverständlich widerlegt wird." (Goffman 1983: 104) Strukturell ist im Interaktionsgeschehen bereits eine Differenz von Vorder- und Hinterbühne angelegt, bei der die Hinterbühne offensichtlich die Grundlage dafür schafft, dass das Gegenteil von dem zutreffen könnte, was auf der Vorderbühne gespielt wird. Die Vorderbühne macht unsichtbar, dass enorme Arbeit und strategische Kommunikation, Interaktion und Planung nötig sind, damit das Spiel seinen Effekt erhalten kann. Denn die Hinterbühne als anders geartete Realität ist die Voraussetzung für die Möglichkeiten der Darstellung auf der Vorderbühne. Und kein Interpret einer „Spielhandlung" kann vorab entscheiden, ob Vorder- oder Hinterbühne den angemessenen Rahmen für die Interpretation der Handlung darstellen. Die strukturelle Differenz von Vorder- und Hinterbühne etabliert auf der institutionellen Ebene einer gesellschaftlichen Struktur die Voraussetzungen dafür, dass jedes Handeln metaphorisches Handeln sein muss. Und es ist diese Differenz, die beständig zur Interpretation jeder sichtbaren Darstellung als Ausdruck möglicher unerkannter oder unsichtbarer Absichten führt. Die Differenz von Vorder- und Hinterbühne ist die strukturelle Voraussetzung für jede Form metaphorischen Handelns. Und sie ist die Voraussetzung dafür, dass jedes Handeln metaphorisches Handeln ist.

Diesen Eindruck bestätigt Goffman später in seiner Rahmenanalyse (1977).
Dort findet sich unscheinbar unter der Überschrift Formen der Modulation ein
weiterer Hinweis darauf, dass metaphorisches Handeln die Grundstruktur jeder
Form der Abwandlung von Bedeutung ist: „Es handelt sich um eine systematische Transformation eines Materials, das bereits im Rahmen eines Deutungssche-
mas sinnvoll ist, ohne welches die Modulation sinnlos wäre." (Goffman 1980: 57)
Eine Modulation verwendet ein ursprünglich gegebenes Bild, eine ursprünglich
gegebene Bedeutung und transformiert sie so, dass eine oder gar mehrere neue
Bedeutungen entstehen. Was durch eine Modulation geschieht, das ist im Prinzip vergleichbar dem Verhältnis von figuraler zu literaler Bedeutung, denn in der
Modulation wird eine primär gegebene Realität durch eine Handlung im Als-Ob-
Modus spielerisch verändert. Goffman macht deutlich, dass Modulationen und
Abwandlungen die Grundlage jeden Handelns sind. Und Goffman ist hier vorsichtig in der Wahl seiner Formulierung, denn er spricht nicht von einem ursprünglichen oder ersten Deutungsschema, weil er annimmt, ein solches ließe
sich nicht angeben, weil die Idee einer „Ursprungsbedeutung" im Sinne einer literalen Bedeutung nicht ausgeführt werden kann.

Die metaphorische Handlung enthält eine Unterbestimmtheit, die pragmatisch zu einer Antwort auffordert, indem aus den angebotenen Bedeutungsin-
halten ein Anknüpfungspunkt oder mehrere Anknüpfungspunkte für die handelnde Reaktion ausgewählt werden. Es kann nicht vorab entschieden werden,
ob der handelnd Antwortende einen oder mehrere Bezugspunkte auswählt. Die
handelnde Antwort kann auch die Unterbestimmtheit aufnehmen und fortsetzen
und selber mit einer metaphorischen Handlung antwortet. Deshalb ist zu betonen, dass die handelnde Antwort nicht zwingend eine Schließung, eine Verrin-
gerung der Unterbestimmtheit herstellen muss. Denkbar sind auch Antworten,
die die Unterbestimmtheit erhalten, vielleicht sogar steigern. Zum Beispiel beim
Flirten – soziologisch gesehen ein intensives interaktives „In-der-Schwebe-Halten"
von Bedeutungen.

Man kann jedoch noch einen Schritt weiter gehen und Goffman geht auch
diesen Schritt noch. Nicht nur baut er die Differenz von Sagen und Meinen auf,
nicht nur entwickelt er die Differenz von Vorder- und Hinterbühne, sondern er
beschreibt auch den Körper des Menschen als Trägerfigur, bei der der Körper selber nur in seiner metaphorischen Bedeutung „zum Tragen kommt", weil selbst
der Körper sich zwar einen Ausdruck gibt, aber zugleich ungewollt auch einen bestimmten Ausdruck hat. Goffman unterscheidet im und am Ausdruck zwei „Arten der Zeichengebung", „der Ausdruck, den er sich selbst gibt, und der Ausdruck,
den er ausstrahlt." (2010: 6). Auch aus dieser Doppeldeutigkeit der Zeichengebung als eines sozialen Prozesses ergibt sich die Unterbestimmtheit jeder sozialen Handlung, weil körperliche Handlungsvollzüge (etwa das Heben eines Armes

oder eine ausgestreckter Finger) als Zeichen vieldeutig sind und entsprechend interpretiert werden. Die rekonstruierte Handlung sagt immer Vieles. Kurz: Sie führt nicht zur Eindeutigkeit. Zum Beispiel ist Autofahrern die Geste „Mit dem Finger an die Stirn tippen" geläufig – strittig ist allerdings in jedem Fall, ob damit nun eine Beschimpfung, die handelnde Antwort auf einen Juckreiz, ein Zeichen von Nachdenklichkeit oder Ungeduld ausgesagt wird. Anders: Die Geste könnte vieles zum Ausdruck gebracht haben.

Fasst man diese Überlegungen zusammen, so kann man mit Goffmans Dramatologie und Interaktionstheorie zeigen, dass die Grundstruktur aller aus sozialem Interaktionsgeschehen erwachsenden Zusammenhänge, grundsätzlich metaphorisch strukturiert sind, weil die voraus liegenden sozialen Handlungen metaphorische Handlungen sind. Kurz: Metaphorisches Handeln ist die Grundlage jeder Vergesellschaftung.

Metaphorisches Handeln ist die Grundlage von Interaktion, von Kommunikation und von Sozialität. Metaphorisches Handeln ist der Ausgangspunkt der Unvermeidbarkeit von Interpretationen und Deutungstätigkeiten jeglichen Zusammenhangs. Gerade weil die Dinge nicht sind was sie zu sein scheinen, gerade deshalb erst erwachsen die Möglichkeiten und Notwendigkeiten der beständigen Interpretationen, Deutungen, Kritik.

Ein weiterer Anknüpfungspunkt für eine Theorie des metaphorischen Handelns bietet sich in der ethnologischen Ritualtheorie an, weil in dieser an die Bedeutung der Metapher als eines Übertragens anzuknüpfen versucht wird (Ruel 1987). Malcom Ruel bestimmt „metaphorical action" als „acts that carry meaning across different situations, and so relate them semantically, but they also work pragmatically, by carrying people and objects across time and space." (Ruel 1987: 111) Hier werden durch das Ritual Bedeutungen in Situationen übertragen, andere Situationen erzeugt. Das Ritual als metaphorische Handlung verändert, transformiert die soziale Wirklichkeit einer Situation in die Wirklichkeit einer anderen Situation.

Man könnte anknüpfend sogar stärker formulieren und metaphorische Handlungen als Grund der synchronen Konstitution verschiedener Situationen begreifen, denn je nach ausgewählter Bedeutung der metaphorischen Handlung ergeben sich andere Situationen. Und die pragmatische Bedeutung metaphorischer Handlungen legt nach Ruel diese Deutung nahe, weil Rituale den Status von Objekten oder Personen verändern, ihnen eine neue Bedeutung zuordnen. So wird etwa der Baum in Ritualen totemistischer Religionen zum Objekt der Anbetung. Auch Ahnenverehrung folgt dieser Umdeutung der Ahnen, indem sie diese als etwas Anderes betrachten und ehren, etwa als Ausdruck für die Identität des Stammes, für die Gruppe. Das Ritual ist eine systematische Form der Übertragung von Bedeutung, eine systematische Weise der Erzeugung metaphorischer Bedeutungen.

## 5    Fazit

Eine Konzeption des metaphorischen Handelns würde die Dynamik von Wissensordnungen aus der metaphorischen Handlung abzuleiten erlauben. Denn metaphorische Handlungen sind Herausforderungen für die handelnde Antwort auf ihre Unterbestimmtheit. Metaphorische Handlungen öffnen den Bedeutungsraum des Sozialen, indem sie – so müsste man in Luhmanns Tradition sagen – die Bedeutung einer Handlung in der Schwebe halten. Metaphorische Handlungen erhöhen das Ausmaß der Kontingenz der in sozialen Zusammenhängen angebotenen Möglichkeiten. Insofern sind metaphorische Handlungen Kontingenz erweiternde Handlungen: sie öffnen den Spielraum möglicher Anknüpfungspunkte für das (Antwort-)Handeln; und das Antworthandeln kann als eine die angebotene Komplexität wieder reduzierende Handlungen verstanden werden, weil sie aus dem unendlichen Möglichkeitsraum der metaphorischen Handlung bereits eine erste vorläufige, nicht zwingend unmetaphorische, Bestimmung als Ansatzpunkt des Antworthandelns auswählen muss.

Wenn also praxistheoretisch gefragt wird, wo denn die die kulturelle Dynamik ermöglichende Bedeutungsvielfalt von Handlungen entsteht, dann liegt für die hier vorgeschlagene Betrachtungsweise die Antwort in der Unterbestimmtheit metaphorischer Handlungen. Metaphorische Handlungen erscheinen in dieser Perspektive in der Funktion, dass sie eine Blindstelle der praxistheoretischen Analyse schließen und die Dynamik des Sozialen zu verstehen helfen.

Zieht man das alles zusammen, so bietet sich mit der künftig sicher noch weiter auszuarbeitenden Konzeption der metaphorischen Handlung ein Konzept, um die hohe Dynamik sozialer Zusammenhänge verstehen zu können. Zudem sind metaphorische Handlungen ein Kandidat für ein fehlendes Konzept der Praxistheorie, die auf die subjektive Erzeugung von Sinn in der Handlungsvielfalt setzt, um das Zusammenspiel mit den gegebenen gesellschaftlichen Strukturen zu verstehen und zu erklären.

## Literatur

Blumer, Herbert (1973): Der methodologische Standort des symbolischen Interaktionismus. In: AG Bielefelder Soziologen (Hrsg.): Alltagswissen, Interaktion und gesellschaftliche Wirklichkeit. Opladen: Westdeutscher Verlag, S. 80–101.
Dewey, John (2008): Logik. Die Theorie der Forschung. Frankfurt am Main: Suhrkamp.
Goffman, Erving (1977): Rahmen-Analyse. Ein Versuch über die Organisation von Alltagserfahrungen. Frankfurt a. Main: Suhrkamp.
Goffman, Erving (1983): Wir alle spielen Theater. Die Selbstdarstellung im Alltag. München: Piper.

Goffman, Erving (2005): Rede-Weisen. Formen der Kommunikation in sozialen Situationen. Konstanz: UVK.

Gross, Neil (2009): A Pragmatist Theory of Social Mechanisms. In: American Sociological Review, Vol.74, June, S. 358–379.

Junge, Matthias (2001): Rezension von: Andreas Reckwitz, Die Transformation der Kulturtheorie. Zur Entwicklung eines Theorieprogramms. In: Kölner Zeitschrift für Soziologie und Sozialpsychologie, Jg.53, 2001, S. 376–378.

Junge, Matthias (2011a): Die metaphorische Rede: Überlegungen zu ihrer Wahrheit und Wahrheitsfähigkeit. In: Matthias Junge (Hrsg.): Metaphern und Gesellschaft. Die Bedeutung der Orientierung durch Metaphern. Wiesbaden: VS, S. 205–218

Junge, Matthias (2011b): Eine soziologische Perspektive auf Semantik und Pragmatik der Metapher. In: metaphorik.de 20/2011, S. 61–84.

Mead, George Herbert (1997): Gesammelte Aufsätze. Band II. (Herausgegeben von Hans Joas) Frankfurt a Main: Suhrkamp.

Peirce, Charles Sanders (1991): Fragen hinsichtlich gewisser Vermögen, die man für den Menschen in Anspruch nimmt. In: ders. (Hrsg.): Schriften zum Pragmatismus und Pragmatizismus. (Herausgegeben von Karl-Otto Apel) Frankfurt am Main: Suhrkamp, S. 13–39.

Reckwitz, Andreas (2000): Die Transformation der Kulturtheorie. Zur Entwicklung eines Theorieprogramms. Weilerswist: Velbrück.

Reckwitz, Andreas (2012): Die Erfindung der Kreativität. Zum Prozess gesellschaftlicher Ästhetisierung. Berlin: Suhrkamp.

Ruel, Malcolm (1987): Icons, Indexical Symbols and Metaphorical Action: An Analysis of two East African Rites, In: Journal of Religion in Africa, Vol.17, Fasc.2, S. 98–112.

Schatzki, Theodore R. (1996): Social Practices. A Wittgensteinian Approach to Human Activity and the Social. Cambridge: Cambridge University Press.

Schmidt, Robert (2012): Soziologie der Praktiken. Konzeptionelle Studien und empirische Analysen. Berlin: Suhrkamp.

Schmitt, Rudolf (2003): Methode und Subjektivität in der Systematischen Metaphernanalyse (54 Absätze). In: Forum Qualitative Sozialforschung, Vol.4, No.3/http//:www.qualitative-research.net/fqs-texte/2-03/2-03schmitt-d.htm (22.05.2007).

Schmitt, Rudolf (2007): Versuch, die Ergebnisse von Metaphernanalysen nicht unzulässig zu generalisieren. In: Zeitschrift für qualitative Forschung 8, 1, S. 137–156.

Schmitt, Rudolf (2012): Systematische Metaphernanalyse als qualitative sozialwissenschaftliche Forschungsmetode. In: metaphorik.de 2012.

Soeffner, Hans-Georg (1991): Zur Soziologie des Symbols und des Rituals. In: Jürgen Oelkers/Klaus Wegenast (Hrsg.): Das Symbol – Brücke des Verstehens. Stuttgart; Berlin; Köln: Kohlhammer, S. 63–81.

Soeffner, Hans-Georg (2004): Handlung – Szene – Inszenierung. Zur Problematik des „Rahmen"-Konzeptes bei der Analyse von Interaktionsprozessen. In: Hans-Georg Soeffner (Hrsg.): Auslegung des Alltags – Der Alltag der Auslegung. Konstanz: UVK, S. 160–179.

Tomasello, Michael (2006): Die kulturelle Entwicklung des menschlichen Denkens. Frankfurt am Main: Suhrkamp.

Turner, Stephen P. (1994): The Social Theory of Practices. Tradition, tacit knowledge and presuppositions. Cambridge: Polity Press.

# Autorinnen und Autoren

**Dr. Christa Dern,** Studium der Neueren Deutschen Sprachwissenschaft, der Englischen Sprachwissenschaft sowie der Älteren Deutschen Philologie an den Universitäten Saarbrücken, Bonn und Lancaster (GB); Promotion über Alltagsmetaphorik im Rahmen der holistischen kognitiven Semantik (Metapher und Kognition – Grundlagen einer neuen Theorie der Alltagsmetapher, 1997) an der Universität des Saarlands, Saarbrücken. Seit 1998 hauptberuflich tätig im Kriminaltechnischen Institut (KTI) des Bundeskriminalamts – zunächst als Behördensachverständige für Forensische Linguistik/Autorenerkennung, sodann als Referentin im Leitungsstab des KTI. Darüber hinaus in Nebentätigkeit öffentlich bestellte und vereidigte Sachverständige für linguistische Textanalyse der Industrie- und Handelskammer Wiesbaden. *Forschungsschwerpunkte:* Forensische Linguistik/Autorenerkennung sowie alltagssprachliche Metaphorik/holistische kognitive Semantik. *Ausgewählte Veröffentlichungen zum Thema Metapher* sind z. B. Baldauf, Christa: On the Mixing of Conceptual Metaphor. In: Zelinsky-Wibbelt, C. (Hrsg.): Text Transfer: metaphors, translation, and expert-lay communication. Berlin, New York: de Gruyter, 47–63, 2003; Sprachliche Evidenz metaphorischer Konzeptualisierung. Probleme und Perspektiven der kognitivistischen Metapherntheorie im Anschluss an George Lakoff und Mark Johnson. In: Zimmermann, R. (Hrsg.): Bildersprache verstehen. München: Fink, 2000; Metapher und Kognition – Grundlagen einer neuen Theorie der Alltagsmetapher. Frankfurt u.a.: Lang, 1997; Konzept und Metapher – Präzisierung einer vagen Beziehung. In: Linguistische Berichte 166, 461–482, 1996. *Ausgewählte Veröffentlichungen zum Thema Forensische Linguistik/Autorenerkennung* sind z. B. Dern, Christa: Autorenerkennung. Theorie und Praxis der linguistischen Tatschreibenanalyse. Stuttgart: Boorberg, 2009; „Wenn zahle nix dann geht dir schlecht". Ein Experiment zu sprachlichen Verstellungsstrategien in Erpresserbriefen. In: Zeitschrift für Germanistische Linguistik 36/2, 240–265, 2008; „Unhöflichkeit ist es nicht.":

Sprachliche Höflichkeit in Erpresserbriefen. In: Deutsche Sprache 31, 127–141, 2003; Sprachwissenschaft und Kriminalistik: Zur Praxis der Autorenerkennung. In: Zeitschrift für Germanistische Linguistik 31, 44–77, 2003.

**Dr. Martin Döring,** geb. 1966 in Hamburg. Studium der Romanistik und Kunstgeschichte in Hamburg und Paris. Promotion in Hamburg über die Metaphorik in der deutschen und französischen Presseberichterstattung zur Oderflut 1997. Derzeit wissenschaftlicher Mitarbeiter am Forschungsschwerpunkt Biotechnologie, Umwelt und Gesellschaft der Universität Hamburg. *Forschungsschwerpunkte:* Wissenschaftsforschung im Bereich biotechnologische Innovationen, wissenschaftlich-diskursive Konstruktion von Krankheit und Prävention, medial-diskursive Konstruktion bioethischer Kulturen sowie sprachlich und mediale Dimensionen des Umweltdiskurses. Mitherausgeber der Online-Zeitschrift Metaphorik.de und der Buchreihe VerKörperungen – MatteRealities bei transcript Bielefeld. *Ausgewählte Veröffentlichungen:* „Wir sind der Deich": Die metaphorisch-diskursive Konstruktion von Natur und Nation, Hamburg: Dr. Kovač, 2005; gemeinsam mit Brigitte Nerlich: The Social and Cultural Impact of Foot and Mouth Disease in the UK in 2001 – Experiences and Analyses. Manchester: Manchester, 2009.

**Prof. Dr. Petra Ewald,** 1974–1978 Studium der Fachrichtung Germanistik/Anglistik in Rostock, anschließendes Forschungsstudium in Rostock und 1982 Promotion zum Dr. phil., 1981–1988 wissenschaftliche Assistentin an der Pädagogischen Hochschule Güstrow (Bereich Ausländerstudium), 1988–1990 planmäßige wissenschaftliche Aspirantur (B) an der Pädagogischen Hochschule Güstrow (Sektion Germanistik/Slawistik), seit 1990 wissenschaftliche Mitarbeiterin am Institut für Germanistik der Universität Rostock, 1991 Habilitation, 1993 Ernennung zur Privatdozentin, 1998 Ernennung zur außerplanmäßigen Professorin. *Forschungsschwerpunkte:* Schriftlinguistik, Onomastik, Metaphernforschung. *Ausgewählte Veröffentlichungen:* (gemeinsam mit Dieter Nerius) Die Groß- und Kleinschreibung im Deutschen. 2., unveränderte Auflage. Leipzig: Bibliographisches Institut 1990; (Hrsg., gemeinsam mit Karl-Ernst Sommerfeldt) Beiträge zur Schriftlinguistik. Frankfurt a. M. [u. a.]: Peter Lang 1995; (Hrsg.) Hieronymus Freyer: Anweisung zur Teutschen Orthographie. Halle 1722. Hildesheim [u. a.]: Georg Olms Verlag 1999; Zum Wesen des Metaphorischen und seiner Ausprägung in unterschiedlichen sprachlichen Einheiten. In: Interdisziplinarität und Methodenpluralismus in der Semantikforschung. Hrsg. von Inge Pohl. Frankfurt a. M. [u. a.]: Peter Lang 1999, S. 221–243; (Hrsg.) Die Bemühungen um eine Reform der deutschen Orthographie in der zweiten Hälfte des 18. Jahrhunderts. 2 Bände. Hildesheim [u. a.]: Georg Olms Verlag 2005; (gemeinsam mit Peter Diderich) „Wolf unter Wölfen" als Bilderbuch. Zu sprachlichen Bildern im Werk Hans Falladas. In:

Salatgarten 18. Jg. (2009), Heft 1, S. 11–15 (Teil 1), Heft 2, S. 13–17 (Teil 2); (Hrsg., gemeinsam mit Lutz Hagestedt) Namen- und Stadtlandschaften. Beiträge des Hans-Fallada-Symposiums Carwitz. München: belleville Verlag 2011.

**Prof. Dr. Peter Gansen,** 1976, Lehramt an Grund-, Haupt und Realschulen (I. und II. Staatsexamen), Zweitstudium Erziehungswissenschaft (Diplom), Promotion zum Dr. phil am Fachbereich Sozial- und Kulturwissenschaften der Justus-Liebig-Universität Gießen (2009), Aloys-Fischer-Preis für Grundschulforschung von der DGfE, seit 01.10.2012 Juniorprofessur für Pädagogik an der Kunstakademie Düsseldorf, derzeit Habilitationsprojekt „Frühes Lernen im Diskurs. Analysen zur Scolarisierung und Ökonomisierung der Kindheit". *Forschungsschwerpunkte:* Kindheitsforschung, Pädagogik der Kindheit, Pädagogische Anthropologie und Philosophieren mit Kindern.

**Prof. Dr. Regine Herbrik,** Studium der Soziologie und der Deutschen Literatur in Konstanz, 2001 Magisterprüfung dort. Promotion 2009 an der TU Berlin. Postdoc-Stipendiatin am Exzellenzcluster „Languages of Emotion" 2010. Seit 03/2013 Juniorprofessorin für qualitative und kulturwissenschaftliche Methoden am Methodenzentrum der Leuphana Universität Lüneburg. *Forschungsschwerpunkte:* Kultursoziologie, Emotionssoziologie, Religionssoziologie, Wissenssoziologie, das Imaginäre, qualitative Methoden und Methodologie. *Ausgewählte Veröffentlichungen:* Die kommunikative Konstruktion imaginärer Welten. Wiesbaden: VS Verlag für Sozialwissenschaften, 2011 (Dissertation); Analyzing Emotional Styles in the Field of Christian Religion and The Relevance of New Types of Visualization. Qualitative sociology review, 8(2), 2012, 112–128; Kultur und Gesellschaft. in Merle, K. (Hrsg.), Kulturwelten. Münster: Lit Verlag, 2013, 55–73.

**Prof. Dr. Matthias Junge,** geb. 1960 in Bonn, Studium der Philosophie, Sozialarbeit und Soziologie in Bamberg. Diplom in Soziologie 1987 in Bamberg. Promotion 1995 ebenfalls in Bamberg, Habilitation 2000 an der TU Chemnitz. Seit 2004 Professur für Soziologische Theorien und Theoriegeschichte an der Universität Rostock, Wirtschafts- und Sozialwissenschaftliche Fakultät, Institut für Soziologie und Demographie. *Forschungsschwerpunkte:* Metaphernforschung, Kulturtheorie, Soziologische Theorie, Gesellschaftstheorie. *Ausgewählte Veröffentlichungen:* Forever young? Junge Erwachsene in Ost- und Westdeutschland. Opladen: Leske + Budrich, 1995 (Promotion); Ambivalente Gesellschaftlichkeit. Die Modernisierung der Vergesellschaftung und die Modernisierung der Soziologie. Opladen: Leske + Budrich 2000 (Habilitation); (Hrsg.) Zygmunt Bauman. Soziologie zwischen Postmoderne und Ethik. Opladen: Leske + Budrich 2001 (gemeinsam mit Thomas Kron); Individualisierung. Frankfurt/Main; New York: Campus 2002; Soziologische Theorien von Comte bis Parsons. München; Wien: Oldenbourg 2002 (gemeinsam mit Ditmar Brock und Uwe Krähnke); (Hrsg.) Macht und Moral. Beiträge zur Dekonstruktion von Moral. Wiesbaden: Westdeutscher Verlag 2003; Klassische Diagnosen der modernen Gesellschaft. Rationalisierung, Differenzierung, Individualisierung. Kurseinheit: Georg Simmel. Hagen: FernUniversität Hagen 2004; (Hrsg.) Scheitern. Aspekte eines sozialen Phänomens. Wiesbaden: VS Verlag für Sozialwissenschaften 2004 (gemeinsam mit Götz Lechner); Zygmunt Bauman. Wiesbaden: VS Verlag für Sozialwissenschaften 2006. Brock, D./Junge, M./Diefenbach, H./Keller, R./Villanyi, D., Soziologische Theorien nach Parsons. Wiesbaden: VS Verlag für Sozialwissenschaften, 2008; Kultursoziologie. Konstanz: UVK, 2009; Simmel lesen. Bielefeld: transcript, 2009; (Hrsg.) Metaphern in Wissenskulturen. Wiesbaden: VS Verlag für Sozialwissenschaften, 2009; (Hrsg.) Gesellschaft und Metaphern. Die Bedeutung der Orientierung durch Metaphern. Wiesbaden: VS Verlag für Sozialwissenschaften, 2011.

**Danny Otto,** *M. A.,* geb. 1987 in Gera, Studium der Sozialwissenschaft (B. A.) in Marburg und der Soziologie (M. A.) in Rostock, seit 2012 wissenschaftliche Hilfskraft an den Universitäten Hildesheim (Forschungsprojekt: Statuspassage Promotion) und Rostock (Lehrstuhl für empirische Sozialforschung und Demographie). *Forschungsschwerpunkte:* Wissenschafts- und Technikforschung, Metaphernforschung, Methoden der empirischen Sozialforschung.

**Dr. phil. des. Tobias Schlechtriemen,** 1976, Soziologe, Dozent am Institut für Soziologie der Albert-Ludwigs-Universität Freiburg und Mitarbeiter im SFB 948 „Helden – Heroisierungen – Heroismen". Forschungsschwerpunkte: Soziologische Theorie, Kultursoziologie, Bildsoziologie und Forschungen zum sozialen Imaginären, multilokale Lebensformen, Wissenschaftsgeschichte der Soziologie. *Ausgewählte Veröffentlichungen:* Metaphern als Modelle. Zur Organismus-Metaphorik in der Soziologie. In: Reichle, I. et al. (Hg.), Visuelle Modelle, S. 71–84. München: Fink Verlag 2008; Hg. u. a. Die Figur des Dritten. Ein kulturwissenschaftliches Paradigma, Berlin: Suhrkamp Verlag 2010. (im Erscheinen). Bilder des Sozialen. Zum Netzwerk in der soziologischen Theorie. München: Fink Verlag.

**Prof. Dr. Rudolf Schmitt,** Jg. 1959, Diplom in Psychologie 1985, Master in Germanistik 1988, Promotion in Psychologie 1995, mehrjährige Tätigkeit in psychosozialen Tätigkeitsfeldern und der Psychiatrie, Ausbildung in Verhaltenstherapie und Familientherapie. Seit 1997 Professur für Beratung, empirische Forschungsmethoden, psychische Erkrankungen und Sucht an der Hochschule Zittau/Görlitz, Fakultät Sozialwissenschaften. *Forschungsschwerpunkte:* Suchterkrankungen, Metaphernanalyse. *Ausgewählte Veröffentlichungen:* Metaphern des Helfens. Weinheim:

Psychologie Verlags Union, 1995; Ein guter Tropfen, maßvoll genossen, und andere Glücksgefühle. Metaphern des alltäglichen Alkoholgebrauchs und ihre Implikationen für Beratung und Prävention. In Frank Nestmann & Frank Engel (Hrsg.), Die Zukunft der Beratung – Visionen und Projekte in Theorie und Praxis. Tübingen: DGVT, S. 231–252, 2002: Methode und Subjektivität in der Systematischen Metaphernanalyse. Forum Qualitative Sozialforschung/Forum: Qualitative Social Research, 4(2), Art. 41, URN: http://nbn-resolving.de/urn:nbn:de:0114-fqs0302415, 2003; Entwicklung, Prägung, Reifung, Prozess und andere Metaphern. Oder: Wie eine systematische Metaphernanalyse in der Entwicklungspsychologie nützen könnte. In Günter Mey (Hrsg.), Handbuch Qualitative Entwicklungspsychologie. Köln: Kölner Studien-Verlag, S. 545–584, 2005; Versuch, die Ergebnisse von Metaphernanalysen nicht unzulässig zu generalisieren. Zeitschrift für qualitative Forschung, 8(1), 137–156, 2007; Metaphernanalysen und die Konstruktion von Geschlecht [84 Absätze]. Forum Qualitative Sozialforschung/Forum: Qualitative Social Research, 10(1), Art. 16, URN: http://nbn-resolving.de/urn:nbn:de:0114-fqs0902167, 2009; Kampftrinker und andere Helden. Zur metaphorischen Selbstinszenierung eines Geschlechts. In: Marlen Bidwell-Steiner, Veronika Zangl (Hrsg.) Körperkonstruktionen und Geschlechtermetaphern: Zum Zusammenhang von Rhetorik und Embodiment (S. 133–148). Innsbruck: Studien-Verlag, 2009.

**Dipl.-Päd. Julia Schröder,** Jahrgang 1981, 2000–2007 Studium der Sozial- und Organisationspädagogik, Universität Hildesheim, 2007–2011 Mitarbeiterin in verschiedenen Drittmittelprojekten am Institut für Sozial- und Organisationspädagogik, Universität Hildesheim, seit Juni 2011 Stipendiatin im Promotionsprogramm „Soziale Dienste im Wandel" ebenfalls am Institut für Sozial- und Organisationspädagogik der Universität Hildesheim. *Ausgewählte Veröffentlichungen:* Es klingelt – Ungehörte und unerhörte Geräusche. In: Böhringer, Daniela/Karl, Ute/Müller, Hermann/Schröer, Wolfgang/Wolff, Stephan (Hrsg.): Den Fall bearbeitbar halten. Gespräche in Jobcentern mit jungen Menschen. Opladen: Barbara Budrich; S. 187–211, 2012; „Beratung ist Schule" – metaphorische Konzepte in der Männerberatung. In: Baader, Meike Sophia/Bilstein, Johannes/Tholen, Toni (Hrsg.): Erziehung, Bildung und Geschlecht. Männlichkeiten im Fokus der Gender-Studies. Wiesbaden: Springer VS; S. 165–176, 2012; Gemeinsam mit Svea Korff und Navina Roman: Inside the Blackbox – Chancengleichheit in der strukturierten Promotionsförderung? In: Beaufays, Sandra/Engels, Anita/Kahlert, Heike (Hrsg.): Einfach Spitze? Neue Geschlechterperspektiven auf Karrieren in der Wissenschaft. Frankfurt am Main: Campus Verlag; S. 25–56, 2012; Metaphorische Konzepte für Beratung. In: Graf, Eva-Maria/Aksu, Yasmin/Pick, Ina/Rettinger, Sabine (Hrsg): Beratung, Coaching, Supervision. Multidisziplinäre Perspektiven vernetzt. Wiesbaden: VS-Verlag; S. 205–218, 2011; gemeinsam mit Svea Korff, C. Oppermann und Navina Roman: „Bleibt alles anders? – Chancengleichheit in der strukturierten Promotionsförderung an deutschen Hochschulen. In: Blätter, B./Franzke, A./ Wolde, A. (Hrsg.): Neue Karrierewege für Frauen an der Hochschule?" Ulrike Helmer-Verlag; S. 143–162, 2011; „Es klingelt" – Institutionelle Kommunikation in sozialen Diensten. In: Neue Praxis, Heft 5; S. 493–512, 2010.

**Dr. Constanze Spieß,** geb. 1975 in Bernburg, Studium der Germanistik und Katholischen Theologie an der Johannes Gutenberg-Universität Mainz, Examen 2002, Stipendiatin der Graduiertenförderung der Bischöflichen Studienförderung Cusanuswerk Bonn, Promotion 2010 im Fachbereich Sprach-, Literatur- und Medienwissenschaften der Universität Trier. Von 2007–2008 wissenschaftliche Mitarbeiterin am Germanistischen Institut Münster, Abteilung Sprachwissenschaft und Sprachdidaktik; von 2008–2010 wissenschaftliche Mitarbeiterin im Fachbereich Germanistik im Fachteil Sprachwissenschaft an der Universität Trier, seit 2010 wissenschaftliche Mitarbeiterin der Abteilung Sprachdidaktik des Germanistischen Instituts der Universität Münster. *Forschungsschwerpunkte:* Pragmatik, Semantik, Text- und Diskurslinguistik, Politolinguistik, Genderlinguistik, Sprache in der Literatur, kognitive Linguistik (Metaphernforschung, Metaphernerwerb), Sprachdidaktik. *Ausgewählte Veröffentlichungen:* Diskurshandlungen. Theorie und Methode linguistischer Diskursanalyse am Beispiel der Bioethikdebatte, Berlin/ Boston, 2011: de Gruyter. (Sprache und Wissen Band 7)[Dissertation], Genderlinguistik. Sprachliche Konstruktionen von Geschlechtsidentität, Berlin/Boston, 2012: de Gruyter. (Linguistik, Impulse & Tendenzen) [Herausgeberschaft zusammen mit Susanne Günthner und Dagmar Hüpper]; Sprachstrategien und Kommunikationsbarrieren. Zur Rolle und Funktion von Sprache in bioethischen Diskursen. Bremen, 2012: Hempen Verlag [Herausgeberschaft]; Metaphern als Gelenkstück eines integrativen Sprach- und Literaturunterrichts. In: Ziegler, Arne/ Klaus-Michael Köpcke (Hrsg.): Schulgrammatik und Sprachunterricht im Wandel. Berlin/Boston, 2013: de Gruyter, 253–285. [zusammen mit Klaus-Michael Köpcke]; Metaphern als Sprachstrategien – Zur sprachlichen Manifestation von Konflikthaftigkeit im Stammzelldiskurs. In: Spieß, Constanze (Hrsg.): Sprachstrategien und Kommunikationsbarrieren. Zur Rolle und Funktion von Sprache in bioethischen Diskursen. Bremen, 2012: Hempen Verlag, 177–200.; Texte, Diskurse und Dispositive. Zur theoretisch-methodischen Modellierung eines Analyserahmens am Beispiel der Kategorie Schlüsseltext. In: Roth, Kersten Sven/Spiegel, Carmen (Hrsg.): Angewandte Diskurslinguistik. Berlin, 2013: Akademie-Verlag, 17–42.; Diskursive Differenzen in Bioethikdebatten Großbritanniens und Deutschlands. In: Kämper, Heidrun/Kilian, Jörg (Hrsg.): Wort – Begriff – Diskurs. Deutscher Wortschatz und europäische Semantik, Bremen: Hempen Verlag, 2012, 49–68.

**Stephanie Stadelbacher,** M. A., geb. 1982 in Kempten, Studium der Soziologie, Psychologie und Geschichte an der Universität Augsburg. Magister in Soziologie 2010 in Augsburg. Seit 2010 wissenschaftliche Mitarbeiterin an der Professur für Soziologie (mit besonderer Berücksichtigung der Sozialkunde) an der Universität Augsburg, Philosophisch-Sozialwissenschaftliche Fakultät. *Forschungsschwerpunkte:* Thanatosoziologie, Körpersoziologie, Organisationssoziologie, Soziologische Theorie (insbes. Handlungstheorien), sozialwissenschaftliche Diskurs-/ Dispositivforschung. *Ausgewählte Veröffentlichungen:* Die körperliche Konstruktion des Sozialen. Ein soziologischer Blick auf die Theorie kognitiver Metaphorik von George Lakoff und Mark Johnson. In: F. Böhle/M. Weihrich (Hg): Die Körperlichkeit sozialen Handelns. Soziale Ordnung jenseits von Normen und Institutionen, transcript Verlag, S. 299–330, 2010; gemeinsam mit Werner Schneider: Sterben in Vertrauen. Wissenssoziologisch-diskursanalytische Anmerkungen zum Sterben als Vertrauensfrage. In: G. Höver/H. Baranzke/A. Schaeffer (Hg.): Sterbebegleitung: Vertrauenssache. Herausforderungen einer person- und bedürfnisorientierten Begleitung am Lebensende, Verlag Königshausen & Neumann, S. 107–142, 2011; Bewältigung von Ungewissheit durch Selbstorganisation. Ansätze, Perspektiven und offene Fragen. In: F. Böhle/S. Busch (Hg.): Management von Ungewissheit. Neue Ansätze jenseits von Kontrolle und Ohnmacht, transcript Verlag, S. 93–135, 2012; gemeinsam mit Werner Schneider: Die komische Seite der Macht – warum Lachen nicht harmlos ist. Überlegungen zum Komischen aus diskursanalytischer Perspektive. In: M. Heinlein/K. Seßler (Hg.): Die vergnügte Gesellschaft. Ernsthafte Perspektiven auf modernes Amüsement, transcript Verlag, S. 113–134, 2012; gemeinsam mit Werner Schneider: Alter und Sterben anders denken – Soziologische Anmerkungen zur Zukunft des Lebensendes. In: die hospiz zeitschrift. Fachforum für Palliative Care, Jg.14, Heft 53, S. 6–11, 2012.

**Prof. Dr. phil. habil. Wolfgang Sucharowski,** geb.1945 in Kiel, Studium der der Germanistik und katholischen Theologie in München. Erstes und zweites Staatsexamen 1971, 1980 für das gymnasiale Lehramt in München. Promotion 1975 und 1989 Habilitation in München und Eichstätt. Professuren für Deutsche Sprache und ihre Didaktik in Kiel und Rostock 1980 bzw. 1997 und seit 2004 Lehrstuhl für Kommunikationswisse an der Philosophischen Fakultät der Universität Rostock. *Forschungsschwerpunkte:* Kommunikation und Kognition: Lesen und Anschlusshandlungen; Kommunikation unter erschwerten Bedingungen: Kommunikation und Integration Behinderter, Kommunikation im Alter, Kommunikation und Arbeitsteilung; Kommunikation und Differenz. *Ausgewählte Veröffentlichungen:* Problemfelder einer linguistischen Pragmatik. Regensburg: Roderer 1993; Sprache und Kognition. Opladen: Westdeutscher Verlag 1996; Sinnkonstitution und alltägliches Argumentieren – Vorüberlegungen zu einer Argumentationssemantik, in: Inge Pohl (Hg.): Semantische Aspekte öffentlicher Kommunikation. Frankfurt a. M.: Peter Lang 2003, S. 469–489; Verstehen ohne Verständigung. Zum semantischen Problem institutionaler Kommunikation und seiner Konsequenzen für die Implementierung pädagogischer Innovation, in: Manfred Wittrock/Lütgenau, Bernd (Hg.): Wege zur Partizipation. Förderung an der Schnittstelle von Lernen und Verhalten. Oldenburg: Carl von Ossietzky Universität 2004, S. 27–36; gemeinsam mit Robert Bronsart und Diane Luckau: Koordination und Kommunikation. Optimierung der Abwicklung von Schiffbauprojekten, in: Schiff und Hafen 10 (2004), S. 129–134; Kommunikation – das Generieren kohärenter Relationen?, in: Wilfried Kürschner/Weber, Heinrich (Hg.): Linguistik international. Festschrift für Heinrich Weber. Tübingen: Niemeyer 2006, S. 485–498; Probleme des Verstehens kommunikativen Handelns bei mentaler Beeinträchtigung – Semantik der Gegenständlichkeit und eine sie begleitende Pragmatik, in: Inge POHL (Hg.): Semantik und Pragmatik – Schnittstellen. Frankfurt a. M.: Peter Lang 2008, S. 629–648; Partizipation – Lesen im sozialen Raum. Rostock: Universitätsdruck Rostock 2008 ; Lesen als Teil eines kommunikativen Raumes. In: Bachmann-Stein, Andrea/Merten, Stephan/Roth, Christine (Hr.): Perspektiven auf Wort, Satz und Text. Semantisierungsprozesse auf unterschiedlichen Ebenen des Sprachsystems. Trier: Wissenschaftlicher Verlag Trier 2009, S. 259–272. Die Normierbarkeit von Kommunikation. In: Henn-Memesheimer, Beate/Frantz, Joachim (Hr.): Die Ordnung des Standard und die Differenzierung der Diskurse. Akten des 41. Linguistischen Kolloquiums in Mannheim 2006. Frankfurt a. M.: Peter Lang. 2009, S. 301–310.

**Prof. Dr. Christine Weiske,** geb. 1950 in Apolda/Thür., Studium der Philosophie und Soziologie an der Martin-Luther-Universität Halle-Wittenberg. Promotion 1984 an der Friedrich-Schiller-Universität Jena (Kultursoziologie) und Habilitation 1990 in Halle-Wittenberg (Wissenschaftstheorie und -geschichte). Seit 1994 Institut für Soziologie der Technischen Universität Chemnitz. *Forschungsschwerpunkte:* Soziologie des Raumes – Stadt- und Regionalsoziologie (Multilokalität der Lebensführung, Wohnen, Partizipation und Governance bei der räumlichen Organisation von Gesellschaften) *Ausgewählte Veröffentlichungen:* Pfadentwicklungen. Soziologie des Alltagslebens. In: Informationen zur Raumentwicklung. Die Vergangenheit der Zukunft Jg. H. 11/12, S. 773–777, 2008; Die Europäische Stadt – Ein räumlich und zeitlich definiertes Ereignis. In: Bornberg, Renate/Habermann-Nieße, Klaus & Zibell, Barbara (Hrsg.): Gestaltungsraum Europäische StadtRegion. Frankfurt am Main, Berlin, Bern, Wien [u. a.]: Peter Lang: 15–28; Multilokale Haushalte – mobile Gemeinschaften. Entwurf einer Typologie multilokaler Lebensführung. In: sozialersinn 9. Heft 2, S. 281–300. 2008; Multilokale Arrangements als alltagspraktische Verknüpfungen von mobilen und immobilen Gütern.

In: Scheiner, Joachim/Hans-Heinrich Blothevogel/Susanne Frank/Christian Holz-Rau & Nina Schuster (Hrsg.)(im Erscheinen): Mobilitäten und Immobilitäten. Dortmunder Beiträge zur Raumplanung. Essen: Klartext, 2013; Stadtlandschaften im Wandel – Thematisierungen der Stadt als Soziale Landschaft und als Organisation. In: Harm, Katrin/Jens Aderhold (Hrsg.) (im Erscheinen): Die subjektive Seite der Stadt. Neue politische Herausforderungen und die Bedeutung von Eliten im lokalen Bereich. Wiesbaden: Springer VS, 2013.

The manufacturer's authorised representative in the EU is Springer
Nature Customer Service Centre GmbH, Europaplatz 3, 69115 Heidelberg,
Germany. If you have any concerns regarding our products, please
contact ProductSafety@springernature.com

Printed and bound by CPI Group (UK) Ltd, Croydon, CR0 4YY
27/04/2026
02097610-0003